Stoppt die Kompetenzkatastrophe!

John Erpenbeck • Werner Sauter

Stoppt die Kompetenzkatastrophe!

Wege in eine neue Bildungswelt

3. Auflage

John Erpenbeck
Steinbeis Universität
Berlin, Deutschland

Werner Sauter
ValCom® Institut
Berlin, Deutschland

ISBN 978-3-662-70924-5   ISBN 978-3-662-70925-2 (eBook)
https://doi.org/10.1007/978-3-662-70925-2

Die Deutsche Nationalbibliothek verzeichnet diese Publikation in der Deutschen Nationalbibliografie; detaillierte bibliografische Daten sind im Internet über https://portal.dnb.de abrufbar.

© Der/die Herausgeber bzw. der/die Autor(en), exklusiv lizenziert an Springer-Verlag GmbH, DE, ein Teil von Springer Nature 2016, 2019, 2025

Das Werk einschließlich aller seiner Teile ist urheberrechtlich geschützt. Jede Verwertung, die nicht ausdrücklich vom Urheberrechtsgesetz zugelassen ist, bedarf der vorherigen Zustimmung des Verlags. Das gilt insbesondere für Vervielfältigungen, Bearbeitungen, Übersetzungen, Mikroverfilmungen und die Einspeicherung und Verarbeitung in elektronischen Systemen.
Die Wiedergabe von allgemein beschreibenden Bezeichnungen, Marken, Unternehmensnamen etc. in diesem Werk bedeutet nicht, dass diese frei durch jede Person benutzt werden dürfen. Die Berechtigung zur Benutzung unterliegt, auch ohne gesonderten Hinweis hierzu, den Regeln des Markenrechts. Die Rechte des/der jeweiligen Zeicheninhaber*in sind zu beachten.
Der Verlag, die Autor*innen und die Herausgeber*innen gehen davon aus, dass die Angaben und Informationen in diesem Werk zum Zeitpunkt der Veröffentlichung vollständig und korrekt sind. Weder der Verlag noch die Autor*innen oder die Herausgeber*innen übernehmen, ausdrücklich oder implizit, Gewähr für den Inhalt des Werkes, etwaige Fehler oder Äußerungen. Der Verlag bleibt im Hinblick auf geografische Zuordnungen und Gebietsbezeichnungen in veröffentlichten Karten und Institutionsadressen neutral.

Planung/Lektorat: Christine Sheppard
Springer ist ein Imprint der eingetragenen Gesellschaft Springer-Verlag GmbH, DE und ist ein Teil von Springer Nature.
Die Anschrift der Gesellschaft ist: Heidelberger Platz 3, 14197 Berlin, Germany

Wenn Sie dieses Produkt entsorgen, geben Sie das Papier bitte zum Recycling.

Vorwort zur 3. Auflage

Seit der ersten Auflage unserer Streitschrift sind neun Jahre vergangen. Weitere Autoren wie Julian Nida-Rümelin, Klaus Zierer,[1] Jörg Dräger und Rolf Müller-Eiselt[2] haben die Misere treffend beschrieben. Rolf Arnold plädierte in seinem Werk mit dem prägnanten Titel „Entlehrt Euch"[3] für eine grundlegende, didaktische Organisationsentwicklung der Bildungsinstitutionen. Selbst Andreas Schleicher, Bildungschef der OECD, dem wir die wissens- und fertigkeitsorientierten PISA-Tests mit zu verdanken haben, fordert heute vehement „… den Wandel von einer Welt der Silos, in denen Wissen eingelagert wird und schnell an Wert verliert, hin zu kommunikativen und kollaborativen Kompetenzen".[4] Leider wird er die Geister, die er rief, nun nicht mehr los.

---

[1] Nida-Rümelin und Zierer (2015).
[2] Dräger und Müller-Eiselt (2015).
[3] Arnold (2017).
[4] Schleicher (2018).

Die Bildungskatastrophe kostet auch weltweit Billionen, war das Fazit einer aktuellen Studie.[5] Mindestens zwei Drittel der Jugendlichen weltweit erreichen nicht einmal ein grundlegendes Kompetenzniveau, gemessen an den untersten sechs Kompetenzstufen der PIS Studie in Mathematik und Naturwissenschaften. Dabei könnte das weltweite BIP bis zum Ende dieses Jahrhunderts um 700 Billionen US-Dollar, d. h. fünfmal so viel wie das derzeitige jährliche Welt-BIP, höher sein, wenn dieses Ziel für alle Kinder erreicht würde. Die Gründe dafür sind, dass Kompetenzen die Chancen und Wahlmöglichkeiten der Schüler auf ihrem weiteren Bildungsweg und am Arbeitsmarkt erheblich steigern.

Es haben sich inzwischen in Deutschland auch wirkungsstarke Initiativen entwickelt,[6] um gemeinsam konkrete Lösungen für die Herausforderungen in der Bildung zu entwickeln und umzusetzen. Hinzu kommen unzählige richtungsweisende Einzelprojekte von engagierten Lehrern, Dozenten oder betrieblichen Aus- und Weiterbildnern, die häufig der Öffentlichkeit nicht bekannt werden.

Also sind wir auf einem guten Weg? Leider nein, die Katastrophe hat sich im Gegenteil noch deutlich zugespitzt. Die Digitalisierung und die zunehmende Nutzung der Künstlichen Intelligenz führten und führen zu einem radikalen Wandel der Nutzung von Medien, sowohl im privaten als auch im beruflichen Kontext. Auch der „Digitalpakt"[7] sowie das Startchancenprogramm,[8] mit denen die Bundesregierung im Gießkannen-Prinzip 15 Mrd. EUR

---

[5] Gust, S., Hanushek, E.A., Wößmann, L. (2024): Schlechte Bildung kostet Billionen, in FAZ 21.10.2024, S. 16
[6] So die Corporate Learning Community (www.colearn.de), die regelmäßig in Barcamps oder in connective MOOC Lösungen für die Herausforderungen der betrieblichen Bildung sucht.
[7] https://www.bmbf.de/de/wissenswertes-zum-digitalpakt-schule-6496.php.
[8] https://www.bmbf.de/bmbf/de/bildung/startchancen/startchancen-programm.html.

über die Schulen streut, wird die Kompetenzkatastrophe nicht aufhalten, weil nur Symptome, aber nicht deren Ursachen angegangen werden.

Die Kluft zwischen der privaten Anwendung von digitalen Medien und der Lernwelt in Schulen und Hochschulen wird immer größer. Auch die meisten Unternehmen versuchen weiterhin, beispielsweise digitale Kompetenzen in Seminaren aufzubauen, obwohl dies in Hinblick auf den Kompetenzaufbau ziemlich sinnlos ist. Die Gefahr, dass Deutschland aufgrund seiner verkrusteten Bildungssysteme immer schneller den Anschluss an die aktuellen Entwicklungen verliert, ist kaum mehr zu übersehen.

Deshalb versuchen wir weiterhin, die Verantwortlichen für die Bildung in Schule, Hochschule und im Bereich der Unternehmen, aber auch die Lerner, aufzurütteln und Lösungswege zu zeigen.

Berlin, Deutschland John Erpenbeck
Im Frühjahr 2025 Werner Sauter

Inhaltsverzeichnis

1 **Wissenskatastrophe Kompetenzkatastrophe**   1
  1.1   Georg Picht und die deutsche Bildungskatastrophe   2
  1.2   Die deutsche Bildungskatastrophe   3
  1.3   Georg Picht und die Kompetenzkatastrophe   6
  1.4   Wiederkehrende Fragen   18
  Literatur   20

2 **Im Kompetenzrausch?**   25
  2.1   Wissensblödigkeit und Kompetenzintelligenz   29
  2.2   Siegeszug des Kompetenzdenkens   33
  Literatur   37

3 **Kannten unsere Altvorderen keine Kompetenzen?**   41
  3.1   Quellen des Kompetenzdenkens   42
  3.2   Ein Blick zurück   49
  3.3   Ein Blick nach vorn   55
  Literatur   61

4 Kompetenzen kontra bewährte Lehrmethoden? 63

4.1 Lernen für die Schule 67
4.2 Kompetenzentwicklung und bewährte Lehrmethoden in der Schule 74
4.3 Das fragwürdige Beispiel fragend-entwickelnder schulischer Unterrichtsmethodik 76
4.4 Kompetenzentwicklung und PISA 79
4.5 Schule und Kompetenzentwicklung mit neuen Medien 87
4.6 Wissensweitergabe oder Kompetenzentwicklung an Universitäten 94
4.7 Bulimielernen im Fernunterricht 98
4.8 Betriebliche Seminare und Kompetenzentwicklung 102
4.9 Ein vorläufiges Fazit 118
Literatur 121

5 Kann man Kompetenzen lehren? 129

5.1 Ermöglichungsdidaktik 131
5.2 Kompetenzentwicklung als Kreislauf 138
5.3 Kompetenzentwicklung in der Schule 149
5.4 Kompetenzentwicklung in der Hochschule 155
5.5 Kompetenzentwicklung in der beruflichen und betrieblichen Bildung 162
5.6 Social Workplace Learning – Arbeiten und Lernen wachsen wieder zusammen 166
5.7 Kompetenz- und Werteentwicklung, durch die Digitalisierung neu herausgefordert 173
5.8 Future Learning – die Herausforderungen der Zukunft meistern 182
Literatur 185

Inhaltsverzeichnis

6 Kann man Kompetenzen zensieren? 191
6.1 Kompetenzkatastrophe – ein vorläufiger Rückblick 193
6.2 Betriebliches Kompetenzmanagement und Zensuren 194
6.3 Hybride Verfahren der Kompetenzerfassung 201
Literatur 205

7 Gibt es einen Nürnberger Trichter für Kompetenzen? 209
7.1 Gehirn, Gehirnmechanik und Selbstorganisation 210
7.2 Die Mechanisierung des psychologischen Weltbilds 214
7.3 Gedächtnis kontra Kompetenzkatastrophe 220
7.4 Das pädagogische Grundproblem 223
Literatur 230

8 Gewinnt Pythagoras durch Emotionen? 233
8.1 Doppelte Vorsicht 234
8.2 Emotionale „Imprägnierung" des Wissens 237
8.3 Das Aufsteigen vom Abstrakten zum Konkreten 248
Literatur 250

9 Können Kompetenzen administriert werden? 253
9.1 Anforderungen an Bildungsorganisationen 255
9.2 Bildungsmanagement 257
9.3 Bildungsmanagement in Schulen 260
9.4 Bildungsmanagement in Hochschulen 263
9.5 Bildungsmanagement in Unternehmen 265
9.6 Maßnahmen gegen die Kompetenzkatastrophe 269
Literatur 271

10 Kompetenzentwicklung im Netz mit Künstlicher Intelligenz – die nächste Stufe des Wahnsinns? 275

- 10.1 Digitale Überwindung der Kompetenzbarrieren 277
- 10.2 Digitale Lernwerkzeuge 281
- 10.3 Metaverse – die Zukunft des Lernens? 286
- 10.4 Lernen ohne Grenzen 288
- 10.5 Lernen im Labor 291
- 10.6 Wissen on demand 292
- 10.7 Spielerische Überwindung der Kompetenzbarrieren 293
- 10.8 Digitale Analyse der Lernprozesse 296
- 10.9 Transparenz durch Skills Mapping 297
- 10.10 Grenzen der KI im Lernprozess 299
- 10.11 Kollaboratives Lernen 304
- 10.12 No Business Like Social Business 308
- Literatur 310

11 Generative KI und generative Kompetenzen – eine neue Kompetenzkatastrophe zeichnet sich ab 315

- 11.1 Konsequenzen der Künstlichen Intelligenz für das Lernen 317
- 11.2 Gezielte Werte- und Kompetenzentwicklung mit IT und KI 319
- 11.3 Subjektive und objektive Voraussetzungen der Kompetenzentwicklung mit IT und KI 323
- 11.4 Kompetenzkatastrophe und generative KI 332
- Literatur 342

12 Informations-, Wissens-, Kompetenz- und Wertegesellschaft — 347
12.1 Informationsgesellschaft — 350
12.2 Wissensgesellschaft — 352
12.3 Kompetenzgesellschaft — 355
12.4 Wertegesellschaft — 359
Literatur — 366

13 Gegen die Kompetenzkatastrophe! — 369
Literatur — 373

Über die Autoren

Prof. Dr. John Erpenbeck School of International Business and Entrepreneurship – SIBE – an der Steinbeis-Universität Berlin und Wissenschaftlicher Beirat des ValCom® Institutes Berlin.

Er studierte Physik mit der Spezialisierung Biophysik und arbeitete zunächst als Experimentalphysiker am Institut für Biophysik der Akademie für Wissenschaften zu Berlin. Danach war er wissenschaftlicher Mitarbeiter im Ministerium für Wissenschaft und Technik im Bereich Kernforschung/Kosmosforschung. Fast zwei Jahrzehnte war er anschließend wissenschaftlicher Mitarbeiter am Zentralinstitut für Philosophie der Akademie der Wissenschaften zu Berlin mit den Schwerpunkten philosophische, historische und wissenschaftstheoretische Probleme der Psychologie kognitiver, emotional-motivationaler und volitiver Prozesse.

1968 wurde er zum Dr. rer. nat. promoviert, 1978 erfolgte seine Habilitation zum Dr. sc. phil., 1984 wurde er zum Professor ernannt. Ab 1991 war er an der Förderungsgesellschaft wissenschaftlicher Neuvorhaben mbH der Max-Planck-Gesellschaft mit dem Forschungsschwerpunkt Wissenschaftsgeschichte und Wissenschaftstheorie tätig. 1993 bis 1994 ging er als Research Professor an das Center for Philosophy of Science in Pittsburgh, danach war er Professor an der Universität Potsdam.

Von 1998 bis 2007 war er im Projekt Lernkultur Kompetenzentwicklung (ABWF/QUEM) wissenschaftlich und leitend aktiv. Seit 2007 lehrte er Wissens- und Kompetenzmanagement an der SIBE im Verbund der Steinbeis Universität Berlin.

Gemeinsam mit Prof. Dr. Volker Heyse hat er die Kompetenzerfassungssysteme KODE® und KODE®X entwickelt, zusammen mit Roman Sauter sowie Prof. Dr. Werner Sauter das Werteerfassungssystem KODE®W.

Er ist Autor einer Vielzahl von Fachbüchern und -artikeln zur Werte- und Kompetenzforschung sowie zum Werte- und Kompetenzmanagement sowie von Romanen, Biografien und Lyrikbänden.

Prof. Dr. Werner Sauter Wissenschaftlicher Leiter des ValCom® Institutes Berlin und Senior Consultant der oneclick learning GmbH Bonn.

Er ist Bankkaufmann sowie Dipl.-Volkswirt und wurde in Pädagogischer Psychologie promoviert. Umfangreiche Erfahrungen im Bildungsbereich sammelte er als Berufsschullehrer, Personalentwicklungsleiter der heutigen LBBW, Fachleiter an der Dualen Hochschule Baden-Württemberg sowie als Gründungsberater der heutigen Frankfurt School of Finance & Management. Er war Gründer und Vorstand eines E-Learning-Unternehmens im Klett-Verbund. An der Steinbeis-Hochschule gründete und leitete er das Transfer-Institut eBusiness & Management. Im Jahr 2008 gründete er die Blended Solutions GmbH in Berlin, die strategische Lernkonzeptionen, innovative Lernarrangements und -systeme sowie zukunftsorientierte Geschäftsmodelle für Bildungsanbieter zusammen mit ihren Kunden konzipierte, umsetzte und implementierte. Seit 2020 ist er wissenschaftlicher Leiter des ValCom® Institutes Berlin. Mit seinem Team der oneclick learning GmbH Bonn entwickelt er KI-basierte Lösungen für Skills-Diagnostik, konzipiert agile Werte- und Kompetenzentwicklungsarrangements mit Social Blended Learning und begleitet betriebliche Personalentwicklungen und überbetriebliche Bildungsanbieter bei der Entwicklung, Umsetzung und Implementierung von innovativen Konzeptionen des Future Learning. Er begleitete als Wissenschaftlicher Leiter gemeinsam mit Prof. Dr. John Erpenbeck und Roman Sauter seit 2020 die Entwicklung der Werteerfassungssysteme KODE®W sowie mit Roman Sauter die KI-basierte Skills-Diagnostik ValCom®. Er bildet regelmäßig im Rahmen von praxis- und projektorientierten Social-Blended-Maßnahmen zertifizierte Skillsmanager sowie Führungskräfte als Entwicklungspartner ihrer Mitarbeiter aus. Er ist Autor einer Vielzahl von Fachbüchern und -artikeln zu innovativen Lernformen, insbesondere im Bereich der Skills-Diagnostik und -Entwicklung, des Werte- und Kompetenzmanagements sowie Autor für E-Learning-Programme und für Online-Kurse. Regelmäßig schreibt er Beiträge zum Corporate Learning in seinem Blog https://oneclick-learning.com/blog/ und hält Vorträge zum Themenbereich Future Learning und New Work.

1

Wissenskatastrophe Kompetenzkatastrophe

Zusammenfassung Deutschland ist auf dem direkten Weg in die Kompetenzkatastrophe. Daran hat sich seit der 1. Auflage dieses Buches 2016 leider nichts geändert. Es vertrödelt seine Bildungszukunft, weil es die Entwicklung zur Werte- und Kompetenzgesellschaft mit einer Revolution der digitalen Werkzeuge und der Künstlichen Intelligenz völlig ignoriert. Es leistet sich ein Bildungssystem, das sich nur im Schneckentempo weiterentwickelt, während sich die Welt ringsum in einem rasenden Tempo immer schneller verändert. In allen Bildungsbereichen, von den Schulen über die Hochschulen bis zu den Betrieben, werden immer noch überwiegend die skandalös ineffektiven Methoden des Seminarlernens, häufig in Form von Frontalunterricht, praktiziert. Lernen findet Großteils noch immer in abgeschlossenen Schulräumen, Lehrsälen oder Seminarhotels statt, anstatt dort, wo die Herausforderungen zu bewältigen sind. Das Lernen der Zukunft soll lebenslang sein, die zukünftige Welt kommt darin aber kaum vor. Es zeigt sich eine Weiterentwicklung der Kompetenzkatastrophe an, ähnlich wie die von Georg Picht bereits 1964 postulierte Bildungskatastrophe. Die Autoren wehren sich dagegen mit zehn Fragen, auf die sie, teilweise aggressiv zugespitzte, Antworten geben.

Wissensweitergabe gilt immer noch als der Weisheit letzter Schluss, geprüft wird nach den Prinzipien des Bulimielernens: Wissen aufnehmen, in Prüfungen und Klausuren ausspucken – und sofort vergessen. Auch das betriebliche Lernen wird sich entsprechend der Arbeitswelt radikal verändern. Das Bildungssystem ist darauf aber nicht vorbereitet.

Kompetenzen – die Fähigkeiten, selbstorganisiert und kreativ Herausforderungen zu bewältigen – interessieren die meisten Bildungsverantwortlichen nur in Sonntagsreden. Das gleiche gilt für die Werte als Ordner selbstorganisierten Handelns. Der durchaus sinnvolle Ansatz der Bologna-Reformen wird ins glatte Gegenteil verkehrt.[1] Erfolgreiche Kompetenzentwicklung setzt Eigenverantwortung und Selbstorganisation, Lernen in realen Herausforderungssituationen sowie die Anwendung und Bewährung in der eigenen Lebenswelt voraus. Die heutigen Bildungssysteme in Schulen, Hochschulen und Unternehmen ignorieren diese Anforderungen weitgehend und verhindern damit die notwendige Entwicklung der Kompetenzgesellschaft.

Eine Bildungsrevolution ist notwendig!

1.1 Georg Picht und die deutsche Bildungskatastrophe

Bereits 1964, vor über einem halben Jahrhundert, erschien ein revolutionäres Buch, das die deutsche Bildungslandschaft erschütterte – aber dennoch nicht revolutionieren konnte. Ein aufrüttelndes Buch, das hunderte Schritte an-

---

[1] Arnold (2017).

stieß, aber im Laufe von teilweise notwendigen und wichtigen, teilweise nur bürokratischen Entwicklungen seine revolutionäre Sprengkraft einbüßte: „Die deutsche Bildungskatastrophe" von Georg Picht.[2]

Ein Auslöser war der Sputnik-Schock, ein völlig unerwarteter wissenschaftlicher, technischer und politischer Schub, den ausgerechnet die Russen bewirkten. Die Russen, die sich viele Deutsche damals mit Bastschuhen und Balalaika vorstellten, hatten als Welterste den Sputnik ins All geschossen. Die Russen – ein Volk von Wissenschaftlern und Technikern? Wie war es dazu gekommen? Wie konnte der Westen, wie die Bundesrepublik derart ins Hintertreffen geraten? Auch wenn es sich bei der ersten Eroberung des Alls um eine große Einzelleistung handelte, erklärte Georg Picht dies unter anderem mit der deutschen Bildungskatastrophe, hielt das Bildungssystem für katastrophal unfähig, die notwendigen Neuerungen zu vollziehen.

1.2 Die deutsche Bildungskatastrophe

Ebenso schleichend zeichnet sich heute ein neuer wissenschaftlicher, technischer und politischer Schub ab, eine neue Revolution der Produktivkräfte, die das Leben und Lernen aller Menschen auf dramatische Weise verändert hat und beschleunigt verändern wird.[3] Wir befinden uns mitten in einer sich rasend verändernden digitalen Datenökonomie, einer Datenkultur, einer Welt Künstlicher Intelligenz (KI) und benötigen laufend völlig neue Fähigkeiten, um uns zwischen den Dingen des Internets, im Internet der Dinge zurechtzufinden und trotzdem menschengerecht zu handeln. Wer glaubt, immer mehr von diesen Daten, die-

---

[2]Vgl. Picht (1965).
[3]Vgl. Erpenbeck und Sauter (2007, S. 63 ff., 2013, S. 5 ff.).

sem Informationswissen in seinem Gehirn abspeichern zu müssen, ist schon fehlberaten, ist verraten.

Dass das heutige Bildungssystem genau in diesem Glauben verharrt, dass es das Lernen von Sach- und Fachwissen immer noch für das Alpha und Omega von Bildung hält, ist eine viel ernstere als die von Picht kritisierte Katastrophe. Wir halten das gegenwärtige Bildungssystem für katastrophal unfähig, die heute notwendigen Neuerungen zu vollziehen: Nämlich anstatt der angeblichen Vermittlung von Sach- und Fachwissen durchgängig Strukturen für die Entwicklung und Reifung von Kompetenzen zu schaffen.

Eine Kompetenzkatastrophe ist das Resultat.

Der moderne Kompetenzbegriff erfasst die menschlichen Fähigkeiten, in offenen, unüberschaubaren, komplexen, dynamischen und zuweilen chaotischen Situationen, also in der Praxis, selbstorganisiert und kreativ zu handeln. Der so gefasste Kompetenzbegriff ist der moderne Bildungsbegriff. Manche Probleme, die Picht angeprangert hat, sind heute einigermaßen zufriedenstellend gelöst.

Ungelöst sind die Kompetenzprobleme.

Wie lassen wir in Schülern,[4] Studenten oder Mitarbeitern die Fähigkeiten reifen, offene Probleme selbstorganisiert und kreativ zu lösen? Wie bereiten wir die Menschen auf Jobs vor, die gegenwärtig noch gar nicht existieren, auf die Nutzung von Technologien, die noch gar nicht entwickelt sind, um Probleme zu lösen, von denen wir heute noch gar nicht wissen, dass sie entstehen werden?[5] Diese Herausforderungen werden im aktuellen Bildungssystem weitgehend ignoriert.

---

[4] Der Inhalt unserer Streitschrift bezieht sich in gleichem Maße auf Frauen, Männer und Diverse. Aus Gründen der besseren Lesbarkeit wird jedoch die männliche Form für alle Personenbezeichnungen gewählt. Andere Formen werden dabei stets mitgedacht.

[5] Nach YouTube „Did you know?" (2024). https://www.youtube.com/watch?v=u06BXgWbGvA abgerufen am 4. 10. 2024

1 Wissenskatastrophe Kompetenzkatastrophe

Das ist die eigentliche Kompetenzkatastrophe

Seit über 150 Jahren hat sich ein mächtig-gewaltiger Aufsichts- und Steuerungsapparat auf staatlicher Ebene und in Verbänden aufgetürmt, dem die Kompetenzentwicklung, die Selbstorganisation, Kreativität und Fantasie der Lerner im Grunde völlig egal sind. Lieber etwas Sekundäres – die Merkfähigkeit des Gehirns – in Abiturprüfungen, Klausuren, Examen oder Tests genau messen und zensieren, als die Selbstorganisationsfähigkeit und Kreativität der Menschen möglicherweise nicht ganz so genau zu beurteilen. Zensuren lassen sich von Schüler zu Schüler, von Schule zu Schule, von Land zu Land vergleichen und ranken. Damit lässt sich der Erfolg des Schülers einschätzen und seine Leistungsverbesserung um beispielsweise 0,2 Punkte belegen. Damit lässt sich auch die Leistung des Lehrers im Vergleich mit anderen genau beurteilen. Ob er vielleicht drei, vier Schülern so viel Lust auf Physik gemacht hat, dass sie später sehr erfolgreiche, innovative, für das Land wichtige Physiker werden – interessiert keinen.

Die deutsche Bildungskatastrophe hat sich zur Kompetenzkatastrophe ausgeweitet.

Eine neue, wirkliche Bildungsrevolution ist notwendig. „Bildungsnotstand heißt wirtschaftlicher Notstand. Der bisherige wirtschaftliche Aufschwung wird ein rasches Ende nehmen, wenn uns die qualifizierten Nachwuchskräfte fehlen, ohne die im technischen Zeitalter kein Produktionssystem etwas leisten kann. Wenn das Bildungswesen versagt, ist die ganze Gesellschaft in ihrem Bestand bedroht."[6] Die Ökonomen Eric A. Hanushek und Ludger Wößmann haben in langfristigen, internationalen Studien nachgewiesen, dass es einen ursächlichen Effekt besserer Bildungsleistungen auf das wirtschaftliche Wachstum gibt. Danach hängen die volkswirtschaftlichen Wachstumsraten langfris-

---

[6] Picht (1965, S. 10).

tig direkt mit den Kompetenzen der Menschen zusammen, weil Bildung die Menschen in ihrer Arbeit produktiver und innovativer macht.[7] Bereits heute können laut einer aktuellen Schätzung des DIHK 1,8 Mio. Stellen nicht bedarfsgerecht besetzt werden.[8] Angesichts der zunehmenden demografischen Probleme, mit denen wir schon heute kämpfen, der Beschleunigung aller ökonomischen und politischen Prozesse, in die wir gestellt sind, der jähen Wenden, vor denen wir jederzeit stehen können, klingen die Worte von Georg Picht aktuell, ja zukunftsweisend prophetisch.

Wird die Kompetenzkatastrophe nicht aufgehalten, droht der geistige und wirtschaftliche Rückschritt gegenüber anderen Ländern.

1.3 Georg Picht und die Kompetenzkatastrophe

„Die deutsche Bildungskatastrophe" bediente sich eines von seinen Liebhabern fast zu Tode umarmten Begriffs. Jeder versteht unter Bildung etwas anderes. Doch stets wird der arme Wilhelm von Humboldt als Kronzeuge bemüht. Die einen interpretieren den Bildungsbegriff von Humboldt als höchsten, umfassendsten Ausdruck der körperlichen und geistigen Selbstorganisationsfähigkeit des Menschen. Die anderen wollen vor allem darauf hinweisen, dass zur geistigen Entwicklung des Menschen Wissen, Wissen und nochmals Wissen gehört, dass Wissen Macht ist. Wer wollte das bestreiten. Man kann vor allem die Entwicklung der menschlichen Fähigkeiten in den Mittelpunkt rücken, in neuartigen, problemoffenen Situationen selbstorganisiert

---

[7] Vgl. Hanushek und Wößmann (2015).
[8] Vgl. DIHK (2024)

und kreativ zu handeln, also die Kompetenzen. Oder man macht sich vor allem die Beglückung jedes einzelnen mit möglichst viel Sach- und Fachwissen, also die Darbietung und Verteilung dieses Wissens, die Wissensweitergabe zur Aufgabe. Je nachdem ergibt sich ein ganz unterschiedlicher, ja gegensätzlicher Blick auf die Bildung, auf den Bildungsbegriff. Wissen ist die notwendige Voraussetzung für Kompetenzen, stellt aber noch keine Kompetenzen dar.[9]

Es gibt keine Kompetenzen ohne Wissen.

Es ist die Grundlage jedes Handelns, jeder Kreativität, jeder Selbstorganisation. Aber nur, wenn es im Moment physischen oder geistigen Handelns verfügbar ist, wird es vom Wissen „an sich" zum Wissen „für uns". Ob es sich um Differenzialgleichungen oder um Führungswissen handelt.

Es gibt sehr wohl Wissen ohne Kompetenzen.

Wir sind mit einer unendlichen Informations- und Faktenfülle konfrontiert. Man kann Menschen dazu zwingen, sich Stückchen davon kurzzeitig einzuverleiben. Aber der „Leib" wird sie nicht bei sich behalten, wird sie ausspeien. „Bulimielernen" ist der den Sachverhalt gut treffende Ausdruck. Die Hoffnung, man könne Wissen im Oberstübchen stapeln wie alte Wäsche in Truhen und dann bei Bedarf doch noch einmal zugreifen, ist sicher nicht viel mehr als eine pädagogische Illusion.

Bulimielernen und Kompetenzentwicklung sind unversöhnliche Gegensätze.

Welches Bildungsverständnis hatte Georg Picht, als er die deutsche Bildungskatastrophe bild-, wort- und faktenreich beschrieb? Wer war überhaupt dieser Georg Picht, dass er so direkt und wirkungsmächtig am über 150-jährigen deutschen Bildungssystem zu kratzen wagte?

Keiner, der das wirkliche Wissen geringschätzte und hoffte, es gebe eine Selbstorganisationsfähigkeit des Geistes

---

[9] Vgl. Arnold und Erpenbeck (2014).

ohne Wissensbasis. Aber auch keiner, der das Loblied „toten" Wissens sang und Menschen, die ein solches nicht übermäßig schätzten, als Verfechter der Unbildung angriff.[10] Dazu war die politische und ökonomische Situation nach dem Sputnik-Schock zu ernst. Picht, Philosoph und langjähriger Freund des Physikers, Philosophen und Friedensforschers Carl Friedrich von Weizsäcker, kritisierte, dass viel zu wenige Mittel eingesetzt, dass viel zu wenige politische und ökonomische Anstrengungen in der wirtschaftswunderlichen Bundesrepublik unternommen wurden, um das noch in der Weimarer Republik vorhandene Niveau gymnasialer und universitärer Lehre aufrecht zu erhalten oder gar weiterzuentwickeln. Das rechnete er anhand von quantitativen Vergleichen vor. „Die Bundesrepublik steht in der vergleichenden Schulstatistik am untersten Ende der europäischen Länder neben Jugoslawien, Irland und Portugal. Die jungen Wissenschaftler wandern zu tausenden aus …" Finanzielle Fehlplanungen, Fehler des Verwaltungssystems, gravierender Lehrermangel, gewaltiger Abiturientenmangel, enormer Schulraummangel wurden angeprangert.

Zugleich widersprach er dem Argument, eine Steigerung der Quantität müsse zwangsläufig zu einer Senkung der Qualität führen. „Ist nicht eine Steigerung der Qualität gerade heute dringlicher denn je geboten? […] Es kann nicht bestritten werden, dass das durchschnittliche Leistungsniveau der höheren Schulen und der Studenten weit hinter den Maßstäben zurückgeblieben ist, die noch vor 40 Jahren als selbstverständlich galten."[11] Auch wenn sich diese Einschätzung vermutlich auf das Wissen der Schüler bezog, verfolgte er als Leiter des Elitegymnasiums Birklehof in Hinterzarten von 1946 bis 1956 wie viele der erfolgreichen

---

[10] Vgl. Liessmann (2014).
[11] Picht (1965, S. 19).

Privatschulen heute ein eindeutig *kompetenzorientiertes* Bildungsprogramm. Seine Vorstellung von Bildung fasste er in der schönen Formulierung zusammen: „Erziehung ist in den wichtigsten Bereichen eine Kunst des Geschehen lassen, nicht eine Kunst der Formung. Und eine Pädagogik, die sich vermisst, nach dem Gleichnis Gottes die Menschen auf ein Entwicklungsziel hin bilden zu können, verfängt sich in einem Selbstbetrug, der nur die unheilvollsten Folgen haben kann."[12]

Damit ist er ganz nahe dem humboldtschen Verständnis von Bildung. Der neue wesentliche Aspekt Humboldts war, „dass der [...] aufgeklärte Mensch sich nicht mehr nach dem Abbild Gottes richten und bilden soll, sondern – ganz im Sinne der Aufklärung – sich selbst bilden und verwirklichen soll." Damit bekommt der Bildungsbegriff im 18. Jahrhundert vor allem die neue Dimension des Sich-selber-Bildens.[13] Die Nähe zum modernen Kompetenzbegriff ist unübersehbar: Kompetenzen erfasste er als Fähigkeiten, in offenen Situationen sich selbst bildend und verwirklichend zu handeln.

Man kann also mit Fug und Recht sagen: Die von Picht angeprangerte deutsche Bildungskatastrophe wird von ihm auch als Wissenskatastrophe gesehen, aber vor allem als Kompetenzkatastrophe verstanden. Hier knüpft unsere Kritik am aktuellen Bildungssystem direkt an.

Auch in diesen Jahren werden die *Schulen* wieder einer PISA-Messung unterworfen, deren Ergebnisse Medien und Politiker mit großer Spannung erwarten. Doch den PISA-Messungen liegt ein Konzept zugrunde, das die wichtigsten Ergebnisse der Kompetenzforschung der letzten drei Jahrzehnte in skandalöser Weise zum großen Teilen ignoriert und einen Kompetenzbegriff benutzt, der mit Fachwissen

---

[12] Picht (1969, S. 28).
[13] Vgl. Büssers (2007).

und Fertigkeiten gleichgesetzt wird. Nach und nach bezieht PISA, wenn auch halbherzig, übergreifende Fähigkeiten, sogenannte 21st Century Skills, wie Problemlösungsfähigkeiten sowie Kollaboration und Teamarbeit mit ein. Lehrer, Schulen und ganze Bildungssysteme weltweit werden durch die OECD, die gerade mal von 36 Staaten getragen wird und keine demokratische Legitimation für den Bildungsbereich hat, in ein Korsett gezwungen, nach dessen Kriterien sie allein Exzellenz erlangen sollen.[14] Soziale, kulturelle oder wertorientierte Lernziele und die wirklichen Handlungsfähigkeiten der Schüler spielen dabei keine Rolle. Erst jetzt, nach 19 Jahren (!), will die OECD, zunächst in wenigen Ländern, damit beginnen, bei PISA-Erhebungen auch echte Kompetenzen in den Blick nehmen, auf die es nach den Worten ihres Bildungschefs Andreas Schleicher in Zukunft stark ankommt: Kreativität, Entrepreneurship und Offenheit für Neues.[15]

Wir gehen später noch einmal auf die PISA Erhebungen und ihre fatalen Auswirkungen ein.

Der Bologna-Prozess an den *Hochschulen* hat bewirkt, dass einige überfachliche, berufsfeldorientierte Kompetenzen in die Lehrpläne aufgenommen wurden. Jedoch dominiert auch dort weiterhin die Praxis einer Wissensweitergabe, die Illusion einer „Wissensvermittlung". Das wird an den Prüfungssystemen, an den Abschlussprüfungen, den Klausuren, den zunehmenden Multiple-Choice-Aufgaben ganz deutlich.[16] „Die vollständige Integration einer tiefergehenden Kompetenzorientierung im Sinne der Befähigung zum Umgang mit hochemergenten Systemen, Organisationen und Situationen der Zukunft … ist bislang nur wenig erfolgt".[17]

---

[14] Vgl. Graupe und Krautz (2014).
[15] Interview mit Andreas Schleicher, in Die Zeit, 6. Juni 2018.
[16] Vgl. Arnold (2015).
[17] Ehlers, (2020), S. IX.

1 Wissenskatastrophe Kompetenzkatastrophe

In der *beruflichen Bildung* überwiegen weiterhin die tradierten „Lehrformen", auch wenn immer mehr Unternehmen und Institutionen, wie beispielsweise adidas oder die Deutsche Bahn, aber auch mittelständische Unternehmen, dazu übergegangen sind, ihre Bildungskonzeptionen grundlegend zu verändern.

Auf den erwähnten wissenschaftlichen, technischen und politischen Schub, auf die gegenwärtige Revolution der Produktivkräfte, auf die sich rasend verändernde Datenökonomie, Datenkultur, Datenwelt oder die Künstliche Intelligenz reagieren die Bildungsinstitutionen auf Bundes- und Länderebene unglaublich gelassen. Die Politik begnügt sich mit Aktionismus und schüttete 2019 bundesweit im Rahmen des DigitalPakts Schule 5 Mrd. Euro für die technische Ausstattung der Schulen[18] oder ab 2024 im Rahmen des Startchancenprogrammes zehn Jahre lang jährlich 1 Mrd. für Investitionen in Schulgebäude, einem "Chancenbudget" zur Förderung individueller Bildungsmaßnahmen und der Stärkung von multiprofessionellen Teams, wie Schulsozialarbeitern[19] aus, ohne grundlegende Veränderungen der Ziele und Lernkonzeptionen zu initiieren. Die Hilfslosigkeit der Politiker verdeutlichte z. B. der heutige Vorsitzende der baden-württembergischen CDU, der allen Ernstes die Rückkehr zum Frontalunterricht forderte.[20]

Für die Bildungsinstitutionen liegt die bereits wirksame Kompetenzkatastrophe, falls sie überhaupt wahrgenommen wird, in weiter Ferne.

Wenn man die aktuellen Erhebungen zur Medienbildung in deutschen Schulen liest, wird einem angst und

---

[18] Handelsblatt vom 16.5.2019.
[19] https://www.bmbf.de/bmbf/de/bildung/startchancen/startchancen-programm.html.
[20] Die Welt vom 11.01.2018.

bange.[21] Viele Schulleitungen und Lehrkräfte äußern deutliche Vorbehalte gegenüber der Integration neuer Medien oder der Künstlichen Intelligenz in den Unterricht. Diese Zurückhaltung ist oft auf eine Kombination von Faktoren zurückzuführen, wie mangelnde Infrastruktur, fehlende Qualifizierungsmaßnahmen und die Sorge, dass Schüler durch die Informationsflut überfordert werden könnten. Wie Kinder mit digitalen Medien konkret umgehen, unterscheidet sich entlang der formalen Bildungsgrade der Eltern. Für Kinder aus Familien mit geringerer formaler Bildung ist das Internet vor allem ein Freizeitmedium. Kinder bildungsnaher Eltern nutzen die vielfältigen digitalen Möglichkeiten deutlich breiter – etwa für Informationssuche und Lernzwecke.[22] Wer jedoch, wenn nicht die Schule, soll es allen Kindern und Jugendlichen ermöglichen, die notwendige Medienkompetenz aufzubauen, um das Wissen der Welt problemorientiert zu nutzen, es aktiv und kreativ mitzugestalten? Digitale Medien mit ihrem revolutionären Potenzial ermöglichen es, den Lernbegriff neu zu denken. Die Schulen und Hochschulen greifen aber diese Chance kaum auf.

Wir haben es aktuell mit einer dramatischen Veränderung der menschlichen Produktivkräfte zu tun, sodass wir von einem digitalen Zeitalter sprechen. Die digitale Transformation erfordert Menschen mit Fähigkeiten, Entwicklungen selbstorganisiert und kreativ zu gestalten, also Kompetenzen. Trotzdem wächst die Bedeutung der Kompetenzentwicklung von Facharbeitern, Ingenieuren oder kaufmännische Mitarbeitern in den Unternehmen viel zu langsam.

Disruptive Innovationen, bei denen bestehende Geschäftsmodelle oder ein gesamter Markt durch eine stark wachsende Innovation abgelöst bzw. zerschlagen werden,

---

[21] Vgl. Wübben Stiftung (2022).
[22] Vgl. u. a. JIM-Studie 2023, DAK-Studie 2023/2024, KIM-Studie 2022.

1 Wissenskatastrophe Kompetenzkatastrophe

finden gehäuft statt. Die betriebliche Arbeitswelt verändert sich deshalb mit zunehmender Dynamik. Es entsteht eine immer mehr digital geprägte Arbeitswelt, die grundlegend neue Handlungsweisen und Werte aller Mitarbeiter und somit sogenannte digitale Kompetenzen erfordert. Der Wettbewerb der Zukunft wird deshalb ein Kompetenzwettbewerb mit neuen Arbeits- und Lernmethoden sein.[23]

Detaillierte Vorgaben und ständige Kontrolle verlieren an Bedeutung, dagegen wird Selbstorganisation und die Fähigkeit zur kollaborativen Zusammenarbeit und zum gemeinsamen Lernen gefordert. Trotzdem verharren die meisten der betrieblichen Bildungs- und der überbetrieblichen Aus- und Weiterbildungssysteme weiter in der Welt des tradierten Seminarlernens.

Zu Ende gedacht: Der Mensch verliert seinen Alleinvertretungsanspruch auf das Denken. In wenigen Jahren werden humanoide Computer, die menschenähnlich denken, nicht mehr nur technischer Gehilfe, Gerät und Instrument, sondern Lernpartner im eigentlichen Kompetenzentwicklungsprozess sein.[24] Der limitierende Faktor in zukünftigen Lernsystemen ist nicht mehr die Technologie, sondern der Mensch, weil er erst lernen muss, mit seinem neuen, technologischen Lernpartner souverän umzugehen.[25]

Viele in der Bildungsarbeit Tätige spüren bereits heute, dass eine Kompetenzkatastrophe auf sie zurollt.

Guten Schulleitern, guten Pädagogen ist klar, dass es nichts nützt, Fachwissen in Kinderköpfe zu treiben, Unterrichtszeiten und -stoffe auszudehnen, auf kleine Mathematiker, Physiker, Biologen zu hoffen. Kaum etwas von diesem Wissen wird in den Köpfen bleiben, außer umfassender Langeweile – zumindest bei denen, die nicht auf anderem

---

[23] Vgl. Sauter et al. (2018).
[24] Vgl. Erpenbeck und Sauter (2015).
[25] Vgl. Erpenbeck und Sauter (2013).

Wege Lust aufs Fach bekommen haben. Wie viel von dem dargebotenen Fachwissen wird später im Leben handlungswirksam, wird in Kompetenzen eingeschmolzen?

Guten Hochschullehrern, verantwortungsvollen Wissenschaftlern ist allemal klar, dass ihre Vorlesungen, vor 200, 300 Studenten gehalten, zwar neuestes, für den Fachmann brisantes Wissen darbieten können, dass aber nur Bruchteile davon behalten werden und noch viel weniger handlungswirksam wird. Vorlesungen sind in der Regel sinnlos, weil sie Wissen an sich, aber kaum Wissen für uns liefern. Was wirklich Kompetenzentwicklung ermöglicht, existiert in Schule und Universität heute meist zweitrangig: Das echte Forschungsprojekt für Schüler, die sozial anerkannte Tätigkeit im Erwachsenenbereich, das Schülerunternehmen. Das duale Studium mit dem massiven Kompetenzerwerb in der Praxis, der universitäre Forschungsauftrag, dessen Resultat wirklich nicht voraussehbar ist, aber im Erfolgsfall durch hohe Anerkennung, manchmal auch monetär belohnt wird. Der Einsatz in anderen Ländern mit anderen Lebens- und Forschungsgewohnheiten. Trainings und Coachings als kompetenzentwickelnde Einsatzformen neben der für die Kompetenzentwicklung unersetzlichen Praxis.

Wir kennen heute viele Wege und Methoden, Kompetenzen zu entwickeln.[26] Wir verfügen zur Diagnostik der Kompetenzentwicklung über eine Vielzahl von Kompetenz-Erfassungsmethoden, deren Ergebnisse manchmal genauer sind und tiefer loten als Schulnoten oder universitäre Zensuren.[27] Das gleiche gilt für die gezielte Werteentwicklung.[28] Wir haben nicht erst heute eine erstaunlich einheitliche

---

[26] Vgl. Erpenbeck und Sauter (Hrsg.) (2018), Erpenbeck und Sauter (2024).
[27] Vgl. Erpenbeck et al. (2018).
[28] Vgl. Erpenbeck und Sauter (2019).

1 Wissenskatastrophe Kompetenzkatastrophe

Vorstellung von dem, was Kompetenzen sind, nämlich eben jene Fähigkeiten zu selbstorganisiertem, kreativem Handeln.[29]

Die Kompetenzkatastrophe besteht auch darin, dass individuelle Weitsicht und Veränderungsbereitschaft gegen Mauern institutioneller Blindheit und Veränderungsunfähigkeit anrennen.

Es ist beinahe tragikomisch, wie Georg Picht seinerzeit versuchte, für Bund und Länder Notstandsprogramme und verbesserte Verwaltungsabkommen zu entwerfen, Bildungsplanung und Kulturpolitik in Bewegung zu bringen. Überall, wo er quantitative Ausweitungen forderte, gab es durchaus Erfolge. Die Anzahl der Abiturienten erhöhte sich rasant. Die Universitäten wurden mehr und mehr zu Massenuniversitäten. Aspekte der Kompetenzentwicklung spielten jedoch keine Rolle. So konnte „20 Jahre nach Picht" der Didaktiker Günther Schnuer kritisieren: „Es sei heute, nach über zwanzigjährigen unaufhörlichen Reformplänen und einer fast krankhaften Veränderungssucht in den Einrichtungen des deutschen Bildungswesens überhaupt die Frage erlaubt, was das alles an nachweisbarem Nutzen für die deutsche Volkswirtschaft, für die Gesellschaft gemeinhin, für die Kinder und Jugendlichen und ihre Eltern gebracht hat. Die Befürworter und Betreiber aller sogenannten Bildungsreformen sollten einmal sachlich nachweisen, an welcher Stelle und für wen die durchgesetzten Veränderungen im deutschen Bildungswesen der letzten zwei Dekaden wirklich einen Nutzen gebracht haben."[30]

Die Kompetenzfragen, die Picht – in anderem Vokabular – aufwarf, blieben unbeachtet.

---

[29] Vgl. Erpenbeck (2012, S. 1–59); Klieme (2004, S. 10–13).
[30] Schnuer (1986, S. 13).

So schließen seine Überlegungen völlig resigniert: „Wenn die Regierung versagt, ist es die Pflicht der Bürger, im Rahmen der Spielregeln der Demokratie für das vernachlässigte Gemeinwohl einzutreten. Deswegen habe ich das Wort ergriffen. Aber der Rückblick zeigt, dass sich mit Worten gegen das Schwergewicht der Verhältnisse wenig ausrichten lässt."[31]

Wir glauben: Das Schwergewicht der Verhältnisse hat sich heute deutlich verändert.

Die *Unternehmen* fordern und fördern kompetente Mitarbeiter und haben oft eigene Kompetenzmodelle entwickelt, um die Handlungsfähigkeit der Mitarbeiter zu erfassen und deren Entwicklung zu ermöglichen.[32] Immer mehr *Schulen* nehmen die Forderungen nach einem wirklich kompetenzorientierten Unterricht ernst.[33] Immer mehr *Eltern* bevorzugen, wenn sie die hohen Kosten aufbringen können, kompetenzorientierte Privatschulen.[34] Immer deutlicher artikuliert sich die *Kritik* am wissenslastigen Bildungssystem,[35] an der Weiterbildungslüge, die Faktenwissen für Kompetenzen ausgibt,[36] an der Lehrhaltung, die Begabungen nivelliert und Gefühle und die wirklichen Handlungsfähigkeiten vernachlässigt[37] sowie an der Missachtung all dessen, was wir heute über die neuropsychologischen Mechanismen des Lernens und Handelns wissen.[38]

---

[31] Picht (1965, S. 153).

[32] Vgl. Erpenbeck et al. (2013).

[33] Vgl. Heyse (2014).

[34] Vgl. https://privatschulen.de/wp-content/uploads/2024/01/2023_Privatschulstatistiken_22_23.pdf

[35] Vgl. Precht (2013), Nida-Rümelin und Zierer (2015), Dräger und Müller-Eiselt (2015).

[36] Vgl. Gris (2012).

[37] Vgl. Hüther und Hauser (2012); Wagenhofer (2013).

[38] Vgl. u. a. Kuhl (2009); Roth (2013).

1 Wissenskatastrophe Kompetenzkatastrophe

Hoffnungsvoll stimmt uns, dass das Kompetenzdenken seinen langen Marsch durch die Institutionen längst begonnen hat.
Eine Reihe von Universitäten, auch unsere Herkunftsuniversitäten,[39] haben die Kompetenzentwicklung zum Kern ihres Studienauftrags gemacht. Einer von uns hatte das Glück, in einem Großprojekt des Bundesministeriums für Bildung und Forschung zu arbeiten, das direkt auf die „Lernkultur Kompetenzentwicklung" gerichtet war, und dessen Leiter, Johannes Sauer, durchweg, fast subversiv, im Sinne dieses Denkens tätig wurde.[40] Das Deutsche Institut für Erwachsenenbildung (DIE) hat sich in Teilen auf Aufgaben einer echten Kompetenzentwicklung ausgerichtet. Das Bundesinstitut für Berufsbildung (BiBB) verfolgt mit eigenen Projekten Kompetenzentwicklungsziele. Sogar die Hochschulrektorenkonferenz (HRK) bezieht Ansätze zur Kompetenzentwicklung in ihre Überlegungen ein. Die Duale Hochschule Baden-Württemberg, einzelne Fachhochschulen, private Hochschulen oder technische Universitäten verfolgen kompetenzorientierte Ansätze. Immer mehr Unternehmen leiten einen Wandel ihrer Lernsysteme und der Lernkultur zur selbstorganisierten Kompetenzentwicklung ein.[41]

Das wichtigste Kennzeichen der Kompetenzkatastrophe ist, dass trotz dieser kompetenznahen Entwicklungen das Wissensweitergabe- und Wissensbeurteilungssystem unerschütterlich zu sein scheint.

Die durchaus kompetenzorientierte Direktorin einer großen *Berufsschule* sagt: Ich würde lieber heute als morgen einen wirklich kompetenzorientierten Unterricht durchführen lassen und meine Kollegen würden mitziehen – aber

---

[39] School of international Business and Entrepreneurship (SIBE), Berlin und Herrenberg; Distance and Independent Studies Center (DISC) der TU Kaiserslautern.
[40] Vgl. QUEM (2006).
[41] Vgl. Heyse et al. (2018).

am Ende der Ausbildung stehen die alten, ebenso sinnlosen wie entscheidenden Wissensprüfungen.

Ein *Handwerksmeister* sitzt in der IHK-Prüfung und nimmt den Auszubildenden das mühselig eingetrimmte Wissen ab, zugleich kann er unabhängig von solchen Prüfungen messerscharf beurteilen, welcher dieser Lehrlinge wirklich über das Kompetenzpotential zum Meister verfügt und welcher mit größter Wahrscheinlichkeit im Handwerk versagen wird. Der *Hochschullehrer,* der nicht nur in der Massenvorlesung untergeht, kann meist sehr treffsicher sagen, welcher Student das Zeug zum Physiker, Mathematiker, Mediziner hat und wer nur mit Bravour die Prüfungen besteht. So lange aber das Gesamtsystem schulischer, beruflicher und universitärer Bildung darauf ausgerichtet ist, unverbundenes Faktenwissen auf-, um- und abzuladen, wird Unwissenheit nur durch „Wissensblödigkeit"[42] ersetzt und die Kompetenzentwicklung beiseitegeschoben.

Gegen diese Kompetenzkatastrophe wehren wir uns.

1.4 Wiederkehrende Fragen

Wir wehren uns mit zehn Überlegungen, die nachweisen werden, dass der Kompetenzgedanke sinnhaft, zeitgemäß, wissenschaftlich fundiert, didaktisch alternativlos, wissenschaftliches und musisches Denken fördernd, generell neues Lernen ermöglichend, emotional-motivational begründet, digital umsetzbar, pädagogisch unumgänglich und gesellschaftlich unvermeidbar ist.

Wir wehren uns, indem wir auf zehn Fragen, denen wir immer wieder begegnen, teils freundlich formuliert, teils aggressiv zugespitzt Antworten geben:

---

[42] Um den schönen Titel von Wilhelm Genazino (2009), Die Liebesblödigkeit, aufzunehmen.

1 Wissenskatastrophe Kompetenzkatastrophe

- Ist der unbezweifelbare Siegeszug des Kompetenzdenkens nicht nur eine Modeströmung, ein Kompetenzrausch?
- Unsere Altvorderen sind auch ohne Kompetenzdenken zurechtgekommen, warum soll das heute so anders sein?
- Viele klassische Lernmethoden sind fundiert und haben sich bewährt, werden sie nun durch Methoden der Kompetenzentwicklung ausgehebelt?
- Wissensbestände lassen sich Schülern und Studenten oft erfolgreich eintrichtern, aber Kompetenzen doch nicht?
- Wissen kann man doch lehren, aber Kompetenzen können bestenfalls reifen, wieso?
- Wissen lässt sich zensieren, aber kann man auch Kompetenzen zensieren?
- Was soll das Gerede von Emotionen und Werten als Kompetenzkernen, wird der Pythagoras künftig mit Emotionen verbrämt gelehrt?
- Die Weitergabe von Wissen lässt sich administrativ in Umfang und Formen steuern, aber die Entwicklung von Kompetenzen doch wohl nicht?
- Jetzt soll sogar Kompetenzentwicklung im Netz und mit künstlicher Intelligenz möglich sein; ist das nicht eine neue Stufe des Wahnsinns?
- Zeichnet sich im Zuge der zunehmenden Nutzung Künstlicher Intelligenz eine weitere Kompetenzkatastrophe ab?
- Was bringt die Zukunft, die Wissensgesellschaft oder die Kompetenzgesellschaft?

Unabweisbar ergeben sich unserer Meinung nach aus den Antworten auf diese – und viele weitere – Fragen gebotene revolutionäre Sofortmaßnahmen; wir werden diesen Paradigmenwechsel am Schluss zusammenfassen.

Literatur

Arnold R (2015) Bildung nach Bologna! Die Anregungen der europäischen Hochschulreform. Springer, Wiesbaden

Arnold R (2017) Entlehrt Euch! Ausbruch aus dem Vollständigkeitswahn. hep, Bern

Arnold R, Erpenbeck J (2014) Wissen ist keine Kompetenz. Dialoge zur Kompetenzreifung. Schneider, Hohengehren

Büssers P (2007) Der Bildungsbegriff. Internes Papier Erziehungswissenschaften Universität zu Köln

DAK (2024) DAK Studie 2023//2024 – Problematisch Mediennutzung bei Kindern und Jugendlichen in der postpandemischen Phase. https://www.dak.de/dak/unternehmen/reporte-forschung/dak-studie-mediensucht-2023-24_56536#rtf-anchor-download-studie. Zugegriffen am 19.09.2024

Die Welt (2018) CDU-Generalsekretär für Rückkehr zum Frontalunterricht, 11. Januar 2018. https://www.welt.de/regionales/baden-wuerttemberg/article172398135/CDU-Generalsekretaer-fuer-Rueckkehr-zum-Frontalunterricht.html. Zugegriffen am 20.05.2019

Die Zeit (2018) Interview mit Andreas Schleicher, 6. Juni 2018. https://www.zeit.de/2018/24/bildungsforscher-andreas-schleicher-schulsystem-pisa-studie. Zugegriffen am 20.05.2019

DIHK (2024) Diese Folgen hat der Fachkräftemangel für den Standort Deutschland. https://www.wiwo.de/politik/deutschland/arbeitsmarkt-diese-folgen-hat-der-fachkraeftemangel-fuer-den-standort-deutschland/29531778.html. Zugegriffen am 16.09.2024

Dräger J, Müller-Eiselt R (2015) Die digitale Bildungsrevolution. Der radikale Wandel des Lernens und wie wir ihn gestalten könne. DVA, München

Ehlers U-D (2020) Future Skills: Der Zukunftskompass für Unternehmen und Bildungsanbieter. Springer Wiesbaden,

Erpenbeck J (2012) Was „sind" Kompetenzen. In: Faix WG, Auer M (Hrsg) Kompetenz. Steinbeis-Edition, Stuttgart, S 1–59

Erpenbeck J, Sauter W (2007) Kompetenzentwicklung im Netz. New Blended Learning mit Web 2.0. Luchterhand, Köln

Erpenbeck J, Sauter W (2013) So werden wir lernen! Kompetenzentwicklung in einer Welt fühlender Computer, kluger Wolken und sinnsuchender Netze. Springer Gabler, Heidelberg

Erpenbeck J, Sauter W (2015) Kompetenzentwicklung mit humanoiden Computern. Die Revolution des Lernens via Cloud Computing und semantischen Netzen. Springer Gabler, Heidelberg

Erpenbeck J, Sauter W (Hrsg) (2018) Handbuch Kompetenzentwicklung im Netz. Bausteine einer neuen Lernwelt. Schaeffer Poeschel, Stuttgart

Erpenbeck J, Sauter W (2019) Wertungen. Werte. Das Buch der gezielten Werteentwicklung von Persönlichkeiten. Springer, Berlin

Erpenbeck J, Sauter W (2024) Future Learning und New Work. Das Praxisbuch für gezieltes Werte- und Kompetenzmanagement. Haufe, Freiburg

Erpenbeck J, von Rosenstiel L, Grote S (2013) Kompetenzmodelle von Unternehmen. Schaeffer Poeschel, Stuttgart

Erpenbeck J, von Rosenstiel L, Grote S, Sauter W (Hrsg) (2018) Handbuch Kompetenzmessung. Erkennen, verstehen und bewerten von Kompetenzen in der betriebliche, pädagogischen und psychologischen Praxis. Schaeffer Poeschel, Stuttgart

Genazino W (2009) Die Liebesblödigkeit. Hanser, München

Graupe S, Krautz J (2014) Die Macht der Messung. Wie die OECD mit PISA ein neues Bildungskonzept durchsetzt. In: COINCIDENTA. Zeitschrift für europäische Geistesgeschichte. Beiheft 4: Zum theoretischen Rahmen der europäischen Bildungsforschung. Bernkastel Kues

Gris R (2012) Die Weiterbildungslüge: Warum Seminare und Trainings Kapital vernichten und Karrieren knicken. Campus, Frankfurt a. M.

Handelsblatt (2019) Karliczek unterzeichnet Papier zum „Digitalpakt Schule" – Milliarden können fließen, 16. Mai 2019. https://www.zeit.de/2018/24/bildungsforscher-andreas-schleicher-schulsystem-pisa-studie. Zugegriffen am 21.05.2019

Hanushek EA, Wößmann L (2015) The knowledge capital of nations: education and the economics of growth. MIT Press, Cambridge

Heyse V (2014) Aufbruch in die Zukunft. Erfolgreiche Entwicklungen von Schlüsselkompetenzen in Schulen und Hochschulen. Grundlagen für eine daten- und theoriegestützte Schulentwicklung. Medhochzwei, Stuttgart

Heyse V, Erpenbeck J, Ortmann S, Coester S (Hrsg) (2018) Mittelstand 4.0 – eine digitale Herausforderung. Führung und Kompetenzentwicklung im Spannungsfeld des digitalen Wandels. Waxmann, Münster

Hüther G, Hauser U (2012) Jedes Kind ist hoch begabt: Die angeborenen Talente unserer Kinder und was wir aus ihnen machen. Knaus, München

JIM-Studie (2023) JIM-Studie 2023. Jugend, Information, Medien. Basisuntersuchung zum Medienumgang 12–19-Jähriger abgerufen unter https://www.mpfs.de/fileadmin/files/Studien/JIM/2022/JIM_2023_web_final_kor.pdf. Zugegriffen am 16.09.2024

KIM-Studie (2022) KIM Studie 2022. Kindheit, Internet, Medien. Basisuntersuchung zum Medienumgang 6- – 13-Jähriger, abgerufen unter https://www.mpfs.de/fileadmin/files/Studien/KIM/2022/KIM-Studie2022_website_final.pdf. Zugegriffen am 01.09.2024

Klieme E (2004) Was sind Kompetenzen und wie lassen sie sich messen? Pädagogik 6:10–13

Kuhl J (2009) Lehrbuch der Persönlichkeitspsychologie: Motivation, Emotion und Selbststeuerung. Hogrefe, Göttingen

Liessmann KP (2014) Geisterstunde: Die Praxis der Unbildung. Eine Streitschrift. Beck, München

Nida-Rümelin J, Zierer K (2015) Auf dem Weg in eine neu deutsche Bildungskatastrophe. Herder, Freiburg

Picht G (1965) Die deutsche Bildungskatastrophe, 2. Aufl. Walter Freiburg, München

Picht G (1969) Die Verantwortung des Geistes: Pädagogische und politische Schriften. Klett, Stuttgart, S 28

Precht RD (2013) Anna, die Schule und der liebe Gott: Der Verrat des Bildungssystems an unseren Kindern. Goldmann, München

QUEM (2006) Kompetenzentwicklung 2006. Das Forschungs- und Entwicklungsprogramm ‚Lernkultur Kompetenzentwicklung'. Ergebnisse – Erfahrungen – Einsichten. Waxmann, Münster

Roth G (2013) Persönlichkeit, Entscheidung und Verhalten. Warum es so schwierig ist, sich und andere zu ändern. Vortrag an der Sommerhochschule, Burgenland

Sauter R, Sauter W, Wolfig W (2018) Agile Werte- und Kompetenzentwicklung. Wege in eine neue Arbeitswelt. Springer Gabler, Berlin

Schleicher A (2018) Es wird Zeit, die Lehrpläne auf die Zukunft auszurichten. EDU-ACTION-CHANNEL https://goodimpact.org/magazin/es-ist-zeit-die-lehrpläne-auf-die-zukunft-auszurichten. Zugegriffen am 25.05.2019

Schnuer G (1986) Die deutsche Bildungskatastrophe. 20 Jahre nach Picht – Lehren und Lernen in Deutschland. Busse Seewald, Herford

Wagenhofer E (2013) Alphabet. Angst oder Liebe. DVD, Lovefilm

Wübben Stiftung (2022): schulleitungsmonitor deutschland. Zentrale Ergebnisse aus der Erhebung 2022. www.wuebben-stiftung-bildung.org/schulleitungsmonitor-deutschland-2022. Zugegriffen am 16.09.2024

You Tube (2024). https://www.youtube.com/watch?v=bTM06NZOyDQ. Zugegriffen am 16.09.2024

2

Im Kompetenzrausch?

Zusammenfassung Vordergründig erscheint der Siegeszug des Kompetenzdenkens unaufhaltsam zu sein. Bei näherer Betrachtung wird jedoch deutlich, dass der Kompetenzbegriff oftmals nur Etikette ist. Umso wichtiger ist es, eine eindeutige, akzeptierte Definition für Kompetenzen zu formulieren und von der Illusion weg zu kommen, der Aufbau trägen Wissens würde genügen. Wir benötigen eine neue Kompetenzauffassung, nach der Wissen „an sich" emotional durchdrungen, emotional „imprägniert" werden muss, um zu Wissen „für uns" und damit zu Kompetenz zu werden. Die durch die Digitalisierung und die Künstliche Intelligenz dramatisch beschleunigte Kompetenzkatastrophe wird darauf drängen, dass das Kompetenzdenken, wenn auch langsam, das heutige Wissensweitergabe- und Wissensbeurteilungssystem erschüttern wird, dass echte Kompetenzeinschätzungen und -entwicklungen sich durchsetzen werden.

Es gibt viel Kritik am Kompetenzdenken. Je deutlicher die Kompetenzkatastrophe auf Schulen, Universitäten und Einrichtungen beruflicher Bildung zurollt, desto mehr Einwände werden vorgetragen, oft in scharfer, polemischer Form. Das führt zu einer fast schizophrenen Situation: Einerseits bemühen sich diese Bildungsinstitutionen – auch administrativ dazu verpflichtet – vordergründig „kompetenzorientierte" Lehrpläne einzuführen, „kompetenzfördernde" Seminare zu realisieren oder „kompetenzhaltige" Qualifikationen durchzusetzen. Andererseits braucht das Umsteuern der riesigen Tanker – Schule, Universität, Berufsbildung – Zeit, Zeit und noch mehr Zeit, was alle erleichtert, die meinen, es wäre doch viel einfacher, den alten Kurs beizubehalten. Die Kompetenzkatastrophe liege, wenn sie denn überhaupt eintrete, in weiter, weiter Ferne.

Die Argumente für ein Beibehalten des alten Kurses und eine Ablehnung des Kompetenzkurses sind vielfältig. Doch schälen sich, schaut man genauer hin, vor allem zwei Argumentationsstränge heraus, die ziemlich simpel, aber aufgrund ihrer Einfachheit von hoher Überzeugungskraft sind.

Der erste Argumentationsstrang versucht, vom Gegensatz Wissen zu Kompetenz zu profitieren. Niemand kann und wird abstreiten, was auch wir schon einführend betonten: Es gibt keine Kompetenzen ohne Wissen. Und je mehr Wissen man in einer schwierigen und Kreativität erfordernden Situation mobilisieren kann, desto kompetenter kann man handeln. Der Knackpunkt ist hier die Mobilisierung des Wissens. Gelingt sie nicht, ist die ganze Wissensfülle umsonst und führt zu Wissensblödigkeit, wie wir es nannten. Gelingt sie, handeln wir kompetent. Gelingt sie besser, wenn wir Wissen auf Vorrat speichern, die Gedächtnistresore mit Wissensgold füllen? Oder wandelt es sich dort unversehens zu viel weniger wertvollem Wissensblei? Dazu wollen wir Überlegungen anstellen, weil Wissensblödigkeit unserer Überzeugung nach direkt in die Kompetenzkatastrophe führt.

Der zweite Argumentationsstrang geht von der Vielfalt des Kompetenzbegriffs aus. Begreift man Kompetenzen als Fähigkeiten, in offenen physischen oder geistigen Herausforderungssituationen selbstorganisiert und kreativ zu handeln, so kann man tatsächlich entsprechend der Fülle solcher Situationen eine Fülle von Kompetenzen erdenken und zuschreiben. Das ist auch völlig verständlich. Beispielsweise braucht ein im Internet agierendes innovatives Start-up-Unternehmen Softwaretechniker, die immer neue kreative Applikationen für die Kunden entwickeln. Beim Start ist nicht einmal klar, ob sie überhaupt eine Lösung finden werden und ob es eine gute Lösung sein wird. Das Fachwissen dafür müssen sie mitbringen oder sich in kürzester Zeit erarbeiten. Aber ob sie Erfolg haben werden oder scheitern, darin offenbart sich ihre spezielle Fachkompetenz, von deren Vorhandensein das Wohl und Wehe einer Unternehmung abhängen kann.

Deshalb ist es richtig, *zunächst* einen hoch generalisierten Kompetenzbegriff zu benutzen, *dann* die vier Grundkompetenzen als Basis zu begreifen.[1]

Menschen mit hohen *personalen Kompetenzen* besitzen Charisma und wirken als Vorbild. Sie streben starke Leistungen an, stellen hohe Ansprüche an sich selbst, aber auch an andere. Sie sind in hohem Maße loyal und streben nach Gerechtigkeit. Gleichzeitig besteht zuweilen die Gefahr, dass sie sich zu sehr von Emotionen leiten lassen, zu vertrauensselig und selbstverleugnend sind.[2]

Menschen mit *Aktivitätskompetenzen* übernehmen Verantwortung in Projekten und für Aufgaben, übertragen ihren Willen auf andere und werden durch Widerstände gestärkt. Sie sind dynamisch, wettbewerbsorientiert und risikobereit.

---

[1] Vgl. u. a. Heyse et al. (2010).
[2] Vgl. Ciompi (1997).

Sie neigen aber manchmal dazu, zu hohe Risiken einzugehen, andere zu überfordern, zu viel gleichzeitig zu machen und Druck auf andere auszuüben.

Menschen mit *Fach- und Methodenkompetenzen* sind sehr sachorientiert und verlässlich, durchschauen Probleme rasch und sind meist auf dem neuesten Kenntnisstand, arbeiten analytisch und methodisch zielorientiert. Sie reduzieren Komplexität und agieren umsichtig. Dieser Kompetenzbereich bezieht sich also nicht auf das Fach- und Methodenwissen selbst, sondern vielmehr auf die Fähigkeit, dieses Wissen erfolgreich für Problemlösungen einzusetzen. Menschen mit dieser Kompetenzausprägung neigen aber bisweilen dazu, auf ihr Wissen zu sehr zu vertrauen und menschliche Komponenten zu vernachlässigen. Dann besteht die Gefahr, dass sie fantasiearm und überkritisch, teilweise auch übervorsichtig und beharrend an Aufgaben herangehen.

Menschen mit *sozial-kommunikativen Kompetenzen* besitzen ein feines Gespür für Meinungen, Bedürfnisse und Gefühle anderer, organisieren flexibel die Zusammenarbeit, vermitteln bei Konflikten und lösen Probleme humorvoll und experimentierend. Gelegentlich neigen sie dazu, Konsens überzubetonen, deshalb meiden sie Auseinandersetzungen und artikulieren keine eigene Meinung. Ab und an wirken sie ziellos, ohne Überzeugung und übergesellig.

Darauf bauen unterschiedliche Einzelkompetenzen auf, die *letztlich* über sogenannte Handlungsanker ganz konkreten Handlungssituationen in Schule, Universität, Beruf, Unternehmen oder Institutionen angepasst werden können.[3] Der Vorwurf, es gebe ja bis heute keine einheitliche und breit akzeptierte Definition von Kompetenz, trifft nicht nur auf die meisten sozialwissenschaftlichen Begriffe wie Charakter, Wille, Persönlichkeit und viele Ähnliche zu. In Bezug auf Kompetenzen ist er eine typische Killerphrase.

---

[3] Vgl. Heyse und Erpenbeck (2007).

2.1 Wissensblödigkeit und Kompetenzintelligenz

Seit in der Schweiz der sogenannte Lehrplan 21 verbindlich für alle Bundesländer eingeführt wurde, gibt es dort eine nicht mehr abreißende Diskussion.[4] Der Lehrplan führt eine Fülle, ja Überfülle von „Kompetenzen" ein, die als verbindliche Bildungsziele gelten sollen. Die Neue Züricher Zeitung hat sich zum Wortführer der Gegner gemacht. Ein Artikel des viel gelesenen Wissenschafts-Philosophen Konrad Paul Liessmann, „Das Verschwinden des Wissens",[5] artikuliert klar die Gegenposition zu einem progressiven Kompetenzdenken und zu einer verbindlichen Kompetenzentwicklung. In Deutschland würde kaum noch ein Autor wagen, sich so unverhohlen zum Promotor der Kompetenzkatastrophe zu machen. Deshalb knüpfen wir an Liessmanns Polemik an, die er auch in Buchpublikationen wiederholte und vertiefte.

Startpunkt ist die Behauptung, der Kompetenzbegriff sei weitgehend beliebig. Das ist eine vermessene Feststellung. Sie ignoriert, dass die vier aufgeführten Grundkompetenzen – personale, aktivitätsbezogene, fachlich-methodische und sozial-kommunikative Kompetenz – bereits 1970 von Heinrich Roth herausgearbeitet wurden und seither unwidersprochene sozialwissenschaftliche Grundlage sind – eine Begriffsstabilität, die in den Sozialwissenschaften übrigens äußerst selten ist. Sie ignoriert darüber hinaus, dass sich diese Unterscheidung international in hunderten von Forschungsarbeiten, Erfassungen und Projekten bewährt hat. Die EU orientiert sich seit der Mitte der 1990er-Jahre stets an den analogen, un-

---

[4] Der Präsident des Dachverbands Schweizer Lehrerinnen und Lehrer (LCH), B.W. Zemp (2014).

[5] Liessmann (2014), 18.09.2014.

trennbar miteinander verbundenen vier Säulen aller Aus- und Weiterbildungsprozesse: Learning to know! Learning to do! Learning to be! Learning to live together![6]

Es gibt mittlerweile viele Verfahren, diese Basiskompetenzen qualitativ zu erfassen, quantitativ zu messen[7] und daraus Schlussfolgerungen in Bezug auf Veränderungen unter normalen und unter schwierigen Lebens- und Arbeitsbedingungen zu treffen, ebenso in Bezug auf die Dynamik von Handlungsideal: „Was ist für mich sehr wichtig?", Handlungserwartung: „Was nehme ich mir vor?", Handlungsvollzug: „Was mache ich?" und Handlungsresultat: „Was habe ich erreicht?".[8] Diese Fortschritte werden von der Liessmann-Polemik überhaupt nicht berücksichtigt.

Die größten Industrieunternehmen Deutschlands wie Airbus, Bosch, Daimler, Porsche, Audi, EON, Telekom, Siemens, Deutsche Bahn, Deloitte, Munich Re, Salzgitter, aber auch mittelständische Unternehmen[9] oder die Bundesagentur für Arbeit und die Bundeswehr haben organisationsspezifische Kompetenzmodelle entwickelt, wobei natürlich immer wieder neu bestimmt werden muss, welches (Fach-) Wissen und welche Kompetenzen wirklich wichtig sind und wie sie im Handeln manifest werden. Daraus aber auf ein Verschwinden des Wissens zu schließen, ist komplett unsinnig. Können wir uns vorstellen, dass Unternehmen wie Daimler oder Bosch das Verschwinden von Wissen tolerieren würden? Oder eines der anderen Unternehmen? Denen geht es um etwas völlig anderes: Myriaden von Schülern und Studenten bekommen in Schulen und Universitäten Wissen eingetrichtert, das für sie unbrauchbar ist in dem Sinne, dass sie es nicht in irgendwelchen Zusammenhängen von Denk-

---

[6] Vgl. Delors (1997).
[7] Vgl. Erpenbeck, Grote, von Rosenstiel und Sauter (2018).
[8] Vgl. Erpenbeck, Grote, von Rosenstiel und Sauter (2018).
[9] Vgl. Heyse, Erpenbeck, Ortmann, Coester (2018).

handeln oder physischem Handeln benutzen können. Dieses mehr oder weniger gedankenlos eingepaukte Wissen ist nicht präsent, nicht abrufbar, nicht zu mobilisieren; es ist träge oder gar tot.[10] Deshalb wird es meist auch ganz schnell wieder vergessen.

Dieses Pauken von Wissen auf Vorrat, das sehr rasch wieder vergessen wird, wird im Zuge der digitalen Transformation und der Künstlichen Intelligenz zunehmend unsinniger, weil wir vor Herausforderungen in der Bildung stehen, die in einem YouTube-Video treffend beschrieben sind: „Wie bereiten wir die Menschen auf Aufgaben vor, die gegenwärtig noch gar nicht existieren, auf die Nutzung von Technologien, die noch gar nicht entwickelt sind, um Probleme zu lösen, von denen wir heute noch nicht wissen, dass sie entstehen werden?"[11]

Dies macht deutlich, dass es in der Bildung vor allem darum geht, die Fähigkeit der Menschen zu fördern, heute noch unbekannte Herausforderungen selbstorganisiert lösen zu können. Es geht also um den Aufbau von Kompetenzen.

Liessmanns Polemik ist eine Verteidigung der Wissensblödigkeit. Des toten Wissens. Der Wissensmumien, manche schön anzusehen, aber eben mausetot. Es ist die Verteidigung des vorlesenden Professors, für den sich die eigene Daseinsberechtigung aus der Kenntnis und dem Vortrag von mumifiziertem Wissen ergibt. Ja, auch Denken ist ein Handeln, das mehr oder weniger kompetent sein kann. Ein Stoff, ein Thema als Gegenstand eines Unterrichts, ohne ein „Wozu" und „Wozu für mich", führt zur Paukschule und Paukuniversität.

---

[10] Vgl. Wahl (2002, S. 227–241).
[11] Nach Youtube „Shift happens, did you know?" (2024) https://www.youtube.com/watch?v=u06BXgWbGvA.

Uns interessieren hier nicht die mehr oder weniger glücklichen Konstrukte Schweizer Pädagogik, aber wir halten die neue Züricher Behauptung für absurd, die klassischen Beurteilungs- und Bewertungssysteme des auswendig gelernten Wissens seien besser als Kompetenzfeststellungen, also Beurteilungen des geistig und physisch Handeln können von Schülern.

Der Gehirnforscher Gerhard Roth hat deutlich gemacht, dass das Lernen auf der kognitiv-sprachlichen Ebene das Handeln der Menschen nur in Verbindung mit sozial-emotionalen Lernen verändern kann.[12] Ein Kern der neueren Kompetenzauffassungen ist es deshalb, dass jedes Wissen „an sich" emotional durchdrungen, emotional „imprägniert" werden muss, um zu Wissen „für uns" und damit zu Kompetenz zu werden. Treiber dieser emotionalen Imprägnierung können Bewunderung des Lehrenden, des Gelehrten, der Schönheit des Stoffes, Begeisterung, Leidenschaft, Engagement, Wille, Interesse, Neugier, Anteilnahme, Wissbegier, aber auch Vorsicht, Bedachtsamkeit, Angst und vieles mehr sein – aber nirgends und nie werden Kompetenzen als „formale" Fertigkeiten verstanden, die an beliebigen Inhalten erworben werden können. Dem Polemiker Liessmann ist offensichtlich nicht klar, dass er mit seinem Plädoyer für Neugier, Interesse, Offenheit gegenüber Sachen, Themen und Gegenständen genau in die Kerben unzähliger innovativer Pädagogikansätze, aber insbesondere auch der modernen Kompetenzforschung, schlägt, dass – totes – Wissen eben keine Kompetenz ist, dass dieses erst durch Einbettung in geistiges oder gegenständliches Handeln aus der Totstarre erwacht.

Seit etwa 30 Jahren gibt es ein intensives Bemühen in der EU, um die Einheit von Wissensweitergabe und Kompetenzentwicklung zu erreichen. So wird zum Beispiel im Memo-

---

[12] Roth (2015).

randum 2000 zum lebenslangen Lernen, aber auch in der europäischen Biografie, in allen Sprachen der EU-Mitgliedsländer auf die unverzichtbaren Kompetenzaspekte verwiesen. Der Europäische Qualifikationsrahmen (EQF) orientiert sich an der unlösbaren Einheit von Wissen, Fertigkeiten und Kompetenzen. Dabei werden schon seit Mitte der 1990er-Jahre Kompetenzen, ganz in unserem Sinne, als Handlungsfähigkeiten gefasst, als Voraussetzungen für die selbstorganisierte Bewältigung neuer, komplizierter Lebensanforderungen, als Voraussetzungen zum individuellen Bestehen in Veränderungsprozessen. Und es werden in Verbindung mit dem Wissenserwerb solche unabdingbar zu fördernden Kompetenzen genannt wie Offenheit für Veränderungen, Problemlösungsfähigkeit, Innovationsfähigkeit, Lernfähigkeit, Gestaltungsfähigkeit, Verantwortungsfähigkeit, Selbstmanagement, Kommunikationsfähigkeit und Fähigkeit, neuestes Fachwissen selbstständig zu erwerben und zur Bewältigung neuer Anforderungssituationen einzusetzen. Die europäischen Fortschritte unterstützen die Bemühungen, der Kompetenzkatastrophe entgegenzuwirken, eine neue Kompetenzintelligenz zu entwickeln.[13]

2.2 Siegeszug des Kompetenzdenkens

Der Siegeszug des Kompetenzdenkens scheint unaufhaltsam. Im schulischen Bereich wird zunehmend von Kompetenzen gesprochen und über sie geforscht.[14] Im Bereich der beruflich-betrieblichen Weiterbildung wird schon seit längerem

---

[13] Das zeigen 36 Autorinnen und Autoren aus der Schweiz, Deutschland und Österreich mit Best-Practice-Beispielen in dem informativen Buch von Heyse V (Hrsg.) (2014).
[14] Vgl. z. B. Erpenbeck und Sauter (2018).

Kompetenzentwicklung angestrebt.[15] An den Hochschulen hat der Bologna-Prozess bewirkt, dass auch überfachliche, berufsfeldorientierte Kompetenzen, die ein Fachstudium sinnvoll ergänzen, „vermittelt" werden sollen. Über 90 % der deutschen Hochschulen haben die „Vermittlung" von Kompetenzen in ihre Lehrpläne aufgenommen oder zumindest ein Konzept dafür entwickelt.[16] Nahezu alle großen Unternehmen nutzen heute eigene, sorgfältig ausgearbeitete, in ihrer Personalauswahl und -entwicklung fest verankerte Kompetenzmodelle.[17] Sie sind häufig in ein umfassend ausgearbeitetes Kompetenzmanagement eingebunden. Zunehmend entwickeln auch mittlere und kleine Unternehmen ein eigenes Kompetenzmanagement,[18] wobei einige lieber das Label Talentmanagement benutzen.[19] Also kein Grund, von einer Kompetenzkatastrophe zu sprechen?

Wir glauben ganz im Gegenteil, dass dieser Siegeszug die Kompetenzkatastrophe nur deutlicher hervortreten lässt. Als deren wichtigstes Kennzeichen hatten wir hervorgehoben, dass trotz vieler kompetenznaher Entwicklungen das mächtig-gewaltige Wissensweitergabe- und Wissensbeurteilungssystem unerschütterlich zu sein scheint. Wo es wirklich um Leistung, Aufstieg, Abschluss, Zulassung, Förderung geht, werden Zensuren – und damit Wissenskriterien – formuliert. Nicht die personale, aktivitätsbasierte, soziale und kommunikative Eignung eines Abiturienten zählt, wenn er den Beruf des Mediziners ergreifen will, sondern ob seine Abiturnote zwischen 1,0 und 1,1 liegt. Nicht die goldenen Hände und jahrelangen Erfahrungen eines schwarzafrikanischen Schlossers und Im-

---

[15] Vgl. die Publikationen der von der Arbeitsgemeinschaft Qualifikations-Entwicklungs-Management herausgegebenen über 20 Bände (2000–2007).
[16] Vgl. Vollmers (2009); Brinker und Müller (2008).
[17] Vgl. Erpenbeck et al. (2013).
[18] Vgl. Heyse, Erpenbeck, Ortmann, Coester (2018).
[19] Vgl. Steinweg (2009); Sauter und Scholz (2015).

migranten zählen, sondern ob er in deutscher Sprache vorgegebene Wissensprüfungen zu bestehen vermag. Je klarer die reale Bedeutung von Kompetenzkriterien wird, desto intensiver beharren die Institutionen des Wissensweitergabe- und -beurteilungssystems auf lebens- und karriereentscheidenden, juristisch fixierbaren Wissenskriterien.

Dass ein Jugendlicher ohne jegliche Berührung mit dem Schul- und Universitätssystem zu einem gebildeten und hoch kreativen Instrumentenbauer werden kann,[20] erscheint aus Sicht solcher Institutionen unglaublich und nahezu kriminell.

Das gilt natürlich keineswegs für alle Mitarbeiter, die institutionell in Bildungs- und Weiterbildungsinstitutionen eingebunden sind. Doch ist der unaufhaltsame Siegeszug des Kompetenzdenkens vielen unheimlich. Sie reden auch nach über 60 Jahren von einer „Modeerscheinung", einer „Modewelle". Andere meinen, es gebe so viele, so unterschiedliche Definitionen von „Kompetenz", dass man nicht wisse, woran man sich zu halten habe. Tatsächlich ist es zielführender, die Wirkungsgeschichte des Kompetenzdenkens seit etwa 1960 zu verfolgen. Das wollen wir im nächsten Abschnitt tun. Dabei wird schnell klar: Aufgrund der unglaublichen Beschleunigung[21] aller politischen, ökonomischen und sozialen Prozesse weltweit sind globale Unternehmen, Märkte, Finanzbeziehungen, Wirtschaftsbeziehungen immer weniger als mechanisch-kybernetische Systeme zu verstehen und zu modellieren. Immer deutlicher tritt ihr Charakter als selbstorganisierende, teilweise chaotische Systeme zutage. Umso mehr sind Menschen mit Fähigkeiten gefragt, angesichts von Angst, Unsicherheit und lediglich bruchstückhaftem Wissen selbstorganisiert und kreativ handeln zu können. Desto mehr sind Kompetenzen und kompetente Menschen gefragt.

---

[20] Vgl. Stern (2009).
[21] Vgl. Harari (2019a, b); Rosa (2015).

Nicht jede Fähigkeit ist Kompetenz. Nicht jedes selbst organisieren ist schon Selbstorganisation. Der Begriff meint vielmehr Handlungen, die durch tiefgründige, manchmal auch komplizierte Theorien bestimmt werden, wie beispielsweise die *Synergetik,* die Lehre vom Zusammenwirken und der Wechselwirkung von verschiedenen Elementen eines komplexen, dynamischen Systems, die *Autopoiese,* der Prozess der Selbsterschaffung und Selbsterhaltung von Lebewesen oder lebenden Systemen, sowie durch den *Konstruktivismus,* nach dem Menschen aufgrund von Sinneseindrücken eine individuelle, subjektive Realität erzeugen. Ein weiterer Aspekt ist *systemisches Herangehen* mit einem abgestützten Verständnis des kreativen Umgangs mit Offenheit und Unsicherheit. Die Zukunft ist nicht mehr das, was sie einmal war. Sie ist mit Fertigkeiten, Informationswissen und Qualifikationen, mit Beschulungen und Qualifizierungen auch im Dutzend nicht mehr zu bewältigen. Kompetenzen sind gefragt.[22] Sie lassen sich zunehmend klarer charakterisieren, messen und entwickeln. Ihre Fülle und Vielfalt lassen sich systematisch beherrschen.[23]

Damit bekommen Zweifel am Siegeszug des Kompetenzdenkens schon eine lustige Note. Da beschreibt der Wirtschaftswissenschaftler Manfred Becker den angeblichen Kompetenzrausch:

> „Kompetenz [ist] irgendwie zwischen Wissen und Wissensnutzung, zwischen Befähigung und Bewältigung, zwischen Qualifikation und Handlung angesiedelt … Wir wissen nicht, ob Kompetenz nun Wort, Sinn, Kraft oder Tat bedeutet. Des Pudels Kern bleibt uns verschlossen. Es bleibt dabei: Kompetenz ist nicht sichtbar, nicht greifbar, nicht in Aktenordnern abzulegen. Wenn Kompetenz nur etwas

---

[22] Vgl. Kauffeld (2006); Kauffeld et al. (2009).
[23] Vgl. Erpenbeck (2012).

‚Dazwischen-Gedachtes' zwischen Qualifikation und Handlung ist, das nicht wirklich wahrnehmbar, nicht direkt messbar und auch nicht unmittelbar steuerbar ist, dann empfiehlt es sich, den Begriff Kompetenz unverzüglich stillzulegen."[24]

Voraussagbar wird genau das Gegenteil geschehen. Die durch die Digitalisierung und die Künstliche Intelligenz dramatisch beschleunigte, drohende Kompetenzkatastrophe wird darauf drängen, dass das Kompetenzdenken, wenn auch langsam, das heutige Wissensweitergabe- und Wissensbeurteilungssystem erschüttern wird, dass echte Kompetenzbeurteilungen und -entwicklungen sich durchsetzen werden. Dass das Kompetenzdenken seinen Siegeszug fortsetzen und die Kompetenzkatastrophe, wenn auch in einem Jahrzehntprozess, überwinden wird. Wir betrachten unsere Streitschrift als einen Teil dieses Prozesses.

Literatur

Arbeitsgemeinschaft Qualifikations-Entwicklungs-Management (2000–2007) Edition QUEM (20 Bde). Waxmann Münster, New York

Becker M (2012) Im Humpty-Dumpty-Rausch der Kompetenz. Plädoyer für die Stilllegung eines unbrauchbaren Begriffs. Personalführung 12:32–39

Brinker T, Müller E (Hrsg) (2008) Wer, wo, wie und wie viele Schlüsselkompetenzen? Wege und Erfahrungen aus der Praxis an Hochschulen. HS Bochum IZK, Bochum

Ciompi L (1997) Die emotionalen Grundlagen des Denkens. Entwurf einer fraktalen Affektlogik. Vandenhoeck & Ruprecht, Göttingen

---

[24] Vgl. Becker (2012, S. 32–39).

Delors J (1997) Bildung eine notwendige Utopie. In: UNESCO-Kommission (Hrsg) Lernfähigkeit. Unser verborgener Reichtum. Luchterhand Neuwied, Kriftel

Erpenbeck J (2012) Was „sind" Kompetenzen. In: Faix WG, Auer M (Hrsg) Kompetenz. Steinbeis Edition, Stuttgart, S 1–59

Erpenbeck J, Sauter W (Hrsg) (2018) Handbuch Kompetenzentwicklung im Netz. Bausteine einer neuen Lernwelt. Schäffer-Poeschel, Stuttgart

Erpenbeck J, von Rosenstiel L, Grote S (2013) Kompetenzmodelle von Unternehmen. Schäffer-Poeschel, Stuttgart

Erpenbeck J, Grote S, von Rosenstiel L, Sauter W (2018) Handbuch Kompetenzmessung. Erkennen, verstehen und bewerten von Kompetenzen in der betrieblichen, pädagogischen und psychologischen Praxis, 3. Aufl. Schäffer-Poeschel, Stuttgart

Harari YN (2019a) Homo Deus. Eine Geschichte von morgen. Beck, München

Harari YN (2019b) 21 Lektionen für das 21. Jahrhundert. Beck, München

Heyse V (2014) Aufbruch in die Zukunft. Erfolgreiche Entwicklungen von Schlüsselkompetenzen in Schulen und Hochschulen. Grundlagen für eine daten- und theoriegestützte Schulentwicklung. Medhochzwei, Stuttgart

Heyse V, Erpenbeck J (Hrsg) (2007) Kompetenzmanagement. Methoden, Vorgehen, KODE® und KODE®X im Praxistest. Waxmann, Münster

Heyse V, Erpenbeck J, Ortmann S (Hrsg) (2010) Grundstrukturen menschlicher Kompetenzen. Praxiserprobte Konzepte und Instrumente. Waxmann, Münster

Heyse V, Erpenbeck J, Ortmann S, Coester S (2018) Mittelstand 4.0 – eine digitale Herausforderung. Führung und Kompetenzentwicklung im Spannungsfeld des digitalen Wandels. Waxmann, Münster

Kauffeld S (2006) Kompetenzen messen, bewerten, entwickeln. Schäffer-Poeschel, Stuttgart

Kauffeld S, Grote S, Frieling E (2009) Handbuch Kompetenzentwicklung. Schäffer-Poeschel, Stuttgart

Liessmann KP (2014) Das Verschwinden des Wissens, in NZZ vom 18. September 2014

Rosa H (2015) Beschleunigung. Die Veränderungen der Zeitstrukturen in der Moderne. Suhrkamp, Frankfurt am Main

Roth G (2015) Bildung braucht Persönlichkeit. Wie lernen gelingt. Klett-Cotta Stuttgart

Sauter W, Scholz C (2015) Von der Personalentwicklung zum Kompetenzmanagement. Veränderungsprozess zur selbstorganisierten Kompetenzentwicklung. Springer Gabler, Heidelberg

Steinweg S (2009) Systematisches Talentmanagement. Schäffer-Poeschel, Stuttgart

Stern A (2009) … und ich war nie in der Schule. Geschichte eines glücklichen Kindes. ZS, Freiburg

Vollmers F (2009) Parlieren geht über Studieren. FAZ, C6, 31 Januar/1 Februar

Wahl D (2002) Mit Training vom trägen Wissen zum kompetenten Handeln? Z Pädagogik 48:227–241

Zemp BW (2014) Lehrplan 21: Das ist ein historischer Schritt. Neue Zürcher Zeitung, 29. Januar 2015. www.nzz.ch/aktuell/schweiz/das-ist-ein-historischer-schritt-1.18107382. Zugegriffen am 12.01.2015

3

Kannten unsere Altvorderen keine Kompetenzen?

Zusammenfassung Der Kompetenzbegriff, so wie wir ihn heute nutzen, ist noch nicht allzu lange in Gebrauch, hat aber eine lange, wechselvolle Geschichte. Noch interessanter als mannigfaltige Begriffsanalysen und -ableitungen ist die Frage, warum die wichtigsten modernen Nutzungsformen des Kompetenzbegriffs fast punktgenau Anfang der 1960er-Jahre entstanden, warum es notwendig schien, althergebrachte pädagogische Denkwege um die des Kompetenzdenkens zu erweitern und warum die Kompetenzorientierung ab 2000 eine so unglaubliche Karriere machte. Mehrere voneinander unabhängige Quellen für das moderne Kompetenzdenken, die eine besondere Rolle spielen, sind Noam Chomsky, Sprach- und Sozialwissenschaftler, Roger W. White, Motivationspsychologe, David McClelland, Pionier der Kompetenzerfassung und Heinrich Roth, Anthropologe. Eines wird deutlich, auch die kommenden Generationen wird die Kompetenzkatastrophe weiter beschäftigen.

Zusammenfassung
Sind unsere Alt- und Uraltvorderen ganz ohne Kompetenzen ausgekommen? Der Kompetenzbegriff, so wie wir ihn heute nutzen, ist noch nicht allzu lange in Gebrauch, hat aber eine lange, wechselvolle Geschichte. Dies kann man vielfältig nachlesen.[1]

Noch interessanter als mannigfaltige Begriffsanalysen und -ableitungen scheint uns, genauer hinzuschauen, warum die wichtigsten modernen Nutzungsformen des Kompetenzbegriffs fast punktgenau Anfang der 1960er-Jahre entstanden, warum es notwendig schien, althergebrachte pädagogische Denkwege um die des Kompetenzdenkens zu erweitern. Erst von da aus empfiehlt es sich dann, historisch rückwärts zu schauen: Wo waren Ansätze eines solchen Denkens schon immer vorhanden, wo wurde dieses Denken schon immer genutzt? Aber auch vorwärts zu blicken: Warum machte dieses Denken ab 2000 eine so unglaubliche Karriere, dass es einem in der Tat schwindlig werden kann, dass es an einen Kompetenzrausch grenzt, wie wir es im vorigen Abschnitt formulierten?

3.1 Quellen des Kompetenzdenkens

Wir sehen vor allem drei voneinander unabhängige Quellen, die das moderne Kompetenzdenken begründeten. Womit wir sicher eine vierte, fünfte und sechste Quelle nicht ausreichend berücksichtigen. Sei's drum.

Noam Chomsky, dem berühmten Sprach- und Sozialwissenschaftler, gelang Anfang der 1960er-Jahre eine umwerfende Entdeckung, die man sich auch heute immer wieder bewusst machen sollte – zumindest, wenn man als Eltern, Lehrer, Erzieher, Großeltern mit kleinen Kindern zu tun hat. Kinder von etwa drei Jahren sprechen ihre Muttersprache in der Regel

---

[1] Beispielsweise in Brohm (2009, S. 15–60).

3 Kannten unsere Altvorderen keine ...

grammatikalisch einwandfrei. Sie benutzen die richtigen Fälle, die richtigen Zeitformen, die richtigen Sprachkonstrukte, natürlich auf ihrem Verständnisniveau und gewiss nicht ganz, aber erstaunlich fehlerfrei. Das ist deshalb so verblüffend, weil sie ja nie im Leben grammatikalische Regeln lernen, nur sporadisch beim Sprechen korrigiert werden, ständig falsche, abgebrochene, zerhackte Sätze hören, Alltagssprache eben. Wenn die kleinen Kinderhirne Computer wären, würden wir sie vielleicht mit einer unendliche Fülle von Vokabeln und einer präzise funktionierenden Grammatik ausstatten, mit Sprachwissen vom Feinsten, und würden uns daran erfreuen, dass ihr Reden so halbwegs verständlich wäre. Also viel, viel schlechter als das, was Kinder wirklich hervorbringen. Wie ist das möglich?

Chomsky knüpfte zur Erklärung an eine Idee Wilhelm von Humboldts an, der feststellte: Die Sprache „steht ganz eigentlich einem unendlichen und wahrhaft grenzenlosen Gebiete, dem Inbegriff alles Denkbaren gegenüber. Sie muss daher *von endlichen Mitteln einen unendlichen Gebrauch machen,* und vermag dies durch die Identität der gedanken- und spracheerzeugenden Kraft."[2] Das heißt, Humboldts Idee von der selbstorganisativen, kreativen Kraft der Sprache steht wirklich am Ursprung des modernen Kompetenzdenkens! Wie Chomsky klar vermerkt, indem er erklärt, er wolle zurückgehen „auf das humboldtsche Verständnis der zugrunde liegenden Kompetenz als einem System generativer (,erzeugender') Prozesse."[3] Die grundlegende Idee, von endlichen Mitteln einen unendlichen Gebrauch zu machen, könnte geradezu als Kompetenzdefinition stehen. Ebenso wichtig ist die von Chomsky so betont hervorgehobene Kopplung von Kompetenz und Performanz, also der Handlungsfähigkeit und des wirk-

---

[2] Humboldt (1963, S. 477).
[3] Chomsky (1965, S. 14 f.).

lichen, konkreten Verhaltens und Handelns von Menschen. Es lag nahe, diesen Gedanken der selbstorganisierten und kreativen Fähigkeit zum sprachlichen Handeln auf weitere Handlungsformen, seien sie physisch oder geistig, auszudehnen.

Roger W. White, ein bekannter Motivationspsychologe, beschrieb etwa zur gleichen Zeit, vor völlig anderem Hintergrund, Kompetenzen als weder genetisch angeborene Eigenschaften noch als biologische Reifungsprodukte, sondern als grundlegende, vom Individuum *selbst* hervorgebrachte Handlungsfähigkeiten, die sich in *selbst organisierter* Wechselwirkung mit der Umwelt herausbilden. In seinem berühmt gewordenen Artikel „Motivation neu betrachtet. Das Konzept der Kompetenz"[4] stellte er fest, dass Motivationstheorien, die primäre Triebe zugrunde legen, spielerisches und exploratives, das heißt erkundendes Verhalten in keiner Weise erklären können. Das von ihm begründete neue Motivationskonzept der Kompetenz („competence") erklärt nun gerade umgekehrt, wie wichtig Spiel und Erkunden für ein sinnvolles Handeln in der Umwelt sind. Die Handlungsziele sind ja meist nicht von vornherein festgelegt und bekannt, sondern bilden sich, selbstorganisiert und kreativ, im Handlungs- und damit verbundenen Lernprozess bei der Suche nach dem effektivsten Handeln in der Umwelt erst heraus. Das gilt für das Lernen von Tieren, Kindern und Erwachsenen gleichermaßen. Für sie alle bildet sich ein Gefühl der Befriedigung bei gelingendem Handeln heraus („feeling of efficacy"). Es geht ihm also mit seinem Kompetenzgedanken in keiner Weise um das – selbstverständlich notwendige – Informationswissen, auch nicht um die Fähigkeit, dieses Wissen intelligent zu verarbeiten, sondern – wie bei Chomsky auf dem Sprachgebiet – um die kreative, immer selbstorganisierte Fähigkeit zu Handeln.

---

[4] White (1959, S. 297–333).

In genau diesem Sinne ist übrigens auch der Vorstoß von *David McClelland* zu verstehen, der unter anderem den ersten brauchbaren Kompetenztest schuf. „Testing for competence rather than for intelligence", forderte er und wandte sich damit gegen die in den USA vorherrschende Meinung, Wissen und Intelligenz seien bereits Garanten für gute Arbeitsleistungen und stellten ein Maß für die Begabung von Menschen dar. Tatsächlich sagen Intelligenztests ganz gut erwartbare Schulzensuren voraus. Aber „die Forscher haben in der Tat große Schwierigkeiten, zu zeigen, dass Schulzensuren zu irgendeinem anderen lebenswichtigen Handeln in Beziehung stehen." McClelland verglich – Jahre nach dem Abschluss des Studiums – Studenten, die mit den besten Schulzensuren zur Universität gekommen waren, mit solchen, die damals gerade so im Durchschnitt lagen.

> „Zu meiner großen Überraschung konnte ich zwischen den Listen der beiden Gruppen 15 bis 18 Jahre später überhaupt nicht mehr unterscheiden. Da gab es Rechtsanwälte, Ärzte, Forscher, College- und Hochschullehrer in beiden Gruppen. Der einzige Unterschied, den ich feststellte, war, dass diejenigen mit den besseren Zensuren in bessere Rechts- und Medizinuniversitäten kamen, aber selbst mit diesem scheinbaren Vorteil hatten sie keine erheblich erfolgreichere Karrieren verglichen mit den ärmeren Studenten, die mit ‚zweitrangigen' Rechts- und Medizinuniversitäten Vorlieb nehmen mussten. […] Summierende Studien, wie beispielsweise ‚The great training robbery',[5] zeigen, dass weder die Menge an Erziehung noch die Schulzensuren irgendetwas mit dem beruflichen Erfolg als Fabrikarbeiter, Kassierer oder Fluglotse zu tun haben. Selbst für hochintellektuelle Jobs wie etwa für Wissenschaftler haben Taylor, Smith und Ghiselin gezeigt, dass berufliche Spitzenleistungen in keiner Weise mit den Collegeabschlüssen korrelierten."[6]

---

[5] Vgl. Berg (1974).
[6] McClelland (1971, S. 12).

Wir führen diese Feststellungen an, weil sie heute, über 50 Jahre danach, genauso aktuell sind wie damals. Die Zensuren im normalen Schul- oder Universitätsbetrieb haben nur wenig mit den wirklichen, beruflich benötigten Handlungsfähigkeiten, den Kompetenzen, zu tun. Die Kompetenzkatastrophe ist bereits exakt umrissen.

Heinrich Roth, einem Anthropologen von klassisch-pädagogischem Schrot und Korn, verdanken wir die heute von allen vernünftigen Kompetenzforschern zugrunde gelegte Einteilung in Selbstkompetenz, „als Fähigkeit, für sich selbst verantwortlich handeln zu können", Sachkompetenz „als Fähigkeit, für Sachbereiche urteils- und handlungsfähig und damit zuständig sein zu können" und Sozialkompetenz „als Fähigkeit, für sozial, gesellschaftlich und politisch relevante Sach- oder Sozialbereiche urteils- und handlungsfähig und also ebenfalls zuständig sein zu können".[7] Auch wir benutzen diese Dimensionierung mit den Begriffen personale Kompetenz, Fach- und Methodenkompetenz und sozial-kommunikative Kompetenz, wobei wir die oft nicht deutlich gemachte, aber auch bei Roth selbstverständlich voll mitgedachte Aktivitäts- und Handlungskompetenz hinzufügen.[8]

Außerhalb der Pädagogik ist Roth leider ziemlich vergessen, sogar unter Kompetenzforschern. Auch wir bedurften des äußeren Anstoßes, um uns mit seinem Werk auseinanderzusetzen.[9] Das aber trug für uns reichliche Früchte. Zum einen begriffen wir, dass uns mit diesen Dimensionen etwas gegeben wurde, was in den Sozialwissenschaften äußerst sel-

---

[7] Roth (1971, S. 180).
[8] Vgl. Erpenbeck und Heyse (1998).
[9] Nämlich durch Eberhard G (2010) Quo vadis, Philosoph und Philosophin? Eine Absolvent(inn)enstudie, ein Wegweiser durch den Schlüsselkompetenzen-Dschungel und in Anhängen der Nachweis der zwei wissenschaftlichen Ausgangspunkte der Kompetenzforschung und ihrer Verbundenheit mit den Begriffen „Plasticität", „plasticity" bzw. „Plastizität".

ten ist: Eine geistige Grundlage, auf die sich alle nachfolgenden Forscher und Forschungen einigen konnten, bis zum heutigen Tag. Zum anderen ist die Herleitung dieser Kompetenzen immer noch interessant. Roth formuliert als Ziele von Lern-, Lehr- und Erziehungsprozessen Reife, Mündigkeit, Produktivität, Kritikfähigkeit und Entscheidungsfähigkeit; also nirgends Wissen an sich. Und er interpretiert Reife nicht als „falsche Ruhe, falsche Abgeklärtheit, falsche Sicherheit". Sie müsse vielmehr mit Mündigkeit gekoppelt sein, „ausgelegt als freie Verfügbarkeit über die eigenen Kräfte und Fähigkeiten für jeweils neue Initiativen und Aufgaben. Mündigkeit, wie sie von uns verstanden wird, ist als Kompetenz zu interpretieren", und zwar in dem dreifachen erwähnten Sinn verantwortlicher Handlungsfähigkeit.[10] Kann man die Selbstorganisationsfähigkeit und Kreativität des Handelns besser erfassen? Schließlich fällt sofort auf, und damit sind wir wieder beim Thema der Bildungs- und der Kompetenzkatastrophe, dass die Entstehung der Gedanken von Heinrich Roth und ihrer anthropologischen Grundlagen genau in die Zeit fällt, in der Georg Picht die Bildungskatastrophe diagnostizierte. Ein Zufall?

Wir glauben an einen viel tiefer liegenden, grundsätzlichen Zusammenhang. Was Picht als qualitativen Mangel des deutschen Bildungssystems beschrieb, war das Fehlen der sprachlichen wie erfinderischen Fähigkeiten, von endlichen Mitteln unendlichen Gebrauch zu machen, das Nichtbeachten spielerischen und explorativen, kreativen Handelns, das Fehlen der freien Verfügbarkeit über die eigenen Kräfte und Fähigkeiten für jeweils neue Initiativen und Aufgaben. Kurz: Es war der Mangel an Kompetenzen. Es war die Kompetenzkatastrophe, die sich andeutete. Es ist also kein Zufall, dass sich der Kompetenzgedanke Anfang der 1960er-Jahre formierte. Wahrscheinlich hätte Choms-

---

[10] Vgl. Roth (1971).

kys Idee einer generativen Grammatik gar nicht die Durchschlagskraft gehabt, wenn man seinen Kompetenzgedanken nicht so deutlich hätte verallgemeinern können. Wer interessiert sich schon für Grammatik! Unter Bezug auf die Arbeiten Chomskys wurde seit den 1960er-Jahren die Kompetenzbildung zu einem Thema der Sozialwissenschaft, in der deutschen Diskussion vor allem vom Interaktionstheoretiker Jürgen Habermas und dem Systemtheoretiker Niklas Luhmann vorangetrieben.[11]

Wahrscheinlich hätten Whites Beiträge zur Motivationspsychologie nicht überdauert, wenn sie nicht den Wahnsinn einer lediglich „wissensvermittelnden" Weiterbildung als nutzlos, aber räuberisch angeprangert und mit modernem Kompetenzdenken konfrontiert hätten.

Wahrscheinlich hätten Heinrich Roths Kompetenzdimensionen nicht überdauert, wenn sie nicht von der Politik als Problematik der Schlüsselqualifikationen aufgenommen und weiter durchdacht worden wären.

Die 1960er-Jahre erweisen sich also nicht nur als generelle politische Umbruchsituation, hervorgerufen durch einen massiven Entwicklungsschub der Produktivkräfte, der eine Masse von Führungskräften, Angestellten und Arbeitern verlangte, die selbstorganisiert und schöpferisch zu handeln verstanden. Die 1960er-Jahre erweisen sich auch als bildungspolitische Umbruchsituation, in der erstmals die Kompetenzkatastrophe als Bildungskatastrophe benannt wurde. In der erstmals von den Bildungsinstitutionen verlangt wurde, Kompetenzen zu fordern und zu fördern, also das, was wirklich und nachweisbar mit dem beruflichen Erfolg als Fabrikarbeiter, Kassierer, Fluglotse oder Wissenschaftler zu tun hat.

---

[11] Vgl. Baacke (1973).

3.2 Ein Blick zurück

Von diesem historischen Drehpunkt der 1960er-Jahre aus wollen wir einen Blick zurück und einen nach vorn werfen, und zwar unter der einfachen Fragestellung: Wann, wo und wie haben Bildungsinstitutionen, insbesondere natürlich Schule und Universität, nicht nur zur Weitergabe von Sach- und Fachwissen, sondern direkt zur Kompetenzentwicklung beigetragen? Eine solche Untersuchung gibt es unserer Kenntnis nach bisher nicht, sie wäre angesichts der Kompetenzkatastrophe dringend notwendig. Dabei sind uns die Schwierigkeiten einer so einfachen Gegenüberstellung von Wissen und Kompetenz wohl bewusst. Rolf Arnold und John Erpenbeck haben sich in einer anderen Schrift bemüht, verschiedene Wissensbegriffe zu differenzieren und das allen Gemeinsame herauszuarbeiten. Dabei war ihnen das bekannte Münchener Wissensmodell hilfreich, das vereinfachend zwischen Informationswissen, Handlungswissen und Mischformen dieser beiden unterscheidet. Informationswissen kann man stückchenweise weitergeben und verteilen, alles andere Wissen muss sich jeder Mensch selbst aufbauen. Diesen Wissensaufbau kann man nach der richtungsweisenden Ermöglichungsdidaktik von Rolf Arnold didaktisch ermöglichen, aber nicht erzwingen.[12] Das ganze Gerede von der Wissensvermittlung träumt von etwas Unmöglichem: dem Nürnberger Trichter.[13] Diese Gedanken nehmen wir hier auf und fragen: Wann, wo und wie haben Schulen und Universitäten vor allem auf die Weitergabe von Wissen oder auf die Entwicklung von Kompetenzen Wert gelegt?

Dabei stoßen wir auf eine verblüffende Tatsache. Unbestreitbar besaßen Menschen von Anbeginn des Menschseins Fähigkeiten, selbstorganisiert und kreativ zu handeln. Wer wollte das angesichts wunderbarer Höhlenmalereien und

---

[12] Vgl. Arnold und Schüßler (Hrsg.) (2010).
[13] Vgl. Mandl und Reinmann-Rothmeier (2001).

vielfältigster Totenkulte auch nur einen Moment bezweifeln. Da diese Fähigkeiten nicht angeboren sind, müssen sie in eigenen Formen weitergegeben und erlernt worden sein. Sprachlich-mathematische Fähigkeiten, handwerklich-künstlerische Fähigkeiten, rituell-religiöse Fähigkeiten – alle diese Formen beruhen auch auf Informationswissen, aber sie sind bereits in den frühesten Phasen immer und untrennbar von emotionalen Bewertungen „imprägniert". Diese Imprägnierung erfolgt in emotional wichtigen kommunikativen Situationen, in sozial hoch anerkannten handwerklichen Tätigkeiten oder in lebenswichtigen rituellen Vollzügen. Wann und wo ist die emotionale Imprägnierung so weit ausgewaschen, dass gleichsam „wertungsfreies" Informationswissen weitergegeben werden kann? Und was bringt diese Weitergabe dann noch für die Handlungsfähigkeit des Empfängers? Diese Frage stellen wir uns heute angesichts des überbordenden Informationswissens wieder und wieder, die Antwort ist aber schon aus der Antike bestens bekannt.

Schule, in der uns heute vertrauten Form, ist untrennbar mit dem Vorhandensein von symbolischen Formen, von Schrift und später auch von mathematischen Symbolen verbunden.[14] Eine der Grundformen schulischen Wirkens ist folglich, die Literalität, das heißt die Fähigkeit zu lesen, zu schreiben und zu rechnen, zu bewahren und weiterzugeben. Wir finden sie in allen historischen Perioden, bis heute. Literalität ist Voraussetzung von Kompetenz, aber sie *ist* keine Kompetenz. Lesen und Rechnen sind bis heute unverzichtbare Fertigkeiten, aber Lese- und Rechenfertigkeiten als Lese- und Rechenkompetenz zu bezeichnen, ist grob irreführend. Angesichts der Tatsache, dass im Mittelalter Könige des Lesens und Rechnens nicht mächtig waren, kann man sich zugleich veranschaulichen, dass auch jenseits dieser Fertigkeiten profunde Kompetenzen vorhanden sein können.

---

[14] Konrad (2012, S. 8).

Wir wollen hier nicht im Eilschritt durch die Geschichte der Schule von der Antike bis zur Gegenwart hetzen, sondern nur wenige Meilensteine in Hinblick auf die Kompetenzentwicklung hervorheben. So muss man in Bezug auf die griechische Kultur neben dem Lesen, Schreiben und Rechnen auf die Ausbildung musikalischer und körperlicher Fertigkeiten verweisen, man muss aber auch feststellen, dass sich der Unterricht „weitgehend in Auswendiglernen und äußerem Drill" erschöpfte.[15] Was junge Griechen im Gymnasion lernten, waren vor allem rhetorische Fähigkeiten – also ganz praktische, im demokratischen Alltag direkt zu nutzende sozial-kommunikative Kompetenzen. Ebenso wie im späteren römischen Bildungskanon kamen dann Fachstudien für die angehenden Philosophen, Techniker, Heerführer, Mediziner usw. hinzu. Aber „die anschließende berufliche Ausbildung zum künftigen Militär, Juristen, Politiker fand ausschließlich in der Praxis, durch Zuhören bei Gericht und auf dem Forum, bei einem Heerführer usw. statt."[16]

Das Mittelalter zerstörte zunächst das griechisch-römische Schulwesen, nahm dann allerdings dessen Elemente in Kloster- und Domschulen wieder auf. Lateinstudien, Rechtschreibung, Rhetorik und Dialektik wurden „eingebimst", die Weitergabe erfolgte über Vorlesungen, denn die handgeschriebenen Bücher waren wertvoll und teuer. Die Schüler mussten die Inhalte nachsprechen, bis die Formeln und Regeln saßen. In den höheren Studien, dem Quadrivium, wurden Arithmetik und Zahlenmystik, Astronomie, Musik, Geometrie gelehrt. Dies allerdings nicht, um zum praktischen Handeln zu befähigen, sondern um das soziale Dazugehören zu festigen. Im 12. und 13. Jahrhundert wurden neue Wissensgebiete wie Physik,

---

[15] Konrad (2012, S. 14).
[16] Konrad (2012, S. 28).

Ökonomie und Geschichte in das kanonisch Gelehrte hineingenommen, neues Wissen, das sich aus der einseitigen „Verzweckung" durch die Theologie löste, wurde verbreitet. Die Lehrerpersönlichkeiten an neu entstehenden Universitäten spielten eine wichtige, Schüler und Studenten anziehende Rolle. Theologie, Jurisprudenz und Medizin wurden zu Kernfächern der entstehenden Wissenschaften. Handwerker und Kaufleute „verlangten andere Kompetenzen, als Kloster und Domschule sie bieten konnten". Diese Kompetenzen wurden akzeptiert „im Blick auf das in ihnen vermittelte Wissen, das nach dem Kriterium seiner berufspraktischen Nützlichkeit in Handel und Gewerbe ausgewählt wurde."[17]

Wir wollen hier nicht die vielschichtigen politischen und schulpolitischen, religiösen, pädagogischen und schulpraktischen Probleme und Vorstellungen nachzeichnen, die sich in den Zeitaltern des Humanismus, der Reformation und des Barock ergaben. Es ging den widerstreitenden Landesherren nicht primär darum, Wissen zu verbreiten, sondern politischen Einfluss auf Untertanen zu gewinnen. In das Schulpensum wurden auch Realienfächer aufgenommen, „die ganze Breite der Realienfächer, wie Botanik, Zoologie, Physik, Chemie, Geometrie, Geografie usw. war Sache der Universität, deren Lehrangebot das aus dem Mittelalter herrührende Spektrum im 17. Jahrhundert zügig hinter sich zu lassen begann. […] Dagegen sollte eine Bildung, die sich abseits des täglichen Lebens bewegte, bis ins 19. Jahrhundert typisch für die Gymnasien bleiben, wenn sich auch im 17. Jahrhundert da und dort die naturwissenschaftlichen Sachfächer, die ‚Realien', allmählich größeren Einfluss verschaffen konnten. […] Die Lehre der Realia fand, wenn überhaupt, in berufsbezogenen Bildungseinrichtungen statt. […] Erstmals wurden diese Ent-

---

[17] Konrad (2012, S. 37).

wicklungen begleitet von einem Diskurs über didaktisch methodische Probleme, über Fragen der Stoffauswahl und der Unterrichtsgestaltung, die den Realverhältnissen allerdings weit vorauseilten und Ideen vom natürlichen, altersangemessenen Lernen vom Vorrang der Sachen vor den Worten und Ähnliches mehr formulierten, mit einer rückständigen, vom Pauken und Prügeln geprägten Schulwirklichkeit aber noch kaum etwas zu tun hatten."[18]

Wir sehen, dass die Kontroverse Wissensweitergabe kontra Kompetenzentwicklung noch nicht entschieden ist. Fast wie heute ist die berufsbezogene Ausbildung im Betrieb ein Motor der Kompetenzentwicklung, während Schulen oft Bildung abseits des täglichen Lebens propagieren.

Die endgültige Entscheidung für die Wissensweitergabe und gegen den Kompetenzaufbau erfolgte erst mit dem wachsenden Staatseinfluss und daraus geborener Schulverwaltung und Schulaufsicht in Preußen, Österreich und anderen Monarchien. Es gibt viele Gründe, das Schulwesen zu hierarchisieren und zu regulieren, ein einheitliches Prüfungswesen zu etablieren und den Zugang zum Lehrerberuf zu professionalisieren. Schaut man genau hin, manifestiert sich eine Bevorzugung der Wissensweitergabe auf der ganzen Linie: Die Schule diente der Ausbildung der Studierfähigkeit, diese wurde mit Sach- und Fachwissen der sich ausdifferenzierenden Wissenslandschaft gleichgesetzt. Ein Kanon allgemeiner Bildung im Sinne eines kanonischen Wissensreservoirs war für den Erhalt der Klassenschranken von entscheidender Bedeutung; bei einem Lehrer, der ordentlich Wissenschaften studiert hatte, nahm man mit Selbstverständlichkeit an, er könne das Wissen auch „weitergeben".

Ausgehend von Grundgedanken der Aufklärung, die den mündigen, sich selbst organisierenden Bürger zum Leitbild menschlicher und pädagogischer Bemühungen zu machen

---

[18] Konrad (2012, S. 50 f.).

versuchte, gab es dagegen eine durchgehende Strömung der Kompetenzentwicklung, die sich in hunderten Formen, in hunderten Reformvorschlägen manifestierte. Sie hatten gegen die reglementierte, auf Schulordnungen und Schulreglements gegründete vertikal geordnete, mehrgliederige Schule keine Chance. „Schulen und Universitäten sind Veranstaltungen des Staates", hieß es 1794 im preußischen Allgemeinen Landrecht. Diese Veranstaltungen wollte man durch Zensuren, Prüfungen und Abitur erfassbar und planbar machen. Das ließ und lässt sich durch den Nachweis aufgenommenen und wiedergegebenen Informationswissens am besten bewerkstelligen.

Die pädagogische Grundillusion, dass aufgenommenes Informationswissen zu kompetentem Handeln führe, ist bis heute die Grundlage dieses Vorgehens. Alle Versuche zu ermessen, inwieweit das Gelernte und Behaltene tatsächlich in die spätere berufliche oder studentische Handlungsfähigkeit einfließen, liefen ins Leere – obwohl man das, so die Arbeits-, Organisations- und Sozialpsychologin Simone Kauffeld, sehr genau erfassen und messen könnte.[19] Die provozierende Behauptung des Bildungsforschers Thomas Städtler, die schulischen Lehrpläne könnten ohne späteren Kompetenzverlust um 90 % des Stoffs, also des Informationswissens, gekürzt werden, ist heftig bekämpft, aber nie widerlegt worden.[20]

Gegen solcherart formale „Bildung" lief die oft verächtlich gemachte Reformpädagogik Sturm. Nahezu allen ihren Vorstößen ist gemeinsam, dass sie die traditionellen Formen der Wissensweitergabe für kontraproduktiv halten. Bemüht man sich, nicht die Unterschiedlichkeiten, manchmal auch Verschrobenheiten der Reformvorschläge zu betonen, sondern die Gemeinsamkeiten hervorzuheben, ergibt sich ein er-

---

[19] Vgl. Kauffeld (2012).
[20] Vgl. Städtler (2010).

staunlich homogenes Bild. In den Mittelpunkt der kreativen Lehr- und Lernformen werden immer und ausnahmslos Handlungsformen gestellt, die Gelerntes intensiv mit Emotionen und Motivationen verknüpfen – sei es auf ganz elementaren Ebenen des Biosomatischen, Sensorischen, Ästhetischen, sei es auf Ebenen sozial-kommunikativer Erlebnisse in Arbeit und Spiel, in Diskussionen und dramaturgischen Kontroversen, sei es auf Ebenen von Fantasie, Kreativität, Meditation und Mediation.

3.3 Ein Blick nach vorn

Der Erziehungswissenschaftler Peter Heitkämper führt in seinem grandiosen Buch „Die Kunst erfolgreichen Lernens" über 130 (!) kreative Lehr und Lernformen an. Keine davon hat sich im schulischen Bereich breit durchgesetzt, obwohl sie alle vom pädagogischen Ziel der Entwicklung selbstorganisierter, kreativer Handlungsfähigkeiten, also vom Ziel der Kompetenzentwicklung ausgehen.[21] Und das nicht, weil sie von vornherein unsinnig wären, sondern weil sie in einer Welt der Informationsmessung und Wissensweitergabe absonderliche Experimente bleiben müssen.

Betrachten wir nur einige: *Emotionspädagogik,* die das Verhältnis von Emotion und Kognition in den Mittelpunkt stellt; *Pragmatik,* das heißt Handeln mit Kopf und Herz; *Spieldidaktik,* die Lehren und Lernen im Spiel verknüpft; *Erlebnisdidaktik,* die sich auf Gruppenerfahrungen in der Natur konzentriert; *Arbeitsdidaktik* nach Pawel Petrowitsch Blonskijs Arbeitsschule, bei der die Selbsttätigkeit der Schüler betont wird; Paulo Freires *Befreiungspädagogik,* die den Lehrer als Problem sieht; Carl Rogers und Thomas Gordon mit ihrem Ansatz der *non-direktiven Pädagogik,* die dem

---

[21] Vgl. Heitkämper (2000).

Lerner die Verantwortung und die Entscheidungsfreiheit lässt, wie, wo, mit wem, was und wodurch er lernen will; Alfred Adlers *Ermutigungspädagogik,* die es dem Lerner ermöglicht, sein natürliches Wachstumspotenzial durch Orientierung an und Sicherheit im Umfeld zu entwickeln; *Gruppendynamik,* die Raum schafft, um das Wirken des eigenen und fremden Handelns auf das Gruppengeschehen zu beobachten und neues Handeln zu entwickeln; *interkulturelle Didaktik* mit dem Ziel, die Kompetenz zu entwickeln, aufgeschlossen gegenüber Neuem, bisher Unbekanntem zu sein; *Soziodramatik,* bei der die Komplexität sozialer Zusammenhänge mittels Rollenspielen verdeutlicht wird; Martin Wagenscheins *genetische Didaktik,* die sich am werdenden Menschen, nicht an der Fachsystematik orientiert; *Maria Montessoris Pädagogik* der „Hilfe zur Selbsthilfe"; *Célestin Freinets Ansatz,* nach dem nur das Leben über das Leben belehrt; *Heuristik,* ein analytisches Vorgehen, bei dem mit begrenztem Wissen Lösungen entwickelt werden; Rudolf Steiners *Waldorfpädagogik,* die sich aus den Erfordernissen der kindlichen Entwicklung herleitet, und viele mehr.

Ihnen allen ist gemeinsam, dass nicht das Informationswissen, sondern das Handlungswissen, immer mit der Entwicklung von Emotionen und Motivationen verknüpft, im Mittelpunkt steht. Solche kreativen Lehr- und Lernformen sind immer auf Kompetenzentwicklung gerichtet. Die meist privat organisierten Reformschulen haben heute großen und wachsenden Zulauf. In Deutschland gibt es aktuell fast 6000 allgemeinbildende und berufsbildende Privatschulen, in denen etwa 10 % der Schüler lernen.[22] So würden in Berlin 27 % aller Eltern von minderjährigen Kindern den Nachwuchs gerne auf eine Privatschule schicken,

---

[22] Kloepfer (2019).

wenn das erforderliche Schulgeld nicht so hoch wäre.[23] Oft wird als Gegenargument ins Feld geführt: Schüler solcher Schulen schnitten in den staatlichen Zwischen- und Abiturprüfungen schlechter ab. Waldorfschüler müssten sich beispielsweise in gesonderten Lehrgängen auf diese Prüfungen vorbereiten. Das aber ist völlig klar – wer sein Schulleben in einer auf Kompetenzentwicklung ausgerichteten Schule verbracht hat, muss für die großteils an messbaren und schnell vergessbaren Wissenszielen orientierten Abschlussprüfungen pauken, pauken und nochmals pauken.

Während die Wurzel der Kompetenzkatastrophe für den Bereich schulischen Lernens also mit dem Gegensatz von formaler Wissensweitergabe und reformaler Kompetenzentwicklung deutlich auszumachen und die Geschichte dieses Gegensatzes klar herauszuarbeiten ist, ist das für die Universitäten viel komplizierter. Universitäten sind nicht nur Bildungseinrichtungen, sondern politische, kulturelle und wissenschaftliche Institutionen. Wissensweitergabe und Kompetenzentwicklung sind nur ein Teil des institutionellen Spektrums. Hoch kompetente Lehrer und Studenten sollen innovatives, kreatives Informationswissen hervorbringen, weitergeben, bekannt machen, propagieren. In diesem emotional aufgeladenen Forschungs- und Weitergabeprozess sollen sich Fach- und Methodenkompetenzen, Aktivitätskompetenzen, Sozialkompetenzen und personale Kompetenzen en masse herausbilden. Alles bestens.

Aber so ist es eben nicht. Die moderne Massenuniversität sinkt mehr und mehr auf das Niveau schulischer Wissens-

---

[23] Vgl. VdP – Verband Deutscher Privatschulverbände e. V. (2015); Thomsen (2015), dort heißt es: Es gibt evangelische Schulen, katholische, jüdische, auch eine islamische. Es gibt Waldorfschulen, die Cosmopolitan, die International und die Metropolitan School, es gibt die BIP-Kreativitätsgrundschule, die Erste Aktivschule, die BEST-Sabel-Schule, die Lomonossow-Grundschule, die Seeschule, die Naturschule, die Ting-Schule, die Bewegte Schule, die Freie Schule und die Alternativschule. Und noch etliche mehr …

weitergabe herab. Nur dass es sich eben um universitäres, kompliziertes, neuartiges, informatives Wissen handelt. Kompetenzen erwachsen aus dieser studentischen Datenvorratsspeicherung in der Regel nicht. Kompetenzen erwerben Studenten erst, wenn sie in realen Berufsprozessen stehen und das Wissen zu deren besserer Bewältigung wirklich dringend benötigen, wie dies vor allem in dualen Bildungsformen der Fall ist. Oder wenn sie in kleine, kreative universitäre Austausch- und Forschungsprozesse eingebunden sind, bei denen die emotionale Anspannung hoch und fordernd ist. Besonders natürlich im persönlichen Dialog mit Hochschullehrern selbst oder mit echten Nutzern des von ihnen selbst produzierten Wissens. Eigentlich ganz simpel: Je mehr die Studierenden im emotionalen Sinne erleben, dass sie Zweifel, Widersprüchlichkeiten oder Verwirrung überwinden, je stärker also die gefühlsbetonte „Labilisierung" der Studierenden ist, desto höher ist die Nutzung des Wissens im kompetenten Handeln. Dieses emotionale Erleben und Bewältigen von Dissonanzen, d. h. von inneren Widersprüchen, kann eben durch Begeisterung, Interesse, Neugier, Anerkennung, Befriedigung, aber möglicherweise auch durch Angst, Zweifel, Schwierigkeiten, Hindernisse hervorgerufen werden. Vor allem wenn Letztere überwunden werden.

Es gibt viele Laufbahnstudien, die – ganz im Sinne des McClellandschen Beispiels – verfolgen, was aus Studenten in zeitlichem Abstand vom Studienabschluss geworden ist. Aber es gibt, soweit wir es überblicken, keine Studien, die im Sinne der bereits zitierten Arbeit von Simone Kauffeld verfolgen: Was ist von dem Informationswissen, das der Student beispielsweise in einem vierjährigen Bachelor- oder Masterstudium erworben hat, tatsächlich und nachweisbar in seine späteren Kompetenzen eingeflossen? Und was ist unwiederbringlich vergessen? Wir vermuten, dass sich ein verheerendes Bild ergäbe.

Verfolgt man die Geschichte der Institution Universität, so zeigt sich bei aller historischer Vielfalt, dass sie Jahrhunderte lang Lehrer und Schüler von hoher Kompetenz hervorbrachte, dass sie ein Hort der Kompetenzentwicklung war.[24] Die von Humboldt ausgehende „immer wieder beschworene Idee der deutschen Universität mit ihrer Verbindung von Forschung und Lehre als einem Kerngedanken"[25] ist im Grunde das Grundparadigma einer gezielten, beabsichtigten Kompetenzentwicklung, das keiner Revision bedarf: Hochschullehrer und Studenten, gemeinsam in emotional fordernde Forschungsprozesse geistigen und gegenständlichen Handelns eingeschlossen, konfrontiert mit immer neuen, offenen, lösbaren oder auch unlösbaren Problemen, entwickeln ihre Fähigkeiten, selbstorganisiert und kreativ solche Probleme zu bewältigen, in höchstem Maße. Sie entwickeln ihre Kompetenzen in höchstem Maße. So die Theorie.

Die Praxis sieht oft anders aus. So beschreibt sie der Gründungsrektor des Berliner Wissenschaftskollegs Peter Wapnewski: „Die Zweieinigkeit von Forschung und Lehre mag ihre Bedeutung weiterhin haben für jene Wissenschaftler, die wir getrost auch künftig mit dem ehrwürdigen Begriff des Gelehrten ehren wollen. […] Aber die große Menge der Professoren wird weiterhin ihre Verdienste oder Meriten im Unterricht sammeln müssen, denn die Universitäten sind unter dem Gesetz gesellschaftlich-wirtschaftlicher Entwicklung längst allesamt geworden, womit gleichgestellt zu werden sie sich so lange zierlich gesträubt haben: Fachhochschulen. Und ihr Ziel, zumindest ihr Resultat, ist nicht die Bildung, sondern die Ausbildung. Die Universität sollte sich einen Ausweg suchen aus diesem Dilemma, der vielleicht sogar ein Weg ist, und sich nicht scheuen vor dem dualen System nämlich eines hier der praktischen Unterweisung dienenden Fundaments und eines dort der For-

---

[24] Vgl. Koch (2008).
[25] Koch (2008, S. 7).

schung dienenden Oberbaus für die wenigen, die für die aparte Exzentrizität einer Gelehrtenexistenz und ihrer Forschung ausgestattet sind."[26]

Bildung meint hier Kompetenzentwicklung. Ausbildung meint hier Wissensakkumulation für Teil- oder Abschlussprüfungen in wissenschaftlichen Ausbildungsberufen. Ob die Studenten aufgrund dieser Ausbildung und des darin weitergegebenen Wissens selbstorganisiert und kreativ werden arbeiten können, bleibt völlig offen und kann aus den Prüfungsergebnissen nicht prognostiziert werden.

Damit ist eine Debatte entfacht, die sich zunehmend verschärft: „Wissensinstitutionen, die dieser neuartigen Situation gerecht werden wollen, müssen also möglichst kostengünstig mehr Wissen, das zudem schneller ausgewechselt werden muss, zielgerichteter und effizienter als bisher für unterschiedliche und gegebenenfalls wechselnde Nachfragegruppen erzeugen und an diese vermitteln. In der vorherrschenden europäischen Debatte scheint die Universität in ihrer bisherigen Gestalt eher ungeeignet, diese Anforderungen zu erfüllen."[27] Ungeeignet sei sie, weil sie *erstens* das falsche Wissen, einen aufgeblähten Ballast an unzeitgemäßem und überflüssigem Bildungswissen vermittle, anstatt lebens- und arbeitspraktisches Wissen; *zweitens,* weil sie ihr Wissen ineffizient, zu langsam und zu wenig wirksam weitergebe. „Den Universitätsabsolventen [...] bleibe zu wenig von dem, was sie erlernt haben sollten, präsent, und sie seien weitgehend unfähig, dieses Wissen entsprechend – will heißen: beruflich bzw. ökonomisch nutzbringend – anzuwenden."[28]

Kann man die Kompetenzkatastrophe im universitären Bereich schärfer fassen? Die Forderung, aus der Wissensinstitution eine Kompetenzinstitution zu machen, ist leicht ausgespro-

---

[26] Wapnewski (1994, S. 56).
[27] Weber (2002, S. 236).
[28] Weber (2002, S. 237).

chen, setzt aber, genau wie im schulischen Bereich, einen völligen institutionellen, politischen, kulturellen und auch personalen Umbruch voraus. „Reformansätze dürfen nicht auf die Gegenwart begrenzt sein. Sie müssen Vergangenheit, Gegenwart und Zukunft ins Kalkül ziehen."[29]
Die Kompetenzkatastrophe wird auch die nach uns kommenden Generationen beschäftigen.

Literatur

Arnold R, Schüßler I (Hrsg) (2010) Ermöglichungsdidaktik: Erwachsenenpädagogische Grundlagen und Erfahrungen, 2. Aufl. Schneider Verlag, Hohengehren

Baacke D (1973) Kommunikation und Kompetenz. Juventa, München

Berg I (1974) Education and jobs – the great training robbery. Praeger, East Rutherford

Brohm M (2009) Sozialkompetenz und Schule. Theoretische Grundlagen und empirische Befunde zu Gelingensbedingungen sozialbezogener Interventionen. Juventa, Weinheim, S 15–60

Chomsky N (1965) Aspekte der Syntax. Theorie, Frankfurt am Main (1969, S 14)

Eberhard G (2010) Quo vadis, philosoph und philosophin? Dissertation. Kassel. https://kobra.bibliothek.uni-kassel.de/bitstream/urn:nbn:de:hebis:34-2010070633666/3/Dissertation-GuidoEberhard.pdf. Zugegriffen am 12.02.2015

Erpenbeck J, Heyse V (1998) Die Kompetenzbiografie. Waxmann, Münster

Heitkämper P (2000) Die Kunst erfolgreichen Lernens, Handbuch kreativer Lehr- und Lernformen. Junfermann, Paderborn

von Humboldt W (1963) Werke in fünf Bänden. Band III: Schriften zur Sprachphilosophie. Cotta'sche Buchhandlung, Stuttgart

---

[29] Weber (2002, S. 244).

Kauffeld S (2012) Nachhaltige Weiterbildung. Betriebliche Seminare und Trainings entwickeln, Erfolge messen, Transfer sichern. Springer, Berlin

Kloepfer I (2019) Privatschulen bringen den Reichen nichts. FAZ, 28. April 2019, S 21

Koch H-A (2008) Die Universität. Geschichte einer europäischen Institution. WBG, Darmstadt

Konrad F-M (2012) Geschichte der Schule. Von der Antike bis zur Gegenwart, 2. Aufl. Beck, München

Mandl H, Reinmann-Rothmeier G (2001) Wissen managen. Das Münchener Modell. LMU, München

McClelland D (1971) Testing for competence rather than for intelligence. Public lecture given at the educational testing service. American Psychologist, Princeton

Roth H (1971) Pädagogische Anthropologie, Bd II: Entwicklung und Erziehung. Schroedel, Braunschweig

Städtler T (2010) Die Bildungshochstapler. Warum unsere Lehrpläne um 90 % gekürzt werden müssen. Spektrum, Heidelberg

Thomsen J (2015) Jährlich 1000 Privatschüler mehr. Berliner Zeitung

VdP – Verband Deutscher Privatschulverbände e. V. (2015) Privatschulen – die gefragte Alternative. Pressemitteilung zu einer Forsastudie. http://www.Privatschulen.de/images/stories/PDF/Pressemitteilungen/2015/PM_07-15_PK_forsa_Umfrage_150422.pdf. Zugegriffen am 22.02.2016

Wapnewski P (1994) Zuschreibungen. In: Wagner F, Maaz W (Hrsg) Gesammelte Schriften. Weidmann, Hildesheim

Weber WEJ (2002) Geschichte der europäischen Universität. Kohlhammer, Stuttgart

White RW (1959) Motivation reconsidered. The concept of competence. Psychol Rev 66(5):297–333

4

Kompetenzen kontra bewährte Lehrmethoden?

Zusammenfassung Im deutschen Bildungssystem dominiert seit über einem Jahrhundert eine „Belehrungsdidaktik" mit behavioristischen und kognitivistischen Lehrkonzepten. Seit nunmehr fast zwei Jahrzehnten gewinnen jedoch Lernansätze an Bedeutung, mit einer Verlagerung von Wissens- zu Werte- und Kompetenzzielen, vom formellen und fremdgesteuerten Lehren zum informellen und selbstorganisierten Lernen und einer Rückbesinnung auf den Lernort Arbeitsplatz sowie das Lernen im Netz und im sokratischen Dialog mit der Künstlichen Intelligenz. Wenn die Schüler auf ihre zukünftigen Herausforderungen vorbereitet werden sollen, dann müssen Lernformen, Kommunikationsmöglichkeiten und Medien dem aktuellen Umfeld entsprechen, im besten Fall sogar die Zukunft in diesem Bereich vorwegnehmen. Der Bildungsbereich muss deshalb ein Spiegelbild der Lebens- und Arbeitswelt werden. Benötigt werden dafür kompetente Lernarchitekten der Ermöglichungsrahmen der Kompetenzentwicklung und entsprechende Entwicklungsbegleiter.

Im deutschen Bildungssystem dominiert seit über einem Jahrhundert eine „Belehrungsdidaktik" mit behavioristischen und kognitivistischen Lehrkonzepten.[1] Seit nunmehr fast zwei Jahrzehnten gewinnen jedoch Lernansätze an Bedeutung, mit einer Verlagerung von Wissens- zu Kompetenzzielen, vom formellen und fremdgesteuerten Lehren zum informellen und selbstorganisierten Lernen und einer Rückbesinnung auf den Lernort Arbeitsplatz sowie das Lernen im Netz.

> „Im pädagogischen Kontext sind Methoden der Weg zum Lernziel. Sie sind helfende und stützende Verfahrensweisen, welche bei den Teilnehmenden Interesse wecken oder verstärken können, die Motivation fördern in Hinblick auf die Auseinandersetzung mit einem Thema und Möglichkeiten schaffen für aktive Erfahrungen im Hinblick auf die Lerninhalte, die eigene Person und die anderen Personen in der Gruppe. [...] Die Didaktik umschließt die Methoden und bindet sie dadurch in einen umfassenden Kontext ein. So ist die Methode als ‚Weg' insgesamt bestimmt durch folgende Aspekte: Die *Zielgruppe* definiert die Lernenden; das *Lernziel* legt fest, was als neuer ‚Zustand' des Wissens und der Handlungsmöglichkeit entstehen soll; der *Inhalt* konkretisiert, was erarbeitet werden soll und worin dessen spezifische Charakteristik, also seine Sachstruktur, besteht; die *Rahmenbedingungen* beschreiben, unter welchen Bedingungen das Lernen stattfindet; der *Lernort* legt fest, wo das Lernen erfolgt; die *Situation* bestimmt, was hier und jetzt geschieht, „die *Lehrenden und Lernenden* gestalten die Lehr-Lern-Situation."[2]

Die didaktisch-methodologische Literatur im Bereich der Schul- und Erwachsenenpädagogik ist unüberschaubar, und wir haben hier nicht den Ehrgeiz, ihr neue Vorschläge hinzuzufügen.

---

[1] Vgl. Arnold (2017).
[2] Nach Knoll (2010, S. 211).

4 Kompetenzen kontra bewährte Lehrmethoden? 65

Uns ist im Zusammenhang mit der bekämpften Kompetenzkatastrophe eines wichtig: Was ändert sich teilweise, was grundlegend, wenn sich das Lernziel von der Wissensweitergabe zur wirklichen Kompetenzentwicklung verändert? Wie wandeln sich dann Inhalte, Rahmenbedingungen, Lernorte, Lernsituationen und die Rollen von Lehrenden und Lernenden? Wenn das über tausendseitige „Handbuch der Forschung zum Lehrerberuf" das zentrale Kapitel über Forschung zu Lehrerkognitionen, -emotionen und -kompetenzen mit einem Artikel „Das Wissen der Wissensvermittler" einleitet, ist das programmatische Lehrerbild als „Wissensvermittler" klar umrissen.[3] Die professionelle Kompetenz von Lehrpersonen besteht dann vor allem darin, dem Ziel der Wissensweitergabe optimal zu genügen. Viele Kompetenzmodelle der Lehrerbildung haben genau diese professionelle „Wissensweitergabekompetenz" im Visier. Damit dienen sie letztlich der Verlängerung der Kompetenzkatastrophe.

Wir wollen uns im Folgenden teils behutsam und bewahrend, teils aber auch kritisch und streitbar mit bisherigen Lehrmethoden auseinandersetzen.

Zunächst im schulischen Bereich. Welche Folgen hat es, wenn die Lernmaxime lautet: Nicht für das Leben, für die Schule lernen wir? Wenn Wissensweitergabe und Wissensspeicherung im Mittelpunkt stehen? Wenn die Kompetenzkatastrophe immer weitergetragen und befördert wird? Dann wenden wir uns bei der Wissensweitergabe bewährten Lehrmethoden im Schulbereich zu. Was davon hat noch Gültigkeit, wenn das Lernziel Kompetenz heißt? Wo deuten sich bereits neue, weiterführende Gedankengänge jenseits der Kompetenzkatastrophe an? Am Beispiel der fragend-entwickelnden schulischen Unterrichtsmethodik, die Generationen von Lehrern eingebläut wurde, wollen

---

[3] Vgl. Neuweg (2014, S. 583–614).

wir illustrieren, wo die Grenzen eines Unterrichts liegen, der sicher lebendiger als viele andere ist, letztlich aber nach wie vor auf die Wissensweitergabe und nicht auf die Kompetenzentwicklung orientiert ist.

Eine scheinbare Überwindung des Ideals der Wissensweitergabe, einen scheinbaren Übergang zum Kompetenzdenken im Bereich Schule hatten sich viele Lehrer, Eltern, Schüler und Administratoren mit der Einführung der PISA-Tests versprochen. Ist doch darin ganz direkt von Kompetenzen die Rede. Wir glauben aber, dass PISA in den vergangenen Jahren in erster Linie zum Ideal der Wissensweitergabe in modifizierten Formen zurückführte und damit die Kompetenzkatastrophe eher verstärkte als abschwächte. Daran werden auch die ersten zaghaften Versuche in einigen wenigen Ländern, im Rahmen von PISA zu erfassen, ob die Schüler in der Lage sind, aus verschiedenen Quellen im Internet vertrauenswürdige Informationen herauszufiltern und neu zu konstruieren, nichts ändern.[4]

Die Entwicklung der neuen, elektronischen Medien für Lehr- und Lernzwecke hat Hoffnungen aufkeimen lassen, dass damit auch neue Instrumente zur Kompetenzentwicklung in Sicht wären. Das hat sich einerseits bestätigt, wird aber oft noch bezweifelt und bestritten. Wir haben in dieser Hinsicht unsere Positionen klar umrissen und wollen hier zeigen, dass und in welcher Weise eine Kompetenzentwicklung auch unter Einbeziehung neuer Medien möglich ist.

Dann kommen wir zum universitären Bereich. Wie weit ist die Frage Wissensweitergabe oder Kompetenzentwicklung an Universitäten und Hochschulen bereits geklärt oder zumindest im Gespräch? Liefern die breit angebotenen Formen von Fernunterricht und Einzelseminaren eine Unterstützung universitärer Kompetenzentwicklung? Wie

---

[4] Vgl. Schleicher (2018).

wird es damit weitergehen? Zeichnet sich hier eine Überwindung der Kompetenzkatastrophe ab? Solche Fragen wollen wir zumindest anreißen, bevor wir uns dem entscheidenden Problem zuwenden, ob und wie Kompetenzen überhaupt „gelehrt" werden können.

4.1 Lernen für die Schule

„Non vitae, sed scholae discimus", – „Nicht für das Leben, sondern für die Schule lernen wir", ist ein 2000 Jahre altes Zitat von Seneca, dem römischen Philosophen, Dramatiker, Naturforscher, Staatsmann und Schriftsteller, das meist fälschlich im umgekehrten Sinn verwendet wird. Damit äußerte er seine Kritik an den römischen Philosophenschulen seiner Zeit. Bis heute hat sich wenig an dieser Erkenntnis verändert. Die eigentliche Handlungsfähigkeit erwerben Schüler immer noch ganz anders und weitgehend woanders: In der Freizeit, in der Familie, im Freundeskreis, im Verein oder im Ehrenamt, vor allem aber später – im Prozess der Arbeit selbst.

Deutschlands Schulen kranken daran, dass in erster Linie Fächer unterrichtet und eher nachrangig Kinder und Jugendliche gefördert werden.[5] Aus lernkultureller Gewohnheit überschätzen die Schulen auch vollkommen das Vermitteln von Wissen, also die Weitergabe des Wissens von einem Gehirn in ein anderes, obwohl dies eine erschreckend geringe Nachhaltigkeit aufweist. Wissen und Qualifikation ohne das Erleben in erfolgreichen Anwendungen fehlt die emotionale Erfahrung und damit die Selbstwirksamkeit, das subjektive Empfinden, Herausforderungen in der Praxis mit den eigenen Kompetenzen bewältigen zu können. Deshalb können Kompetenzen lediglich reifen,

---

[5] Klippert (2011, S. 12).

aber nicht erzwungen werden. Die Didaktik muss sich deshalb entsprechend weiterentwickeln.

Kompetenzentwicklung erfordert einen radikalen Wandel in den Schulen hin zu einer Architektur der Erlebnisorientierung, auch im Bereich des Wissensaufbaus und der Qualifizierung.[6] Dies hat auch weitgehende Konsequenzen für die Schulräume. Räume der Begegnung und Interaktion sind so zu gestalten, dass diese sich didaktisch rechtfertigen.[7] Es werden offene Kommunikationsbereiche benötigt, die flexibel gestaltet werden können und die überall und jederzeit die Möglichkeit für alle Schüler bieten, auch die soziale Lernplattform zu nutzen. Das traditionelle Klassenzimmer öffnet sich. Die „quadratische Kiste", in der der Lehrer den Raum dominiert, genügt nicht den Ansprüchen selbstorganisierten, erlebnisorientierten Lernens. Neben Cafeteria und Aula werden Klassenzimmer, Gruppenräume, Arbeitsbereiche für Schüler und Lerntandems sowie Freiluftbereiche benötigt. Es werden offene, aber überschaubare Einheiten aus beispielsweise 60 bis 120 Schülern gebildet, die in Gruppen wechselnder Größe oder auch still für sich arbeiten können.[8] So hat sich die Stadt München entschlossen, ihre neuen Schulen nicht mehr als „Flurschulen", sondern nach dem „Münchner Lernhauskonzept" offen, weitläufig und hell zu gestalten. Jeweils vier Klassen haben einen eigenen Bereich und ein festes Lehrerteam. Es gibt ein Forum, das als Marktplatz dient, und von Klassen- und Gruppenzimmern umgeben ist. Geschaffen sind diese Räume nicht für Frontalunterricht, sondern für offene, differenzierende Lernformen. Die Lehrer berichten seitdem von besseren Lernerfolgen.[9] Da in Deutschland für den

---

[6] Vgl. Arnold (2012).
[7] Arnold (2015, S. 146).
[8] Vgl. Burgdorff und Imhäuser (2007).
[9] Süddeutsche Zeitung vom 29. April 2019, S. 22.

4 Kompetenzen kontra bewährte Lehrmethoden? 69

Schulbau jedoch die Kommunen zuständig sind und es deshalb keine koordinierte Vorgehensweise gibt, bleiben solche Ansätze die große Ausnahme.

Diesen Erfahrungen stehen die Strukturen der meisten heutigen Schulen diametral entgegen. Der Unterricht in deutschen Klassenzimmern ist weithin lehrerzentriert und variationsarm und begünstigt primär diejenigen, die abstrakt und rezeptiv zu lernen verstehen.[10] Das System Schule orientiert sich nicht an den Bedürfnissen der Schüler, sondern richtet sich an den Erfordernissen einer möglichst simplen Organisation und Planung aus. Der Schulverwaltung ist es vor allem wichtig, die „Stoffvermittlung" exakt, das heißt rechtswirksam, zu belegen, auch wenn sie noch so unwirksam ist. Jedem Referendar wird deshalb am ersten Tag eingebläut, im Tagebuch akribisch alle Lehrinhalte laut Lehrplan zu dokumentieren, auch wenn er sie nur mit einem Halbsatz angesprochen hat.

Die meisten Schulen sehen heute so aus, als ob sie ursprünglich als Bundeswehrkaserne geplant waren. Es gibt kaum flexible Raumkonzepte, um Projektlernen zu unterstützen und es dominiert immer noch die „Lehre", anstatt Lernrahmen für selbstorganisiertes „Lernen" zu schaffen. E-Learning und Blended-Learning-Arrangements, die wir in der betrieblichen Bildung seit fast drei Jahrzehnten nutzen,[11] sowie soziale Medien, die seit etwa zwanzig Jahren Eingang in das betriebliche Lernen gefunden haben,[12] werden kaum in schulischen Lernkonzeptionen integriert. Lehrer sind immer noch überwiegend Einzelkämpfer. Der Tagesablauf wird, wie seit über hundert Jahren, immer noch in 45-minütige Unterrichtsstunden eingeteilt, die jede größere pädagogische Innovation verhindern. Die Schulen bie-

---

[10] Klippert (2011, S. 12).
[11] Vgl. Sauter und Sauter (2002).
[12] Vgl. Kuhlmann und Sauter (2008).

ten unzählige Einzelfächer an anstatt wenige herausfordernde Projekte, in denen eine Problemstellung aus verschiedenen Blickwinkel beleuchtet wird. Den Schülern wird zugemutet, sich in jeder Unterrichtsstunde in ein vollkommen anderes Fach hineinzudenken, morgens erst Englisch, dann Mathematik, dann Deutsch, dann Physik und Musik, nachmittags dann noch Biologie-AG und Religion? Kein vernünftiger Mensch würde seinen Arbeitstag so zersplittern. Den Schülern wird nicht die Zeit gegeben, sich problemorientiert und in Ruhe in ein Thema zu vertiefen. Es dominiert immer noch das Bulimielernen, obwohl jeder vernünftige Mensch weiß, dass es vergeudete Energie ist. Die aktuellen Entwicklungen in Gesellschaft und Wirtschaft spielen kaum eine Rolle in der Schule, und falls doch, dann fast nur auf der kognitiven Ebene. Überwiegend juristisch ausgebildete Personen in den Oberschulämtern und Ministerien geben die Ziele, Inhalte und Strukturen für die Schulen vor. Häufig wählen nicht die Schulleiter ihre Lehrer vor Ort aus und entscheiden über Vertragsverlängerungen, sondern Entscheider in schulfernen Behörden. Lehrer sind meist immer noch Beamte, sodass unfähige Lehrer jahrzehntelang mitgeschleppt werden müssen. Warum entscheiden nicht die Schulleiter gemeinsam mit ihren Lehrern über die Ausgestaltung des Systems Schule?

Daraus ergeben sich Fragen über Fragen, die dringend beantwortet werden müssen. Diese Fragen werden unendlich oft gestellt und meist mit Hinweis auf die schwierigen Rahmenbedingungen, wie beispielsweise den Föderalismus, und Strukturen abgewimmelt. Die größte Gefahr geht jedoch von der Struktur des Bildungssystems aus, die zwangsläufig zur Kompetenzkatastrophe führt: Bürokraten bestimmen die Bildungsstruktur. So sind beispielsweise die Mitarbeiter der Kultusministerkonferenz, die maßgeblich die Zukunft des Bildungssystems mit bestimmt, überwiegend Juristen, obwohl es doch primär um pädagogische

Fragen geht. Seit der „Bildungskatastrophe" von Georg Picht hat sich offensichtlich kaum etwas am Schulsystem verändert.

Aus der Unternehmenspraxis wissen wir, dass Veränderungen sinnvollerweise bei der Struktur eines Systems beginnen. Der Bildungsforscher Andreas Schleicher von der OECD stellt dazu fest; „Schulen sind heute immer noch nach dem Fließbandmodell der Industriegesellschaft organisiert. Man legt das Wissen von heute in einem Lehrplan fest, nach dem alle Schüler mit sehr ähnlichen Methoden unterrichtet werden – von Lehrern, deren Ausbildung viele Jahre, wenn nicht Jahrzehnte zurückliegt … Die Diskrepanz zwischen dem, was unsere Gesellschaft braucht, und dem, was in den Schulen passiert, wächst stetig. Die Schulen drohen damit zur neuen Stahlindustrie zu werden."[13]

Dass es auch im Rahmen unseres relativ starren Schulsystems möglich ist, innovative Lernkonzeptionen zu realisieren, zeigt das Beispiel der Siebengebirgsschule in Bonn, eine Förderschule mit hohem Migrationsanteil.[14] Um die pädagogischen Ideen optimal umzusetzen, nutzt die Schule intensiv digitale Lern-Werkzeuge. Die Schüler loggen sich zwischen 7:45 Uhr und 8:50 Uhr per Chip ein und arbeiten den ganzen Tag über an einem individuellen Lehrplan. Dies erfolgt je nach ihren Fähigkeiten und ihrem Lerntempo mal alleine, mal zu zweit oder in der Gruppe. Feste Stunden und Fächer sowie Lernen im Klassenverbund sind Vergangenheit. Zwischendurch gibt es Impulsphasen von maximal 20 min, um neue Sachverhalte zu erklären.

Auf einer digitalen Lernplattform finden die Schüler ihren Wochenplan sowie die erforderlichen Lernmaterialien, z. B. Erklärvideos, Quizzes oder Kompetenzchecks. Die

---

[13] Schleicher (2018).
[14] Vgl. Die Zeit vom 02.10.2024.

Lehrer begleiten die Gruppen, erklären und helfen bei der Planung und überprüfen, was die Schüler geschafft haben. Am Ende der Woche gibt es ein Feedbackgespräch, aus dem die Planung der kommenden Woche abgeleitet wird. Dabei sind einige „Leitplanken" zu beachten. So müssen sich die Schüler in den ersten beiden Stunden eines Schultages jeweils einem Hauptfach widmen.

Diese innovative Lernmethodik ist nur möglich, weil ein visionärer Schulleiter seinen Lehrern den notwendigen Freiraum gewährt. Deshalb fordern wir unter anderem eine radikale Veränderung der Führungsstruktur in den Schulen. Es gibt heute grundsätzlich zwei Wege, um Schulleiter zu werden. Als stellvertretender Schulleiter entwickelt man viele Jahre lang Stundenpläne für die jeweilige Schule. Beherrscht man dann die Programme zur Stundenplangestaltung perfekt, steht häufig der Weg zum Schulleiter offen. Das Problem ist, dass die Kompetenz eines Entwicklers von Stundenplänen nahezu nichts mit der erforderlichen Kompetenz eines Schulleiters zu tun hat, bei dem vor allem Personalführung und didaktisch-methodische Orientierung gefordert sind. Ein fast noch sicherer Weg ist, die Schule zu verlassen und es auf sich zu nehmen, einige Jahre in der Kultusbürokratie als Referent Verwaltungsroutine zu ertragen. Wenn man sich dann weit genug von der Schulpraxis und der pädagogischen Arbeit entfernt hat, besitzt man beste Chancen, in der letzten Lebensarbeitsphase, quasi als „Belohnung" für die Entbehrungen, die man in der Verwaltung erlitten hat, Schulleiter zu werden.

Es werden deshalb meist nicht die besten Pädagogen, sondern „bewährte" Technokraten oder Bürokraten Schulleiter. Welcher begeisterte Pädagoge nimmt es schon auf sich, jahrelang Stundenpläne zu basteln oder in einer Amtsstube im Ministerium zu versauern. Deshalb verwundert es nicht, dass wir von den meisten Schulleitern nicht erwarten können, mit ihren Mitarbeitern einen innovativen Entwicklungsrahmen für bedarfsgerechte Lernsysteme zu schaffen.

Das Schulsystem ist heute mehr denn je davon entfernt, seine Aufgabe zu erfüllen, die Schüler auf das Leben, das Studium und die Arbeitswelt gezielt vorzubereiten. Der erste Schritt zu einem bedarfsgerechten Schulsystem bestünde deshalb in einer ersatzlosen Abschaffung unsinniger Bürokratien im Schulbereich. Drei Viertel der deutschen Lehrkräfte erklären in einer Umfrage des Philologenverbandes, dass der bürokratische Aufwand sie so sehr einschränke, dass die Qualität ihres Unterrichts darunter leide. Deutsche Pädagogen verbringen im Vergleich zu anderen Ländern weniger Stunden im Klassenzimmer, arbeiten aber im Durchschnitt mehr. Das Bürokratiemonster frisst mittlerweile ein Drittel ihrer Arbeitszeit.[15]

In Deutschland teilen sich zwei staatliche Ebenen die Verantwortung für die Schulen. Die Kommunen managen die Schulgebäude, die technische Ausstattung, z. B. Computer und die Nachmittagsbetreuung samt Personal. Die Lehrkräfte werden dagegen vom jeweiligen Bundesland bezahlt.[16] Zudem leistet sich beispielsweise das Land Baden-Württemberg den Luxus, über den örtlichen Schulämtern noch vier Oberschulämter und darüber ein Kultusministerium zu unterhalten. Es lebe die Bürokratie!

Vielmehr müssen die Schulen die Handlungsspielräume erhalten, innerhalb eines gemeinsamen Rahmens ihre Lehrer selbst auszusuchen und im Bedarfsfall wieder zu entlassen sowie Lernlösungen eigenverantwortlich im Kollegium zu entwickeln. Nur dann können wir erwarten, dass bedarfsgerechte Lernlösungen entstehen. Letztendlich hilft nur eine Revolution des Schulsystems, von der Struktur

---

[15] Vgl. Spiewak (2024).
[16] Ebenda.

über die Didaktik und Methodik bis zur Gestaltung von Lernräumen zur Ermöglichung selbstorganisierten Lernens durch die Schüler, um der Kompetenzkatastrophe etwas entgegenzusetzen.

Eine gebildete Gesellschaft setzt ein Mindestmaß an guter Bildung und Ausbildung voraus, ohne die Individualität eines jeden Menschen infrage zu stellen[17]

4.2 Kompetenzentwicklung und bewährte Lehrmethoden in der Schule

Wenn wir im Rahmen von Beratungen oder Kongressen versuchen, den Begriff der Kompetenz von der Qualifizierung abzugrenzen, wiederholen wir oft die Behauptung, es gebe zu viele *hoch qualifizierte Inkompetente*. Denen man trotz ihrer schönen Abschlüsse niemals ein schwieriges Projekt anvertrauen würde. Bisher hat dieser Feststellung noch niemals jemand widersprochen.

Warum gibt es so viele hoch qualifizierte Inkompetente? Die Bildungssysteme zielen, wie wir gezeigt haben, von der Grundschule bis zur Hochschule, aber auch in vielen betrieblichen Bildungsmaßnahmen, fast ausschließlich auf Wissensweitergabe und Qualifizierung. Der Transfer in die Praxis, die Entwicklung der Problemlösungsfähigkeit, wird meist dem Zufall überlassen.

Die klassischen, wissens- und qualifizierungsorientierten Lernsysteme ignorieren weitgehend die Eigenständigkeit und Vielfältigkeit der Lerner. Es gibt wohl kaum einen anderen Bereich in unserem privaten und beruflichen Umfeld, in dem sich Mythen und Gewohnheiten so hartnäckig halten wie in der Bildung. Schließlich erleben wir alle Lernen

---

[17] Vgl. Bethke (2024).

seit unserem ersten Atemzug, im Kindergarten, in der Schule und Hochschule sowie im Betrieb. Dadurch haben wir alle Lernroutinen aufgebaut, die wir im Regelfall nur noch selten hinterfragen. Viele neigen dazu, ihre Lernerfahrungen einfach zu reproduzieren, wenn sie selbst in die Lehrer- oder Dozentenrolle schlüpfen.

Den meisten Bildungsinstitutionen ist gar nicht bewusst, dass sie den veränderten Anforderungen noch nicht gerecht werden. Passt man nämlich die Messsysteme für den Lernerfolg den Traditionen entsprechend an, kann man dann hoch zufrieden sein. Das lässt sich am früheren PISA-Test sehr schön zeigen. Er maß nur Wissen und Fertigkeiten, auch wenn er diese als „Kompetenzen" bezeichnete.

Trotz besseren Wissens werden immer noch pädagogische Vorstellungen gelebt, die wir alle aus der „Feuerzangenbowle" kennen, einem Film, der 1944 gedreht wurde. Die gedankliche Verkürzung des Lernens auf die Aneignung von Sach- und Fachwissen, von Fertigkeiten und Qualifikationen ist eine folgenschwere Bürde für unser heutiges Lern- und Zukunftsverständnis. Trotz aller kompetenzorientierten Ansätze der reformpädagogischen Bestrebungen blieb dieses verkürzte Lernverständnis lange, ja weitgehend bis heute erhalten: Der Lehrer füttert die Schüler mit Wissensbröckchen bis zur Übersättigung; vieles davon wird unverdaut ausgeschieden. „Bulimielernen" hatten wir das genannt. Ein Bruchteil davon wird auf Vorrat abgespeichert, ohne zu wissen, ob man das Wissen jemals benötigen wird oder ob es noch aktuell sein wird, wenn man es abruft.

Kompetenzen werden damit sicher keine geschaffen. Wenn wenigstens Wissen und Qualifikation effizient aufgebaut würden, könnten Schulen zumindest die notwendige Voraussetzung für die individuelle Kompetenzentwicklung schaffen. Aber auch diese Aufgabe erfüllen diese tradierten Bildungsbetriebe oft nur unvollkommen.

Das heutige schulische Lernen folgt überwiegend einer Tradition, die faktisch nicht mehr haltbar ist. Dies wird durch die Ergebnisse der lern- und neuropsychologischen Forschung belegt. Belehren und Disziplinieren muss deshalb durch ein selbstorganisiertes Lernen abgelöst werden, das nachhaltiger und fruchtbarer ist. Lernen in der Schule erfolgt jedoch meist immer noch nach administrativen Vorgaben, gegenüber denen die Einsichten der Lern- und Hirnforschung zur Nachhaltigkeit der Kompetenzentwicklung und zur Kraft des informellen und selbstorganisierten Lernens sich nur schwer Gehör verschaffen können.

4.3 Das fragwürdige Beispiel fragend-entwickelnder schulischer Unterrichtsmethodik

Zwar würden die meisten Lehrkräfte ohne zu zögern zustimmen, dass die Schüler möglichst breit gefächerte Kompetenzen entwickeln müssen, wenn sie auf das Leben von heute und morgen vorbereitet sein sollen. Der faktische Unterricht bleibt aber hinter diesem Anspruch in der Regel deutlich zurück. Die Effizenz des Schulunterrichts lässt viel zu wünschen übrig. *Da wird gepaukt und memoriert, reproduziert und vergessen.*[18]

Das aktuelle Schulsystem ist gekennzeichnet durch rigide Vorgaben einer Kultusbürokratie, durch den Druck von PISA und weiterer standardisierter Tests, durch Wissensweitergabe und forciertes Üben von Fertigkeiten und durch ein Ausbildungssystem für Lehrer, das sich in den letzten 70 Jahren wenig verändert hat. In den Studien-

---

[18] Klippert (2011, S. 10).

4 Kompetenzen kontra bewährte Lehrmethoden?

seminaren der Lehrer wird nach Auskunft von Referendaren, mit denen wir gesprochen haben, teilweise immer noch die fragend-entwickelnde Unterrichtsmethodik geübt, obwohl viele Studien belegen, dass dieser Ansatz völlig unsinnig ist. Der pädagogische Psychologe Diethelm Wahl hat ihn treffend als „Osterhasenpädagogik" bezeichnet.[19] So wie zu Ostern Eier versteckt werden, versteckt die Lehrperson ihr wertvolles Wissen, und die Schüler müssen es, durch Fragen des Lehrers geleitet, suchen. Anstatt den Schülern das erforderliche Wissen verständlich und gut geordnet zum selbstorganisierten Wissensaufbau zur Verfügung zu stellen, versucht der Lehrer, meist unter zunehmendem Zeitdruck, den Schülern aus der Nase zu ziehen, was zur Abrundung des Unterrichtsziels oder eines Tafelbildes erforderlich ist. Mit selbstorganisierter, kreativer geistiger Tätigkeit hat das nichts zu tun.

Es führt im Regelfall dazu, dass das Frage-Antwort-Spiel mit sehr wenigen Schülern durchgeführt wird, während ein großer Teil überfordert, ein anderer Teil unterfordert wird. Beides todsichere Faktoren, um Schüler zu langweilen. Hinzu kommt, dass die Lerngeschwindigkeit junger Lerner mit dem Faktor ein zu neun differiert.[20] Kaum ein Schüler kann sich deshalb im Unterricht individuell entwickeln. Außerdem verführt diese Methode dazu, sich als Lehrer kaum mehr vorzubereiten. Wahl hat ermittelt, dass bei der fragend-entwickelnden Unterrichtsmethode nur etwa 15 % der gesamten Planungszeit von Lehrern und Dozenten für die methodische Vorbereitung genutzt wird. Diese Minimierung der Vorbereitungszeit für den Unterricht erklärt vermutlich auch die große Beliebtheit dieses Ansatzes. Die Fragen entstehen im Regelfall also spontan und sind deshalb häufig nicht zielführend. Für viele heutige Lehrer und

---

[19] Vgl. Wahl (2013).
[20] Vgl. Wahl (2013).

Dozenten ist die „Osterhasenpädagogik" aber *die* dominierende Methode in ihrer eigenen Biografie, sowohl als Schüler als auch als Lehrer. Offenbar sitzt deshalb diese Vorgehensweise bei den meisten so tief und fest, dass alternative didaktische Konzepte es schwer haben, sich dagegen zu behaupten.

In der Lehrerausbildung mussten Referendare in den vergangenen Jahrzehnten häufig bis zu 40 Seiten lange Unterrichtsentwürfe für eine 45-min-Lehrstunde basteln, in denen die Fragen, bei deren Beantwortung die Schüler ihr eigenes Wissen aufbauen sollten, vorab ausformuliert wurden. Diese starre Planung ging hin bis zu zusätzlichen „Impulsen", falls die Lerner die Antworten nicht ohne Hilfe erraten können. Man muss sich dabei vor Augen halten, dass diese Methode bei Schülern angewandt wird, die im Bedarfsfall heute Antworten mit ihrem Smartphone „googeln" und offene Fragen in sozialen Netzwerken oder mit Hilfe von ChatGPT klären. Hinzu kommt, dass die Unterrichtsstunde von Gutachtern nur dann gut bewertet wird, wenn weiterhin eine Motivationsphase, mindestens fünf Minuten Gruppenarbeit, drei Minuten Ergebnissicherung, sechs Minuten Stillarbeit, eine Präsentation und eine „motivierende" Abschlussphase eingebaut werden. Dieses Unterrichtskonzept führt dann, vor allem bei Unterrichtsbeobachtungen, zu perfekt inszenierten Schauspielen, teilweise vorab geprobt, die jedoch mit Lernen nichts und mit Kompetenzentwicklung gar nichts mehr zu tun haben. Nicht die besten Lehrer erhalten gute Noten, sondern die besten Schauspieler.

Obwohl Untersuchungen zeigen, dass der Lernerfolg dann am größten ist, wenn die Schüler direkt bei ihrem individuellen, durch die eigene Kompetenzentwicklung entstandenen Lernbedarf abgeholt werden, schert man in der „Osterhasenpädagogik" alle Schüler über einen Kamm, anstatt ihnen die Möglichkeit zu geben, individuelle Lernprozesse selbst zu gestalten. Dafür bringt man dann den jungen Referendaren bei, Unterrichtsstunden mit einem „motivierenden" Beispiel oder einer spannenden Hinführung zu beginnen, obwohl Untersuchungen nachweisen, dass zwischen solchen „Motivationsmethoden" und dem Lernerfolg kein messbarer Zusammenhang besteht.[21] Es entsteht sogar eher die Gefahr, dass sich die Lernkultur durch diesen „Korrumpierungseffekt" negativ verändert. Schüler, die nur noch auf diese künstliche, extrinsische Motivation schielen, verlieren rasch ihre intrinsische Motivation, die für den Lernerfolg viel wichtiger ist.[22] Das Gleiche gilt für die „Belohnung" der Schüler durch gute Noten. Stehen diese im Vordergrund, geht die Eigenmotivation der Schüler ganz rasch, häufig vollständig, verloren. Man kann damit zwar das Lernen im Sinne von Pauken fördern, Lernen im Sinne einer mit Neugier und Spannung verschränkten Kompetenzentwicklung wird jedoch getötet. Eine Verschwendung von Ressourcen, die der Kompetenzkatastrophe klar Vorschub leistet.

4.4 Kompetenzentwicklung und PISA

Im Oktober 1997 hatte die Kultusministerkonferenz (KMK) in ihrem „Konstanzer Beschluss" vereinbart, die Erträge des deutschen Schulsystems im Rahmen wissenschaftlicher Untersuchungen international mithilfe eines „Kompetenztests"[23] vergleichen zu lassen. Seit Mitte der 1990er-Jahre nahm Deutschland regelmäßig an den inter-

---

[21] Wahl (2013, S. 105).
[22] Precht (2013, S. 213).
[23] Radtke (2013).

nationalen Schulleistungsstudien PISA,[24] TIMSS[25] und IGLU[26] teil. Da es sich gezeigt hatte, dass die vorherrschende Steuerung schulischer Leistungen über Lehrpläne allein, die sogenannte „Inputsteuerung", nicht zu den erwünschten Ergebnissen führte, wurden nunmehr die angestrebten „Schülerkompetenzen" als Ziele definiert und überprüft. Diese „Outcome-Steuerung" erfolgt gemäß länderübergreifender Bildungsstandards. Dabei wurde fächerspezifisch festgelegt, welche sogenannten Kompetenzen Kinder und Jugendliche bis zu einem bestimmten Abschnitt in ihrer Schullaufbahn entwickelt haben sollen.

Bereits im Herbst 2001 wurde die friedliche Welt der Schulpädagogen dadurch dramatisch erschüttert. Der erste PISA-Test kam zum Ergebnis, dass Deutschland unter 32 Ländern in Mathematik Platz 21, im Lesen Platz 22 einnahm. Dieser Schock leitete einen systematischen Prozess zur administrativen Verflachung der Bildung ein.[27] Wahlkurse wie Sport, Theater oder Schülerzeitungen rückten in den Hintergrund. Wichtig wurde, dass die Schüler bei Multiple Choice Aufgaben das Kreuz an der richtigen Stelle machten, individuelle, persönlichkeitsbildende Lernprozesse erschienen zweitrangig.

Über die Qualität von Schule oder Bildung sagen die (damaligen) PISA-Studien nichts.[28]

Diesem Fazit, zu dem unter anderen die FAZ kam, kann man nur zustimmen.

---

[24] Programme for International Student Assessment (Programm zur internationalen Schülerbewertung).

[25] Trends in International Mathematics and Science Study: Untersucht Mathematik- und Naturwissenschaftsleistungen in Grundschulen und in der Sekundarstufe.

[26] Internationale Grundschul-Lese-Untersuchung: Untersucht das Leseverständnis in der vierten Jahrgangsstufe.

[27] Leppert (2014, S. 62).

[28] FAZ, 03.12.2013.

4 Kompetenzen kontra bewährte Lehrmethoden?

Bei den PISA-Tests 2022 führten wieder Singapur, Japan, und Südkorea in den zentralen Kompetenzbereichen Mathematik, Lesen und Naturwissenschaften. Bezeichnend ist dabei, dass beispielsweise in Singapur bereits 40 % der Vorschulkinder und 80 % der Grundschüler Nachhilfe in Anspruch nehmen.[29]

Wollen wir auch in Deutschland Paukschulen asiatischer Prägung entwickeln, mit militaristischer Drillorientierung, reinem Frontalunterricht ohne offene Kommunikation mit dem Lehrer, mit stundenlangem Wiederholen von Aufgaben mit Nachhilfelehrern, häufig bis 22 Uhr, ohne kooperative Lernformen oder Einbeziehung mündlicher Leistungen und ausschließlich auf Testergebnisse fixiert und mit den damit verbundenen, hohen Suizidraten? Das kann kein pädagogisches Ziel in Deutschland sein. Wird die Selbstlernkompetenz vernachlässigt, eigenverantwortlich zu entscheiden, ob ich Sach- und Fachwissen emotional „imprägniert" aufnehme oder mir durch vielfaches Wiederholen einpräge, ist das resultierende Lernen, das den Drill in den Mittelpunkt rückt, katastrophal.[30]

Den früheren PISA-Tests lag ein eigenes Konzept mit normativer Wirkung zugrunde, das Lehrern, Schulen und ganzen Bildungssystemen weltweit ein einheitliches Exzellenzschema nahelegte.[31] Die Problematik eines solchen Vorgehens ist auch heute noch lehrreich. Die OECD bekannte bereits 2000 ganz offen, dass sich dieses Vorgehen nicht an den Bildungstraditionen, Verfassungen und Richtlinien der vermessenen Länder orientiere.[32] Das frühere PISA basierte auf quantitativen Messungen, auf standardisierten Multiple-Choice-Testbatterien. Zwangsläufig standen damit Fach-

---

[29] https://www.pisa.tum.de/pisa/pisa-2022/.
[30] Vgl. Wagenhofer (2013).
[31] Vgl. Graupe und Krautz (2014).
[32] Vgl. Graupe und Krautz (2013).

inhalte und Fertigkeiten, beispielsweise Rechen- und Lesefertigkeiten, im Vordergrund und keine auf die Fertigkeiten aufbauenden wirklichen Kompetenzen, keine weitergehenden, kreativen Handlungsfähigkeiten, wie sie im weiterentwickelten Pisa-Vorgehen berücksichtig werden. Die kognitivistische Umdeutung des Kompetenzbegriffs führte zu vielen Verwirrungen und Irrwegen. Die Lehrer genossen die höchste Anerkennung, die es fertigbrachten, wissenszentrierte Lernbereiche erfolgreich zu trainieren. Weniger exakt messbare Bildungs- und Erziehungsziele, beispielsweise im Bereich der körperlichen, moralischen, staatsbürgerlichen oder künstlerischen Entwicklung, des werteorientierten sozialen und kommunikativen Handelns, verloren an Bedeutung. Damit war ein Weg beschritten, der direkt in die Kompetenzkatastrophe führt: Bulimielernen statt umfassender Kompetenzentwicklung.

Getestet wurden auch nur Hauptfächer. Nicht künstlerische Kreativität, nicht Musikalität. Auch nicht, wie lange das Testwissen in den Köpfen blieb oder ob die Schüler mithilfe dieses Wissens in der Lage waren, spätere Herausforderungen in ihrem Alltag, im Berufsleben oder an einer Hochschule erfolgreich zu bewältigen. Im Rahmen der damaligen PISA-Studien wurde die Fachlichkeit als erstes und wichtigstes Merkmal kompetenzorientierter Bildungsstandards definiert. So erstreckten sich die relevanten „Kompetenzen" in Mathematik über die „Wiedergabe einfacher mathematischer Verfahren, das Herstellen von Zusammenhängen bis zum mathematisches Denken".[33] Damit wurde der Kompetenzbegriff extrem verengt. Die kognitivistische Reduktion der Bildungsziele war aus Sicht der Testentwickler natürlich sinnvoll, da die zugrunde gelegten Wissensanforderungen durch standardisierte Tests überprüfbar und mit Noten bewertbar waren. Damit wurde

---

[33] https://www.pisa.tum.de/pisa/pisa-2022/.

4 Kompetenzen kontra bewährte Lehrmethoden?

eine angestrebte Massenüberprüfung kostengünstig möglich. Katastrophal war, dass die so entwickelte Testmethodik Ziele der schulischen Bildung mitbestimmte und diese Inhalte zum heimlichen Lehrplan wurden. Der Schwanz wedelte mit dem Hund.

Die deutschen PISA-Vertreter vernachlässigten zudem fast alle in über drei Jahrzehnten erreichten berufspädagogischen Ergebnisse zur Handlungskompetenz, weil sie nicht in das Konzept ihrer einfach zu handhabenden Tests passen. So berücksichtigten sie in ihren Publikationen beispielsweise auch nicht einen (!) der vielen am siebenjährigen, millionenschweren BMBF-Projekt „Lernkultur – Kompetenzentwicklung" beteiligten Wissenschaftler und Praktiker – darunter weltweit bekannte Forscher und Experten.[34] Die PISA-Promotoren definierten damals: „Kompetenzen sind funktional bestimmt und somit bereichsspezifisch auf einen begrenzten Sektor von Kontexten bezogen. Zum anderen wird die Bedeutung des Begriffs auf den kognitiven Bereich eingeschränkt, motivationale oder affektive Voraussetzungen für erfolgreiches Handeln werden explizit nicht mit einbezogen"[35] Und sie erklärten an anderer Stelle: „Der hier verwendete Begriff von ‚Kompetenzen' ist daher ausdrücklich abzugrenzen von den aus der Berufspädagogik stammenden und in der Öffentlichkeit viel gebrauchten Konzepten der Sach-, Methoden-, Sozial- und Personalkompetenz".[36] Zu dieser Öffentlichkeit gehörten übrigens auch die Bereiche Politik, Wirtschaft und Kultur.

Kein Unternehmen legte einen derart kognitivistischen, auf die Analyse von Sach-, Methoden-, Sozial- und Personalkompetenz verzichtenden Kompetenzbegriff ihrer Personalarbeit zugrunde. Kaum eine Hochschule ging von einem so

---

[34] Vgl. ABWF (Hrsg.) (2006).
[35] Klieme et al. (2007, S. 5).
[36] Vgl. Klieme et al. (2003).

verengten kognitivistischen Kompetenzbegriff aus,. Nur im Schulbereich war es möglich, einen derart eingegrenzten Kompetenzbegriff zu nutzen, der kaum etwas mit den realen Handlungsanforderungen an künftige verantwortungsbewusste Mitglieder der Gesellschaft zu tun hatte. Ein Kompetenzbegriff, der, von der Kultusbürokratie stark unterstützt, die Kompetenzkatastrophe beförderte.

Bei den von PISA heute verwendeten sogenannten Problemlösekompetenzen müssen die Schüler im Rahmen von Anwendungsaufgaben zeigen, dass sie in der Lage sind, Informationen zu analysieren, strukturierte Lösungswege zu entwickeln und Entscheidungen zu treffen. Bei der Erfassung der kollaborativen Problemlösungsfähigkeit wird zudem die Fähigkeit gemessen, in Gruppen effizient an Lösungen zu arbeiten. Zusätzlich wurde in der PISA-Studie 2022 das kreative Denken untersucht. Deutsche Schüler schnitten hierbei im internationalen Vergleich durchschnittlich ab. Diese neue Domäne befasste sich mit der Fähigkeit der Schüler, kreative Lösungen zu entwickeln und Ideen flexibel zu denken. Sie mussten Aufgaben bearbeiten, die Fantasie und Problemlösungsfähigkeiten erforderten. Kompetenzen im Sinne der Fähigkeit, Herausforderungen in der Praxis oder in Projekten selbstorganisiert zu bewältigen, gehen jedoch weit darüber hinaus. Um diese zu erfassen, genügt es nicht, Erhebungen im Rahmen von theoretischen Aufgaben durchzuführen. Vielmehr ist es notwendig zu beobachten, wie Schüler in realen Herausforderungen, z. B. in Praxisprojekten, handeln.

Die Leistungen der Schulen in Hinblick auf ihren Auftrag, die Schüler auf das Leben und die Arbeitswelt vorzubereiten, verschlechterten sich durch den PISA-Ansatz systematisch. Beschäftigt man sich heute rückblickend mit dem Ansatz, fällt eine Reihe von Ungereimtheiten auf. PISA wird von der Organisation für wirtschaftliche Entwicklung (OECD) getragen, einer Lobbyorganisation

4 Kompetenzen kontra bewährte Lehrmethoden?

ökonomischer Interessengruppen,[37] die kein legitimiertes Mandat im Bildungsbereich hat. Für die OECD stand und steht der ökonomische Nutzen von Bildung für den Einzelnen und die Gesellschaft sowie Chancengleichheit im Bildungssystem im Vordergrund.

Besonders anmaßend erscheint es übrigens deshalb, dass PISA sein Konzept auch auf afrikanische Staaten übertrug, obwohl kein einziges Mitglied der OECD aus dieser Region kam. Auch Süd- und Mittelamerika waren gerade mal mit Chile und Mexiko vertreten. Zwischenzeitlich ist allerdings eine privatwirtschaftliche Testindustrie entstanden, die Millionenumsätze macht. Es ist deshalb zu erwarten, dass eklatante Interessenskonflikte auftreten werden. Bei der Gestaltung der Tests dominierten Statistiker und Ökonomen, während die gesellschaftlich relevanten Gruppen und Experten weitgehend außen vor blieben.

Problematisch war überdies die angestrebte weltweite Standardisierung und Vergleichbarkeit der Ziele und Inhalte von PISA. Dabei wurden die teilweise extrem unterschiedlichen Rahmenbedingungen und Kulturen in einzelnen Ländern vollständig ignoriert. Wie konnte man 15-jährige Schüler, die regelmäßiger Arbeit am Rande des Existenzminimums nachgehen müssen, mit Schülern vergleichen, die ihren Terminkalender zwischen Schule, Nachhilfe, Sport und Musikunterricht aufteilten?[38]

Lehrer und Schüler spürten, dass die zwischenmenschliche Basis pädagogischen Geschehens zerstört wurde.[39] PISA zwang die Schulen und Lehrer aufgrund der hohen Öffentlichkeitswirkung zu kurzfristigen Anpassungen, obwohl bekannt war, dass Veränderungen im Bildungsbereich Zeit benötigen. Aktionismus war angesagt. Es gab keine

---

[37] Nida-Rümelin und Zierer (2015, S. 103).
[38] Vgl. Meyer und Zahedi (2014).
[39] Vgl. Graupe und Krautz (2013).

unabhängige Aufsicht und Überwachung von PISA. Die vielfältige Kritik an den Testformaten, Statistiken und Auswertungsmethoden sowie fragwürdigen Vergleichen wurde öffentlich kaum zur Kenntnis genommen.

So sieht die schulische Kompetenzkatastrophe aus: Die einst vorherrschende Steuerung schulischer Leistungen über Lehrpläne allein, die sogenannte „Inputsteuerung" hatte nicht zu den erwünschten Ergebnissen geführt. Dagegen wurden die angestrebten sogenannten Schülerkompetenzen im Sinne von PISA als Ziele definiert und überprüft. Diese „Outcome-Steuerung" erfolgt über länderübergreifende *Bildungsstandards*. Dabei wurde fächerspezifisch festgelegt, welche „Kompetenzen" Kinder und Jugendliche bis zu einem bestimmten Abschnitt in ihrer Schullaufbahn entwickelt haben sollen. Auf Grundlage der Bildungsstandards wurden Testaufgaben entwickelt, um zu überprüfen, inwieweit die angestrebten Kompetenzniveaus erreicht wurden.[40] Kompetenzen im Sinne von Fähigkeiten, Problemstellungen selbstorganisiert und kreativ lösen, bleiben dabei weitgehend ausgeklammert.

Die Scheinwelt der OECD-Kriterien führte dazu, dass sich die Pädagogik aus den Schulen verflüchtigte und dem mächtig-gewaltigen Wissensweitergabe- und -beurteilungssystem weiterhin seine Herrschaft des distanzierten Diagnostizierens und Evaluierens ermöglichte.[41] Das hatten wir als Hauptmerkmal der Kompetenzkatastrophe gekennzeichnet. Inzwischen hat das neuere PISA-Vorgehen diesen katastrophalen Irrtum begriffen und versucht, in zumindest in Teilbereichen zu korrigieren.[42] Es gibt heute vielfältige Methoden, Kompetenzen zu charakterisieren und zu messen. Ob davon einige oder eine zum übergreifenden Stan-

---

[40] https://www.pisa.tum.de/pisa/pisa-2022/.
[41] Graupe und Krautz (2014, S. 144).
[42] https://www.pisa.tum.de/pisa/pisa-2025/.

dard taugt, ist zu fragen und vielleicht auch fragwürdig. Um testverursachte Kompetenzkatastrophen heute und in Zukunft zu verhindern, ist wohl eher eine demokratische Vielfalt des Kompetenzverstehens erforderlich.

4.5 Schule und Kompetenzentwicklung mit neuen Medien

Für Bildungsmedien wird in Deutschland vergleichsweise sehr wenig ausgegeben. Im Durchschnitt sind es jährlich 50 € je Schüler, während z. B. in den Niederlanden dafür 300 € aufgewendet werden. Dies zwingt die deutschen Schulen, ihre Schulbücher, auch wenn sie veraltet sind, viele Jahre weiter zu nutzen. 25 % der Schulen haben nicht einmal eine Breitbandanbindung. Andererseits werden in Deutschland überdurchschnittlich viele „Kranzprodukte", z. B. Vokabeltrainer oder Lernprogramme für Grammatik, vertrieben.[43]

Nach der jährlich durchgeführten Studie zur JIM-Mediennutzung Jugendlicher[44] nutzten 2023 99 % der 12- bis 19-Jährigen ein Smartphone sowie einen Computer oder ein Laptop. Täglich bewegen sie sich im Durchschnitt 4,3 h im medialen Internet um Video, Audio und Texte abzurufen, sie kommunizieren mit anderen 1,4 h im Netz und nutzen 1,5 h für sonstige Anwendungen.

79 % tauschten sich über WhatsApp aus. Digitale Plattformen wie Instagram, TikTok und YouTube sind die wichtigsten sozialen Medien. 72 % der Jugendlichen spielen täglich oder mehrmals pro Woche im Netz. Dabei sind

---

[43] FAZ, 30. 10. 2024, S. 13.
[44] Internationales Zentralinstitut für das Jugend- und Bildungsfernsehen (IZI) (2024).

48 % der Jugendlichen unsicher oder gar sehr unsicher, ob sie ihre eigenen Daten im Internet ausreichend schützen können.

Die Jugendstudie 2024 der Vodafone Stiftung[45] zeigt zudem, dass 75 % der Jugendlichen im Alter von 14 bis 20 Jahren KI-Tools wie ChatGPT, Google Lens oder DeepL bereits aktiv nutzen, insbesondere im schulischen Kontext. In 45 % der Schulen ist KI jedoch noch kein Thema oder gar verboten. „Deutlich wird aber auch, dass die Festlegung der grundlegenden Lerninhalte und die didaktische Einbettung (der KI) in das schulische Lernen noch eine große Baustelle sind."[46]

Dagegen haben in den Niederlanden alle Kinder digitale Endgeräte nur für den Unterrichtszweck, deren Einbindung sehr einfach ist, ähnlich in Finnland. Zudem gibt es in den Niederlanden sehr gute adaptive Übungsplattformen, z. B. für Mathematik, die sich schnell an die jeweilige Leistungsfähigkeit der Schüler anpassen.[47]

Künstliche Intelligenz hat bereits den Alltag Jugendlicher in Deutschland erreicht, nicht aber die Klassenzimmer. Viele Schulen in Deutschland scheinen sich bislang kaum mit dem Einsatz Künstlicher Intelligenz zu beschäftigen. Andere verbieten ihn komplett. Demgegenüber erkennt eine übergroße Mehrheit von jungen Menschen schon heute die Bedeutung von KI und betrachtet entsprechende Kompetenzen als essenziell für das persönliche berufliche Vorankommen. Knapp die Hälfte der Studienteilnehmer möchte lernen, wie man KI-Systeme sinnvoll in der Schule oder im Alltag nutzt. Zudem sind konkrete Fragen zur Bedienung von KI-Systemen und deren Funktionsweise sowie übergeordnete gesellschaftliche Fragen von Interesse.

---

[45] Vodafone-Stiftung (2024).
[46] Graf von Kielmansegg (2024).
[47] FAZ 30. 10. 2024 S. 13.

4 Kompetenzen kontra bewährte Lehrmethoden?

Viele Lehrer nutzen bereits Künstliche Intelligenz jedoch für ihre schulische Zwecke: So haben bereits 51 % Erfahrungen etwa mit Anwendungen wie ChatGPT, SchulKI, FieteAI in schulischem Kontext gesammelt, 28 % werden dies künftig tun.[48]

Die Anwendungsfelder der KI in der Schule sind vielfältig: 81 % der Anwender haben KI konkret zur Wissensvermittlung im Unterricht eingesetzt, 43 % haben mithilfe von KI-Tools individuelles Feedback gegeben und rund ein Drittel (36 %) hat Unterrichtsstunden damit vorbereitet.

Gleichzeitig kämpfen immer noch viele Schulen mit mangelhaften Rahmenbedingungen. 49 % vermissen eine Digitalisierungsstrategie, 48 % klagen über ein schlechtes WLAN, 43 % über mangelhafte technische Ausstattung.[49]

Eltern und Jugendliche sind den neuen digitalen Herausforderungen durchaus gewachsen, wie die Bitkom in einer Erhebung festgestellt hat. Die Eltern erlauben ihren Kindern heute in der Regel, in der digitalen Welt mitzureden. Und sie kümmern sich engagiert darum, was dort passiert. Die Jugendlichen wissen meist sehr genau, was sie im Netz wollen, und gehen in den meisten Fällen verantwortungsvoll damit um.[50] Sie erwarten, alle wichtigen Informationen, Lösungen und Kontakte jederzeit an jedem Ort verfügbar zu haben. Sie beginnen sehr früh damit, soziale Netzwerke und auch Künstliche Intelligenz aktiv zu nutzen. Und sie tauschen sich laufend im Netz aus. Ihre individuellen Lernprozesse, beispielsweise beim Bearbeiten von Hausaufgaben, laufen deshalb heute schon in hohem Maße in Echtzeitkommunikation über das Netz mit KI-Unterstützung ab – und das jederzeit.

---

[48] Rohleder, B. (2024).
[49] Ebenda.
[50] Vgl. Internationales Zentralinstitut für das Jugend- und Bildungsfernsehen (IZI) (2024).

Ist es nicht gerade die Aufgabe der Schule, die Schüler zu befähigen, mit der wachsenden Informationsflut, den sozialen Medien, den neuen Technologien, insbesondere auch der KI, sinnvoll umzugehen? Bei Lehrern, die Einwände gegen die Integration neuer Medien oder der KI in die Schulen vorbringen, besteht offenbar wenig Fantasie, was diese zum selbstgesteuerten, individuellen Wissensaufbau, zur Recherche, zur Entwicklung von Lösungen, zur Kommunikation oder zur Rückmeldung und damit zur kollaborativen Kompetenzentwicklung tatsächlich leisten können, wenn sie in ein geeignetes didaktisch-methodisches Konzept eingebettet werden.

So stehen bei der Frage nach dem möglichen Einsatz von Computern in der Schule in der Sicht der befragten Lehrer Videos, Filme und Präsentationen, also Frontalunterricht in medial aufbereiteter Form, an oberster Stelle. Bei den ersten zehn Antworten zur möglichen Mediennutzung wird das selbstgesteuerte oder kollaborative Lernen sowie die Kommunikation und Dokumentation im Netz überhaupt nicht (!) genannt. Solange Lehrerbildungsinstitutionen eher als Hort zur Bewahrung tradierter *Lehrformen* anstatt als Zentrum innovativer *Lernentwicklung* gesehen werden, kann das innovative Potenzial der neuen Medien zur Überwindung der Kompetenzkatastrophe wenig dazu beitragen; eine vertane Chance.

Die Integration neuer Medien in die Schule darf sich angesichts der Kompetenzkatastrophe nicht darauf beschränken, leistungsstärkere WLAN und bessere Geräte-Ausstattungen zu ermöglichen, wie dies der „Digitalpakt" der Bundesregierung mit einem Volumen von 5 Mrd. Euro im Gießkannen-Prinzip vorsieht. Es genügt nicht, das tradierte *Lehrsystem* mit Kreidetafeln durch interaktive Whiteboards in Verbindung mit Lernprogrammen und kleinen Filmen aufzurüsten. Die Nachteile des Frontalunterrichts werden eher noch verstärkt, wenn man solche Lehrformen ins Netz überträgt. Immer mehr Schulträger geben heute Geld aus, um Tablets an die Schüler zu verteilen, die überwiegend dazu dienen, Arbeitsaufträge zu übermitteln und Lernmaterialien zu speichern. Häufig werden diese Lerninstrumente dann am Ende der Stunde wieder eingesammelt, anstatt sie den Schülern zum weiteren Lernen zu überlassen. Und obwohl ihre technische Ausstattung häufig noch schlecht ist, verbieten 62 % der Schulen private Handys, Tablets und Laptops der Schüler im Unterricht zu verwenden.[51] Begründet wird dies häufig mit datenschutzrechtlichen Bedenken, der Gleichbehandlung aller Schüler und der Verhinderung von Ablenkungen. Wie die Schüler bei diesem Vorgehen lernen sollen, ihre Lernprozesse mithilfe von neuen Medien selbstorganisiert zu gestalten, ist uns ein Rätsel.

„Schulen haben die Pflicht, unsere Kinder rechtzeitig auf die Herausforderungen der Gesellschaft vorzubereiten. Und sie tun das nicht gut genug", postuliert der Journalist Mathias Müller von Blumencron.[52] Jörg Dräger, Vorstand der Bertelsmann Stiftung ergänzt: „Die Schule nutzt das pädagogische Potenzial des digitalen Wandels noch nicht … Die große Mehrheit der Lehrer (81 %) und Schulleiter (88 %) sieht die Chancen des digitalen Wandels stattdessen hauptsächlich darin, administrative Aufgaben besser bewältigen zu können".[53]

Es geht jedoch vielmehr darum, die neuen Medien zur Ermöglichung von *Lernsystemen* zu nutzen, mit denen die Schüler, ähnlich wie im privaten Bereich mit Facebook, Twitter oder WhatsApp, im Netz kollaborativ zusam-

---

[51] Bertelsmann Stiftung (2017).
[52] Müller von Blumencron (2015).
[53] Bertelsmann Stiftung (2017).

menarbeiten, kommunizieren, Wissen bei Bedarf abrufen, recherchieren und ihre Lernergebnisse kommentieren und dokumentieren. Spätestens wenn sie in die Berufswelt eintauchen, werden sie diese Kompetenzen, dann vermutlich schon in Verbindung mit humanoiden Computern, dringend benötigen. Deshalb müssen sie schon jetzt auf dieses selbstorganisierte Arbeiten und Lernen vorbereitet werden, soll die Kompetenzkatastrophe ihre Lernbiografie nicht negativ verbiegen.

Die geschilderten Probleme sind gewiss nicht auf mangelnde Computerkenntnisse der Lehrer zurückzuführen, zeigen die Studien. Schließlich geht es im Unterricht, abgesehen vom Informatikunterricht, nicht um die Programmierungsaufgaben, sondern um die Nutzung von Computersystemen, wie sie heute im privaten und beruflichen Bereich selbstverständlich ist. Kaum ein Lehrer wird darauf verzichten, seine Ferienreisen mithilfe seines Computers zu planen, Google für Recherchen zu nutzen oder ChatGPT zur Entwicklung von Formulierungsvorschlägen einzusetzen. Viel zu viele Lehrer setzen trotzdem immer noch auf altväterliche Frontalmethoden, um Schülern Fachwissen und Fertigkeiten einzurichten, weil dies Lehrpläne vorschreiben und die mächtig-gewaltigen Institutionen des Wissensweitergabe- und -beurteilungssystems sie ihn danach, und nur danach, bewerten. Die Kompetenzkatastrophe im Schulbereich manifestiert sich in den *Lehrplänen,* den verbindlichen Bildungsstandards, den Rahmenbedingungen und den didaktisch-methodischen Konzeptionen. Sie wird vor allem auf der Ebene der Kultusbehörden und der Politik offenbar. Hinzu kommt, dass nur 8 % der Schulleitungen der Digitalisierung hohe strategische Bedeutung für die Ausrichtung ihrer Schule beimessen. Deshalb fehlt fast allen Schulen ein Konzept zum Einsatz digitaler Lernmittel, die Kollegien entwickeln kein gemeinsames didaktisches Verständnis, und ihre Weiterbildung dazu müssen Lehrer zumeist selbst organisieren.[54]

Die Studie der Initiative D21 zeigt sehr anschaulich, dass es in der Medienbildung nicht primär darum geht, die schulische Ausstattung auf dem neuesten technischen Stand zu halten.[55] Die Schüler sollen vielmehr lernen, mit der rasanten Entwicklung der digitalen Medien in ihrem privaten Umfeld bewusst und vernünftig umgehen zu können sowie ihre Bedeutung für die eigene Persönlichkeit, für die eigene Kompetenzentwicklung zu reflektieren und zu nutzen.

Digitale Lösungen und die Künstliche Intelligenz können die Defizite unseres Bildungssystems nicht lösen, solange die Schule als Mühsal erlebt wird. Die Technologie kann nur ein Hilfsmittel sein, weil sie den Schülern das Denken und ihre Kreativität nicht abnehmen darf. Sie müssen vielmehr auch die Möglichkeit erhalten, Irrtum und Scheitern zu erfahren, um zu lernen.

Felix Schaumburg, Blogger und Lehrer, bringt die Herausforderung für die Schulen auf den Punkt:

„Die digitalen Medien mit ihrem revolutionären Potenzial ermöglichen es, den Schulbegriff neu zu denken. Schüler können nun auf das bestehende Wissen der Welt zugreifen und es aktiv und kreativ mitgestalten. Die digitalen Medien bieten uns daher hochgradig individualisierte Bildung. Gewohnheit und Angst vor neuen Wegen führen in der Schule oft zu Verboten. Was wir vielmehr brauchen, sind Neugier, Entdeckergeist, Ressourcen, Freiraum und Zeit."[56]

---

[54] Bertelsmann Stiftung (2017).
[55] Initiative D21 (2014).
[56] Schaumburg (2014).

4.6 Wissensweitergabe oder Kompetenzentwicklung an Universitäten

Die Kompetenzkatastrophe hat die Welt der Hochschulbildung schon lange erreicht. Wo Wege zur Kompetenzentwicklung der Studenten gefragt sind, kümmern sich die verantwortlichen Administratoren um die Wissensweitergabe und deren Evaluation, um Struktur-, Budget- und Rechenschaftsfragen.[57] Der Bologna-Prozess an den Hochschulen hat bewirkt, dass nominal auch überfachliche, berufsfeldorientierte Kompetenzen, die ein Fachstudium sinnvoll ergänzen, im Studium berücksichtigt werden. Über 90 % der deutschen Hochschulen haben die „Vermittlung" von diesen Fähigkeiten, zumindest in der Begrifflichkeit, in ihre Lehrpläne aufgenommen oder ein Konzept dafür entwickelt.[58] Seit Bologna ist jedoch eine Kompetenz „nur dann eine Kompetenz, wenn sie mit einem standardisierten Zeitaufwand an genau bestimmten Lernorten erworben wurde".[59] Mit Problemlösungen in den Herausforderungen des beruflichen Alltags, mit selbstorganisierter, kreativer Handlungsfähigkeit hat das wenig zu tun.

Diese Kompetenzetiketten dürfen nicht darüber hinwegtäuschen, dass in den meisten Hochschulen nach wie vor die Illusion einer „Wissensvermittlung" und die Qualifizierung dominieren. Nur wenige Hochschulen wie beispielsweise die Universität St. Gallen, die Fachhochschule des Mittelstandes in Bielefeld oder die SIBE (School of International Business and Entrepreneurship) der Steinbeis-Hochschule Berlin verfolgen tatsächlich kompetenzorientierte Lernkonzepte, beispielsweise mit der systematischen Bearbeitung

---

[57] Elkana und Klöpper (2012, S. 5).
[58] Vgl. Vollmers (2009); Brinker und Müller (Hrsg.) (2008).
[59] Tremp und Eugster (2006, S. 164).

4 Kompetenzen kontra bewährte Lehrmethoden?

von unternehmensrelevanten Projekten. Die Bildungsexpertin Gabi Reinmann zeigt anschaulich auf, wie kompetenzorientierte Lernszenarien im Hochschulstudium verankert werden können: „Produktives Lernen [...] erfordert [...], dass man Studierende in ihren Forschungsaktivitäten anregt, bei Bedarf anleitet, Kontexte und Ressourcen gestaltet und auf diese (oder andere) Weise die Prozessen des Lernens durch Forschen begleitet. Der Grad der Unterstützung bei dieser Begleitung kann variieren. [...] Studierende lernen das selbstständige Forschen, indem sie Forschung erleben und aktiv (mit) gestalten. Lehren als Begleiten forschenden Lernens ist gängig in Projektseminaren, in (eigenständigen) Projekten, gegebenenfalls auch in Kolloquien, wenn diese entlang des Forschungshandelns angeordnet sind."[60]

Einige Hochschulen haben zumindest fakultative Kompetenznachweis- und -entwicklungssysteme etabliert.[61] Jedoch klaffen Anspruch und Wirklichkeit meist weit auseinander.[62] Insgesamt gibt es viel zu viele Wissensprüfungen an den Hochschulen. So ist es keine Seltenheit, wenn Studierende im Rahmen ihres Bachelorstudiums innerhalb von drei Jahren 50 bis 60 Prüfungen ablegen, deren Ergebnisse alle in die Abschlussnote einfließen. Das führt natürlich dazu, dass die Studierenden über ihre gesamte Studienzeit hinweg auf Wissensprüfungen fixiert sind. Lernräume ohne Prüfungszwang, die für ein sinnvolles Studium unverzichtbar sind, verschwinden zunehmend. Es werden immer mehr elektronisch basierte Prüfungsformen eingesetzt, die auch maschinell ausgewertet werden können. Die Prüfungskultur verarmt.[63]

---

[60] Reinmann (2014b, S. 4).
[61] Vgl. Tenberg und Hess (2005, S. 201–209).
[62] Vgl. Reinmann (2014a).
[63] Reinmann (2014a).

Prüfungsformate, die den Anforderungen einer Kompetenzdiagnostik gerecht werden, findet man fast nicht. Anstatt Prüfungen *über* Forschungsergebnisse abzuhalten, sollten vielmehr Prüfungsformate genutzt werden, bei denen Studierende ihre Kompetenzen *in* Forschungssituationen demonstrieren, indem sie beispielsweise ein Interview führen oder Daten auswerten, oder Forschungsartefakte produzieren. Dies kann beispielsweise über die Visualisierung eines Forschungsdesigns oder durch Forschungstagebücher mit Feldnotizen erfolgen.[64]

Im internationalen Bereich nimmt das Kompetenzlernen spürbar zu.[65] Die deutschen Hochschulen haben in den vergangenen Jahren hohe Investitionen in digitalisierte Lehr- und Lernmaterialien, Learning-Management-Systeme, virtuelle Labore oder aufgezeichnete Vorlesungen getätigt. Der Erfolg war jedoch häufig nicht zufriedenstellend. In einer Untersuchung zur Mediennutzungsgewohnheit zeigte es sich, dass die Studenten vor allem externe Angebote im Internet wie Google-Websuche, externe E-Mail-Konten, Wikipedia und Online-Wörterbücher, zunehmend auch KI-Tools wie ChatGPT, nutzten. Bei den universitätsinternen Angeboten sind vor allem Medienangebote beliebt, die sich um die Präsenzlehre lagern, wie beispielsweise gedruckte und elektronische Lehrbücher sowie Skripte der Dozenten, aber auch allgemeine IT- und Informationsdienste wie Campus-WLAN oder Online-Bibliothekskataloge.

Auffallend ist, dass Angebote, die eine aktive Partizipation der Studierenden erfordern, nur selten und mit geringer Zufriedenheit genutzt werden. Dazu gehören Wikis, das heißt webbasierte und asynchrone Autorensysteme,

---

[64] Vgl. Reinmann (2014b, S. 7 f.), Eck (Hrsg.) (2019).
[65] Vgl. Conradi et al. (Hrsg.) (2006).

4 Kompetenzen kontra bewährte Lehrmethoden?

Blogs, bei denen viele kleine Inhalte („Micro-Content") in Form von Texten, Bildern, Sound oder Videos der Lerner – genannt „posts" – einen Zeitstempel erhalten und in einer umgekehrt chronologischen Reihenfolge abgelegt werden, interaktive Lernsoftware und virtuelle Lehr-Lern-Formen.[66] Dieses Verhalten ist allzu verständlich, solange Klausuren fast ausschließlich auf Wissen fokussiert sind. Es wurde auch deutlich, dass sich soziale Medien für selbstorganisiertes Lernen und die traditionelle, eher fremdgesteuerte *Lehrkultur* an den Hochschulen nicht ohne Weiteres miteinander vereinbaren lassen, auch wenn die Studenten bereits in hohem Maße medienaffin sind.

Es genügt nicht, wie dies leider meist der Fall ist, einfach *Lernmaterialien* ins Netz zu stellen, auch wenn es schön aufbereitete PowerPoint-Präsentationen oder Videos sind, und Foren oder Blogs anzubieten, ansonsten aber nichts an dem bisherigen *Lehrkonzept* zu verändern. Auch in den Hochschulen wird eine radikale Veränderung der Strukturen und der Lernkultur erforderlich, um der Kompetenzkatastrophe zu widerstehen. Studierende sind „lernfähig, aber unbelehrbar."[67] Diese Erkenntnis muss sich endlich in den Lernkonzeptionen der Hochschulen niederschlagen.

Hinzu kommt, dass sich der Zugang zum wissenschaftlichen Wissen immer mehr demokratisiert. So hat Bill Gates bereits 2010 prognostiziert: „In fünf Jahren wird man die besten Vorlesungen der Welt kostenlos im Internet finden." Die rasante Verbreitung von MOOC (Massive Open Online Courses), im Netz angebotene Kurse („online") mit Open Educational Resources und einer Teilnehmerzahl, die teilweise in die Hunderttausende geht („massive") und die jedem Lerner ohne Kosten offenstehen („open"), belegen diese Vorhersage. Die durch die Kompetenzkatastrophe er-

---

[66] Vgl. Gidion und Grosch (2012, S. 450–451).
[67] Siebert (2015).

zwungene Revolution des Bildungssystems im Hochschulbereich steht erst am Anfang.[68] So gründete 2011 der gebürtige Solinger Sebastian Thrun, der Professor an der renommierten Stanford University war und das geheime Forschungslabor Google X aufgebaut hat, 2012 die Online-Universität Udacity. Ihr Ziel ist klar formuliert die „Demokratisierung des Wissens".[69] Die Inhalte konzentrierten sich zunächst auf den berufsbildenden Bereich, werden aber weiter ausgedehnt. Udacity stellt dabei nicht einfach Vorlesungen ins Netz, sondern baut die Kurse in einem gemeinsamen Entwicklungsprozess mit der Wirtschaft auf, unter anderem mit Google und Facebook. Das Ziel ist, dass die Abschlüsse von Udacity mittels „Nanodegrees" in der Praxis mit den klassischen Universitätsabschlüssen gleichgestellt werden, aber zu einem Bruchteil der bisherigen Studienkosten.

Damit entwickeln sich neue Anbieter im Markt für Hochschulbildung mit attraktiven Leistungen, sodass sich auch die etablierten Hochschulen verändern müssen, wenn sie weiterhin Akzeptanz finden wollen. Deshalb wird es zwangsläufig zu grundlegenden Veränderungsprozessen in den Hochschulen kommen, vielleicht nicht sofort, aber im kommenden Jahrzehnt.

4.7 Bulimielernen im Fernunterricht

Es ist erstaunlich, dass jährlich über 630.000 Lerner Fernkurse buchen, obwohl sie überwiegend noch auf einer Didaktik und Methodik aufbauen, die sich in den vergangenen 50 Jahren, wenn überhaupt, nur marginal verändert hat. Sie basieren meist auf einer Führung durch Vorgefertigtes mit

---

[68] Vgl. Robes (2015).
[69] Vgl. FAS 11.01.2015.

eingeschränkten Freiräumen der Lernenden.[70] Dort soll das gesamte Wissen „vermittelt" werden. Die meisten Fernlehrgänge sind mittlerweile onlinebasiert, oftmals gibt es noch eine Mischung aus digitalen Inhalten und traditionellen Studienbriefen. Die von der Stiftung Warentest beispielsweise untersuchten betriebswirtschaftlichen Fernstudiengänge versprechen in ihren Publikationen überwiegend Richtziele auf der Ebene der Kompetenzen, wie „Problemlösungen entwickeln", „Prozesse gestalten" oder „Liquidität planen", bieten tatsächlich jedoch nur Fachtexte und Übungsaufgaben. Der Praxistransfer wird meist nur als allgemeine Forderung definiert. Es wird somit dem Lerner und dem Zufall überlassen, ob er in der Praxis die Chance erhält, sein Wissen in realen Herausforderungen anzuwenden.

Auch wenn es eine ganze Reihe innovativer Ansätze im Fernstudienbereich gibt, setzt die überwiegende Zahl der Anbieter auf „klassische" Fernstudiengänge mit digitalen Skripten, interaktiven Aufgabenformaten und Einsendeaufgaben per Upload, die mit mehr oder weniger gut ausgebauten Lernplattformen im Netz ausgeschmückt werden.[71] Teilweise wird man den Eindruck nicht los, dass die Learning-Management-Systeme nur aus Marketinggründen eingerichtet wurden. Dies zeigt sich vor allem daran, dass es kaum eine didaktisch-methodische Verknüpfung zwischen den Studienbriefen und der Plattform gibt. Wenn überhaupt, werden Foren oder Chats angeboten, in denen die Lerner ihre offenen Fragen mit anderen Kursteilnehmern, teilweise auch mit Fernlehrern, klären können. Oftmals werden jedoch nur private Beiträge ausgetauscht.

---

[70] Arnold (2015, S. 152).
[71] Vgl. von Korflesch und Lehmann (Hrsg.) (2017).

Die Lerner senden ab und zu, sogenannte „Einsendeaufgaben" ein, die sie dann nach einiger Zeit, in den überwiegenden Fällen nur mit Häkchen oder mit Hinweisen wie „zu allgemein" oder „sehr schön, weiter so" versehen, zurückerhalten.[72] Nur ein kleiner Teil der Anbieter bietet ergänzend auf freiwilliger Basis Präsenztage an, die aber nicht direkt in die Lernkonzeption eingebunden sind. In sogenannten Online-Studienzentren mit Chats und/oder Foren sollen sich die Teilnehmer bei einigen Anbietern austauschen. Auch hier gibt es im Regelfall keine methodischen Ansätze in den Studienbriefen und Aufgaben, um diesen Austausch systematisch in den Lernprozess zu integrieren. Von Teilnehmern in betriebswirtschaftlichen Lehrgängen wurde uns berichtet, dass dort unter anderem Kochrezepte ausgetauscht werden. Wenn man davon ausgeht, dass man die Inhalte der Fernstudienbriefe, etwa in der Betriebswirtschaftslehre, in mindestens gleicher Qualität auch in guten Fachbüchern im Gesamtpreis von maximal 200 € lesen könnte, stellt sich die Frage, was den Mehrwert von bis zu 2500 € pro Kurs ausmacht. Sind die Einführungshefte, die oberflächliche Korrektur von Einsendeaufgaben und die Abnahme der Prüfung wirklich so viel Geld wert?

Angebote für Fernunterricht in Deutschland müssen eine staatliche Zulassung nachweisen. Wir fragen uns angesichts dieser verstaubten Lernkonzepte, ob die entsprechende Behörde, die Zentralstelle für Fernunterricht (ZfU) in Köln, tatsächlich dafür bürgt, dass die Teilnehmer nur Kurse mit hoher fachlicher und didaktisch-methodischer Qualität erhalten. Manchmal erscheint es uns, als ob sich ein Kartell der großen Anbieter für Fernstudien im engen Verbund mit der zulassenden Behörde darauf geeinigt hat,

---

[72] Vgl. Stiftung Warentest Test Spezial Karriere 2012 sowie ergänzende Auswertungen.

4 Kompetenzen kontra bewährte Lehrmethoden?

antiquierte Lehr-Lern-Methoden mit Fernstudienbriefen zum optimalen Konzept zu erklären. Dadurch erspart man sich Investitionen in Angebote mit innovativen Lernformen. Schließlich sind die Textbausteine für die Studienbriefe, die man über Fächer und unterschiedliche Anbieter hinweg mehrfach nutzen kann, seit Jahrzehnten in den Druckzentren abgespeichert. Kostengünstiger kann man Bildung nicht anbieten. Dagegen werden innovative Anbieter am Markt durch die relativ hohen und teuren Hürden des Genehmigungsprozesses eher abgeschreckt. Dies ist die groteske Wirkung einer ursprünglich gut gemeinten Verbraucherschutzmaßnahme. Diese Institution sollte deshalb ersatzlos abgeschafft und über die systematische Bewertung der aufgebauten Kompetenzen durch die Teilnehmer in einem neutralen Netzwerk abgelöst werden.

Auch in Fernkursen dominiert also das Bulimielernen. Das Ziel der Teilnehmer ist meist, ein Zertifikat zu erlangen, das ihnen Türen in Wirtschaftsberufe öffnet. Mit Kompetenzentwicklung hat derartiges Pauklernen nichts zu tun. „Nachhaltiges Lernen und eine tragfähige Kompetenzentwicklung können nämlich nur dann in einem lernenden Subjekt reifen, wenn dieses den Rahmen und den didaktischen Raum erhält, um sich selbstgesteuert, produktiv, aktiv sowie in sozialem Austausch und selbsttätig mit den Anforderungen der jeweiligen Disziplin oder des jeweiligen Berufes, um den es geht, auseinandersetzen zu können."[73] Dies erfordert grundlegend neue, kompetenzorientierte Geschäftsmodelle für die Digitalisierung des Fernstudiums.[74] Die Zahl der Fernkursanbieter, die ihre Lernkonzeptionen an diesen Anforderungen ausrichten, nimmt langsam, aber stetig zu.

---

[73] Arnold (2015, S. 154).
[74] Sauter (2017).

Wie wir bereits betonten: Bulimielernen und Kompetenzentwicklung sind unversöhnliche Gegensätze. Bulimielernen ist der vielleicht wichtigste Indikator der Kompetenzkatastrophe.

4.8 Betriebliche Seminare und Kompetenzentwicklung

Das World Economic Forum geht davon aus, dass 44 % der Beschäftigten in den kommenden fünf Jahren grundlegend neue Fähigkeiten aufbauen müssen. Es kommt in seinem aktuellen Bericht „Future of Jobs 2023"[75] zum Ergebnis, dass analytisches und kreatives Denken sowie Künstliche Intelligenz (KI) und der Umgang mit Big Data bis 2027 die am meisten nachgefragten Fähigkeiten sein werden. Wichtiger werden auch Führungsqualitäten und sozialer Einfluss sowie Neugier und Lebenslanges Lernen. Vorratslernen für Wissen und Qualifikationen spielt dagegen eine untergeordnete Rolle.

Dieser Trend wird durch weitere Studien[76] sowie den Trendradar der Haufe Akademie[77] bestätigt. Nach dieser Studie sind die zentralen Faktoren der sogenannten Zukunftskompetenzen

1. Digitales Lernen und technologiegestützter Wissensaufbau
2. Wissensmanagement und Kompetenzentwicklung
3. Agile Methodik und adaptives Lernen
4. Ganzheitliche Führung und Organisationsentwicklung

---

[75] World Economic Forum 2023.
[76] Institut der Deutschen Wirtschaft (2024).
[77] Haufe Akademie (2024).

4 Kompetenzen kontra bewährte Lehrmethoden?

Hinzu kommt, dass alle Transformationen in der Wirtschaft zu einem erheblichen Teil Lernprozesse sind. Deshalb ist es nach dieser Studie für alle Organisationen zwingend erforderlich, „unmittelbar" zu handeln, also das betriebliches Lernsystem – Corporate Learning – jetzt grundlegend neu auszurichten.

Neue Formen und Methoden des Arbeitens begegnen uns laufend: im Berufsleben, in alten und neuen Berufen, in Unternehmen und Organisationen. Vernetzung, Komplexität, Digitalisierung, Künstliche Intelligenz, Agilität oder Selbstorganisation sind die einschlägigen Stichworte. Hinter all diesen Formen stecken erweiterte Anforderungen, selbstorganisiert und kreativ zu handeln, neue Kompetenzen und neue, sie begründende Werte.

Oft wird diese fundamentale Änderung heute unter dem Sammelbegriff *New Work* zusammengefasst.

„New Work kennzeichnet die heutige Erwerbsarbeit, die durch zukunftsorientierte Veränderungen aufgrund der digitalen Transformation geprägt ist."[78]

Für die Personalentwicklung und überbetriebliche Bildungsanbieter eröffnen sich dadurch neue, attraktive Chancen, sofern sie ihre Geschäftsmodelle grundlegend verändern. Notwendige Voraussetzung für Future Learning ist dabei die Akzeptanz des Werte- und Kompetenzmanagements bei den Mitarbeitern und Führungskräften. Dieses Vertrauen kann allerdings nur in einem längerfristigen Veränderungsprozess schrittweise aufgebaut werden.

Wissen, Kompetenzen und Werte können von den Mitarbeitern nur handlungswirksam angeeignet werden. Pauken und Auswendiglernen hilft da wenig, ein zukunftsweisendes Lernen – *Future Learning* – ist erforderlich. Diese neue Lernwelt muss dabei ein Spiegelbild der Praxis sein,

---

[78] Fraunhofer IAO 2019.

wenn die Mitarbeiter auf die zukünftigen Herausforderungen des *New Work* vorbereitet werden sollen.

Future Learning und New Work bilden die Zukunft des Lernens und Arbeitens ab.[79]

Die Entwicklung des Corporate Learning in den vergangenen drei Jahrzehnten ist durch fünf Phasen der Digitalisierung bzw. der digitalen Transformation, also der grundlegenden Veränderung des Geschäftsmodells der betrieblichen Bildung, gekennzeichnet:

E-Learning ab den 1990-er-Jahren: Vorgegebene Ziele des Wissensaufbaus auf Basis von Computer Based Trainings (off-line) bzw. Web Based Trainings (on-line)

Blended Learning ab den 2000-Jahren: Formelles Lernen mit dem Ziel des Aufbaus von Wissen und Qualifikationen mit online-basierten Selbstlernphasen

Social Blended Learning ab den 2010-Jahren: Formelles und informelles Lernen mit individuellen Kompetenzzielen in Praxisprojekten im Rahmen eines Blended Learning Arrangements

Workplace Learning ab den 2020er-Jahren: Informelles Lernen mit individuellen Werte- und Kompetenzzielen zur Bewältigung von Herausforderungen in der Praxis.

Future Learning jetzt: Werte- und kompetenzorientierte Bewältigung von Herausforderungen in der Praxis mit KI-Unterstützung.

Wir selbst haben mehrfach versucht herauszufinden, wie wir künftig, in einer Welt fühlender Computer, kluger

---

[79] Vgl. Foelsing, Schmitz 2021.

4 Kompetenzen kontra bewährte Lehrmethoden?

Clouds und sinnsuchender Netze, lernen werden.[80] Unsere Vision von einem Lernen in der Zukunft haben wir so zusammengefasst:[81]

Future Learning ist von der eigenen Werte- und Kompetenzentwicklung nicht mehr zu trennen. Trainings- und Weiterbildungsangebote werden bei Bedarf unterstützend und ergänzend gesucht und zeitnah einbezogen, bilden aber nicht das Zentrum des Lernens. Die eigentliche Handlungsfähigkeit wird durch Kompetenzen hergestellt. Dabei bilden zu eigenen Gefühlen umgewandelte Werte die eigentlichen Kompetenzkerne, die Motivation und Orientierung geben. Ohne Gefühle, ohne emotionale Veränderungen gibt es zukünftig kein wirkungsvolles Lernen.

Future Learning erfolgt vor allem werte- und kompetenzorientiert im Prozess der Arbeit

Wissen steht heute schnell und zunehmend auch kuratiert, d. h. sorgfältig und spezifisch für die Lerner mit Hilfe der KI ausgewählt, zur Verfügung. Es ist, wenn man es zu gewichten und zu werten versteht, die Basis des Handelns, nicht mehr. Das Wissen ändert sich aber zu schnell, um sich damit „auf Vorrat" auf die Zukunft vorzubereiten. Wer heute viel weiß, weiß morgen zu wenig oder auch zu viel Überflüssiges, was auf das Gleiche hinausläuft. Die Lerner werden mit Hilfe der Künstlichen Intelligenz zunehmend komplexere Herausforderungen selbstorganisiert bearbeiten. Dies erfordert entsprechende Lernkonzepte.

Future Learning wird durch die Lerner mit selbst organisiert und personalisiert im Dialog mit der KI umgesetzt[82]

Lernen im Prozess der Arbeit setzt aufgrund der hohen Komplexität voraus, dass Herausforderungen gemeinsam mit

---

[80] Z. B. Erpenbeck, Sauter 2013, 2024.
[81] Vgl. auch Münchner Bildungsforum 2023.
[82] Sauter, W.; Stoller-Schai, D. (2025): Selbstorganisiertes Lernen mit generativer KI. Neue dialogische Lernwelten im beruflichen Kontext, Schäffer Poeschel Stuttgart.

Kollegen, Lernbegleitern, Führungskräften oder mit Unterstützung von Experten bewältigt werden. Dieser Austausch erfolgt dabei immer mehr online, sodass den Lernern immer breitere Netzwerke zur Verfügung stehen. Zunehmend werden diese Prozesse durch **Virtuelle Assistenten** begleitet, die fundierte Rückmeldungen und gezielte Lösungshinweise geben. Future Learning setzt also eine Vernetzung von menschlichen Lern- und Kooperationspartnern und von Human-Computern als Lernassistenten voraus. Der Gebrauch von Clouds, in denen unsere Programme und Daten überwiegend gespeichert sind, und deren immer intelligentere Nutzung und Verarbeitung werden deshalb immer wichtiger.

Future Learning wird durch soziales, kollaboratives Lernen, und immer öfter online und KI-begleitet, geprägt
Future Learning ist damit *die* zentrale Strategie der Zukunft, weil sich der Charakter der Arbeit weiter grundlegend verändert. Wie sieht jedoch die aktuelle Realität, zumindest in der Mehrheit der Unternehmen, aus? In schicken Seminarhotels, möglichst mit Schwimmbad und Sauna, sollen über Frontalunterricht und pädagogisch aufbereitete Übungen Kompetenzen für die Praxis oder den Führungsalltag aufgebaut werden. Wie soll das eigentlich in derart geschützten und komfortablen Rahmen geschehen? Die Realität sieht doch ganz anders aus. Sie ist eher geprägt durch komplexe Herausforderungen mit vielen verschiedenen Einflussfaktoren zur gleichen Zeit, unklare Situationen und teilweise chaotische Verhältnisse, Zeitdruck, Hektik, physischen und psychischen Stress oder den Zwang zu schnellen Entscheidungen, obwohl wesentliche Informationen fehlen ...

Tradierte Denkweisen über das Lernen haben sich in den meisten Unternehmen, bei den meisten beruflichen

4 Kompetenzen kontra bewährte Lehrmethoden?

Bildungsanbietern, bei allen Beteiligten, vom Lerner bis zum Personalentwickler, in hohem Maße verfestigt. Auch die betriebliche Bildung ist heute immer noch überwiegend sehr stark formalistisch geprägt, Wissensweitergabe und Qualifikation im fachlich-methodischen Bereich stehen im Vordergrund. Lernmaßnahmen dienen häufig auch der rechtlichen Absicherung, beispielsweise in sicherheitsrelevanten oder rechtlichen Bereichen.

Weshalb schicken Unternehmen ihre Mitarbeiter immer noch massenweise in Seminare, obwohl sich deren Ergebnisse, wie wir bereits anführten, mit weniger als zehn Prozent unglaublich gering in der Praxisumsetzung niederschlagen? Warum orientieren sich betriebliche Bildungsbereiche weiterhin an Wissenszielen, anstatt sich an Kompetenzzielen auszurichten? Warum wird nicht versucht, den im Betrieb wichtigsten Bereich des informellen Lernens zu optimieren, anstatt sich ständig neue Übungsformen für Seminare auszudenken?

1996 entwarfen Morgan McCall, Robert Eichinger und Michael Lombardo vom Center for Creative Leadership in North Carolina das berühmte 70:20:10-Modell, das Charles Jennings 2002 als strategisches Modell umsetzte und bekannt machte. Danach erwerben Mitarbeiter Kompetenzen zu 70 % durch die eigenständige Bewältigung von Herausforderungen, zu 20 % über die Kommunikation mit Kollegen und Führungskräften und gerade mal zu zehn Prozent durch Seminare, E-Learning oder Lesen von Büchern und Artikeln.[83] Die britische Bloggerin Jane Hart hat in einer aktuellen Umfrage mit 3500 Teilnehmern ermittelt, dass Trainings für das Lernen im Arbeitsprozess am niedrigsten, dagegen aber Wissensaustausch im Team, Recherchen im Netz, Kommunikation mit Kollegen und professionelles Networking am höchsten eingeschätzt werden.[84]

---

[83] Vgl. Jennings (2013).
[84] Hart (2015).

Zwar sind sich viele Unternehmen der Notwendigkeit zur Entwicklung von Kompetenzen gemäß der Unternehmensstrategie durchaus bewusst. Die Kompetenzentwicklung soll dann aber nach unseren Praxiserfahrungen überwiegend in einer Reihe von Qualifikationsmaßnahmen, insbesondere in Seminaren, „nachgeholt" werden. Wie zementiert diese Denkweise in den Köpfen verankert ist, zeigt das Beispiel der renommierten Unternehmensberatung Roland Berger. Diese hat in einer sehr aufschlussreichen Studie zum Corporate Learning im Umbruch festgestellt, dass die Zukunft des Lernens in der Personalisierung und Individualisierung von Bildung für das lebenslange Lernen liegt.[85] Lernen und Wissensentwicklung wird nach dieser Studie in den Arbeitsalltag der Beschäftigten integriert. So weit, so kompetenzorientiert. Aber dann wird in der Studie behauptet, man müsse nur hinreichend „Wissen und Fertigkeiten vermitteln". Die Kompetenzkatastrophe blickt den Urheber dieser Studie höhnisch an.

In der überbetrieblichen, beruflichen Weiterbildung dominieren ebenfalls die „klassischen" *Lehr-* und *Lernformen*. Im Bildungskatalog einer IHK oder Handwerkskammer wird man fast nur Seminare, eventuell auch einige E-Learning-Formate finden. Darin werden bundesweit gültige Curricula für Fachwirte, Betriebswirte, Meister und ähnliche Abschlüsse vorgeben, die nahezu ausschließlich sach- und fachwissensorientiert sind.

Auch das Erfolgsmodell duale Berufsausbildung ist zwiespältig.[86] Der Wissensaufbau und die Qualifizierung einerseits und die Kompetenzentwicklung im Ausbildungsbetrieb andererseits werden nach diesem Prinzip zwischen Berufsschule und Ausbildungsbetrieb aufgeteilt. Im Berufsschulunterricht wird das Fachwissen nach Curricula, die

---

[85] Vgl. Berger (2014).
[86] Vgl. Hoffmann-Cadura (2011).

teilweise mehr als zwei Jahrzehnte alt sind, meist im „klassischen" Frontalunterricht, kombiniert mit Übungsphasen und Hausaufgaben, durch eher theorieorientierte Lehrer dargeboten. Manche Betriebe, die dieser Qualifizierung nicht vertrauen, wiederholen diesen Frontalunterricht dann nochmals in eigenen Seminaren, dem sogenannten „Lehrlingsunterricht". Dass dies tendenziell zur Folge hat, dass die Auszubildenden in der Berufsschule ihre Aufmerksamkeit reduzieren, weil sie den Stoff im Betrieb nochmals „vermittelt" bekommen, und im innerbetrieblichen Unterricht eher schlafen, weil sie das Thema schon mal in der Berufsschule behandelt haben, ist menschlich.

Die Praxisausbildung und damit die Kompetenzentwicklung finden weitgehend losgelöst von diesen Qualifizierungsmaßnahmen statt. Gegen Schluss der Berufsausbildung wird das Ergebnis mit einer meist stark wissensorientierten schriftlichen und mündlichen Prüfung vor der IHK oder Handwerkskammer getestet. Viele Ausbilder bzw. Führungskräfte messen ihren Erfolg nach wie vor an diesen Prüfungsergebnissen, obwohl sie nahezu nichts über die Kompetenzen der Absolventen aussagen. Viel schlimmer ist, dass diese Rahmenbedingungen und insbesondere das Prüfungssystem der dualen Berufsausbildung konsequent kompetenzorientierte Ausbildungskonzeptionen verhindern. So klagen Unternehmen, die versuchen, ihre Auszubildenden in einem selbstorganisierten, kompetenzorientierten Lernarrangement auszubilden, darüber, dass die Kultur des eigenverantwortlichen Lernens immer wieder drastisch beeinträchtigt wird, wenn sie in der Berufsschulphase fremdgesteuerten Unterricht erfahren. Es ist auch nicht zu erwarten, dass der DIHK und vergleichbare Einrichtungen trotz besseren Wissens ihre lukrativen Prüfungssysteme zugunsten eines kompetenzorientierten Ausbildungsansatzes aufgeben oder dass die Berufsschulen ihre Rolle als „Wissensvermittler" grundlegend überdenken werden.

Auch in der Entwicklung von Fach- und Führungskräften dominiert die Illusion, dass „Wissensvermittlung" und Qualifikationsmaßnahmen irgendwie schon die notwendigen Kompetenzen bewirken werden. So bilden Fallstudien seit langer Zeit in der beruflichen und betrieblichen Bildung einen festen Bestandteil. Insbesondere Lehrgänge in Business Schools basieren vielfach, manchmal fast ausschließlich, auf Fallstudien. Auf den ersten Blick erscheinen Fallstudien, aber auch Planspiele oder computergestützte Lernspiele, Serious Game Based Learning genannt, als ein geeignetes Mittel, um gezielt Kompetenzen aufzubauen. Diese Lernformate sollen die Möglichkeit bieten, relevante Probleme, mit denen die Lerner in ihrer Praxis konfrontiert sind, in einer Laborsituation, evtl. auch spielerisch, zu bearbeiten und realitätsnahe Lösungen zu entwickeln. Das Ziel ist, dass die Lerner ihre Handlungskompetenz bei der Lösung von Aufgaben in ihrer zukünftigen Arbeitswelt sowie ihre Entscheidungsfähigkeit entwickeln.

Diesen Irrweg deckt Thomas Sattelberger, früher Personalchef der Continental AG und der Deutschen Telekom AG sowie Bundestagabgeordneter der FDP, sehr anschaulich am Beispiel der Führungskräfteentwicklung auf:

> „Ich halte es für ein Phantasiegebilde, dass Leadership im Vorlesungssaal vermittelt oder gelernt werden kann. Lernen kann ich Managementtechniken wie Ziele setzen, Delegieren, Controlling und Marketing – aber nicht Leadership. Da kommt es darauf an, Zukunftsbilder zu schaffen, schwierigste Geschäftsprobleme zu meistern und Menschen emotional und nachhaltig für neue Strategien und Veränderungsprozesse zu gewinnen. Das kann man nicht kopflastig antrainieren. Man lernt es nur, wenn man im rauen Wasser der Realität Verantwortung trägt. Nicht in Fallstudienarbeit".[87]

---

[87] Vgl. Sattelberger (2012).

4 Kompetenzen kontra bewährte Lehrmethoden?

Diese Erkenntnis deckt sich mit unseren Erfahrungen. Fallstudien sind immer vereinfachte Spiegelbilder der Praxis. Eine Fallstudie, die auch nur annäherungsweise die Komplexität der Realität widerspiegelt, würde alle Dimensionen sprengen. Während in der Realität sowohl die Problemstellungen als auch die relevanten Fakten offen und kaum überschaubar sind, werden in Fallstudien beide Bereiche in erheblich verkürzter Form vorgegeben, sodass die Variationsmöglichkeiten nur noch einen Bruchteil der Realität ausmachen.

Die Entwicklung einer Lösung in Fallstudien, Plan- oder Lernspielen erfolgt, auch wenn sie in Gruppen getroffen wird, in einer Laborsituation mit einer künstlichen Versuchsanordnung. Sie ist deshalb nicht mit Entscheidungsprozessen in der Realität vergleichbar. Es sind beispielsweise keine „echten" Interessenskonflikte auszutragen, die Folgen der Entscheidung sind im Regelfall für die eigene Entwicklung nicht relevant und der Entscheidungsprozess erfordert nur einen Bruchteil der Zeit, die Abstimmungsprozesse in der Praxis benötigen. Auch fehlen wesentliche emotionale Faktoren, die durch chaotische Verhältnisse, extremen Zeitdruck, psychischen und physischen Stress, mangelnde Informationen oder den hohen Entscheidungsdruck, etwa wenn es um Leben oder Tod geht, ausgelöst werden.

Der Aufbau handlungsentscheidender Emotionen und Motivationen kann damit nicht erreicht werden. Die Lerner können in der Fallstudie Wissen aufbauen, sich die notwendigen Methoden und Fertigkeiten erarbeiten, sich also qualifizieren, und sie können für die emotionalen Aspekte der Problemlösung sensibilisiert werden. Kompetenzen können aber erst dann verinnerlicht werden, wenn sich die Lerner in realen Situationen beweisen müssen und Entscheidungen zu treffen haben, deren Folgen sie mit allen Konsequenzen tragen müssen. Auch Autofahren lernt man nur, wenn man selbst am Steuer sitzt und fährt. Dieser Prozess wird als „emotionale Labilisierung" bezeichnet, das Erleben und Bewältigen von sogenannten Dissonanzen, wenn Erfahrungen und Informationen zur persönlichen Einstellung bzw. zu getroffenen Entscheidungen im Widerspruch stehen. Dabei werden Zweifel, Widersprüchlichkeit oder Verwirrung ausgelöst, und es entstehen neue Lösungsmuster. Emotionale Labilisierung basiert also immer auf kognitiven Konflikten, die durch die Wahrnehmung von Veränderungen oder zunächst unlösbaren, widersprüchlichen Problemlagen hervorgerufen werden.

Das Lernformat Fallstudie ist somit ein geeignetes Mittel, um die Wissensverarbeitung bzw. Qualifizierung im Rahmen von formellen Lernprozessen praxisorientiert zu gestalten, nicht mehr. Erst wenn wir in der Lage wären, simulative Herausforderungen zu gestalten, die der Lerner als real empfindet, wie beispielsweise im Flugsimulator, hätten wir ein entsprechendes Trainingsinstrument in der Hand.[88]

Warum sehen die Bildungsverantwortlichen in den Unternehmen oft nicht ein, dass sie mit ihrem Festhalten an tradierten Bildungssystemen die Kompetenzkatastrophe befördern und ihren Unternehmen schaden? Hierfür gibt es mehrere Erklärungen:

„Das haben wir schon immer so gemacht." Die Bildungssysteme in den Unternehmen sind über Jahrzehnte gewachsen. Die heutigen Bildungsverantwortlichen haben die Didaktik und Methodik dieser Seminarwelt in ihrem gesamten Berufsleben als Lerner, später vielleicht auch als Dozent und Bildungsplaner, tief verinnerlicht. Viele schaffen es nicht, aus diesen Denk- und Handlungsroutinen auszubrechen.

„Unser Lernsystem wird seit Jahren hervorragend bewertet." Will man gute Ergebnisse erzielen, muss man nur die passende Messmethode auswählen. Obwohl die Lernforschung

---

[88] Vgl. u. a. Kaiser und Kaminski (1999), S. 37 ff.; Weitz (2007).

vielfach nachgewiesen hat, dass zwischen der Lehre und dem Lernerfolg kein messbarer Zusammenhang besteht, werden Seminare nach wie vor am Ende mithilfe eines Einschätzungsbogens durch die Teilnehmer bewertet. Dass dieser „Beauty Contest" mit „Happiness Sheets" zwar sehr gut geeignet ist, die aktuelle Stimmungslage der Teilnehmer zu erheben, aber rein gar nichts über die Umsetzung in die Praxis aussagt, wird heute kaum mehr bestritten.

„Wir trainieren die Kompetenzen unserer Mitarbeiter in unseren Seminaren." Es ist vielfach nachgewiesen, dass mit diesen „künstlichen" Lehrformaten keine Kompetenzen aufgebaut werden können, weil sie mit den komplexen Herausforderungen in der Praxis nicht vergleichbar sind und deshalb keine Werte, die für den Kompetenzaufbau zwingend erforderlich sind, verinnerlicht werden. Aber wer möchte seinen Methodenkoffer aufgeben, in dem jahrzehntelange Arbeit, einschließlich unzähliger Nachtschichten, und auch Emotionen stecken?

„Wir nutzen konsequent die didaktisch-methodischen Erkenntnisse der Bildungsforschung." Die Mehrheit der pädagogischen Forscher hat sich in den vergangenen Jahrzehnten mit der Frage beschäftigt, wie der Unterricht in Bezug auf die Wissensweitergabe und Qualifizierung optimiert werden kann. Dies ist zum einen darauf zurückzuführen, dass sich diese Forscher überwiegend im universitären Bereich, also in einem konsequent fremdgesteuerten Lehrsystem, bewegen. Zum anderen hat sich diese Vorgehensweise angeboten, weil fremdgesteuerte Lehrformate sehr viel besser gestaltet und evaluiert werden können, als wenn man die Verantwortung für die Gestaltung der Lernprozesse auf die Lerner selbst überträgt. Dass damit 90 % des betrieblichen Lernens dem Zufall überlassen wurde, hat man in Kauf genommen, da dieser Bereich in die meisten Evaluationen ohnehin nicht eingeflossen ist.

„Wir wollen das betriebliche Lernen aktiv gestalten." Viele Bildungsplaner haben die Sorge, dass sie ihre Gestaltungsmöglichkeiten verlieren, wenn die Verantwortung für die Lernprozesse auf die Lerner übergeht. Dieses Problem kennen wir schon lange auch in anderen Bereichen, beispielsweise dann, wenn Führungskräfte Verantwortung delegieren sollen. Es ist richtig, Bildungsplaner, die Lernverantwortung an die Mitarbeiter und Führungskräfte weitergeben, können nicht mehr direkt in die Lernprozesse eingreifen. Dafür erhalten sie aber die Möglichkeit, strategieorientierte Lernprozesse im gesamten Unternehmen zu fördern und zu gestalten, indem sie als Lernarchitekten einen Ermöglichungsrahmen schaffen und laufend optimieren sowie Führungskräfte und Lernbegleiter im Implementierungsprozess begleiten. Sie wandeln ihre Rolle zum Kompetenzmanager.

„Lernen erfordert einen ruhigen Rahmen." Sofern man Lernen auf das Pauken von Fachinformationen beschränkt, mag das richtig sein. Wenn die beruflichen Herausforderungen jedoch in einer Umgebung stattfinden, die durch Hektik, Stress und mangelnde Informationen geprägt ist, hilft es wenig, im „Labor" zu lernen. Vielmehr gehören die Bewältigung dieser Schwierigkeiten und der damit verbundene Kompetenzaufbau ebenfalls zu den notwendigen Lernprozessen. Lernen darf deshalb nicht in geschützten Räumen, sondern sollte im Chaos der täglichen Arbeit stattfinden.

„Personalentwickler werden nicht am Unternehmenserfolg gemessen." In ihren jährlichen Bildungsberichten weisen viele Bildungsverantwortliche ihre „Erfolge" nach, indem sie beeindruckende Zuwächse an Bildungsausgaben, an Teilnehmerzahlen, Seminareinschätzungen und Ähnlichem präsentieren. Es wird dabei ignoriert, dass betriebliche Bildung nur eine Existenzbegründung hat. Sie muss mit dazu

beitragen, die strategischen Ziele der Unternehmung umzusetzen. Es geht also um die Performanz der Mitarbeiter, die sich in ihren Erfolgen am Markt und bei der Bewältigung ihrer Aufgaben niederschlägt. Solange die Unternehmensleitung nicht die Frage stellt, welchen Beitrag die Personalentwicklung zum Erfolg des Unternehmens geleistet hat, wird sich im betrieblichen Bildungsbereich kaum etwas Grundlegendes verändern.

Optimistisch stimmt uns die Beobachtung, dass immer mehr Unternehmen erkannt haben, dass sie eine radikale Neuorientierung ihrer betrieblichen Bildung benötigen. Durch digitale Technologien und Künstliche Intelligenz können Mitarbeiter im Büro, im Homeoffice, im Außendienst und externe Dienstleister immer effizienter zusammen arbeiten und lernen. Die Personalentwicklung ist dabei mit Hilfe neuer Technologien in der Lage, personalisiertes und bedarfsorientiertes Lernen aller Mitarbeitergruppen losgelöst von Ort und Zeit zu ermöglichen.

Da einfach quantifizierbare, repetitive Arbeiten immer mehr automatisiert werden, verändert sich der Fokus des Corporate Learning zu **Soft Skills**, die von Bots nicht einfach imitiert werden können.[89]

Angesichts des Fachkräftemangels werden Karrierepfade zunehmend auch für Mitarbeiter ohne Hochschulabschluss geöffnet. Die beruflichen Entwicklungswege werden vielfältiger, sodass auch Mitarbeitergruppen gezielt für anspruchsvollere Aufgaben entwickelt werden können, die sich bisher mit einfachen Aufgaben begnügen mussten. Die Vielzahl der weltweit angebotenen, online-basierten Re- und Upskilling-Programme verstärkt diesen Trend.

Mit Augmented Reality (AR) und Virtual Reality (VR) kann Erfahrungswissen gezielt in die Arbeits- und Lernprozesse eingebaut werden. Die Bedeutung traditioneller

---

[89] Vgl. SAPInsights 2022.

Schulungsprogramme mit Vorratslernen und „Bulimieprüfungen" wird dramatisch abnehmen, da ihre Effektivität zunehmend in Frage gestellt wird und die Mitarbeiter immer weniger Zeit dafür haben. Lernen wandert zunehmend dorthin, wo es wirklich benötigt wird, an den Arbeitsplatz. Der Lernerfolg wird an der Arbeitsleistung, der sogenannten Performanz, gemessen.

Ohne Lernen im Prozess der Arbeit, ohne gezielte Werte- und Kompetenzentwicklung mit KI-Unterstützung, ohne Lernen via Cloud Computing und in semantischen Netzen wird Mitarbeiterentwicklung nicht mehr denkbar sein.

Future-Skills, die Fähigkeit, die Herausforderungen der Zukunft in der Arbeitspraxis selbstorganisiert zu meistern, werden zum wichtigsten Lernziel. Der KI-basierte „Lernpartner Computer" wird auf Basis aktueller Praxisprobleme zentrale Aufgaben in den Entwicklungsprozessen für Future-Skills übernehmen. Lernen und Arbeiten wachsen wieder zusammen. Nachdem das Münchner Bildungsforum im 2022 sein Manifest zur Zukunft des Corporate Learning[90] veröffentlichte, hat es 2023 eine bundesweite Befragung[91] mit der Hochschule Pforzheim durchgeführt, um zu erfassen, wie weit der Veränderungsprozess zu einem zukunftsorientierten betrieblichen Bildungssystem in der Praxis vorangekommen ist.

Die Ergebnisse dieser Studie,[92] an der 183 Personalverantwortliche und Führungskräfte teilgenommen haben, sind sehr eindeutig. Die wichtigsten Veränderungen im Corporate Learning (L&D) sind nach dieser Studie:

---

[90] Münchner Bildungsforum (2022).
[91] Münchner Bildungsforum (2023).
[92] Vgl. Münchner Bildungsforum 2023.

4 Kompetenzen kontra bewährte Lehrmethoden?

Die Verantwortung für das Lernen liegt immer mehr bei den Mitarbeitern mit Unterstützung ihrer jeweiligen Führungskraft.

Die Geschäftsführung ist gefordert, dafür den notwendigen Rahmen zu schaffen. Dies bedeutet, dass in den zukunftsorientierten Lernkonzepten die Mitarbeiter im Mittelpunkt stehen und die Führungskräfte immer mehr die Aufgabe übernehmen, als deren Entwicklungspartner selbstorganisiertes Lernen zu ermöglichen und zu fördern. Dafür ist erforderlich, dass sie auch selbst die erforderlichen Werte und Kompetenzen im Rahmen von werte- und kompetenzorientierten Leadership und Management-Maßnahmen für ihre neue Rolle aufbauen.

Die Rolle der Personalentwicklung wandelt sich fundamental zu Learning & Development, L&D, von der angebotsorientierten Planung von Lehr-/Lernmaßnahmen hin zu Lernarchitekten, die selbstorganisiertes Lernen der Mitarbeitenden und Teams ermöglichen.

Das primäre Ziel liegt zukünftig vor allem darin, den Mitarbeitern ein schnelleres und effektiveres Lernen zu ermöglichen, zunehmend selbstorganisiert mit KI-Unterstützung. Eine wachsende Bedeutung spielen dabei Werte, z. B. die Aspekte der Nachhaltigkeit, sowie Performance- und Kompetenzmodelle in Verbindung mit offenen Ökosystemen, d. h. insbesondere Learning Experience Platforms.

Die strategische Bedeutung des Learning & Development-Bereiches (L&D) nimmt zu.

L&D wird zukünftig für die Strategieumsetzung in den Unternehmen immer wichtiger, wenn es ihr gelingt, ihre neue Rolle konsequent umzusetzen. Dabei ist klar, dass dieser Veränderungsprozess in den Unternehmen unterschiedlich schnell ablaufen wird. Manche Unternehmen sind bereits konsequent auf diesem Wege, andere werden noch ein Jahrzehnt lang die tradierten Lernkonzepte verfolgen.

4.9 Ein vorläufiges Fazit

Was muss sich ändern, damit die Bildungsinstitutionen wirklich zur Überwindung der Kompetenzkatastrophe beitragen?

Der pädagogische Psychologe Diethelm Wahl bringt die zentrale Herausforderung für das Bildungssystem auf den Punkt: „Wer den Weg vom trägen Wissen zum kompetenten Handeln erfolgreich zurücklegen will, sollte nicht auf Pfingstwunder hoffen, sondern auf der Basis klarer innerer Bilder, sozialer Unterstützung und fester Vorsätze über längere Zeit an sich arbeiten. Handeln kann man nur handelnd erlernen!"[93] Am Anfang steht damit zwingend ein Paradigmenwechsel. Da Kompetenzen nur durch die Lerner selbstorganisiert aufgebaut werden können, indem sie herausfordernde Aufgaben aus der Praxis lösen, sind sie selbst für ihren Lernerfolg verantwortlich. Der „Unterricht" muss sich wandeln, so wie es der Pädagoge Rolf Arnold treffend beschrieben hat: „Lehren ist eine Inszenierung von Erfahrungsräumen, in denen den Lernenden Erklärungs-, Vertiefungs- und Diskussionsmöglichkeiten eröffnet werden, die sie zu ihren Bedingungen nutzen können, ohne dass diese unmittelbar auf die Lernenden einwirken oder ihre Kompetenzentwicklung ohne deren innere Zustimmung nachhaltig beeinflussen können". Schulen und Universitäten müssen die Möglichkeit erhalten, auch Wege zu beschreiten, die neu und ungewohnt sind. „Entscheidend ist, was zur Kompetenzentwicklung führt."[94] Dann wird auch die überlebte Trennung zwischen Präsenz- und Fernuniversitäten aufgehoben werden.[95]

---

[93] www.prof-diethelm-wahl.de.
[94] Vgl. Arnold und Erpenbeck (2014).
[95] Arnold (2015, S. 134).

4 Kompetenzen kontra bewährte Lehrmethoden?

Nicht mehr der angeblich schlechte Lehrer oder Dozent kann dann dafür verantwortlich gemacht werden, wenn der Lerner seine Ziele nicht erreicht. „Lernen ist nur über eine aktive Beteiligung der Lernenden, die auf Motivation und Interesse aufbaut, möglich. Nicht nur für Erwachsene sind Aspekte wie Eigenaktivität, Interessenbezug, Eigenverantwortlichkeit, Integration gemachter Erfahrungen und bestehender Überzeugungen sowie Bezug zu konkreten Situationen besonders wichtig."[96] Selbstorganisierter Kompetenzaufbau und fremdorganisierte Wissensweitergabe in angeleiteter Qualifizierung sind nicht miteinander vereinbar. Deshalb muss auch dieser Bereich in die Verantwortung der Lerner gelegt werden. Dafür haben sich sogenannte Blended-Learning-Arrangements, die intelligente Verknüpfung von E-Learning und Bearbeitung offener Fragen in Workshops, bewährt.[97]

Selbstorganisierte Lernprozesse werden nur dann erfolgreich sein, wenn die Lerner eine klare Orientierung erhalten. Die pädagogische Forschung hat nachgewiesen, dass die Mobilisierung der Vorkenntnisse, die Herstellung von Verknüpfungen zwischen schon vorhandenem und neuem Wissen und die Anbahnung des Verstehens Lernprozesse nachweisbar fördern. Es ist deshalb günstiger für den Lernerfolg, wenn nicht mit grafisch aufwendig und spielerisch gestalteten „motivierenden" Elementen gelernt wird, wie dies beispielsweise die Verfechter des „Gamification"[98] propagieren, sondern der Lerner von Anfang an eine klare Struktur der Kompetenzziele und -inhalte entwickelt. Diet-

---

[96] Vgl. Reinmann-Rothmeier und Mandl (1997, S. 356).
[97] Vgl. u. a. Erpenbeck et al. (2015).
[98] Beim *Gamification* wird versucht, Spielelemente und Spielmechanismen in nicht spielerische Lernkontexte zu übertragen, um dort die Spielfreude zu nutzen, damit der Lernerfolg erhöht wird.

helm Wahl nennt dies „Advance Organizer".[99] Damit sind im Voraus gegebenen Lernhilfen in Form einer Expertenstruktur gemeint, welche die Inhalte organisieren und strukturieren. Diese bewirken nachweislich einen höheren Lernerfolg sowie eine bessere Motivation und Orientierung, insbesondere auch bei „schwierigen" Themen. Dieser Ansatz hat sich vor allem in Lernarrangements bewährt, die kooperativ und selbstgesteuert sind.

Der Bildungsbereich muss ein Spiegelbild der Lebens- und Arbeitswelt werden. Wenn die Lerner auf ihre zukünftigen Herausforderungen vorbereitet werden sollen, dann müssen Lernformen, Kommunikationsmöglichkeiten und Medien dem aktuellen Umfeld entsprechen, im besten Fall sogar die Zukunft in diesem Bereich vorwegnehmen.

Den Lehrer, Dozenten oder Trainer, der im Frontalunterricht Wissen „vermittelt", braucht man nicht mehr. Die Aufgabe, Wissen aufzubauen, erfüllt zukünftig jeder Lerner selbstorganisiert und zielgerichtet für seine persönlichen Bedürfnisse in innovativen Lernarrangements mit KI-Unterstützung, die wir in diesem Buch noch näher beschreiben werden. Wir brauchen auch keine Bildungsplaner mehr, die ihre Hauptaufgabe in der Buchung der Seminarräume oder in der Gestaltung der Stundenpläne sehen. Benötigt werden hingegen Gestalter von Ermöglichungsrahmen der Kompetenzentwicklung, also Lernarchitekten, und entsprechende Entwicklungsbegleiter. Diese Begleitung ist dabei immer nur Hilfe zur Selbsthilfe und hat das Ziel, sich selbst überflüssig zu machen. Die notwendige Veränderung der Denk- und Handlungsweisen aller Beteiligten an Lernprozessen wird nur möglich sein, wenn sich die Strukturen grundlegend verändern, um die Kompetenzkatastrophe zu überwinden.

---

[99] Vgl. Wahl (2011).

Literatur

ABWF (Hrsg) (2006) Kompetenzentwicklung 2006. Das Forschungs- und Entwicklungsprogramm „Lernkultur Kompetenzentwicklung". Ergebnisse – Erfahrungen – Einsichten. Waxmann, Münster

Arnold R (2012) Ermöglichen. Texte zur Kompetenzreifung. Schneider, Hohengehren

Arnold R (2015) Bildung nach Bologna! Die Anregungen der europäischen Hochschulreform. Springer, Wiesbaden

Arnold R (2017) Entlehrt Euch! Ausbruch aus dem Vollständigkeitswahn. hep Verlag, Bern

Arnold R, Erpenbeck J (2014) Wissen ist keine Kompetenz. Dialoge zur Kompetenzreifung. Schneider, Hohengehren

Berger R (2014) Unternehmen lernen online. Corporate Learning im Umbruch. München. http://www.rolandberger.de/media/pdf/Roland_Berger_TAB_Corporate_Learning_D_20140602.pdf. Zugegriffen am 13.01.2015

Bertelsmann Stiftung (2017) „Digitalisierung an Schulen: Der Geist ist willig, das WLAN ist schwach". https://www.bitkom.org/sites/default/files/pdf/Presse/Anhaenge-an-PIs/2017/05-Mai/170.512-Bitkom-PK-Kinder-und-Jugend-2017.pdf. Zugegriffen am 23.05.2019

Bethke H (2024) Wie soll Schule künftig sein? In: Die Welt am Sonntag 6. Oktober 2024, S. 63

Brinker T, Müller E (Hrsg) (2008) Wer, wo, wie und wie viele Schlüsselkompetenzen? Wege und Erfahrungen aus der Praxis an Hochschulen. HS Bochum IZK, Bochum

Burgdorff F, Imhäuser KH (2007) Lebens- und Lernraum Schule. Pädagogische Architektur. Montag Stiftungen, Bonn

Conradi C, Evans N, Valk A (Hrsg) (2006) Recognizing experimental learning. Practices in european universities. Tartu University Press, Tartu

Eck S (Hrsg) (2019) Forschendes Lernen – Lernendes Forschen. Partizipative Empirie in Erziehungs- und Sozialwissenschaften. Beltz Juventa, Weinheim, Basel

Elkana Y, Klöpper H (2012) Die Universität im 21. Jahrhundert. Für eine neue Einheit von Forschung, Lehre und Gesellschaft. Edition Körber-Stiftung, Hamburg

Erpenbeck J, Sauter W (2013) So werden wir lernen. Kompetenzentwicklung in einer Welt fühlender Computer, kluger Wolken und sinnsuchender Netze. Springer Heidelberg

Erpenbeck J, Sauter S, Sauter W (2015) E-Learning und Blended Learning. Selbstgesteuerte Lernprozesse zum Wissensaufbau und zur Qualifizierung. Springer, Heidelberg

Erpenbeck J, Sauter W, mit einem Beitrag von Sauter R (2. Aufl. 2024) Future Learning und New Work. Das Praxisbuch für gezieltes Werte- und Kompetenzmanagement, Haufe Freiburg/München/Stuttgart

Foelsing J, Schmitz A (2021) New Work braucht New Learning: Eine Perspektivreise durch die Transformation unserer Organisations- und Lernwelten. Springer, Heidelberg

Gidion G, Grosch M (2012) Welche Medien nutzen die Studierenden tatsächlich? Ergebnisse einer Untersuchung zu den Mediennutzungsgewohnheiten von Studierenden. Forschung & Lehre. Alles was die Wissenschaft bewegt 6:450–451

Graf von Kielmansegg M (2024) Vodafone-Stiftung (2024): Jugendstudie zum Einsatz von Künstlicher Intelligenz an Schulen: Jugendliche wünschen sich Umgang mit KI als festen Bestandteil des Unterrichts. https://www.vodafone-stiftung.de/jugendstudie-kuenstliche-intelligenz/. Zugegriffen am 15.10.2024

Graupe S, Krautz J (2013) Anpassung an eine Scheinwelt. FAZ, 6. Dezember

Graupe S, Krautz J (2014) Die Macht der Messung. Wie die OECD mit PISA ein neues Bildungskonzept durchsetzt. In: COINCIDENTA. Zeitschrift für europäische Geistesgeschichte. Beiheft 4: Zum theoretischen Rahmen der europäischen Bildungsforschung. Bernkastel Kues

Hart J (2015) Are search and social ousting L & D? Blog „Learning in the Social Workplace". www.c4lpt.co.uk/blog/2015/04/28/are-search-and-social-ousting-ld/. Zugegriffen am 02.06.2015

Haufe Akademie (2024): Trendradar 2024 – Die Jobs der Zukunft. https://www.haufe-akademie.de/future-jobsclasses/trendradar?akttyp=organische%20suche&med=yahoo%20search&aktnr=84834&wnr=043937. Zugegriffen am 13.10.2024

Hoffmann-Cadura S (2011) Ausbildung in Deutschland. Eine kritische Betrachtung des dualen Systems. OVG, Hamburg

Initiative D21 (2014) Medienbildung an deutschen Schulen. Handlungsempfehlungen für die digitale Gesellschaft. www.initiatived21.de/wp-content/uploads/2014/11/141106_Medienbildung_Onlinefassung_komprimiert.pdf. Zugegriffen am 12.01.2015

Institut der Deutschen Wirtschaft (2024) IW-Trends IW-Trends 3/2024 Vierteljahresschrift zur empirischen Wirtschaftsforschung Jahrgang 51 Herausforderungen der Transformation für die Unternemen. abgerufen unter https://www.iwkoeln.de/studien/vera-demary-juergen-matthes-axel-pluennecke-thilo-schaefer-edgar-schmitz-herausforderungen-der-transformation-fuer-die-unternehmen-in-deutschland.html. Zugegriffen am 12.01.2025

Internationales Zentralinstitut für das Jugend- und Bildungsfernsehen (IZI) (2024) Grunddaten Jugend und Medien 2024. Aktuelle Ergebnisse zur Mediennutzung von Jugendliche in Deutschland. https://izi.br.de/deutsch/Grundddaten_Jugend_Medien.pdf. Zugegriffen am 15.10.2024

Jennings C (2013) 70:20:10. http://blog.wissen-im-unternehmen.de/fundstuck-der-woche-die-702010-regel-im-corporate-learning/. Zugegriffen am 16.05.2013

Kaiser F-J, Kaminski H (1999) Methodik des Ökonomieunterrichts, 3. Aufl. Klinkhardt Bad, Heilbrunn

Klieme E, Avarius H, Blum W et al (2003) Zur Entwicklung nationaler Bildungsstandards. Eine Expertise. BMBF, Berlin

Klieme E, Maag-Merki K, Hartig H (2007) Kompetenzbegriff und Deutung von Kompetenzen im Bildungswesen. In: Klieme E, Hartig H (Hrsg) Möglichkeiten und Voraussetzungen technologiebasierter Kompetenzdiagnostik. BMBF, Berlin

Klippert H (2011) Besser lernen. Kompetenzvermittlung und Schüleraktivierung im Schulalltag, 5. Aufl. Klett, Stuttgart

Knoll J (2010) Methoden. In: Arnold R, Nolda S, Nuissl E (Hrsg) Wörterbuch Erwachsenenbildung, 2. Aufl. UTB Bad, Heilbrunn

von Korflesch H, Lehmann B (2017) Online-/Distance-Education. Entwicklungslinien und Trends des Fernstudiums. Schneider, Hohengehren

Kuhlmann A, Sauter W (2008) Innovative Lernsysteme. Kompetenzentwicklung mit Blended Learning und Social Software. Springer, Berlin

Leppert U (2014) Ich hab eine Eins! Und Du? Von der Notenlüge zur Praxis einer besseren Lernkultur. Libress bei Uni-Online Press, München

Meyer HD, Zahedi K (2014) Offener Brief an Andreas Schleicher. OECD, Paris. http://bildung-wissen.eu/wp-content/uploads/2014/05/offener-brief-schleicher-autoriserte-fassung.pdf. Zugegriffen am 12.08.2014

Müller von Blumencron M (2015) Gehört das Internet in die Schule? Interview. FAS, 12. April 2015

Münchner Bildungsforum (2022) Das Corporate Learning Manifest. https://www.muenchener-bildungsforum.de/manifest-2040. Zugegriffen am 12.02.2024

Münchner Bildungsforum (2023) Befragungsergebnisse zum Manifest 2044. https://www.haufe.de/personal/neues-lernen/zukunft-des-lernens-studie-zum-corporate-learning_589614_609782.html. Zugegriffen am 12.01.2024

Neuweg GH (2014) Das Wissen der Wissensvermittler. In: Terhard E, Bennewitz H, Rothland M (Hrsg) Handbuch der Forschung zum Lehrerberuf, 2., erw. Aufl. Waxmann, Münster, S. 583–614

Nida-Rümelin J, Zierer K (2015) Auf dem Weg in eine neue deutsche Bildungskatastrophe. Zwölf unangenehme Wahrheiten, Herder, Freiburg

Precht RD (2013) Anna, die Schule und der liebe Gott: Der Verrat des Bildungssystems an unseren Kindern. Goldmann, München

Radtke FO (2013) Vom Bruttobildungsprodukt. FAZ, 6. Dezember

Reinmann G (2014a) Kompetenzorientierung und Prüfungspraxis an Universitäten: Ziele heute und früher, Problemanalyse und ein unzeitgemäßer Vorschlag. http://gabi-reinmann. de/wp-content/uploads/2014/12/Artikel_Pruefungen1_Berlin_Okt_14_Preprint.pdf. Zugegriffen am 02.05.2015

Reinmann G (2014b) Prüfungen und forschendes Lernen. http://gabi-reinmann.de/wp-content/uploads/2014/12/Artikel_Pruefungen2_ForschendesLernen_Dez14_Preprint.pdf. Zugegriffen am 04.05.2015

Reinmann-Rothmeier G, Mandl H (1997) Lehren im Erwachsenenalter. Auffassungen vom Lehren und Lernen, Prinzipien und Methoden. In: Weinert FE, Mandl H (Hrsg) Enzyklopädie der Psychologie D/I/4. Psychologie der Erwachsenenbildung. Hogrefe, Göttingen, S 355–403

Robes J (2015) Massive Open Online Courses: Das Potenzial des offenen und vernetzten Lernens. In: Hohenstein A, Wilbers K (Hrsg) Handbuch E-Learning. Deutscher Wirtschaftsdienst, Köln (Beitrag 7.21)

Rohleder B (2024) Wie digital sind Deutschlands Schulen? https://www.bitkom.org/sites/main/files/2024-10/241009-bitkomcharts-bildung24-final.pdf. Zugegriffen am 15.10.2024

SAPInsights (2022) Was prägt die Zukunft des Corporate Learning? file:///Users/wernersauter/Downloads/Sechs%20Schl%C3%BCsselfaktoren%20f%C3%BCr%20die%20Zukunft%20des%20Corporate%20Learning%20(1).pdf. Zugegriffen am 18.04.2024

Sattelberger T (2012) Managerausbildung. Die großen Business Schools sind lebendige Leichen. Spiegel, 9. Februar

Sauter A, Sauter W (2002) Blended Learning. Effiziente Integration von E-Learning und Präsenztraining. Luchterhand, Unterschleißheim

Sauter W (2017) Geschäftsmodell für die Digitalisierung des Fernstudiums In: von Korflesch H, Lehmann B (Hrsg) Online-/Distance-Education. Entwicklungslinien und Trends des Fernstudiums. Schneider Verlag, Hohengehren

Schaumburg F (2014) Entdeckergeist, Ressourcen und Freiraum statt Verbote In: Initiative D21 (Hrsg) Medienbildung in deutschen Schulen. Handlungsempfehlungen für die deutsche Wirtschaft. Berlin, S 35. www.initiatived21.de/wp-content/uploads/2014/11/141106_Medienbildung_Onlinefassung_komprimiert.pdf. Zugegriffen am 17.04.2015

Schleicher A (2018) Mit Drill erreicht man wenig. https://www.zeit.de/2018/24/bildungsforscher-andreas-schleicher-schulsystem-pisa-studie. Zugegriffen am 22.05.2019

Siebert H (2015) Erwachsene – lernfähig, aber unbelehrbar? Was der Konstruktivismus für die politische Bildung leistet. Wochenschau Verlag, Schwalbach/Ts

Spiewak, M. (2024) Was machen Lehrer? Formular ausfüllen! In: Die Zeit vom 24. Oktober 2024, S 29

Sauter W. Stoller-Schai D (2025) Selbstorganisiertes Lernen mit generativer KI. Neue dialogische Lernwelten im beruflichen Kontext, Schäffer Poeschel Stuttgart Süddeutsche Zeitung vom 29.04.2019 Das liegende Klassenzimmer, S 22

Tenberg R, Hess B (2005) Auseinandersetzung mit Kompetenzen in der Wirtschaft: Explorative Untersuchung über ‚Kompetenzmanagement' an 14 deutschen Großbetrieben. In: Tramm T, Brand W (Hrsg) Prüfungen und Standards in der beruflichen Bildung. Berufs- und Wirtschaftspädagogik (Ausgabe 8/Juli), S 201–209

Tremp P, Eugster B (2006) Universitäre Bildung und Prüfungssystem – Thesen zu Leistungsnachweisen in modularisierten Studiengängen. Das Hochschulwesen 5:163–165

Vodafone-Stiftung (2024) Jugendstudie zum Einsatz von Künstlicher Intelligenz an Schulen: Jugendliche wünschen sich Umgang mit KI als festen Bestandteil des Unterrichts. https://www.vodafone-stiftung.de/jugendstudie-kuenstliche-intelligenz/. Zugegriffen am 15.10.2024

Vollmers F (2009) Parlieren geht über Studieren. FAZ, 1. Februar 2009, S C6

Wagenhofer E (2013) Alphabet. Angst oder Liebe. DVD, Lovefilm

Wahl D (2011) Der Advance Organizer: Einstieg in eine Lernumgebung. In: Brandt S (Hrsg) Lehren und Lernen im Unterricht. Professionswissen für Lehrerinnen und Lehrer, Bd 2. Zürich. http://www.prof-diethelm-wahl.de/pdf/Perspektive.pdf. Zugegriffen am 12.12.2014

Wahl D (2013) Lernumgebungen erfolgreich gestalten – Vom trägen Wissen zum kompetenten Handeln, 3. Aufl. Klinkhardt Bad, Heilbrunn

Weitz O (2007) Fallstudienarbeit in der ökonomischen Bildung. http://alt.sowi-online.de/methoden/dokumente/weitzfall.htm. Zugegriffen am 16.02.2015

World Economic Forum (2023) Future of jobs 2023: these are the most in-demand skills now – and beyond. https://www.weforum.org/agenda/2023/05/future-of-jobs-2023-skills/. Zugegriffen am 15.10.2024

5

Kann man Kompetenzen lehren?

Zusammenfassung Kompetenzentwicklung lässt sich kaum verhindern. Im Beruf, beim Spiel, beim Sport, in der Familie, im Verein, sogar in der Schule und an der Universität erwerben wir – handelnd – Kompetenzen. Unumstritten ist, dass die zentralen Orte der Kompetenzentwicklung heute Tätigkeitsfelder im sozialen Umfeld, in Familie, Verein, Ehrenamt usw., aber insbesondere auch die Arbeitswelt und zunehmend das Netz, sind. Wir müssen deshalb die Antwort auf die Frage, wo der wichtigste Lernort ist, vom Kopf auf die Füße stellen. Lernen findet dort statt, wo Herausforderungen zu lösen sind. Kompetenzen kann man nicht lehren. Aber man kann viel für die Kompetenzentwicklung tun, sie ermöglichen, fördern, antreiben, und verstetigen. Im Zuge der Digitalisierung werden die Mitarbeiter dabei ihre Fähigkeiten immer mehr selbstorganisiert und kreativ mithilfe digitaler Systeme und Künstlicher Intelligenz aufbauen. Werte bilden dabei die Kerne der Kompetenzentwicklung, indem sie als Ordner selbstorganisierten Handelns wirken.

Kompetenzentwicklung lässt sich kaum verhindern. Im Beruf, beim Spiel, beim Sport, in der Familie, im Verein, sogar in der Schule und an der Universität erwerben wir – handelnd – Kompetenzen. Unumstritten ist, dass die zentralen Orte der Kompetenzentwicklung heute Tätigkeitsfelder im sozialen Umfeld, in Familie, Verein, Ehrenamt usw., aber insbesondere auch die Arbeitswelt und zunehmend das Netz, sind. Kompetenzen werden in vielen informellen Situationen gleichsam „nebenher" angeeignet.

„Handeln kann man nur handelnd erlernen!"[1] Was bedeutet diese Erkenntnis von Diethelm Wahl für den Aufbau von Kompetenzen? Auch ein Dirigent kann die Musik nicht selbst machen, er schafft lediglich die Bedingungen dafür. Alle Musiker eines Orchesters lernen selbstverständlich täglich selbstorganisiert, indem sie mit ihrem Instrument üben. In den Proben bringen sie sich anschließend in gemeinsame Lernprozesse ihres Netzwerks ein und werden dabei vom Dirigenten gezielt begleitet. Natürlich werden sie auch theoretisches Wissen über ihre Musik aufbauen. Dies bildet aber nur die notwendige Voraussetzung.

Wir müssen deshalb die Antwort auf die Frage, wo der wichtigste Lernort ist, vom Kopf auf die Füße stellen. Lernen findet dort statt, wo Herausforderungen zu lösen sind. Die Schweizer Mediendidaktiker Christoph Maier und Sabine Seufert überschreiben diese Entwicklung am Beispiel der beruflichen Bildung mit:

„Arbeiten ist Lernen und Lernen ist Arbeiten."

Lernen und Handeln fließen zusammen, der Arbeits-, der Handlungsprozess selbst wird zum wichtigsten Lernort.[2] Niemand käme auf die absurde Idee, jemanden ans Steuer

---

[1] Vgl. Wahl (2013).
[2] Vgl. Meier und Seufert (2012, S. 20).

eines Autos im Straßenverkehr zu lassen, der bisher nur den Theorieunterricht und das Pauken auf die theoretische Fahrprüfung erfahren hat. Natürlich wird man erst dann die Fahrerlaubnis erhalten, wenn man genügend Erfahrung am Steuer eines Autos gesammelt hat, mithilfe des Coachings durch einen Fahrlehrer. Bei Führungskräften geht man dagegen heute trotzdem in der Mehrzahl der Unternehmen davon aus, dass der Besuch einer Business School mit der Bearbeitung von unzähligen Fallstudien oder ein gut gemachtes Seminar schon irgendwie dafür sorgen wird, dass die Teilnehmer ihre Führungskompetenz aufbauen.

Herkömmliche Bildungsmaßnahmen in Form von Unterricht, Vorlesung oder Seminaren haben in der Regel nur ein geringes oder gar kein Potenzial, um kontinuierliches Lernen und Kompetenzentwicklung zu fördern, da sie keine wirklichen emotionalen Herausforderungen beinhalten und ein selbstmotiviertes und -organisiertes Lernen meist eher verhindern. Es ist eigentlich ganz einfach. Um Kompetenzentwicklung, egal auf welcher Altersstufe, anzuregen und zu fördern, benötigt man Lernumgebungen, die motiviertes, anwendungsnahes Lernen beim Bearbeiten von realen Herausforderungen unterstützen. Dies wird beispielsweise im Kindergarten wie selbstverständlich praktiziert. Die Kinder nehmen sich ein Spiel aus dem Regal und fangen einfach an. Dann lässt man sie am besten alleine spielen, das heißt lernen. Warum lassen wir die Schüler, Studenten und Arbeitnehmer nicht genauso „natürlich" lernen?

5.1 Ermöglichungsdidaktik

Während noch in den 1970er-Jahren auch in der betrieblichen Weiterbildung eine *„Belehrungsdidaktik"* mit behavioristischen und kognitivistischen Lehrkonzepten im Seminar im Vordergrund stand, gewinnen seither Lernansätze mit einer Verlagerung von Wissens- zu Kompetenzzielen, vom formellen und fremdgesteuerten Lehren zum informellen und selbstorganisierten Lernen und einer Rückbesinnung auf den Lernort Arbeitsplatz sowie das Lernen im Netz an Bedeutung.

Eine strenge Kausalität zwischen Lehren und Lernen kann nicht aufrechterhalten werden.[3] Es ist vielmehr ein Lernen erforderlich, das als selbstorganisierter, konstruktivistischer Aneignungsprozess verstanden wird, also nicht als Aufnahme belehrender, de facto nicht möglicher „Wissensvermittlung".[4]

Deshalb benötigen wir eine grundlegende inhaltliche Neuorientierung des Lehrens und Lernens. Es geht dabei im ersten Schritt vor allem um die Didaktik, das „*Was*" des Lernens, das heißt die Bedarfserhebung, die Lernzielformulierung und die Definition der Inhalte. Nach dem Primat der Didaktik können dann daraus die geeigneten Lern- und Sozialformen sowie Medien, die Methodik, das „*Wie*", abgeleitet werden. In kompetenzorientierten Lernarrangements wird eine *Ermöglichungsdidaktik* benötigt, die zum Ziel hat, den Lernenden alles an die Hand zu geben, damit sie ihre Lernprozesse problemorientiert und selbstorganisiert gestalten können.[5]

Es muss eine integrative Bildung innerhalb eines „Ermöglichungsrahmens" angestrebt werden, deren Ziel nicht die „Vermittlung" von Wissen oder die „Erzeugung" von Kompetenzen, sondern die Ermöglichung von Kompetenzentwicklung ist.[6] Die Ermöglichungsdidaktik ist die Antwort auf die wirtschafts- und bildungspolitisch propagierte

---

[3] Vgl. Schüßler (2007).
[4] Vgl. Arnold und Erpenbeck (2014).
[5] Arnold (2017).
[6] Nach Arnold (2012).

Forderung nach „lebenslangem Lernen". Wie ein Lernarrangement auf einen Lernenden wirkt, wie er den Input aufnimmt und interpretiert, wie er verarbeitet, was er wahrgenommen hat, und wie viel er davon später, wenn er sein Wissen anwenden möchte, überhaupt noch zur Verfügung hat, kann nicht geplant werden.[7] Es wird nicht mehr der Anspruch erhoben, man könne Lernprozesse direkt beeinflussen.[8]

Die Lernsituation sollte deshalb nicht mehr vom Inhalt, sondern aus dem Fokus des Lernenden als Lernrahmen gestaltet werden.[9] Daher müssen die bisherigen für alle Lerner gleichen Wissens- und Qualifikationsziele durch individuelle Kompetenzziele jedes einzelnen Lerners ersetzt werden. Bildungsstandards taugen höchstens als Mindestanforderungen oder als Richtziele. Die gewünschte Handlung am Ende des Lernprozesses ist das Ziel, nicht auswendig aufgesagtes Wissen. Daraus leiten sich natürlich sehr unterschiedliche Herausforderungen ab, bei deren Bearbeitung Kompetenzen entwickelt werden, je nachdem ob man es mit zehnjährigen Schülern oder mit fünfzigjährigen Führungskräften zu tun hat. Das Grundprinzip ist aber immer das Gleiche.

Die Lerner können nunmehr einen *Ermöglichungsrahmen* nutzen, der ihnen alles bietet, was sie zur Organisation und zur Umsetzung ihrer eigenen Lernprozesse benötigen. Dort finden Sie alle Instrumente, die sie für ihre Kompetenzdiagnostik, die individuelle Planung der Lernziele und -pfade, den selbstgesteuerten Aufbau von Wissen und ihre Qualifikation, den Austausch von Erfahrungswissen, die gemeinsame Bearbeitung von Dokumenten sowie die Rückmeldung der Ergebnisse ihrer Lernprozesse

---

[7] Vgl. Schüßler (2007).
[8] Wahl (2006, S. 206).
[9] Vgl. Arnold (2000); Wahl (2006).

benötigen. Das können übrigens auch ganz traditionelle Instrumente der Kompetenzerfassung wie einfache Tests auf Papier, schriftlich ausgearbeitete Lernpläne, brieflicher Austausch von Erfahrungen und Darstellungen der Lernergebnisse sein. Auch in früheren Zeitaltern haben Menschen Kompetenzen entwickelt und sich über ihre Kompetenzentwicklung, wenn auch mit anderem Vokabular, ausgetauscht.

Heute nutzt man Learning Experience Platforms (LXP), um die Kompetenzentwicklung im Netz zu ermöglichen. Diese kollaborative Lerninfrastruktur im Web ermöglicht formelles und informelles Lernen, insbesondere im Prozess der Arbeit. Den Rahmen dafür bilden sogenannte Communities of Practice.

Eine Learning Experience Platform (LXP) ist eine KI-gesteuerte Lern- und Arbeitsumgebung, die konsequent aus dem Blickwinkel der Mitarbeiter gestaltet wird und personalisierte, selbstorganisierte Lernerlebnisse ermöglicht. Sie verknüpft vielfältige Funktionen miteinander und ist über alle gängigen Endgeräte nutzbar.[10]

Jeder Lerner gestaltet in der LXP sein persönliches *E-Portfolio* mit einer digitalen Sammlung von Dokumenten, insbesondere persönlichen Arbeiten, und dokumentiert seine Lernergebnisse (Produkt) und den Lernweg (Prozess) seiner Kompetenzentwicklung. Diese Unterlagen können Office-Dokumente, Weblogs, Wikis, Podcasts sowie Audio- oder Videomitschnitte aus Vorträgen oder Diskussionen sein. Das Ziel ist hierbei, mit diesen Werkzeugen die Wahrscheinlichkeit für die angestrebten Lernerfolge möglichst hochzusetzen.[11] Weiterhin umfasst das E-Portfolio einen

---

[10] Vgl. Erpenbeck, Sauter (2024) S. 177 ff.
[11] Wahl (2006, S. 206).

Bereich, in dem der Lerner seine Lernprozesse reflektiert („mein Spiegel") sowie das persönliche soziale Netzwerk („Freunde") pflegt. In einigen Jahren werden wir wie selbstverständlich unser E-Portfolio, quasi wie unsere persönliche „Lerntasche", mitnehmen, wenn wir die Bildungsinstitution oder den Arbeitgeber wechseln.

Insbesondere ermöglicht die LXP die Skills-Diagnostik, um mit Hilfe Künstlicher Intelligenz aktuelle Skills-Profile zu entwickeln und individuelle Entwicklungsziele und adaptive, personalisierte Lernpfade abzuleiten, mit Lernpartnern und Experten zu kommunizieren und kollaborativ zusammen zu arbeiten, bei Bedarf das erforderliche Wissen in kuratierter Form zur Verfügung gestellt zu bekommen und um einen Virtuellen Assistenten als Ergänzung der menschlichen Lernbegleitung zu nutzen.

Die Lerner wählen dabei selbst die Ziele, Inhalte, Strategien, Methoden und Kontrollmechanismen ihrer Lernprozesse und kommunizieren überwiegend über die die LXP miteinander. Es entsteht damit eine informelle soziale Struktur, die von den Lernern geprägt wird. Häufig werden dabei Kommunikationsinstrumente wie Videokonferenz- und Kollaborations-Tools oder Blogs, also Social Software, genutzt, sodass soziale Lerngemeinschaften entstehen können. Communities of Practice entwickeln sich häufig auch aus Learning Communities im Rahmen formeller Lernprozesse und werden nach Abschluss einer Qualifizierung durch die Teilnehmer selbst organisiert. Diese Übergänge können durch Erfahrungsberichte, Best Practices, die gemeinsame Bearbeitung von Erfahrungsberichten, etwa aus Projekten, den Aufbau und die Weiterentwicklung eines Wissenspools mit Erfahrungswissen, Dokumenten und Links sowie durch die Erarbeitung von Arbeitshilfen, beispielsweise Checklisten, gefördert werden.

Eine Studie der Hochschule Pforzheim macht deutlich, warum diese Systeme sich in der Praxis immer mehr durchsetzen:[12]

- Klassische Ansätze der Personalentwicklung geraten an ihre Grenzen, weil sich die Rahmenbedingungen und die Anforderungen an die Mitarbeiterentwicklung immer schneller verändern.
- Externe Einflüsse, z. B. aus sozialen Netzwerken, begrenzen zunehmend die Möglichkeiten, Lernen in der Organisation zentral zu steuern und zu kontrollieren.
- Die Grenze zwischen Arbeiten und Lernen verschwimmt, das Lernen wird zunehmend, verstärkt durch die Coronapandemie, digital ermöglicht.
- Digitale Lernsysteme und -formate existieren heute oftmals noch isoliert voneinander und sind nur über unterschiedliche Kanäle nutzbar.
- Dezentral ausgerichtete Lernangebote führen zu Orientierungslosigkeit der Mitarbeiter.
- Die Personalentwicklung zeigt sich oftmals wenig anpassungsfähig.

Rolf Arnold geht davon aus, dass die Menschen in der „wissensbasierten Dienstleistungsgesellschaft" lernen müssen, mit ungesicherten Situationen und Problemstellungen umgehen zu können. Weiterhin ist es im digitalen Zeitalter mit den neuen Bildungstechnologien nicht mehr notwendig, sich an einem Ort zu versammeln, um sich Wissen im Präsenzunterricht anzueignen. Die kostbaren „Kontaktzeiten" mit Lehrkräften und Mitlernenden können vielmehr dazu genutzt werden, komplexere Erfahrungen mit sich selbst und im Umgang mit anderen Menschen zu sam-

---

[12] Vgl. Foelsing, Schmitz 2021.

meln, darüber zu reflektieren und neue Handlungsweisen auszuprobieren. Also ein klares Bekenntnis zu Social Blended Learning in unserem Verständnis, wie wir es auch in der betrieblichen Bildung umsetzen.

Die „Lehrenden" wandeln ihre Rolle. Sie eröffnen den Lernern Zugänge zu Wissensquellen und zu Lernlandschaften und begleiten die Lernenden auf ihrem Weg der Suche, Erprobung und Aneignung. Die Lernplaner, also die bisherigen Schul-, Akademie- oder Personalentwicklungsleiter, konzentrieren sich deshalb zukünftig auf die Entwicklung, die Implementierung und laufende Optimierung dieses Lernrahmens. Die Lernbegleiter, die bisher Lehrer, Dozent oder Trainer genannt wurden, schaffen in diesem Umfeld die Bedingungen für die Selbstorganisation der Lernenden und ermöglichen damit die selbstorganisierten Lernprozesse der Lerner.[13]

Es reicht deshalb nicht aus, einfach teilnehmerorientierte, kooperative Lernphasen in den bisherigen Unterricht zu integrieren. Die Lerner müssen vielmehr die Freiheit erhalten, ihre individuellen Lernprozesse, ausgerichtet auf ihre Herausforderungen in Projekten oder in der Praxis, in diesem Ermöglichungsrahmen selbstorganisiert zu gestalten.

Die Lernbegleiter können dabei selbstorganisierte Lernprozesse unterstützen, indem sie kompetenzorientierte Lernszenarien ermöglichen, Eigenverantwortung der Lerner zulassen und das soziale Lernen mit Lernpartnern und in Netzwerken fördern. Ihre Kernaufgabe besteht darin, vielfältige Erprobungs- und Handlungsmöglichkeiten zu schaffen, indem sie herausfordernde Praxisprojekte initiieren oder die Zusammenführung von Lernen und Arbeiten sowie vielfältige Formen des Erfahrungsaustausches und der Kommunikation ermöglichen.

---

[13] Siebert (2011, S. 90).

Dieser Ansatz der Ermöglichungsdidaktik wird in den Diskussionen, die wir erleben, teilweise infrage gestellt, weil die Menschen mit dieser Konzeption und der damit verbundenen Selbstorganisation überfordert wären. Unsere Erfahrungen zeigen, dass die Lerner, vom Kind und Jugendlichen bis zum Senior, sehr wohl in der Lage sind, ihre Lernprozesse individuell und selbstorganisiert zu gestalten, sofern sie in ein entsprechendes Lernnetzwerk und eine Lerninfrastruktur eingebettet sind. Dies verwundert nicht, wenn man einmal beobachtet, wie selbst Kleinkinder ihre Lernprozesse, meist als „Spielen" bezeichnet, wie selbstverständlich selbst organisieren.[14] Auch Jugendliche und Erwachsene müssen jeden Tag ihre Herausforderungen im Alltag selbstorganisiert lösen, warum dann nicht auch ihre Herausforderungen im Lernbereich? Verantwortliche Bildungstheorie und Didaktik dienen somit nicht allein den Anforderungen von Arbeitsmarkt und Gesellschaft, sondern zugleich und in erster Linie der Förderung und Begleitung der Individualisierung.[15]

5.2 Kompetenzentwicklung als Kreislauf

Die Menschen haben über ihr ganzes Leben hinweg für bestimmte wiederkehrende Problemstellungen Handlungsroutinen aufgebaut, die sie bei Bedarf, auch unter Druck, abrufen können.[16] Kompetentes Handeln basiert auf langfristigen Lernprozessen, die durch regelmäßige Rückbesinnung auf die eigenen Lernerfahrungen geprägt sind, da kognitive und emotionale Strukturen und Prozesse in einem

---

[14] Vgl. Elschenbroich (2002, 2005).
[15] Arnold (2015, S. 65).
[16] Vgl. Wahl (2013, S. 211 ff.).

dynamischen Prozess aktiv und nachhaltig verändert werden müssen. Es ist deshalb nicht möglich, Handeln allein auf der Interaktionsebene mit einem Lehrer oder Trainer zu entwickeln, ohne dass zuvor die situationsübergreifenden Ziele und Pläne des Lerners verändert wurden. Deshalb müssen Kompetenzentwicklungssysteme auf der Planungsebene der Teilnehmer ansetzen, bevor die konkrete Umsetzung in der Praxis ermöglicht werden kann.[17]

Bereits die Ziele des Lernens unterscheiden Kompetenzlernen grundlegend vom gewohnten Lernen, das meist durch zentral vorgegebene Curricula, also didaktische Konzeptionen mit Wissens- und Qualifikationszielen, formellen Lerninhalten und eventuell methodischen Hinweisen, bestimmt ist, die für alle Lerner einer Zielgruppe identisch sind. Kompetenzziele sind dagegen konsequent auf die einzelnen Lerner fokussiert, das heißt, jeder Lerner definiert, evtl. in Abstimmung mit einem Lernbegleiter oder seiner Führungskraft, diese Ziele eigenverantwortlich. Die Möglichkeiten und Ziele der Kompetenzentwicklung leitet der Lerner mit Hilfe der künstlichen Intelligenz aus einer vorangegangenen systematischen Kompetenzdiagnostik ab, die sich wiederum an definierten Kompetenzprofilen orientiert. Die Kompetenzziele werden auf die selbst organisierte Lösung von Herausforderungen im Lebens- oder Arbeitsalltag ausgerichtet und damit handlungsorientiert gestaltet. Wissensaufbau und Qualifikation werden weiterhin verfolgt, sind aber nicht mehr das Ziel des Lernens, sondern die notwendige Voraussetzung für die Kompetenzziele.

Die Herausforderung in der Konzipierung kompetenzorientierter Lernsysteme besteht darin, den Lernern eine optimale Möglichkeit zu bieten, ihre Kompetenzen selbstorganisiert, in einem kommunikativen Prozess mit Lernpartnern (Netzwerk)und der Künstlichen Intelligenz, auf-

---

[17] Vgl. Wahl (2013).

zubauen. Dabei gehört es zum notwendigen Design eines Entwicklungsprozesses, dass verschiedene Formen des kollaborativen Lernens ermöglicht werden. Darunter verstehen wir organisationsbezogenes Lernen im Rahmen realer Herausforderungen, das auf langfristige, gemeinsame Lernprozesse sowie zusammen vereinbarte Ziele ausgerichtet ist.

Während sich der Begriff der *Kollaboration* im historischen Kontext auf die Zusammenarbeit mit einem Besatzungsregime im Krieg bezieht, beschreibt er heute im Rahmen der betrieblichen Kompetenzentwicklung eine Lernform, die zunehmende Bedeutung gewinnt. Mitarbeiter und Führungskräfte lernen immer mehr von- und miteinander. Und das macht sie nachweislich erfolgreicher. Denn es hilft, persönliche Netzwerke auszubauen, auf die man in schwierigen Situationen zurückgreifen kann und durch die man Unterstützung erfährt. Das gemeinsame Lernen, zum Beispiel in Lerntandems oder über Learning Communities, unterstützt die Verbindlichkeit, fördert die kritische Reflexion und baut Beziehungen auf.

Dieses Lernen erfolgt beim gemeinsamen Erarbeiten einer Lösung für eine Praxisaufgabe, der gemeinsamen Bearbeitung eines Projektes oder der gegenseitigen Reflexion und Bewertung. Im Rahmen eines gegenseitigen Coachings werden die Mitarbeiter befähigt, ihre Praxis zu bewältigen. In Lerntandems und in kleinen Gruppen sollen sie sich im Austausch untereinander, also kommunikativ und in der Form „kleiner Netze", gegenseitig in ihrer Entwicklung unterstützen.

In der *Phase des Wissensaufbaus* eignet sich jeder Lerner das notwendige Wissen an, das er für die Problemlösung benötigt. Wir wissen heute, dass die Lernprozesse der Lerner äußerst differenziert sind. Nicht nur die Frage, wann und wo gelernt wird, sondern auch mit welcher Methode und welchem Tempo, wird sehr unterschiedlich beantwortet.

E-Learning beispielsweise, also das netzbasierte Lernen mit interaktiven Lernprogrammen im Netz, sogenannten WBT (Web Based Trainings), ermöglicht einen individuellen und wirtschaftlichen Wissensaufbau, weil es jeder Lerner entsprechend seinem Vorwissen und seinen Lerngewohnheiten, unabhängig von Ort und Zeit, allein oder mit Lernpartnern, in der persönlichen Lerngeschwindigkeit nutzen kann. Es werden zunehmend stark modularisierte Web Based Trainings, Lernvideos oder Podcasts *(Micro-Learning)* eingesetzt, die das erforderliche systematische und aktuelle Fachwissen bei Bedarf zur Verfügung stellen. Die Lerner bearbeiten in ihren WBT allein oder kooperativ problembezogene Aufgabenstellungen aus ihrer Praxis zum Wissensaufbau, aber auch Reflexionen und Fallstudien. Jeder Lerner eignet sich damit gezielt das fehlende Wissen „on demand" an, das er zur Lösung der Aufgaben in der Praxis und in Praxisprojekten benötigt. Hierbei können sie auch *Mobile-Learning-Systeme,* beispielsweise auf Basis von internetfähigen Tablets, nutzen, sodass sie räumlich ungebunden sind. Lernmethodik und -geschwindigkeit, aber auch Ort und Zeitpunkt der Bearbeitung der Lernprogramme und Aufgabenstellungen werden von jedem Lerner selbstverantwortlich festgelegt.

Zunehmend wird das erforderliche Wissen in einem „sokratischen Dialog" zwischen den Mitarbeitern und der künstlichen Intelligenz verinnerlicht. Dies bedeutet, dass die Lerner nicht erst Wissen auf Vorrat aufbauen, sondern sofort mit ihrer Herausforderung in der Praxis beginnen. Durch gezielte Fragen zur Problemstellung, die sie bearbeiten, entwickeln sie in einem Dialog mit der KI nach und nach das erforderliche Wissen und wenden es umgehend an. Stellen Sie dann fest, dass sie nicht alles verstanden haben, haken sie nach, bis die Lösung steht. Durch diese Erfahrungen, die auch Emotionen hervorrufen, wird das Wissen nachhaltig verinnerlicht. (Sauter und Stoller-Schai 2025)

Das formelle Wissen wird dabei immer stärker durch Lerninhalte, die von den Lernern selbst erstellt wurden, ergänzt. Das Erfahrungswissen der Lerner wird im Rahmen des *kompetenzorientierten Wissensmanagements,* beispielsweise über Lerntagebücher, meist in Form von Blogs, über gemeinsame Arbeitsergebnisse, die mit Wikis oder Workpads zusammen gefasst werden, erfasst. Auch hierbei unterstützt die Künstliche Intelligenz die Zusammenfassung der Erfahrungen. Workpads ermöglichen dabei eine synchrone, kollaborative Bearbeitung von Dokumenten im Netz. Weiterhin ist es möglich, bei Bedarf mit Hilfe des Skills-Mapping mögliche Lernpartner und Experten zu identifizieren, die bei aktuellen Problemlösungen mit einbezogen werden können. Sogenannte *Rapid E-Learning Tools,* eine Wortschöpfung aus Rapid Prototyping und E-Learning, machen es möglich, dass die Lerner ihr Erfahrungswissen zu einfachen Lernprogrammen aufbereiten, die von den Lernpartnern genutzt werden können. Weiterhin können die Lerner Medienformate wie beispielsweise Blogs, Wikis, Videos oder Podcasts nutzen, um ihr Erfahrungswissen darzustellen. Damit erhält der gemeinsame Pool der Inhalte einen dynamischen Charakter. (Erpenbeck et al. 2024, 2021)

Weiter wird über Informationsquellen im Intranet sowie im Internet sichergestellt, dass die Lerner über wichtige aktuelle Entwicklungen zeitnah informiert werden. Über die LXP ist es möglich, kollaborativ Erfahrungen und Wissen in verschiedenen Formaten zu dokumentieren und auszutauschen. Dabei lernt die KI zunehmend die Bedürfnisse der Mitarbeiter kennen, sodass sie aktiv kuratiertes Wissen, das für diese relevant ist, anbieten können.

Zunehmende Bedeutung gewinnen *Open Educational Resources* (OER). Dies sind digitalisierte Lehr- und Lernmaterialien, die im Internet, insbesondere von Hochschulen, beispielsweise dem MIT oder der Open University, zur kostenlosen Verfügung bereitgestellt werden. Die Lerner sind frei, Ziele und Inhalte sowie Wissensquellen selbst zu bestimmen und ihre Lernprozesse zu organisieren. OER sorgen für einen Kulturwandel weg vom analogen hin zum digitalen Material und weg von der klassischen Lehrkultur zu einer Lernkultur des Gebens und Nehmens. Ein zukünftiges Bildungssystem ohne freie Bildungsressourcen ist aus heutiger Sicht kaum denkbar.[18]

In kompetenzorientierten Lernarrangements dienen die Web Based Trainings nicht nur dem Wissensaufbau und der Qualifizierung, sondern können über offene, problemorientierte Aufgaben auch eine erste individuelle Kompetenzentwicklung erzeugen. Solche *kompetenzorientierten Entwicklungsprogramme* orientieren sich am Vorwissen und an der Erfahrungswelt der Lerner und geben ihnen einen Spielraum, selbst zu entdecken, kreativ zu sein und Inhalte zu erstellen, indem sie herausfordernde Transferaufgaben oder Projektaufträge umfassen. Sie initiieren Aktionen der Lerner, beispielsweise in den Workshops oder in einer Community of Practice, und unterstützen die Lerner inhaltlich und methodisch bei der Problemlösung.

In der Phase der *Qualifikation* wird das erworbene Wissen verarbeitet und gesichert, indem im Rahmen der E-Learning-Programme interaktive Aufgaben, Übungen, Fallstudien, Planspiele oder Rollenspiele bearbeitet werden. Damit wird die Qualifizierung der Lerner entsprechend ihrer individuellen Lernpersönlichkeit ermöglicht. In dieser Phase entstehen jedoch, auch wenn immer wieder das Gegenteil behauptet wird, noch keine Kompetenzen!

Kompetenzentwicklung setzt Erfahrungen bei der Bearbeitung von realen Herausforderungen voraus. Diese können jedoch nur in Form von Erfahrungswissen und Kenntnissen weitergegeben werden, nicht aber als Erfahrungen desjenigen, der sie gewann. Deshalb ist es notwendig, den Lernern die Möglichkeit zu bieten, ihr Erfahrungswissen

---

[18] Vgl. Ebner et al. (2015, S. 79).

systematisch auszutauschen, in realen Herausforderungen anzuwenden und in einem intensiven Kommunikationsprozess laufend gemeinsam weiterzuentwickeln.

Die Lerner entwickeln deshalb in einem ersten Schritt der Kompetenzentwicklung Entscheidungen in Praxisaufgaben und in kleineren Praxisprojekten. Diese Aufgaben ermöglichen eine selbstorganisierte Anwendung des Wissens durch die Lerner und stellen sie vor spürbare Herausforderungen. Sie lernen dabei Hürden zu überwinden und ihre Lösungen mit ihrem Netzwerk zu optimieren. Bei der Lösung schwieriger Transferaufgaben bauen sie selbstorganisiert ein Wissen im weiteren Sinne auf, das auch Werte, Emotionen und Motivationen mit einschließt.

Grundsätzlich können *drei Lernrahmen* für die selbstorganisierte Entwicklung der Kompetenzen genutzt werden, die sich gegenseitig ergänzen, nämlich die Praxis selbst, das Coaching und bestimmte Formen des Trainings.[19]

Kompetenzentwicklung im Praxisprozess oder in Praxisprojekten ist immer Handlungs- und Erlebnislernen in der Familie, im Freundeskreis, im Sport, im Verein, in der Schule und Hochschule oder am Arbeitsplatz mit Kollegen oder Führungskräften sowie beim Kunden oder bei Partnern. Sie findet im Alltag, am Arbeitsplatz, im Familienkreis oder in der Freizeit, immer mehr auch im Netz, statt und ist in Bezug auf Lernziele, Lernzeit oder Lernförderung nicht strukturiert. Sie kann zielgerichtet sein, ist aber oft eher beiläufig.

Dabei spielen Werte eine zentrale Rolle. Werte sind das Ergebnis von Erfahrungsbewertungen. Sie werden deshalb stets erfahren, nicht „bloß gelernt". Bewährt haben sich authentische Problemsituationen in herausfordernden Projekten oder direkt im Prozess der Arbeit, im Verein oder bei privaten Aktivitäten. Dies bedeutet die Abkehr von bloß

---

[19] Vgl. Wahl (2013, S. 91 ff.).

fachsystematisch strukturierten Qualifizierungen, beispielsweise von Schul- und Studienfächern sowie beruflichen Bildungsgängen, und die Konzentration auf die Entwicklung von Lösungen für Problemstellungen. In den Schulen bedeutet dies, den Schülern konkrete Arbeitsaufträge in ihrer Erlebniswelt zu stellen, bei denen sie unter Umständen auch aus der Schule herausgehen müssen.

Kompetenzentwicklung mit Sozialem Lernen und Lernbegleitung findet in der Praxis oder in Projekten statt und ergänzt damit die Praxisstufe. Coaching ist die Beratung und Begleitung eines oder mehrerer Lerner durch Lernbegleiter oder durch Lernpartner (Co-Coaching). Der Coach soll dem Lerner helfen, optimale Ergebnisse selbstorganisiert hervorzubringen. Das heißt nichts anderes, als Selbstorganisationsfähigkeiten des Handelns, also Kompetenzen, zu entwickeln. Folgerichtig stärkt Coaching die Fähigkeit des Coachee zur Selbststeuerung, zur Selbstorganisation im Sinne einer „Hilfe zur Selbsthilfe". Dabei muss beachtet werden, dass der Coaching-Begriff ebenso wie andere vielfältig nutzbare Begriffe heute fast inflationär verwendet wird und sich zu einem allgegenwärtigen Begriff entwickelt hat, der manchmal als Deckmantel für altbewährte Konzepte wie Schulung oder Beratung missbraucht wird.

Coaching ist in der Regel prozessorientiert, das heißt, es geht darum, *wie* gelernt wird. Dieser Lernprozess wird nicht primär vom Wissen, sondern von Reflexion, Wertung und Handlung angetrieben. Coaching erfolgt auf freiwilliger Basis, meist auf Initiative des Lerners, als zielgerichtetes, gemeinsam abgestimmtes Vorgehen zwischen Lernbegleiter und Lerner und ist gekennzeichnet durch Akzeptanz, Vertrauen und Kooperation auf beiden Seiten. Der Lernprozessbegleiter wird mehr und mehr zum Kompetenzcoach und wächst aus der Rolle des traditionellen Lehrers oder Ausbilders heraus.

Kompetenzentwicklung in ergänzenden Trainings wird häufig missverstanden. Es muss nochmals wiederholt werden: Kompetenzen können nicht in künstlichen Lehr-Lern-Situationen aufgebaut werden. Deshalb weicht der Begriff des Kompetenztrainings, wie wir ihn benutzen, deutlich von tradierten Trainingsmaßnahmen ab, die ausschließlich der Qualifizierung oder gar Informationsvermittlung dienen. Insbesondere rechnen wir Fallstudien, Rollenspiele oder Planspiele nicht zum Kompetenztraining, weil sie für die Lerner keine realen Herausforderungen bilden und damit keinen Prozess der emotionalen Labilisierung bewirken. Mit ihnen können sich Lerner qualifizieren, aber keine Kompetenzen aufbauen. Sie können jedoch dazu beitragen, die notwendigen Voraussetzungen für die Kompetenzentwicklung im Bereich des Wissens und der Qualifizierung zu schaffen.

Auch der viel diskutierte Ansatz des „Flipping the Classroom" mit vier nacheinander ablaufenden Lernphasen, nämlich Selbstlernphase, Peer-Lernphase, Transferphase und Vertiefungsphase, kann die Nachteile universitärer Massenlehrveranstaltungen zwar etwas mildern, bewegt sich aber ausschließlich im Bereich des Wissensaufbaus und der Qualifizierung.[20]

Dies zeigen auch die Erfahrungen mit den angebotenen MOOC (Massive Open Online Courses), die offen und ohne Kosten im Netz angeboten werden und teilweise eine sehr hohe Teilnehmerzahl haben.[21] Insbesondere in der Form der *xMOOC,* bei denen das „x" für „extension" steht, orientieren sich diese Lernangebote an traditionellen, vorwiegend wissensorientierten Kurskonzepten, in denen die Themen festgelegt sind und die Lernmaterialien, häufig in Form von Videos, von den Veranstaltern zur Verfügung ge-

---

[20] Vgl. Lehmann et al. (2015, S. 81 ff.).
[21] Vgl. Ebner et al. (2015, S. 58. ff.).

stellt werden. Die Teilnehmer sind eher passiv und nicht in die Gestaltung der Kurse eingebunden. Dagegen basieren *cMOOC,* bei denen das „c" „connectivist" bedeutet, auf dem pragmatischen Lernansatz des Konnektivismus, nach dem das Lernen vor allem im Netz stattfindet. Sie sind relativ offen und frei im Sinne virtueller Workshops oder Barcamps gestaltet, in denen die Teilnehmer aktiv gemeinsam Wissen, aber keine Kompetenzen, aufbauen.

Kompetenztraining ist damit aber nicht möglich, weil dies nur über die Lösung von Problemstellungen aus der Praxis erfolgen kann. Für jede Kompetenz ist dabei der Einsatz eines ganzen Arsenals von Trainingsmethoden zur Kompetenzentwicklung vorstellbar.[22] (Erpenbeck et al. 2024, S. 425 ff.) Diese sind aber immer in der realen Handlungsumgebung verankert. Das bedeutet, dass neue Methoden in realen Herausforderungen trainiert werden. So können beispielsweise Feuerwehrleute neue Techniken und Methoden gezielt in realen Einsätzen oder in Übungen erproben, die vollständig einer realen Katastrophe gleichen. Das Kompetenztraining zielt dabei auf möglichst langfristig stabile Entwicklungseffekte. Das gelingt nur, wenn die Entwicklungsbedingungen selbst reflektiert und systematisch gestaltet werden.

Kompetenzentwicklung setzt kollaboratives Lernen voraus, das insbesondere im Rahmen von Social Learning ermöglicht wird. *Social Learning* ist nach unserem Verständnis kompetenzorientiertes E-Learning mit Social Software. Es hilft Menschen, online zusammenzuarbeiten und Informationen zu teilen.[23] Während im „klassischen" E-Learning des Web 1.0 der Wissensaufbau und die Qualifikation im Vordergrund stehen, hat kompetenzorientiertes E-Learning zum Ziel, die Fähigkeit zur selbstorganisierten und kreativen Problemlösung in der Praxis zu fördern. Wissensaufbau

---

[22] Vgl. Heyse und Erpenbeck (2009).
[23] Vgl. Kerres und Rehm (2015, S. 33 ff.).

und Qualifikation sind dafür die notwendige Voraussetzung. Deshalb bildet nicht mehr ein Curriculum den „Roten Faden" des Lernprozesses, sondern eine Praxisaufgabe oder ein Praxisprojekt, das die Lerner auf Basis einer Skills-Diagnostik in Abstimmung mit ihrer Führungskraft auswählen. Die Trennung von Experten und Lernern wird aufgehoben, weil alle beteiligten Lerner ihr Erfahrungswissen einbringen, Inhalte bewerten und sich mit unterschiedlichen Sichten und Anschauungen auseinandersetzen. Statt rückgekoppelter Monologe entsteht eine lebendige Kommunikation im Netzwerk, bei der das Wissen gemeinsam weiterentwickelt wird. Sowohl Lernbegleiter als auch Lernende pflegen eine wertende Selbstreflexion.

Wichtige Instrumente zum Kompetenzaufbau im Netz sind *Blogs,* die beispielsweise als persönliche Lerntagebücher eingesetzt werden. Diese Instrumente sind vor allem zum Aufbau *personaler Kompetenzen,* aber auch der Aktivitätskompetenzen sowie der sozialen Kompetenzen geeignet. *Wikis* können durch mehrere Lerner kollaborativ, das heißt zur gemeinsamen Bewältigung von Problemstellungen im Netz genutzt werden. Die Lerner entwickeln dabei gemeinsam ein Dokument im Netz. Dieses Instrument wird insbesondere auch als Lerntagebuch von Gruppen eingesetzt. Die LXP ermöglicht es, dass Gruppen von Lernern gleichzeitig an einem vorgegebenen Dokument arbeiten, auch wenn sie beispielsweise weltweit verteilt sind. Diese kollaborativen Arbeitsinstrumente fördern besonders die *sozialen Kompetenzen,* haben aber auch in den anderen Kompetenzbereichen ein mittleres Potenzial.[24]

In der Entwicklung des E-Learning, das wir seit zwei Jahrzehnten kennen, zeigt sich, zunächst fast unbemerkt, eine Revolution. Von der Wissensvermittlung zum Kompetenzaufbau – so ließe sie sich kurz zusammenfassen. Der

---

[24] Vgl. Sauter, Sauter und Wolfig (2018).

früher dominierende Technikaspekt, das „E", nimmt eine immer geringere, der Bildungsaspekt, das „Learning", insbesondere das *„Social Learning"*, eine immer wichtigere Rolle ein. Diese grundlegende Revolution wird von einer nicht minder revolutionären methodischen Entwicklung flankiert. *Vom E-Monolog zum E-Dialog und zur E-Kollaboration* – so lässt sie sich kennzeichnen. Zunehmend organisieren die Lerner ihren Erfahrungsaustausch in *Communities of Practice*. Dabei wählen sie ihre Ziele, Inhalte, Strategien, Methoden und Kontrollmechanismen selbst in einem gemeinsamen Kommunikationsprozess aus.[25]

Kompetenzentwicklung im Netz ist möglich und wird immer wichtiger.

5.3 Kompetenzentwicklung in der Schule

Finnland, das lange Zeit in den PISA-Tests in Europa führend war, hat vor wenigen Jahren damit begonnen, eine umfangreiche Schulreform durchzuführen, die in intensiven Gesprächen mit den Betroffenen, nicht an den Schreibtischen eines Ministeriums, entstanden ist.[26] Die größte Veränderung ist, dass vor allem in der Oberstufe die Inhalte nicht mehr im Mittelpunkt stehen und die Grenzen zwischen den Fächern aufgeweicht wurden. Stattdessen sollen sich die Schüler in Kompetenzbereichen entwickeln, indem sie interdisziplinäre Projekte bearbeiten, unter anderem in den Bereichen: Kennenlernen von Kulturen, umfassende Informationsgewinnung, Beherrschen der Informationstechnologien, Arbeitswelt und Unternehmertum sowie Aufbau einer nachhaltigen Zukunft. Es geht dabei nicht

---

[25] Vgl. Kerres und Rehm (2015, S. 35 ff.).
[26] Vgl. Niveri (2015).

mehr um bruchstückhaftes Wissen, sondern um die Fähigkeit, Zusammenhänge zu finden und große Informationsmengen zu beherrschen. Dabei spielen ethisch-moralische und sozial-weltanschauliche Fragen eine zunehmende Rolle. Die Schüler sollen ihre Lernprozesse selbstbestimmt gestalten: „Du selbst bist der Hüter des eigenen Lernens." Die Lehrer planen ihre Lernarrangements im Team. Zwischenzeitlich ist Finnland in den PISA-Studien deutlich abgerutscht.[27] Dies ist nicht verwunderlich, wenn in der Schule nicht mehr das Wissenspauken, sondern selbstorganisierter Kompetenzaufbau im Vordergrund steht.

Das Schulsystem benötigt eine revolutionäre Veränderung der wissenslastigen Lehrpläne zu kompetenzorientierten Lernplänen.

Die Schulbehörden würden dann keine wissens- und qualifikationsorientierten Curricula mehr vorgeben, die in der Schule peinlich genau abzuarbeiten sind, sondern Richtziele für einige wenige Kompetenzfelder formulieren. Denkbare Bereiche sind das Gesellschafts- und Politiksystem, Konsequenzen des Klimawandels, interkulturelle Kompetenzen, nachhaltiges Wirtschaften oder die Konsequenzen der Digitalisierung und Künstlichen Intelligenz. Allgemeinbildende Kompetenzbereiche wie Deutsch, Fremdsprachen, Kunst, Geschichte, Geografie, Physik, Biologie oder Chemie werden zu integralen Bestandteilen dieser Lernfelder. Eine zentrale Rolle spielt hierbei die Querschnittskompetenz der Schüler, selbstorganisiert zu lernen. Dazu gehört auch, dass sie in der Lage sind, die erforderlichen Fertigkeiten, beispielsweise Lesen, Schreiben oder Rechnen, bedarfsgerecht aufzubauen und anzuwenden.

Diese Richtziele sind als *Soll-Kompetenzprofile* mit persönlichen, sozial-kommunikativen, fachlich-methodischen und aktivitätsbezogenen Kompetenzzielen zu ge-

---

[27] Vgl. Kerstan (2017).

stalten. Die Formulierung der Soll-Kompetenzprofile setzt einen gründlichen gesellschaftlich-politischen Entwicklungsprozess voraus, um bei allen Beteiligten eine hohe Akzeptanz zu schaffen. Auf die Frage, wie die individuellen Kompetenzen, die von den Schülern erreicht wurden, diagnostiziert werden können, gehen wir später noch ausführlich ein. Dabei bedeutet beispielsweise fachlich-methodische Kompetenz nicht, ein bestimmtes Wissen auf Vorrat zu speichern, sondern sein eigenes Wissen und vielfältige Möglichkeiten des Wissensaufbaus methodisch sinnvoll zu nutzen, um alleine oder gemeinsam mit anderen Schülern reale Herausforderungen zu bewältigen.

Der Lehrer hat innerhalb dieses Lernplanrahmens die Verantwortung, gemeinsam mit seinen Kollegen, die für die jeweilige Klasse verantwortlich sind, einen passenden Ermöglichungsrahmen mit kompetenzorientierten Aufgaben und Projekten, mit Planungshilfen, mit Inhalten, Kommunikations- und Dokumentationsmöglichkeiten und Rückmeldeinstrumenten zu gestalten. Diese Aufgaben und Projektaufträge werden dabei häufig kompetenzfeldübergreifend entwickelt.

Die Schüler benötigen für die Planung und Steuerung ihrer selbstorganisierten Kompetenzentwicklungsprozesse einen persönlichen Lernbereich, ein Lernportfolio, idealerweise als *E-Portfolio* im Netz, in dem sie alle relevanten Produkte ihrer Lernprozesse speichern, beispielsweise Ausarbeitungen, Aufsätze, Berechnungen, Berichte, Präsentationen oder Videos von Auftritten in der Theatergruppen, aber auch Bewertungen und Zertifikate. Sie dokumentieren dort Selbstevaluationen oder Eindrücke der Lehrer, die sie gemeinsam besprochen haben. Eine zentrale Rolle spielt das *Lerntagebuch,* in dem die Schüler ihre persönlichen Lernprozesse dokumentieren und reflektieren. Hierfür bieten sich soziale Medien wie Blogs an. Auch die Lehrer führen Lerntagebücher über ihre Beobachtungen aus dem

Unterricht, die sie regelmäßig im Team besprechen. Auf dieser Basis können sie die Leistungen ihrer Schüler in den Projekten und bei der Bearbeitung von Aufgaben einschätzen bzw. bewerten, ohne sie je abzuwerten.

Immer wieder erleben wir, dass in Teilbereichen der Schulen einzelne Reformen umgesetzt werden. Dies ist jedoch nicht sinnvoll, weil ein Wechsel zwischen selbstorganisierten Lernphasen und klassischen Unterrichtsstunden häufig zu Blockaden der Schüler führt.[28] Deshalb bringen isolierte Schulversuche nichts, insbesondere wenn sie am Schuljahresende nach den Klausuren, quasi als Lückenfüller, genutzt werden. Es muss sich vielmehr das gesamte Lernkonzept grundlegend verändern, weil nur dann die Schüler die Möglichkeit haben, ihre individuellen Lernstrategien zu entwickeln und laufend zu optimieren. Deshalb ist eine Revolution des Schulsystems erforderlich, die der Kompetenzkatastrophe entgegensteht.

Die meisten Lehrer heute sind zudem Einzelkämpfer, die ihre Unterrichtskonzepte nur in seltenen Fällen mit den Kollegen austauschen oder gar gemeinsam gestalten. Deshalb ist auch im Kollegium einer Schule ein fundamentaler Kulturwandel erforderlich, weil innovative Lernlösungen, beispielsweise mit fächerübergreifenden Projekten, nur gemeinsam entwickelt und umgesetzt werden können. Da diese Unterrichtsvorbereitung naturgemäß überwiegend in der Schule stattfindet, sind Widerstände sicher. Das Privileg, einen großen Teil der Arbeitszeit zu Hause absolvieren zu können, wird deutlich eingeschränkt.

Dass Schule, selbst in den heutigen Rahmenbedingungen, völlig anders gestaltet werden kann, zeigt folgendes aktuelles Beispiel. „Hier geschehen Wunder", titelte die Zeit vom 6. Juni 2019, als sie über die Verleihung des Deutschen Schulpreises an die Gebrüder Grimm Schule in Hamm be-

---

[28] Niveri (2015, S. 110).

richtete. In dieser sogenannten „Brennpunktschule" erreichten 2015 gerade mal drei Prozent der Schüler in Mathematik und Lesen die oberste „Kompetenzstufe", 2019 lag dieser Wert bereits bei 34 %. 80 % der Schüler kamen dieses Jahr in die beiden obersten der fünf „Kompetenzstufen", während dies landesweit nur 42 % schafften.

Wie war dies möglich? Der Artikel gibt am Ende die Antwort dazu: „Was hier ausgezeichnet wurde, ist weniger ein Konzept – es ist ein Haltung." Die Werte, die in dieser Schule offensichtlich verinnerlicht wurden, machen somit den wesentlichen Unterschied aus.

Die wichtigste Veränderung gegenüber dem tradierten Schulsystem ist dabei das Menschenbild, das die Lernkonzeption der Gebrüder Grimm Schule prägt.

- Ideen zur Verbesserung der Lernsituation kommen von allen Beteiligten, also auch den Schülern, und werden über eine Pinnwand veröffentlicht.
- Die Kernfrage bei der Weiterentwicklung der Lernkonzeption ist jeweils, was die Kinder, also die Lerner, davon haben.
- Die Kinder gestalten ihr eigenes Lernen individuell und selbstorganisiert.
- Es herrscht eine Kultur der positiven Rückmeldung.
- Das Lernen erfolgt in Projekten, jahrgangsübergreifend, also sozial.

Weitere „Geheimnisse" des Erfolges dieser Grundschule sind folgende Merkmale:

- Die Lernarrangements werden von den Lehrern gemeinsam vor Ort, ausgerichtet an den differenzierten Ansprüchen der Schüler, und nicht durch Bürokraten in Ministerien entwickelt.
- Die klassische Unterrichtsstruktur wurde aufgebrochen.

- Es werden neue Lernkonzeptionen ausprobiert, verworfen, angepasst und immer wieder hinterfragt.
- Auf die selbstorganisiert gestalteten Projekte folgen Kurs-Epochen, in denen die Kinder personalisiert, nach ihrem spezifischen Bedarf, ihre Fertigkeiten trainieren, also insbesondere Lesen, Schreiben, Rechnen.
- Die Kinder werden von multiprofessionellen Teams begleitet, in denen neben den Lehrern auch Heilpädagogen, Erzieher oder Inklusionsbegleiter als Lernbegleiter mitwirken.

Unabhängig davon, ob wir den schulischen oder betrieblichen Bildungsbereich betrachten, zeigen diese Erfahrungen, dass Bildungskonzeptionen, vor Ort, von allen Beteiligten „auf Augenhöhe" gestaltet werden müssen, wenn sie erfolgreich sein sollen. Die Verantwortung für das Lernen sollte deshalb von den zentralen Bildungsabteilungen, unabhängig davon ob Ministerium oder Schulämter, zu den Verantwortlichen vor Ort, also zu den Schülern und ihren Lehrern, wandern.

Kompetenzlernen wird die Schule der Zukunft bestimmen. Dafür müssen die Strukturen der Schulen, von der Zerhackung der Zeit in 45-min-Einheiten über die Zersplitterung der Themen in Unterrichtsfächer bis zum Zwang, fast ausschließlich Bulimielernen zu bewerten, grundlegend verändert werden. Das Lehrerkollegium wird im Rahmen von Richtzielen dafür verantwortlich, den Ermöglichungsrahmen für die selbstorganisierte Kompetenzentwicklung der Schüler zu schaffen und laufend zu optimieren. Der Paradigmenwechsel liegt damit in der Verlagerung der Lernverantwortung auf die Schüler, die die Freiheit erlangen, den Unterricht mitzugestalten sowie ihre Arbeitsthemen und ihre Lernmethoden innerhalb eines Lernrahmen selbst auszuwählen und anzuwenden. Die Lehrer wandeln ihre Rolle zum Lernbegleiter, die Kommunikation mit den Schülern erfolgt auf Augenhöhe.

5.4 Kompetenzentwicklung in der Hochschule

Die Hochschulen boomen. Dieses Jahr werden vermutlich mit nicht ganz 500.000 Studienanfängern wieder mehr Schulabgänger an die Hochschulen als in eine duale Ausbildung gehen. Gleichzeitig sind die Abbrecherquoten dramatisch gestiegen. Sie liegen im Schnitt bei deutlich über 30 %, in manchen Ingenieurstudiengängen kratzen sie an der 50 %-Marke. Seit der letzten großen Berechnung vor dem Bologna-Prozess im Jahr 1999 haben sich diese Werte in etwa verdoppelt.[29]

Im Jahr 2024 blickt der Bologna-Prozess auf ein Vierteljahrhundert Umsetzungsgeschichte zurück. Wir haben bereits darauf hingewiesen, dass der Bologna-Prozess an den Hochschulen die Einbeziehung von überfachlichen, berufsfeldorientierten Kompetenzen in die Lernzielkataloge bewirkte, dass aber in der Lehrpraxis nach wie vor die Illusion einer „Wissensvermittlung" und die Qualifizierung vorherrschen. Dazu trägt maßgeblich auch der Standardisierungswahn an den Hochschulen bei, der durch Lehr-Lern-Ziele, die für alle gelten, geprägt ist, obwohl selbstorganisierte Kompetenzentwicklung Unterschiede der Lerner fördern muss.[30]

Die Bologna-Erklärung ist nur fünf Seiten lang, und hat doch einen Prozess angestoßen, der seit 25 Jahren das Studium und somit das Leben Millionen junger Menschen in Europa sowie zunehmend auch darüber hinaus bestimmt.[31] Die Studienbedingungen in Deutschland haben sich in diesem Zeitraum radikal verändert. So wurden das Studium in Bachelor und Master geteilt, das Leistungspunktesystem

---

[29] Vgl. Wirtschaftswoche, 22.05.2015, S. 22 ff., Spiegel Online 25.04.2019.
[30] Vgl. Reinmann (2015, S. 3).
[31] Vgl. dazu Gutjahr et al. (Hrsg.) (2024).

(ECTS) breit eingeführt und die Studiengänge in Module aufgeteilt. Gleichzeitig wurden die Studienbedingungen durch überfüllte Seminare und Bibliotheken, eine zunehmende Dichte an Anwesenheitspflichten sowie kleinteilige Prüfungsleistungen, die oftmals mangelhafte Betreuung durch überarbeitete, prekär beschäftigte Dozierende oder die vielerorts hohen Semesterbeiträge und Mensapreise geprägt.

Unter dem Begriff „Organisierte Halbbildung" haben Clara Gutjahr und ihre Mitstreiter ein schonungsloses Bild der aktuellen Studienwelt in Deutschland gemalt. Ihr Fazit ist, dass im Studium heute (fast) kein Platz ist, die eigene Persönlichkeit, individuelle Fähigkeiten und Interessen, fernab von Zielen und Zwecken, getrennt von Karrieren und Prestige zu finden, zu formen.[32]

Die oft verurteilende und manchmal vernichtende Kritik am Bolognaprozess entlarvt sich bei genauerem Hinsehen oft als eine schon vorher lange und zurecht schwelende Kritik an der Lehrpraxis von Hochschulen und Universitäten: An der massiv zunehmenden, kaum zu bewältigenden Anzahl der Studierenden, an der wachsenden Zahl von Studienabbrechern, an der weiterhin wissensorientierten und die unbequemen Kompetenzgesichtspunkte willentlich vernachlässigenden Lehre und der dadurch massiv sinkenden Beschäftigungsfähigkeit.[33] Der Bolognaprozess ist zeitgeschichtlich viel zu jung, um als gute Erklärung für die teilweise in Jahrzehnten gewachsenen katastrophalen Entwicklungen der Lehrpraxis dienen zu können.

Wie kann das System der Hochschulen konsequent in Hinblick auf den Bedarf von Gesellschaft und Wirtschaft verändert werden? Rolf Arnold hat drei Aktivitätslinien zur notwendigen Veränderung der akademischen Lernkultur

---

[32] Vgl. ebenda, S. 31.
[33] Vgl. Arnold, R. (2015) S. 19–24.

an den Hochschulen entwickelt, die unseres Erachtens einen Erfolg versprechenden Weg weisen.[34]

Als Erstes fordert er eine radikale Neugestaltung der *Lerninfrastruktur* der Hochschulen. Am Anfang steht dabei ein Übergang von Curricula, also Ansammlungen von Wissens- und Qualifizierungszielen, zu *Kompetenzprofilen*. Die Vorstellung der Universität als Ort der „Wissensvermittlung", an dem Studierende wie leere Gefäße mit Informationen gefüllt werden, ist obsolet.[35] Es gibt zwar Wissen ohne Kompetenz, aber keine Kompetenz ohne Wissen. Die Hochschulen haben deshalb die Aufgabe, den Studierenden zu ermöglichen, ihre Kompetenzen selbstorganisiert zu entwickeln, Informationen zu sammeln, auszuwählen, zu organisieren und zu bewerten, damit sich aus ihnen Wissen und letztendlich problemlösendes Handeln bildet. Dies ist mit der Methodik der Vorlesung nicht zu leisten.[36] So hat die Harvard Universität mitgeteilt, dass im Fach Physik die klassische Vorlesung ganz abgeschafft wird, da jemand reden zu hören kein wirksames Mittel sei, um etwas zu einem Thema zu erfahren. Hinzu kommt, wie wir zeigten, dass sich der Zugang zum wissenschaftlichen Wissen immer mehr demokratisiert.

Die Hochschulen benötigen zweitens eine klar entwickelte *Strategie der Kompetenzprofilierung,* die über bloße Etiketten hinausgeht. Dazu gehören eine Vision der Kompetenzorientierung und ein entsprechender organisatorischer und rechtlicher Lernrahmen, aber insbesondere auch Strukturen, die selbstorganisierte Lernprozesse der Studenten in realen oder laborähnlichen Herausforderungen ermöglichen. Dies erfordert vor allem einen *Ermöglichungsrahmen,* der konsequent die Möglichkeiten zur individuel-

---

[34] Arnold und Erpenbeck (2014, S. 6 ff.).
[35] Elkana und Klöpper (2012, S. 6).
[36] Vgl. Günther (2012, S. 462–464).

len Lernplanung, zum selbstorganisierten Wissensaufbau sowie zur Qualifizierung, zur Kommunikation und Dokumentation im Netz, zum kompetenzorientierten Wissensmanagement und zum Feedback nutzt. Eine besondere Bedeutung erlangen Mittel zur Beobachtung der Kompetenzentwicklung, zur Kompetenzmessung und -zertifizierung, damit eine wirksame Lernbegleitung möglich wird.

Komplexe Problemstellungen in der Praxis lassen sich auch nicht auf ein Studienfach begrenzen. Deshalb muss die Orientierung der Hochschulen auf Fachsystematiken durch *Situationssystematiken* ersetzt werden, die durch die Hochschulen in einem offenen Prozess zu entwickeln sind. Dieser Forderung liegt die Erkenntnis zugrunde, dass Menschen nach den Erkenntnissen der Lernforschung am wirksamsten und nachhaltigsten in Herausforderungen lernen, die an ihren bisherigen Kompetenzen anknüpfen und in denen sie das notwendige Wissen und die Erkenntnisse selbstorganisiert aufbauen, deren Tragfähigkeit erleben und in Problemlösungsversuchen anwenden. Deshalb müssen die Hochschulen eine Didaktik situationsbasierten Lernens entwickeln und umsetzen, die situationsorientierte Herausforderungen zum Erproben von Lösungsstrategien umfasst. Dies bedeutet allerdings eine hochschuldidaktische Revolution.

In diesem Zusammenhang ist auch der Stellenwert des Lernens im Verhältnis zur Forschung, aber auch die extrem aufgeblähte Verwaltung in den Hochschulen zu diskutieren. So werden für jede unbefristete Stelle in Forschung und Lehre über 3 unbefristete Verwaltungsstellen geschaffen. Im internationalen Vergleich kommen doppelt so viele Verwaltungsangestellte auf einen Wissenschaftler.[37]

---

[37] Vgl. Brembs (2014).

Als Konsequenz aus dem umrissenen Lernverständnis leitet Arnold eine dritte Veränderung ab: den Übergang von der Belehrung zum *selbstorganisierten Lernen*. Die Erkenntnis, dass man Menschen nicht belehren kann, ist nicht neu. Obwohl sie kaum bestritten wird, halten die meisten Bildungsinstitutionen, nicht nur im Hochschulbereich, weiter an dieser naiven Illusion fest. Konkret ist eine Veränderung notwendig, nach der Hochschulen selbstorganisiertes Lernen der Studierenden in Lernräumen mit zunehmender Nutzung sozialer Medien sowie kollaboratives Lernen im Netz ermöglichen, in denen aktive Suchbewegungen, eine selbstgesteuerte Aneignung sowie Problemlösungen geübt, verändert und routiniert werden können.[38]

Präsenzveranstaltungen sollten nicht mehr der vorgeblichen „Wissensvermittlung" dienen, sondern didaktisch gerechtfertigt zum Diskurs über offene Fragen genutzt werden. Das akademische Lernen muss dabei immer mehr individualisiert werden, Inhaber und Gestalter ihrer Lernprozesse werden die Studenten. Die Dozenten begleiten diese Lernprozesse und verhindern, dass die Kompetenzkatastrophe weiterhin wirksam wird.

Die häufig geforderte Verbindung von Forschen, Lehren und Lernen führt zum *forschenden Lernen*. Die Bildungsforscherin Gabi Reinmann hat diesen Prozess sehr anschaulich beschrieben: „Wörtlich genommen erfordert forschendes Lernen, dass Studierende selber forschen und alle Phasen der Forschung durchlaufen: also eine Fragestellung formulieren, den dazugehörigen Forschungsstand recherchieren, ein methodisches Design planen und umsetzen und schließlich die erzielten Erkenntnisse darstellen und präsentieren. Lernen, indem man selber forscht, bedeutet: Man lernt zu hinterfragen und selbstständig begründete Fragen zu stellen; man lernt, sich für methodische Optio-

---

[38] Arnold und Erpenbeck (2014, S. 93).

nen zu entscheiden, um diese Fragen zu beantworten; man lernt, Ziele und Pläne in die Tat umzusetzen, also zu handeln."[39] Die Studierenden lernen damit, Kompetenzen selbstorganisiert aufzubauen. „Wenn Studierende selber forschen, wird es unsinnig, Lernergebnisse standardisieren zu wollen." Es ergibt keinen Sinn mehr, wenn alle „das Gleiche in gleicher Form lernen müssen".[40]

Einen vielversprechenden Ansatz verfolgt Ulf-Daniel Ehlers mit seinem Konzept der Future Skills.[41] Future Skills ermöglichen es, die Herausforderungen der Zukunft selbstorganisiert und kreativ zu meistern. Sie setzen Wissen und Qualifikation (Hard Skills) voraus und erfordern gleichzeitig Werte und Kompetenzen (Soft Skills), die sich in der Haltung und der Handlungsfähigkeit der Studierenden zeigen.[42] Ehlers fordert einen Wandel der Hochschulbildung, der auf vier Säule basiert.

Der Fokus der Hochschulbildung wird sich in der ersten Säule von akademischem und validem Fachwissen zu einem next modes des Studierens wandeln. Lernen wird danach als Anwendung und Reflexion über Wissen und als kreatives Entwickeln von neuem Wissen verstanden. Wissen ist damit die Basis für Future Skills, reicht aber alleine nicht aus.

In der zweiten Säule bewegt sich die Hochschule von einem „ein-institutionellen Modell" hin zu einem „multi-institutionellen Modell", in dem sich mehrere Institutionen zu Hochschulbildung vermittelnden Allianzen verbinden. Dazu gehört insbesondere die Anerkennung von bereits erbrachten Studienleistungen über institutionelle Grenzen hinweg, sodass die Studierenden nach ihren Präferenzen

---

[39] Reinmann (2015, S. 4 f.).
[40] Reinmann (2015).
[41] Ehlers (2020), S.263 ff.
[42] Edelkraut, Sauter (2023), S. 20.

zwischen verschiedenen Hochschulen wechseln können. Dies ist trotz des Bologna-Prozesses heute noch lange nicht Realität. Auch sollten Teile des Curriculums zukünftig auf unterschiedliche Institutionen verteilt werden können.

Die Personalisierung des akademischen Lernens prägt die dritte Säule. Die Studiengangs-Curricula entwickeln sich von einer gänzlich vordefinierten und von vornherein gegebenen Struktur hin zu einem flexibleren, personalisierten und partizipativen Modell, in dem Studierende mit ihren Lehrenden und Lernbegleitern zur Entwicklung individueller Lernpfade kooperieren. Dies erfordert einen grundlegenden kulturellen Wandel und einen Ausbau des Coaching und der Unterstützung der Studierenden, aber auch eine professionelle Skills-Diagnostik.

Die vierte Säule erweitert das gegenwärtige Hochschul-Bildungsmodell um die Möglichkeiten des lebenslangen Lernens. Während das aktuell Hochschulmodell in einem Vorbereitungsmodus verharrt, wird es immer wichtiger, die Studierenden zu befähigen, die zukünftigen, heute oftmals noch nicht bekannten Herausforderungen, selbstorganisiert bewältigen zu können. Dafür werden Future Skills benötigt. Dies erfordert einen Paradigmenwechsel der Hochschulbildung. Akademische Bildung sollte nicht länger als Phase zu Beginn des Arbeitslebens gesehen, sondern als Kontinuum konstanter biografischer Lernepisoden verstanden werden.

Aus den Studien von Ehlers ergab sich, dass für diese Entwicklung noch viele institutionelle und kulturelle Widerstände zu überwinden sind, sodass mit einem Veränderungsprozess von 5 bis 10 Jahren, evtl. sogar noch länger, zu rechnen ist. Eines machen seine Studien aber auch deutlich. Das derzeitige Modell eines drei- bis fünfjährigen Studienblocks bei nachfolgender lebenslanger Arbeitstätigkeit verliert an Relevanz. An seine Stelle treten flexiblere, oft lebenslange Studienmodelle.

5.5 Kompetenzentwicklung in der beruflichen und betrieblichen Bildung

Aktuell herrschen große Unterschiede, was die Bedeutung der beruflichen und betrieblichen Bildung in den einzelnen Unternehmen betrifft. In großen Unternehmen gibt es eigene Bildungsabteilungen, die für das Thema Lernen im Unternehmen eine Vielzahl von modernen Medien, Methoden und Formaten etablieren und entwickeln. In kleinen und mittelständischen Unternehmen (KMU) fehlt häufig das Verständnis für strategieorientiertes Lernen. Es mangelt oftmals an Entwicklungsplänen, Bildungsangeboten und Lernräumen. Gelernt wird vorrangig in Arbeitsprozessen, ohne eine bewusste Steuerung und Reflexion der Lernprozesse.[43]

Die Unternehmensstrategien verändern sich mit wachsender Geschwindigkeit; kleine, autonome Teams, die cross-funktional besetzt sind, agieren in kurz getakteten Zyklen und in permanenter Abstimmung mit Kunden oder Lieferanten, also agil. Dies hat fundamentale Konsequenzen für die Mitarbeiterentwicklung. Unternehmen benötigen Mitarbeiter, die auch zukünftige Herausforderungen in zunehmend digitalisierten Arbeitsprozessen mit KI-Unterstützung im Rahmen selbstorganisierter, eigenverantwortlich handelnder Teams kompetent und kreativ lösen können. Dabei besitzen sie den Freiraum, innerhalb vereinbarter Regeln zu üben und zu experimentieren und ihr Erfahrungswissen in Netzwerken weiterzuentwickeln.

Die bisherige Trennung in eine berufliche Aus- und Weiterbildung, die eine theoretische, meist zertifizierte Basis für Tätigkeiten in der Praxis bilden soll, und dem Lernen im

---

[43] Corporate Learning Community gUG (2017).

Betrieb sehen wir als überholt an. Der Aufbau von Fachwissen und die Qualifizierung kann in kompetenzorientierten Lernarrangements nicht mehr von der Kompetenzentwicklung in Projekten oder in der Praxis getrennt werden. Deshalb werden überbetriebliche Bildungsanbieter zunehmend Praxisprojekte oder Anwendungen im Prozess der Arbeit in ihre Lernarrangements integrieren müssen. Auf der anderen Seite werden die Unternehmen den Schwerpunkt immer mehr auf die bedarfsorientierte, modularisierte Bereitstellung von Fachwissen und den gezielten Aufbau von Qualifikationen als notwendige Voraussetzung für Kompetenzentwicklungsmaßnahmen legen. Vorratslernen wird durch dialogisches Lernen bei Bedarf, „on demand", ersetzt.

Grundlegende Überlegungen für eine Umgestaltung beruflicher und betrieblicher Lernsysteme und die Verhinderung der Kompetenzkatastrophe in diesem Bereich umfassen verschiedene Elemente der Kompetenzentwicklung. Die konzeptionelle Grundlage bildet die Ermöglichungsdidaktik. Das Ziel ist, selbstorganisierte Lernprozesse mit Lernpartnern, im Team und im Netz in Verbindung mit Coaching und Co-Coaching, dem kompetenzorientierten, kollaborativen Lernen mit Tandempartnern, zu initiieren. Dafür wird ein Arbeits- und Lernraum für die Zusammenarbeit, eine Learning Experience Platform, benötigt, in der die Lerner Problemlösungen allein, mit KI-Unterstützung, im Team und im Netz mit Unterstützung eines Lernbegleiters entwickeln und damit ihre Kompetenzen aufbauen. In Communities of Practice wird das Erfahrungswissen ausgetauscht und gemeinsam weiterentwickelt. Eine wichtige Rolle spielen hierbei persönliche Lerntagebücher, in denen die Lerner ihren Lernprozess reflektieren und mit den Lernpartnern diskutieren. Mit kollaborativen Tools können im Netz Problemlösungen gemeinsam entwickelt werden, auch wenn die Arbeits- bzw. Lerngruppe über die ganze Welt verstreut ist.

In diesem Kontext eröffnen sich für Anbieter von beruflichen Fernstudiengängen neue Möglichkeiten, sofern sie ihre Lernarrangements radikal verändern.[44] Nicht mehr Bulimielernen auf Basis von theorielastigen Studienbriefen, sondern Lernarrangements, die es den Teilnehmern ermöglichen, eigene Praxisprojekte in eine Lerngemeinschaft einzubringen, die in kollaborativen Lernprozessen innerhalb eines attraktiven Lernrahmens gemeinsam Lösungen entwickelt. Damit könnten Fernstudienanbieter zu effizienten Partnern in der betrieblichen Kompetenzentwicklung werden.

Die Lerner im betrieblichen Umfeld sind bisher überwiegend fremdorganisierte Lernarrangements gewohnt. Deshalb bietet es sich an, selbstorganisierte Lernformen schrittweise einzuführen, sodass sich die Mitarbeiter und ihre Lernkultur nach und nach an diese neue Lernwelt gewöhnen können. In der Praxis hat es sich bewährt, den Lernern zunächst eine begrenzte Verantwortung für den Wissensaufbau und die Qualifizierung im Rahmen eines *Blended-Learning-Konzeptes* zu übertragen, das eine didaktisch sinnvolle Verknüpfung von Präsenzveranstaltungen und E-Learning zu einem Lernarrangement bildet. Die Lerner übernehmen dabei zwar mithilfe von Web Based Trainings oder anderen Medien die Verantwortung für die Steuerung ihres Wissensaufbaus und ihrer Qualifizierung, sie sind aber weiterhin in ein verbindliches System von Lernzielen, vorgegebenen Inhalten und Übungen sowie einer Lernbegleitung mit Kickoff, Workshops und tutorieller Begleitung eingebettet.

In einem weiteren Schritt kann Kompetenzentwicklung ermöglicht werden, indem die Lerner parallel zum Blended-Learning-System ein herausforderndes Praxisprojekt bearbeiten. Über Projekttagebücher, die beispielsweise mit Blogs und Wikis gestaltet werden, entwickelt sich ein *Social-Blended-Learning-Arrangement*, in dem die Lerner kollabo-

---

[44]Vgl. Sauter (2017).

rativ im Dialog mit der KI Herausforderungen in den Praxisprojekten bewältigen. Die Fragen, die dabei auftauchen, und Lösungen, die entwickelt werden, besprechen die Lerner mit ihren Lernpartnern und einem Lernbegleiter, der die Rolle eines E-Coaches übernimmt. Die Mitarbeiter lernen nunmehr in einem erweiterten, begrenzten Bereich, nämlich ihrem persönlichen Projekt, ihre Kompetenzentwicklungsprozesse selbstorganisiert zu gestalten.[45]

Sie formulieren schließlich auf Basis des Projektauftrags und ihrer Kompetenzdiagnostik ihre individuellen Kompetenzziele in Absprache mit ihrer Führungskraft oder einem Lernbegleiter selbst, planen ihren personalisierten Lernpfad, organisieren ihren Lernprozess mithilfe des Ermöglichungsrahmens eigenverantwortlich und tauschen ihr Erfahrungswissen über Projekttagebücher mit ihren Lernpartnern aus. Damit bauen sie vor allem ihre sozialkommunikative Kompetenz für Social Learning aus.

Es ist davon auszugehen, dass Mitarbeiter, die sich in dieser Weise in dem Lernsystem bewegen, nach und nach den Ermöglichungsrahmen immer häufiger nutzen, um auch am Arbeitsplatz ihre offenen Fragen zu klären und Lösungen zu entwickeln. Es entwickelt sich ein *Social Workplace Learning*, das selbstorganisiert immer dann stattfindet, wenn herausfordernde Problemstellungen im Prozess der Arbeit zu bearbeiten sind. Damit wachsen Lernen und Arbeiten immer mehr zusammen.[46]

Durch die Gestaltung von solchen integrierten Kompetenzentwicklungsarrangements wird die Vision eines lebenslangen, lebensweiten Lernens ganz anders realisiert, als es durch noch so geschickte Arrangements der Wissensweitergabe möglich wäre. Der Kompetenzkatastrophe wird damit das Terrain streitig gemacht, es eröffnen sich neue Chancen für zukunftsfähiges Lernen.

---

[45] Vgl. Sauter, Sauter und Wolfig (2018).
[46] Erpenbeck et al. (2015).

5.6 Social Workplace Learning – Arbeiten und Lernen wachsen wieder zusammen

Die Arbeitswelt wird sich mit der Entwicklung humanoider Computer, die menschenähnlich agieren, Problemstellungen erfassen, analysieren, bewerten und lösen können, in den kommenden Jahren weiter dramatisch verändern. Diese Zukunft kommt immer näher. Die Maschinen passen sich zunehmend den Menschen an – und nicht umgekehrt. Intelligente industrielle Assistenzsysteme mit multimodalen Benutzerschnittstellen bringen auch digitale Lerntechnologien direkt an den Arbeitsplatz.[47] So hat ABB „Yumi" vorgestellt, einen Computer, der sicher Hand in Hand mit den Menschen arbeitet, fühlen und sich mitteilen kann. Der Roboter spürt mit seinen Sensoren, wenn er den Menschen zu nahe kommt, er gibt zu erkennen, wenn sie etwas falsch machen …[48] Dies eröffnet eine neue Dimension in der Zusammenarbeit von Mensch und Roboter und damit auch im Lernen. Der Computer entwickelt sich immer mehr zum Lernpartner, der die Mitarbeiter im Prozess der Arbeit mithilfe künstlicher Intelligenz dabei unterstützt, ihre Herausforderungen zu lösen und damit ihre Kompetenzen zu entwickeln.

Damit die Menschen befähigt werden, diese Funktionen zielgerichtet für sich zu nutzen, müssen sie bereits heute die Möglichkeit erhalten, sich schrittweise auf diese neue Arbeits- und Lernwelt vorzubereiten. Dies kann nur im Prozess der Arbeit erfolgen. Aus diesem Grund muss das Lernen bereits heute im Rahmen des Social Workplace Learning immer mehr an den Arbeitsplatz verlagert werden.[49]

---

[47] Vgl. BMBF (2013).
[48] Müller von Blumencron (2015).
[49] Vgl. dazu Erpenbeck, Sauter und Sauter (2015).

Zum wichtigsten Lernort für den Kompetenzaufbau wird nach und nach der Arbeitsplatz. Dort findet das Lernen individuell und primär statt. Das notwendige Wissen und die erforderlichen Qualifikationslösungen sowie die Lernbegleitung werden innerhalb des *Ermöglichungsrahmens* bedarfsgerecht im Dialog mit der KI angeboten. Der Schweizer Bildungsexperte Daniel Stoller-Schai zeichnet hierfür das Bild eines „Lernhauses", in diesem legt das Dach die strategische Ausrichtung und die Lernvision fest, die einzelnen Etagen decken verschiedene Lernformen und -formate ab, die Kompetenzen stabilisieren den Baukörper und die Lerntechnologien bilden das Fundament. Diese Lernarchitektur bildet den Bauplan für eine „lernende Organisation".[50]

Die regelmäßigen Kompetenzerfassungen werden systematisch ausgewertet. Auf der Grundlage der Ergebnisse aus der Kompetenzdiagnostik werden die Lernprozesse in einem dynamischen Prozess durch die Lerner in Abstimmung mit ihren Lernpartnern und der Führungskraft laufend angepasst.

Ein definiertes Ende der Kompetenzentwicklungsprozesse ist nicht vorgesehen, sie laufen auch nach dem Ende der Entwicklungsmaßnahme weiter. Nachdem die Mitarbeiter sich im Rahmen dieser praxis-projektorientierten Kompetenzentwicklung an das selbstorganisierte Lernen gewöhnt und dessen konkreten Nutzen für ihren Arbeitserfolg erfahren haben, werden sie den Lernrahmen voraussichtlich immer mehr dazu nutzen, mithilfe dieses Lernsystems ihre Herausforderungen in der Praxis zu lösen. Lernen findet nicht mehr dann statt, wenn eine Lernmaßnahme angeboten wird, sondern dann, wenn wirklich eine Problemstellung am Arbeitsplatz zu bearbeiten ist. Damit wird die Vision eines lebenslangen, lebensweiten Lernens realisiert.

---

[50] Vgl. Stoller-Schai (2017), S. 449 ff., (2015, S. 23).

Das *zentrale Kompetenzmanagement*, das die bisherige Personalentwicklung ablösen wird, erhebt regelmäßig Erwartungen, Befürchtungen, Meinungen, Stimmungen und Ideen der Lerner, der Lernbegleiter und der Führungskräfte und wertet diese aus. Im Prozess der Einführung und in der Lernpraxis wird die Lernkonzeption regelmäßig reflektiert und systematisch weiterentwickelt. In der Learning Experience Platform werden im offenen Bereich alle Facetten dieser Lernkonzeption ausführlich dargestellt und diskutiert.[51]

Die *Einführung der Mitarbeiter* in das neue Lernsystem erfolgt in Kickoffs, um sich gegenseitig kennenzulernen, die wesentlichen Herausforderungen in der Praxis oder in Projekten vorzustellen, über die aktuelle, persönliche Situation zu reflektieren, evtl. Redeschwellen durch Übungen abzubauen, offene Fragen zur Lernkonzeption zu klären, Lerntandems und -gruppen zu bilden sowie verbindliche Vereinbarungen für die selbstorganisierte Lernphase zu treffen. Für neue Mitarbeiter des Unternehmens werden regelmäßig, beispielsweise alle drei Monate, solche Kickoffs angeboten.

Besonders wichtig ist es, über den *Ermöglichungsrahmen* allen Mitarbeitern, Lernbegleitern und Führungskräften eine klare Orientierung im Sinne der Unternehmensstrategie zu geben. Die neuen Mitarbeiter finden in ihrem Ermöglichungsrahmen alle Instrumente und Informationen, die sie zur Planung ihrer selbstorganisierten Lernprozesse benötigen. Eine zentrale Rolle spielt wiederum das E-Portfolio.

Über die Learning Experience Platforms werden alle wesentlichen Prozesse der Qualifizierung und Kompetenzentwicklung mit Blended Learning und Social Learning unterstützt. Es werden Termine, „Meilensteine" und die Vereinbarungen im Kurs dokumentiert. Über Visitenkarten können sich Lernpartner und Lerngruppen in diesem Bereich vorstellen.

---

[51] Vgl. dazu insbesondere Sauter et al. (2018), Erpenbeck und Sauter (2019a).

5 Kann man Kompetenzen lehren?

Für das *formelle Lernen*, das vom zentralen Kompetenzmanagement verbindlich vorgegeben wird, werden alle für die Lerner wichtigen Planungsunterlagen, wie beispielsweise Curricula, sowie die notwendigen Elemente für die formellen Lernprozesse gebündelt. Sie finden dort das gesamte formelle Wissen, das Experten für ihre Lernprozesse zusammengestellt haben. Es werden Blended-Learning-Arrangements zu ausgewählten Qualifizierungen angeboten. Regelmäßige Workshops zum Austausch mit Lernpartnern, Lernbegleitern, Experten und oberen Mitarbeitern sowie Trainings, aber auch Events wie Kaminabende mit oberen Mitarbeitern, Outdoor-Übungen und ähnliches runden das Lernarrangement ab.

Den Kern der *individuellen Lernprozesse* bilden die informellen Lernprozesse am Arbeitsplatz. Die Mitarbeiter reflektieren die Herausforderungen in ihrem *Lerntagebuch*. Gemeinsame Problemlösungen und Lernprozesse im Netz werden ermöglicht.

Über eine *datenbankbasierte Darstellung* kann das Erfahrungswissen der Mitarbeiter dokumentiert und in einem gemeinsamen Kommunikationsprozess weiter verarbeitet werden. Mit Suchfunktionen können die Lerner Erfahrungswissen, aber auch Lernpartner oder Experten zur Lösung von Praxisproblemen finden. Ergebnisse aus informellen Lernprozessen, die in der Lerngruppe Akzeptanz gefunden haben, können wiederum zu Lernmaterialien aufbereitet werden. Auch die formellen Inhalte erhalten damit einen dynamischen Charakter.

In selbst organisierten *Communities of Practice* können die Mitarbeiter wichtige Problemstellungen in ihr Netzwerk einbringen, Fragen formulieren, mögliche Lösungen zur Diskussion stellen, grundlegende Problemstellungen identifizieren und ihre Konsequenzen erörtern. Es entwickelt sich ein kompetenzorientiertes Wissensmanagement, das die Dokumentation und Suche von Erfahrungswissen erleichtert sowie die Möglichkeit bietet, gezielt Experten zur Lösung von Herausforderungen zu kontaktieren. Ihre eigenen Erfahrungen und Eindrücke können die Teilnehmer zu einem gemeinsamen Wissenspool aufbauen. Die Kommunikation der Lerner untereinander, aber auch in ihrem Netzwerk, sowie die Dokumentation der Lernergebnisse aus formellen und informellen Lernprozessen bilden die zentrale „Klammer" dieser Lernkonzeption.

Social Workplace Learning erfordert eine *veränderte Lernkultur*, da die Mitarbeiter oder Führungskräfte nunmehr selbst für ihre Lernprozesse verantwortlich sind. Diese ist ermöglichungsorientiert, selbstorganisationsfundiert und kompetenzorientiert. Diese „neue Lernkultur" unterscheidet sich fundamental von der tradierten Lernkultur, die wir alle aus unserer schulischen Lernkarriere her kennen. Wissens- und Qualifikationsziele (Curricula) bilden nur noch eine notwendige Voraussetzung, individuelle Kompetenzziele bestimmen die Lernprozesse. „Gesichertes", meist statisches, Fachwissen wird durch dynamisches Erfahrungswissen der Lerner erweitert. Die Lernorte Seminarraum und Learning-Management-Systeme werden durch das Lernen am Arbeitsplatz und mit Learning Experience Platforms ersetzt. Kooperatives Lernen im Rahmen von Übungen wird durch kollaboratives Arbeiten und Lernen erweitert. Die Lehrer, Trainer und Ausbilder werden zum Coach und Mentor, sie begleiten die individuellen Lernprozesse. Testergebnisse werden durch Arbeitsergebnisse und Kompetenzmessungen abgelöst. Die Lerner sind für ihren Lernerfolg selbst verantwortlich und organisieren ihre Lernprozesse mit Hilfe ihres Virtuellen Assistenten selbst.

Die betriebliche Lernkultur wird noch viele Jahre lang einen hybriden Charakter aufweisen, sodass die Lerner in den Unternehmen mit beiden Ausprägungsformen umgehen müssen. Neben der tradierten Lernkultur werden sich aber immer mehr Elemente einer selbstorganisierten Lernkultur durchsetzen. Das ist, soweit wir es sehen, die wichtigste Möglichkeit, der drohenden Kompetenzkatastrophe im betrieblichen Bereich entgegenzutreten.

Wer ein Social Workplace Learning konzipieren und einführen will – im betrieblichen, modifiziert auch im universitären und im schulischen Bereich –, sollte nach unseren Erfahrungen schrittweise vorgehen.[52] Er sollte:

- *Erstens* wirklich kompetenzorientierte Richtzielen aus der Strategie des Unternehmens, den Zielen der Hochschule oder der Schule ableiten.
- *Zweitens* strategische Gesichtspunkte und solche der Kompetenzentwicklung immer gleichberechtigt behandeln. Denn jeder zukünftige Wettbewerb, ob auf dem Markt oder in Ranking-Listen, ist auch ein Kompetenzwettbewerb.
- *Drittens* bedarfsgerechte Kompetenzmodelle, Kompetenzprofile und Kompetenzdiagnostiksysteme, entsprechend auch die Instrumente des Wertemanagements, immer zusammen mit den Fach- und Führungskräften bzw. Lehrkräften mit KI-Unterstützung erarbeiten und dabei die eigenen Lernprozesse als Bestandteil des gemeinsamen Veränderungsprozesses sehen, den man ja maßgeblich mit gestalten will.
- *Viertens* gemeinsam mit dem Kompetenzmanagementteam Lernrahmen entwickeln, die ein selbstorganisiertes, kollaboratives Lernen aller Lerner in realen Herausforderungen möglich macht. Dabei werden Lern- und Arbeitsprozesse konsequent miteinander verknüpft.
- *Fünftens* allen Lernern ermöglichen, ihre Kompetenzziele auf Basis der Kompetenzdiagnostik sowie entsprechend ihre individuellen Werteziele in Abstimmung mit Führungskräften oder Lernbegleitern selbstorganisiert zu

---

[52] Vgl. Erpenbeck, Sauter (2024).

definieren und ihre Lernprozesse selbst zu planen und umzusetzen.
- *Sechstens* E-Learning und Blended-Learning-Lösungen, Podcasts oder Lernvideos zum Aufbau des formellen Wissens sowie Wissensmanagementtools zur Entwicklung von Erfahrungswissen anbieten.
- *Siebtens* das kollaborative Arbeiten und Lernen, eine Netzwerkbildung aller Beteiligten, durch geeignete Systeme und Initiativen fördern; dabei wird es sich meist, aber keineswegs ausschließlich, um digitale Netzwerke handeln.

Kann man Kompetenzen lehren? Die Antwort ist ein klares Nein – wenn man den Vorstellungen einer Wissensweitergabe verhaftet ist und glaubt, durch Unterricht, Seminare oder Bildungsveranstaltungen Kompetenzen in die Köpfe trichtern zu können. Wenn man also genau den Vorstellungen verhaftet ist, die zur Kompetenzkatastrophe führten und führen. Aber man kann viel für die Kompetenzentwicklung tun, sie ermöglichen, fördern, antreiben, verstetigen, wenn man sich vor Augen führt, was Wissensweitergabe und Kompetenzentwicklung fundamental unterscheiden. Wir haben die notwendigen pädagogischen Strukturen und Prozesse skizziert, die unseres Erachtens für eine veränderte, kompetenzorientierte Lernkultur notwendig sind.

Doch könnte man all das als einen neuen Vorstoß reformpädagogischer Spinnerei abtun, als eine besonders heftige, besonders lang andauernde Modewelle, die irgendwann vorübergehen wird. Deshalb erscheint es uns notwendig zu zeigen, dass alle grundlegenden Veränderungen, die mit der Kompetenzorientierung einhergehen, lernpsychologisch, neuropsychologisch begründbar sind und durch gesellschaftliche Entwicklungen, beispielsweise die Bildung sozialer Netzwerke wie Facebook und X, sowie massive wirtschaftliche Veränderungen erzwungen werden.

Kompetenzentwicklung ist auch in diesem Kontext ein gehirngerechtes, kein institutionengerechtes Lernen. Es geht um Kompetenz statt Katastrophe.

5.7 Kompetenz- und Werteentwicklung, durch die Digitalisierung neu herausgefordert

Kompetenz statt Katastrophe – das gilt besonders angesichts der neuartigen Herausforderungen durch umstürzende, „disruptive" Innovationen, wie die Digitalisierung und Künstliche Intelligenz. Sie verdrängen und zerstören erbarmungslos bisherige Technologien, Vertriebsmodelle und Märkte. Die einzige Konstante ist die Veränderung. Dabei ist festzuhalten, dass Kompetenzentwicklung schon an sich das Potenzial in sich trägt, mit Disruptionen besser fertigzuwerden als klassische, auf Wissensweitergabe und Qualifikation ausgerichtete betriebliche Bildungsmodelle, da sie auf die Entwicklung von Fähigkeiten gerichtet ist, in offenen Problemsituationen kreativ und selbstorganisiert zu handeln. Solche Situationen sind bestimmend für disruptive Innovationsprozesse.

Unternehmen, die sich aktiv an disruptive Entwicklungen anpassen wollen, benötigen die Fähigkeit, die damit verbundenen Einflüsse auf ihre organisationalen wie individuellen Kompetenzstrukturen angemessen zu interpretieren und Strategien zur Anpassung zu entwickeln. Unternehmen können durch die systematische Diagnose der Umweltveränderungen einerseits und die radikale Veränderung ihrer Kompetenzstrukturen andererseits ihre Wandlungsfähigkeit verbessern. Daraus ergeben sich neue Möglichkeiten des Kompetenzmanagements, zu denen neue Formen des betrieblichen Bildungsmanagements untrennbar gehören.[53]

---

[53] Vgl. Reinhardt (2014).

Völlig neue Geschäftsmodelle, die im Zuge der Digitalisierung immer öfter entstehen, haben tief gehende Konsequenzen für die Anforderungen an die Mitarbeiter. Vorratslernen in Seminaren mit einem Wirkungsgrad von weniger als 10 % kann diesem Bedarf nicht einmal annähernd gerecht werden. Die Mitarbeiter müssen sich vielmehr auf Herausforderungen in der Zukunft vorbereiten, die wir heute noch nicht kennen, auf Berufe, die noch gar nicht existieren, auf die Nutzung von Technologien, die noch gar nicht entwickelt sind. Dies wird nur möglich sein, wenn die Mitarbeiter ihre Fähigkeiten, selbstorganisiert und kreativ mithilfe digitaler Systeme aufbauen und flexibel, vorausschauend, initiativreich handeln, wie das neueste Kompetenzcluster heißt.

Im Zuge der Digitalisierung arbeiten die Mitarbeiter immer mehr selbstorganisiert und treffen eigenverantwortlich Entscheidungen. Dabei werden sie mit einer hohen Komplexität und ständig mit neuen, unvorhersehbaren Entwicklungen konfrontiert. Dafür benötigen sie Orientierungen durch Werte, die als Ordner ihres Handelns diese Selbstorganisation erst möglich machen. Deshalb kommt den Werten und dem Wertemanagement in Verbindung mit einem gezielten Kompetenzmanagement eine immer größere Bedeutung zu.[54]

Werte sind Ordner, welche die Selbstorganisation des menschlichen Handelns bestimmen oder zumindest stark beeinflussen.[55]

Die künftige Arbeitswelt wird deshalb eine Kompetenzwelt sein, in der Werte als Handlungsanker für selbstorganisierte Prozesse mit digitalisierten Systemen dienen. Die Digitalisierung führt dabei zu einem radikalen Wandel

---

[54] Vgl. Sauter et al. (2018); Nida-Rümelin und Weidenfeld (2018).
[55] Erpenbeck und Sauter (2018) S. 3.

des Lernens. So weit sind sich Pädagogen und Personalverantwortliche verschiedenster Provenienz einig. Wie sie ihn gestalten können, darüber gehen die Meinungen auseinander.[56] Wir gehen in unseren Überlegungen davon aus, dass die Lernwelt ein Spiegelbild der Arbeitswelt sein muss, besser noch, die Zukunft vorwegnimmt. Deshalb bedeuten agile Arbeitssysteme auch agile Lernsysteme.[57]

Damit gewinnen Geschäftsmodelle des Corporate Learning mit einer Verlagerung von Wissens- zu Kompetenzzielen an Bedeutung. Ermöglichungsdidaktik, der Übergang vom formellen und fremdgesteuerten Lehren zu informellem und selbstorganisiertem Lernen, eine Rückbesinnung auf das Lernen in realen Herausforderungssituationen sowie das Lernen im Netz sind die Marksteine dieses Corporate Learning.

Die heutige Gesellschaft wird zunehmend durch *soziale Netzwerke* geprägt, die von Menschen aller Altersgruppen genutzt werden. Es wächst eine Generation heran, die tagtäglich eine große Vielfalt insbesondere digitaler Medien nutzt und ihre Kompetenzen – keineswegs nur die Medienkompetenzen! – dabei und damit entwickelt. Haushalte in Deutschland, in denen Jugendliche aufwachsen, weisen bei Computern, Mobiltelefonen und Internetzugang heute nahezu eine Vollausstattung aus. Wir dürfen uns deshalb nicht wundern, wenn die heutigen Kinder und Jugendlichen später im Studium oder Berufsleben wie selbstverständlich auch im Netz lernen und ihre Kompetenzen entwickeln wollen.

Für die Gestaltung zukunftsorientierter Lernkonzeptionen sind die Erkenntnisse der Selbstorganisationstheorie und der Neurobiologie fundamental.[58] Um in einer sich immer

---

[56] Vgl. Dräger und Müller-Eiselt (2015).
[57] Vgl. Arnold (2017).
[58] Vgl. Erpenbeck (2018).

schneller ändernden Welt zu handeln, benötigen die Menschen mehr denn je Fähigkeiten, selbstorganisiert und kreativ zu handeln, deshalb gehören Digitalisierung, Werte- und Kompetenzentwicklung unbedingt zusammen.

Digitale Medien ermöglichen ganz neuen Formen des Umgangs mit anderen Menschen. Wissen kann im Netz inhaltlich wie emotional bei der kollaborativen Bearbeitung realer Herausforderungen entwickelt und geteilt werden. Damit ist Kompetenzentwicklung im Netz möglich.

Lernen findet zunehmend agil in den Arbeitsprozessen statt und ist durch folgende Grundsätze gekennzeichnet:[59]

A lternierende Phasen von Lernen, Anwenden und Anpassen
G emeinsame Werte- und Kompetenzziele und selbstorganisierte Kollaboration im Team
I terative Sprints mit Reflexion und Adjustierung der Kompetenzziele
L ernprojekte aus realen Arbeitsprozessen mit direkter Anwendungsorientierung

Dies erfordert ein radikal verändertes, eben kompetenzorientiertes Verständnis von Lernen. Umso mehr überrascht es uns immer wieder, wenn sich Unternehmen und Bildungsanbieter für den Aufbau digitaler Kompetenzen überwiegend auf den Aufbau von Wissen über digitale Systeme und Fertigkeiten im Umgang damit beschränken. Dies verwundert nicht, wenn sogar die Bitkom, der Digitalverband Deutschlands, in einer Studie digitale Kompetenzen extrem und unzulässig verengt als den sicheren Umgang mit digitalen Geräten wie Computern oder Smartphones sowie digitalen Anwendungen wie Software oder Apps definiert. Dass die dann vorgeschlagenen Entwicklungsmaßnahmen nichts mit wirklichen Kompetenzen zu tun haben, ist die logische Konsequenz daraus.[60] Digitale

---

[59] Vgl. Hoehne (2017).
[60] Vgl. Bitkom (2018) l.

Kompetenzen setzen zwar Wissen über digitale Systeme im Arbeitsprozess und die Qualifikation zur Nutzung dieser Systeme voraus, umfassen jedoch deutlich mehr Fähigkeiten. So genannte *„Digitale Kompetenzen"* – eigentlich Kompetenzen für die Digitale Transformation – sind die Fähigkeiten, in der sich neu herausbildenden digitalen Arbeits- und Lebenswelt Herausforderungen, die zum großen Teil heute noch unbekannt sind, selbstorganisiert und kreativ lösen zu können. *Digitale Kompetenzentwicklung* am Arbeitsplatz und im Netz erfordert damit Fähigkeiten, die technischen und kommunikativen Möglichkeiten elektronischer Datennetze selbstorganisiert und kreativ einzusetzen, sie zugleich für die Entwicklung der eigenen Kompetenzen selbstorganisiert und kreativ zu nutzen, sie kreativ für die Kompetenzentwicklung von Mitarbeitern zu verwenden, sie selbstorganisiert und kreativ mit weiterzuentwickeln und zu verbreiten.

Es genügt deshalb nicht, Wissen über digitale Systeme auf Vorrat zu „vermitteln", weil dies keine Kompetenz bedeutet und die Menschen sich dieses Wissen bei Bedarf mithilfe digitaler Systeme selbst beschaffen können. Traditionelle Bildungsmaßnahmen, wie Seminare oder wissensorientierte E-Learning-Programme, sind deshalb völlig ungeeignet für den Aufbau von Werten und Kompetenzen fürs Digitale. Trotzdem wird der weit überwiegende Teil der Maßnahmen mit dem Ziel, solche Werte und Kompetenzen aufzubauen, wissensorientiert gestaltet. Eine kaum mehr nachvollziehbare sinnlose Verschwendung von Zeit, Geld und Energie.

Die Digitalisierung hat die Kommunikation der Mitarbeiter tiefgehend verändert. Immer mehr organisieren einen Teil ihres Lebens offline, einen anderen online. Es entstehen neue soziale Strukturen in Communities, die auf innovativen Kommunikationsformen aufbauen. In Communities of Practice gibt es keine formalisierten Pfade. Die Individuen wählen selbst die Ziele, Inhalte, Strategien, Methoden und Kontrollmechanismen ihrer Werte- und Kompetenzaneignung. Der Erfolg hängt dabei davon ab, dass die Mitarbeiter herausfordernde Problemstellungen in der Praxis selbstorganisiert lösen und in diesem Prozess Werte interiorisieren. Sich im „disruptiven" Wettbewerb in Zeiten der Digitalen Transformation zurecht zu finden heißt oft Navigieren im Nebel.[61] Und dieses Navigieren bedarf tief verankerter, handlungsleitender Werte, die auf Erfahrungen und Überzeugungen beruhen.

Die Erkenntnis, dass Werte Wert schaffen, hat sogar in die Frankfurter Allgemeinen Zeitung Eingang gefunden.[62] Investoren treffen ihre Anlageentscheidungen zunehmend nicht nur nach dem wirtschaftlichen Erfolg eines Unternehmens, sondern achten auch auf eine verantwortungsvolle Unternehmensführung. Sie erwarten unternehmerisches Handeln im Einklang mit Gesetzen, Richtlinien, Kodizes (Compliance) und Satzungen, also mit dem sozialweltanschaulichen Wert Norm und Gesetz, aber insbesondere auch mit ethisch-moralischen Werten, wie Verantwortung und Respekt gegenüber Mitarbeitern und Gesellschaft, einschließlich Umwelt- und Klimaschutz, also Nachhaltigkeit.

Die Fondsgesellschaft der Volks- und Raiffeisenbanken Union Investment kündigte beispielsweise an, mittelfristig fast das gesamte verwaltete Vermögen nachhaltig anzulegen. Diese Entscheidung erfolgte vermutlich nicht aus altruistischen Gründen, sondern aus der Erwartung, dass sich verantwortungsvolles, werteorientiertes Handeln langfristig auszahlt. Ein anderes Beispiel ist das liechtensteinische Technologieunternehmen Hilti, das alle zwei Jahre einen unternehmensweiten Prozess zur Beschäftigung aller Mitar-

---

[61] Vgl. Malik F (2011).
[62] Vgl. Schoppen W (2019).

beiter mit den Werten der Unternehmung initiiert. Diese werden dabei in einen Zusammenhang mit der aktuellen Geschäftsentwicklung gebracht. Dass sich dies lohnt, zeigt die Eigenkapitalrendite von Hilti mit 20 %!

Auch andere Unternehmen, wie die Deutsche Bank AG, wollten vordergründig diesen Weg gehen. Nach dem Abgang von Josef Ackermann formulierte sie in ihrem Geschäftsbericht 2012: Unsere Leistungskultur muss gleichermaßen auch eine Kultur der Verantwortung sein. Unternehmerische Verantwortung bedeutet für uns, Wert mit Werten zu schaffen. Wert von dem alle unsere Interessengruppen – unsere Kunden, Mitarbeiter, Anleger und die Gesellschaft – „profitieren". Wunderschön formuliert, die Praxis des Handelns war aber eine andere, wie der Libor-Skandal mit der gezielten Manipulation der Referenzzinssätze unter Banken und weitere Vergehen, zeigten. 2015 lag die Eigenkapitalrendite der Deutschen Bank schließlich bei rund minus 10 %!

Die Beispiele Hilti und Deutsche Bank AG zeigen deutlich, was den Unterschied ausmacht. Wenn die Unternehmensstrategie, das Handeln der Führungskräfte und die verinnerlichten (!), nicht die in Hochglanzbroschüren formulierten Werte, kaum zusammenpassen, dann werden sich nachhaltig negative, teilweise existenzbedrohende, Konsequenzen für die Unternehmen ergeben.

Unternehmen benötigen deshalb die stete Aufmerksamkeit für die Verinnerlichung, die „Interiorisation" von Werten auf allen Ebenen, den Individuen, den Teams und der gesamten Organisation. Die obere Führung muss über ihr symbolisches Handeln deutlich machen, dass ihre Entscheidungen und Handlungen konsequent wertekonform sind. Die Formulierung der gemeinsamen, angestrebten Werte ist aber nicht von oben zu verordnen, sondern in einem Prozess unter Einbeziehung der Mitarbeiter zu initiieren. Voraussetzung dafür sind die professionell gestützte Erfassung der Ist-Werte, aber auch der Wunsch-Werte durch die Mitarbeiter auf Organisationsebene, also der aktuellen und der erwarteten Organisationskultur.

Eine global angelegte Studie der Strategieberatung Capgemini Consulting[63] hat beispielsweise ergeben, dass 62 % der Teilnehmer einer weltweit durchgeführten Umfrage die etablierte Unternehmenskultur als eines der größten Hindernisse auf dem Weg zu einer digitalen Organisation sehen. In Deutschland liege der Wert mit 72 % sogar leicht darüber. Ein wesentlicher Grund dafür liegt darin, dass die Digitalisierung und die damit einhergehenden Arbeitsmethoden immer höhere Anforderungen an die *Fähigkeiten zum selbstorganisierten Handeln* der Mitarbeiter stellen. Da die Mehrheit der Mitarbeiter jedoch in Arbeits- und Lernsystemen sozialisiert wurde, die durch Fremdsteuerung geprägt waren, und ihnen oftmals die notwendige Orientierung für bedarfsgerechtes, eigenständiges Handeln fehlt, fällt es ihnen schwer, diesen Anforderungen gerecht zu werden.

Damit bildet die Organisationskultur den handlungsprägenden Rahmen des Wertemanagements. Die Mitarbeiter leben in ihrer Organisationskultur, reflektieren sie aber oftmals nicht. Konkretisiert wird die Organisations- und Lernkultur letztendlich in den Handlungen, die sich aus den Werten der Mitarbeiter ableiten. Dies bedeutet für Unternehmen, die nachhaltig wirtschaften wollen, dass sie ihr Wertemanagement auf allen Ebenen – individuell, teambezogen und organisational – gezielt gestalten. Die gezielte Werteentwicklung setzt voraus, dass wir verstehen, wie jeder einzelne Mensch seine Werte entwickelt und wie eine solche Entwicklung ermöglicht und gefördert werden kann. Wir gehen dabei davon aus, dass Werte Ordner sind, welche die individuelle, psychische und gesellschaftlich –

---

[63] Cap Gemini (2019).

5 Kann man Kompetenzen lehren?

kooperativ sowie kommunikative menschliche Selbstorganisation bestimmen oder maßgeblich beeinflussen.

Werte können nicht „vermittelt" werden, auch nicht durch noch so brillante Vorträge, schöne Hochglanzbroschüren oder detailliert geplante Lehreinheiten. Werteentwicklung ist nur über die emotionale Irritation, Berührung, Erschütterung und Labilisierung, dem im emotionalen Sinn Erleben und Bewältigen von Dissonanzen, also Zweifeln, Widersprüchlichkeiten oder Verwirrung, in realen Herausforderungen möglich. Sie können also nur über bewusste und unbewusste Emotionen selbstorganisiert interiorisiert, d. h. verinnerlicht, werden.

Gezielte Werteentwicklung ist dabei letztlich immer auf verändertes Handeln gerichtet und bezieht damit die Kompetenzentwicklung mit ein. Werte werden im praktischen Handeln geboren, durch praktisch Handelnde verinnerlicht, bewähren sich im praktischen Handeln, bleiben in dieser Praxis bestehen oder gehen irgendwann auch darin unter.[64]

Es erfolgt Paradigmenwechsel, weg von vorgegebenen Wissens- und Qualifikationszielen in Curricula hin zu bedarfsgerechten, individuellen Werte- und Kompetenzzielen. Alle Mitarbeiter und Führungskräfte können ihre personalisierte Learning Journey, jedes Team seine eigenen Entwicklungsprozesse zur gezielten Werte- und Kompetenzentwicklung gestalten. Arbeiten und Lernen wachsen dabei zusammen (Workplace Learning).

Diese Veränderungsprozesse werden nach unseren Erfahrungen nur dann greifen, wenn es gelingt, bei allen Beteiligten, Mitarbeitern, Führungskräften und Bildungsexperten, grundlegende Veränderungen zu bewirken. Vom

---
[64] Erpenbeck und Sauter (2019b).

Punkt in die Fläche, so ließe sich das in einer berühmten Formel von Deng Xiaoping zusammenfassen.[65]

5.8 Future Learning – die Herausforderungen der Zukunft meistern

Ein zentrales Merkmal der Veränderungen in den Unternehmen ist Future Learning, das agile Methoden mit KI-Unterstützung und kompetenzorientierte Selbstorganisation sowie Kollaboration in den Mittelpunkt stellt (vgl. Erpenbeck, Sauter 2024). Die Lernenden legen zukünftig ihre Lernziele *mit Hilfe der Skills-Diagnostik* selbst fest und gestalten ihren Lernweg eigenverantwortlich – meist in enger Abstimmung mit ihrem Team *und* ihrer Führungskraft. Dieser Ansatz folgt dem Prinzip, dass Lernen am effektivsten ist, wenn es direkt in den Arbeitsprozess integriert wird. So wird das Gelernte unmittelbar in die Praxis umgesetzt, sodass ein nachhaltiger Lernerfolg möglich wird. Agile Lernprozesse orientieren sich dabei an Modellen wie dem Deming-Kreis, der auf ständige Verbesserung durch Feedback und Anpassung setzt.

Die Verknüpfung von Lernen und Arbeiten ist dabei ein zentrales Schlüsselelement. Werte und Kompetenzen werden nicht in isolierten Schulungen, sondern durch die gemeinsame Bearbeitung realer Projekte und Aufgaben im Alltag mit Kollegen entwickelt. Dieser kollaborative Ansatz fördert den Austausch von Wissen und Erfahrungen innerhalb von Teams und Netzwerken. Digitale Plattformen und Tools unterstützen diesen Lernprozess, indem sie die individuelle Lernplanung ermöglichen, Kommunikations- und

---

[65] https://www.zeit.de/zeit-geschichte/2012/01/Reformen-unter-Deng-Xiaoping/seite-3.

5 Kann man Kompetenzen lehren?

Kollaborationstools anbieten, kuratierte Lerninhalte bei Bedarf zur Verfügung stellen und selbstorganisierte Lernprozesse durch virtuelle Assistenten begleiten.

Die Digitalisierung und die Künstliche Intelligenz spielen deshalb eine entscheidende Rolle in diesem Wandel. Sie ermöglichen nicht nur die Flexibilisierung der Lernprozesse, sondern bieten auch neue Möglichkeiten der Anpassung an individuelle Lernbedürfnisse. Lernpfade können selbstorganisiert und flexibel gestaltet sowie kontinuierlich aktualisiert werden. Dabei übernimmt die Künstliche Intelligenz eine zentrale Rolle. KI-gestützte Systeme analysieren den Lernfortschritt und passen *die Lernziele und -pfade* automatisch an die jeweiligen Bedürfnisse an.

Future Learning stellt damit nicht nur eine Methode zum gezielten Wissensaufbau dar, sondern ist ein ganzheitlicher Lernansatz, der die persönliche und berufliche Entwicklung der Menschen fördert. Es basiert auf agilen Prinzipien wie Flexibilität, Selbstorganisation und kontinuierlicher Verbesserung. Zudem betont es die zentrale Bedeutung von Werten und Kompetenzen. Die Menschen sollen nicht nur Wissen erwerben, sondern auch Werte wie Offenheit, Mut und Veränderungsbereitschaft verinnerlichen und ihre Kompetenzen bedarfsgerecht aufbauen, um in einer zunehmend komplexen und dynamischen Arbeitswelt bestehen zu können.

Ein weiterer wesentlicher Aspekt ist die Integration von selbstorganisiertem Lernen. Die Lernenden sind nicht mehr passive Empfänger von Lerninhalten, sondern gestalten ihren Lernprozess aktiv und selbstorganisiert. Dies fördert nicht nur die Eigenverantwortung, sondern ermöglicht auch ein maßgeschneidertes Lernumfeld, das auf die individuellen Bedürfnisse und Ziele zugeschnitten ist. Lernprozesse, die sich unmittelbar an den realen Herausforderungen des Arbeitsalltags orientieren, werden durch unterstützende Technologien wie KI begleitet. Diese Technologien helfen, Lernpartner*innen und Expert*innen zu finden, dokumentieren Lernerfahrungen und optimieren die Lernstrategien.

Neben den selbstorganisierten und praxisorientierten Lernmethoden kommen weiterhin auch formale E-Learning- und Blended-Learning-Programme zum Einsatz. Diese bieten eine flexible Möglichkeit, Grundlagenwissen und Basisqualifikationen unabhängig von Ort und Zeit aufzubauen. Hierbei spielt die fortlaufende Analyse und Bewertung des aufgebauten Wissens und der Qualifikationen durch KI eine zentrale Rolle, da sie den Lernprozess gezielt optimiert und Anpassungen vornimmt, um den Lernerfolg sicherzustellen.

Zukunftsorientiertes Lernen bedeutet, dass die Lernenden kontinuierlich ihre Kompetenzen und Werte selbstorganisiert weiterentwickeln. Dieser Prozess wird durch die enge Verzahnung von Lernen und Arbeiten sowie durch digitale Technologien unterstützt. Es geht nicht mehr nur um die reine Wissensvermittlung, sondern um die Fähigkeit, Wissen in praxisnahen Kontexten anzuwenden und durch reflektierte Erfahrungen weiterzuentwickeln.

Future Learning bedeutet einen Paradigmenwechsel in der Art und Weise, wie Lernen organisiert wird. Weg von statischen, fremdorganisierten Bildungsformen, hin zu einer dynamischen, selbstorganisierten Lernkultur, die durch digitale Technologien und Künstliche Intelligenz unterstützt wird. Dabei steht die Entwicklung von Werten und Kompetenzen im Vordergrund, die für den Erfolg in einer zunehmend komplexen und digitalisierten Arbeitswelt notwendig sind.

Literatur

Arnold R (2000) Qualifikation. In: Arnold R, Nolda S, Nuissl E (Hrsg) Wörterbuch Erwachsenenpädagogik. Klinkhardt, Bad Heilbrunn

Arnold R (2012) Ermöglichen. Texte zur Kompetenzreifung. Schneider, Hohengehren

Arnold R (2015) Bildung nach Bologna! Die Anregungen der europäischen Hochschulreform. Wiesbaden. Darin: Bologna – Fluch oder Segen?

Arnold R (2017) Entlehrt euch! Ausbruch aus dem Vollständigkeitswahn. hep, Bern

Arnold R, Erpenbeck J (2014) Wissen ist keine Kompetenz. Dialoge zur Kompetenzreifung. Schneider, Hohengehren

Bitkom (2018) Weiterbildung für die digitale Arbeitswelt. https://www.bitkom.org/Bitkom/Publikationen/Weiterbildung-fuer-die-digitale-Arbeitswelt.html. Zugegriffen am 27.05.2019

BMBF (2013) Deutschlands Zukunft als Produktionsstandort sichern. Umsetzungsempfehlungen für das Zukunftsprojekt Industrie 4.0. Abschlussbericht des Arbeitskreises Industrie 4.0. www.bmbf.de/pubRD/Umsetzungsempfehlungen_Industrie4_0.pdf. Zugegriffen am 13.03.2015

Brembs B (2014) Wir flexibilisieren uns zu Tode. FAZ 9/2015, 13. Januar 2105

Cap Gemini (2019) Bringing to life what's next. https://www.capgemini.com/service/invent/. Zugegriffen am 20.05.2019

Corporate Learning Community gUG (2017) Lernen in Organisationen im digitalen Zeitalter, S. 29 ff. https://media.cogneon.de/index.php/s/tyD7PwV7d7XPBvX#pdfviewer. Zugegriffen am 23.03.2019

Dräger J, Müller-Eiselt R (2015) Die digitale Bildungsrevolution: Der radikale Wandel des Lernens und wie wir ihn gestalten könne. Deutsche Verlagsbuchanstalt, München

Ebner M, Kopp M, Wittke A, Schön S (2015) Das O in MOOCs – über die Bedeutung freier Bildungsressourcen in frei zugänglichen Online-Kursen. In: Hofmann J, Jarosch J (Hrsg) eLearning. Praxis der Wirtschaftsinformatik. HMD Heft 301, Springer, Wiesbaden, S. 68–80

Edelkraut F, Sauter W (2023) Future Skills Training. Zukunftsfähigkeit professionell erfassen und gezielt entwickeln. Schäffer-Poeschel, Stuttgart

Ehlers UD (2020) Future Skills. Lernen der Zukunft – Hochschule der Zukunft. Springer, Wiesbaden

Elkana Y, Klöpper H (2012) Die Universität im 21. Jahrhundert. Für eine neue Einheit von Forschung, Lehre und Gesellschaft. Edition Körber-Stiftung, Hamburg

Elschenbroich D (2002) Weltwissen der Siebenjährigen: Wie Kinder die Welt entdecken können. Kunstmann, München

Elschenbroich D (2005) Weltwunder: Kinder als Naturforscher. Kunstmann, München

Erpenbeck J (2018) Selbstorganisation, Neuropsychologie und Werte. In: Erpenbeck J, Sauter W (Hrsg) Handbuch Kompetenzentwicklung im Netz. Bausteine einer neuen Lernwelt. Schäffer Poeschel, Stuttgart

Erpenbeck J, Sauter W (2018) Wertungen. Werte. Das fieldbook für ein erfolgreiches Wertemanagement. Springer, Berlin

Erpenbeck J, Sauter W (2019a) Wertungen. Werte. Das Buch der gezielten Werteentwicklung von Persönlichkeiten. Springer, Berlin

Erpenbeck J, Sauter W (2019b) Werte und Normen in der Berufsbildung. In: Arnold R (Hrsg) Handbuch Berufsbildung. Springer, Heidelberg

Erpenbeck J, Sauter W, mit einem Praxisbeitrag von SAUTER R (2. Aufl. 2024, 2021) Future Learning und New Work. Das Praxisbuch zum gezielten Werte- und Kompetenzmanagement, Haufe Freiburg

Erpenbeck J, Sauter S, Sauter W (2015) Social Workplace Learning. Kompetenzentwicklung im Arbeitsprozess und im Netz. Springer, Heidelberg

Foelsing J, Schmitz A (2021) Lernökosysteme gestalten, abgerufen unter https://www.haufe.de/personal/hr-management/learning-ecosystems-in-derpersonalentwicklung-nutzen_80_536768.html. Zugegriffen am 19.03.2021

Günther K (2012) Lehre durch Massenvorlesungen? Ein Blick auf neurowissenschaftliche Erkenntnisse. Z Forsch Lehre. Alles was Wiss Bewegt 6:462–464

Gutjahr K, Münster LM, Geisler L, Morley D, Richter M (Hrsg) (2024) Organisierte Halbbildung, Studieren 25 Jahre nach der Bologna Reform, Zukunft der Hochschule, Bd 3. transcript, Bielefeld

Heyse V, Erpenbeck J (2009) Kompetenztraining. 64 Informations- und Trainingsprogramme, 2. Aufl. Waxmann, Münster

Hoehne B (2017) Agiles Lernen. https://hoehne.io/agileslernen/. Zugegriffen am 21.07.2017

Kerres M, Rehm M (2015) Soziales Lernen im Internet – Plattformen für das Teilen von Wissen in informellen und formellen Lernkontexten. In: Hofmann J, Jarosch J (Hrsg) eLearning. Praxis der Wirtschaftsinformatik: HMD Heft 301. Springer, Wiesbaden, S 33–45

Kerstan T (2017) Ende des Bildungswunders. Zeit Online vom 9. März 2017. https://www.zeit.de/2017/11/finnland-bildung-schulen-pisa-studie-schueler. Zugegriffen am 03.05.2019

Lehmann K, Oeste S, Janson A, Söllner M, Leimeister JM (2015) Flipping the Classroom – IT-unterstützte Lerneraktivierung zur Verbesserung des Lernerfolges einer universitären Massenlehrveranstaltung In: Hofmann J, Jarosch J (Hrsg) eLearning. Praxis der Wirtschaftsinformatik. HMD Heft 301. Springer, Wiesbaden, S 81–95

Malik F (2011) Navigieren in Zeiten des Umbruchs. Die Welt neu denken und gestalten, Campus, Frankfurt

Meier C, Seufert S (2012) Social Business Learning. Antriebskräfte. Potenziale. Umsetzung; Whitepaper SCIL, St. Gallen. www.artset-lqw.de/cms/fileadmin/user_upload/Dateien_zum_Herunterladen/Whitepaper_SocialBusinessLearning_2012-11-19.pdf. Zugegriffen am 18.10.2013

Müller von Blumencron M (2015) Gehört das Internet in die Schule? Interview. FAS 12(4):2015

Nida-Rümelin J, Weidenfeld N (2018) Digitaler Humanismus. Eine Ethik für das Zeitalter der Künstlichen Intelligenz. Piper, München

Niveri L (2015) Schulreform in Finnland. www.spiegel.de/schulspiegel/wissen/schule-in-finnland-reform-fuer-weniger-faecher-a-1027561.html. Zugegriffen am 29.04.2015

Reinhardt K (2014) Organisationen zwischen Disruption und Kontinuität: Analysen und Erfolgsmodelle zur Verbesserung der Erneuerungsfähigkeit von Organisationen durch Organisationales Lernen. Hampp, Stuttgart

Reinmann G (2015) Lehren und Lernen mit Digital Natives im Kontext forschungsgeleiteter Lehre. Fünf Statements zur Zukunft akademischen Lehrens und Lernens, Vortrag am 03.06.2015, Universität Wien. http://gabi-reinmann.de/wp-content/uploads/2015/05/Vortrag_Wien_Juni2015.pdf. Zugegriffen am 12.06.2015

Sauter R, Sauter W, Wolfig R (2018) Agile Werte- und Kompetenzentwicklung. Wege in eine neue Arbeitswelt. Springer Gabler, Berlin

Sauter W (2017) Geschäftsmodell für die Digitalisierung des Fernstudiums In: von Korflesch H, Lehmann B (Hrsg) Online-/Distance-Education. Entwicklungslinien und Trends des Fernstudiums. Schneider, Hohengehren

Schoppen W (2019) Werte schaffen Wert. In der FAZ vom 06. April 2019

Schüßler I (2007) Von der Erzeugungs- zur Ermöglichungsdidaktik. www.rpi-virtuell.net/workspace/3719FF1D-F109-402F-96DA-702285484082/dats/2007/schuessler.pdf. Zugegriffen am 17.06.2013

Siebert H (2011) Selbstgesteuertes Lernen und Lernberatung, 3. Aufl. Wolters Kluwer, Neuwied

Spiegel Online vom (2019) Warum Studienabbrecher auf dem Arbeitsmarkt heiß begehrt sind. https://www.spiegel.de/plus/warum-studienabbrecher-auf-dem-arbeitsmarkt-heiss-begehrt-sind-a-00000000-0002-0001-0000-000163327165. Zugegriffen am 16.04.2019

Stoller-Schai D (2015) Lernarchitekturen für moderne Lern- und Arbeitsprozesse. In: Hofmann J, Jarosch J (Hrsg) eLearning. Praxis der Wirtschaftsinformatik. HMD Heft 301. Springer, Wiesbaden, S 21–32

Stoller-Schai D (2017) Lernhaus, Kompetenzset und Learning Hub – Grundlagen für die Kompetenzentwicklung im Prozesse der vernetzten Arbeit. In: Erpenbeck J, Sauter W (Hrsg) Handbuch Kompetenzentwicklung im Netz. Bausteine einer neuen Lernwelt. Schäffer Poeschel, Stuttgart, S 449–472

Sauter W, Stoller-Schai D (2025) Selbstorganisiertes Lernen mit generativer KI. Neue dialogische Lernwelten im beruflichen Kontext. Schäffer Poeschel, Stuttgart

Wahl D (2006) Ergebnisse der Lehr-Lern-Psychologie. www.dblernen.de/docs/Wahl_Ergebnisse-der-Lehr-Lern-Psychologie.pdf. Zugegriffen am 25.08.2013

Wahl D (2013) Lernumgebungen erfolgreich gestalten – Vom trägen Wissen zum kompetenten Handeln, 3. Aufl. Klinkhardt Bad, Heilbrunn

6

Kann man Kompetenzen zensieren?

Zusammenfassung Das aktuell dominierende Bulimielernen und echte Kompetenzentwicklung sind unversöhnliche Gegensätze. Im Mittelpunkt der meisten Beurteilungssysteme steht jedoch nach wie vor die Bewertung der Merkfähigkeit des Gehirns. Sie wird in Abiturprüfungen, Klausuren, Examen, Leistungskontrollen und Ähnlichem angeblich genau gemessen und zensiert. Es fehlt jedoch bislang an Instrumenten und Verfahren, juristisch abgesicherte Kompetenzeinschätzungen vorzunehmen. Deshalb ist die Entwicklung eines systematischen Verfahrens zur qualifikationsanalogen, rechtssicheren Ermittlung und Bewertung von Kompetenzen ein Hauptmoment, um die Kompetenzkatastrophe aufzuhalten oder zumindest abzumildern.

Zensuren und Zertifikate entscheiden über Ausbildungs- und Studienplätze sowie über Bewerbungen für Arbeitsplätze. Dabei sind Noten höchst ungerecht. Sie erwecken zwar den Eindruck, man könnte sie untereinander vergleichen. Aber sie hängen eben nicht nur von der Leistung ab. Schon Schulnoten sind nicht vergleichbar. Dies zeigt sich an den Abiturnoten, die trotz Zentralabitur aufgrund unterschiedlicher Anforderungen zwischen den Bundesländern deutlich differieren. Wie kann es sein, dass der Anteil der Abiturienten mit Durchschnitten zwischen 1,0 und 1,9 in Thüringen bei 37,8 % liegt und in Niedersachsen bei nur 15,6 %? Sind die Schüler dort etwa dümmer? Das dürfte kaum der Fall sein.[1]

An den Hochschulen gibt es Fächer, in denen es sehr viel leichter ist, ein gutes Zeugnis zu bekommen, als in anderen. Psychologiestudenten sind im Schnitt „sehr gut", Wirtschaftswissenschaftler und Maschinenbauer dagegen oft nur „befriedigend". Hinzu kommt, dass die Noten sich in den vergangenen Jahren deutlich verbessert haben. Private Hochschulen benoten wiederum besser als staatliche Hochschulen. Manche Hochschulen nutzen ergänzend zudem im Zuge des Bologna-Prozesses relative Noten, sogenannte ECTS-Noten, bei denen beispielsweise die zehn Prozent besten eines Kurses „A" für „hervorragend", die zehn Prozent schlechtesten ein „E" für „ausreichend" erhalten.

In den Bildungseinrichtungen wird meist so gelehrt, wie geprüft wird.[2] Und dies, obwohl Lehrer, Professoren, Politiker alle zu wissen scheinen, dass Noten nicht fair sind. Aber weil ihnen nichts Besseres einfällt, bleiben sie trotzdem dabei.[3] Dabei ist die alleinige Ausrichtung auf Notenoptimierung problematisch, weil damit eine Entwertung der Bildungsinhalte und eine falsche Steuerungsfunktion einhergehen.[4]

---

[1] Schmoll (2015, S. 4).
[2] Arnold (2015, S. 29).
[3] Seifert (2013), auf Basis einer Studie des Wissenschaftsrates.
[4] Nida-Rümelin und Zierer (2015, S. 123).

Besteht nicht die Gefahr, dass sich diese Situation noch verschlimmert, wenn wir Kompetenzen messen, anstatt Noten zu vergeben?

6.1 Kompetenzkatastrophe – ein vorläufiger Rückblick

So hatten wir die Kompetenzkatastrophe des heutigen Bildungssystems eingangs charakterisiert:

Sie besteht grundlegend darin, dass individuelle Weitsicht und Veränderungsbereitschaft gegen Mauern institutioneller Blindheit und Veränderungsunfähigkeit anrennen. Sie zeigt sich darin, dass noch immer viele Institutionen und Personen in dem Glauben verharren, die Weitergabe von Sach- und Fachwissen, oft als „Vermittlung" fehlbezeichnet, sei das Ziel der Bildung, nicht die Kompetenzreifung. Das daraus resultierende Bulimielernen und echte Kompetenzentwicklung sind jedoch unversöhnliche Gegensätze. Das wichtigste Kennzeichen der Kompetenzkatastrophe ist, dass trotz aller unübersehbaren kompetenznahen Entwicklungen das Wissensweitergabe- und -beurteilungssystem unerschütterlich bleibt.

Seit der zweiten Hälfte des vorletzten Jahrhunderts hat sich dafür ein übermächtiger Aufsichts- und Steuerungsapparat auf staatlicher und auf Länderebene manifestiert, der darauf ausgerichtet ist, Wissen und Qualifikation zu messen. Im Mittelpunkt dieses Wissensweitergabe- und -beurteilungssystems steht deshalb die Bewertung der Merkfähigkeit des Gehirns. Sie wird in Abiturprüfungen, Klausuren, Examen, Leistungskontrollen und Ähnlichem angeblich genau gemessen und zensiert.

Diese drei nahezu unbezwinglichen Barrieren kennzeichnen die Kompetenzkatastrophe: Die *institutionelle Barriere*, die *Wissensbarriere* und die *Zensurenbarriere*. Eine vierte, die *neuropsychologische Barriere,* werden wir im nächsten Abschnitt genauer zu erfassen versuchen.

Es wäre Bildungsstürmerei, die Abschaffung des Aufsichts- und Steuerungsapparates, des Wissensweitergabe- und -beurteilungssystems zu fordern. Für uns liegt die Hauptmöglichkeit, der Kompetenzkatastrophe entgegenzutreten, in einer fundamentalen Veränderung des Steuerungs- und Beurteilungssystems selbst.

Wir glauben, dass die Beurteilung der Wissensweitergabe und der entsprechenden Gedächtnisleistungen abgeschafft und durch ein juristisch belastbares, übertragbares Verfahren zur qualifikationsanalogen Ermittlung und Bewertung (Zensierung) von Kompetenzen ersetzt werden muss.

Es müssen Möglichkeiten geschaffen und eingesetzt werden, Kompetenzen zu zensieren, wie das zuvor in und mit Wissensprüfungen oder Prüfungen handwerklicher Fertigkeiten geschah. Diese Zensierung muss ebenso wie heute die Schulzensuren oder universitären Benotungen juristisch abgesichert sein. Wir wollen das an Beispielen näher erläutern.

6.2 Betriebliches Kompetenzmanagement und Zensuren

Das Zensierungsproblem wird beim betrieblichen Kompetenzmanagement besonders offensichtlich. Es findet sich heute in einer geradezu paradoxen Situation: Angesichts des immer schnelleren Wandels der Wirtschaft, der Märkte, der Unternehmenskomplexität und der Internationalisierung, vor allem aber auch der zunehmenden demografischen Probleme, vor denen alle Volkswirtschaften Europas stehen, ist es heute überhaupt kein Thema mehr, *ob* der Rekurs auf Kompetenzen und Talente sinnvoll ist oder nicht.[5] Das Buch „Kompetenzmodelle von Unternehmen"[6] zeigt, dass es de facto kein großes deutsches Unternehmen gibt, das nicht über ein oder mehrere Kompetenzmodelle verfügt. Diese werden bereits für die Auswahl, die Ausbildung und Weiterbildung von Mitarbeitern und Mitarbeiterinnen intensiv genutzt.

Andererseits scheuen sich die Betriebe, Kompetenzbeurteilungen analog zu Wissensbeurteilungen, wie sie in normalen Prüfungen und Klausuren vorgenommen werden, umstandslos einzusetzen. In einer Zeit, in der besorgte Eltern die Schulzensuren ihrer Kinder durch Rechtsanwälte anfechten lassen, wagen es Institutionen der Aus- und Weiterbildung, Kammern und Unternehmen nicht, Kompetenzbeurteilungen zumindest gleichwertig zu Qualifikationsurteilen zu benutzen. Paradox daran ist, dass Lehrende und Ausbildende genau wissen, dass von gelerntem Fachwissen am Ende der Ausbildung 50 % veraltet sind, außerdem aber Informationswissen zu weniger als zehn Prozent in der Praxis angewandt wird. Kompetenzen hingegen, als erworbene Fähigkeiten selbstorganisiert und kreativ zu handeln, insbesondere im beruflichen Bereich, sind direkt verwertbar, bleiben, solange abgefordert, weit über die Erwerbszeit hinaus bestehen und sind in andere Handlungsdomänen mit Gewinn übertragbar.

Limitierender Faktor des gegenwärtigen betrieblichen Kompetenzmanagements ist weniger der Mangel an Bereitschaft von Unternehmen, ein solches Kompetenzmanagement einzuführen, als vielmehr die *juristische Absicherung sinnvoller Kompetenzeinschätzungen*. Darüber hinaus

---

[5] Differenzierte Gedanken aus einem gemeinsamen Projektvorschlag von S. Seidel (Institut für Entwicklungsplanung und Strukturforschung, Hannover), J. Erpenbeck (SIBE, Herrenberg), P. Wittmann (Saphir, Stuttgart) und U. Ehlers (Duale Hochschule Baden-Württemberg, Stuttgart) sind hier undifferenzierbar eingeflossen.

[6] Vgl. Erpenbeck et al. (2013).

haben Unternehmen oft die Schwierigkeit, die in Zukunft erforderlichen Kompetenzen vorauszusehen. Und nicht zuletzt bestehen Vorbehalte vonseiten der Arbeitnehmervertretungen, die vor allem die Nutzung von Kompetenzdiagnostikverfahren als Selektionsinstrument befürchten. Daher ist es wichtig, dass Angebote zur Kompetenzanalyse als Entwicklungsangebot für alle Arbeitnehmer und Arbeitnehmerinnen gesehen werden und alle entsprechend ihren Möglichkeiten beteiligt werden.

Für viele mittelständische und besonders für kleine Unternehmen besteht darüber hinaus das Problem, dass ihnen die Zeit und teilweise auch die Möglichkeiten für ein betriebliches Kompetenzmanagement fehlen und sie sich daher auch nicht frühzeitig auf den demografischen Wandel und die möglichen Folgen für ihren Betrieb vorbereiten können. Welche Kompetenzen sie heute und welche sie in Zukunft benötigen werden, ist unklar. Als Orientierung nutzen sie deshalb nach wie vor tradierte Abschlüsse und Qualifikationen, nicht die dem Individuum eigene Handlungskompetenz. Zudem fehlt es ihnen häufig an Instrumenten zur Ermittlung der im Betrieb existierenden Kompetenzen. Diese sind Voraussetzung für einen passgenauen und der jeweiligen Lebensphase und Lebenslage der Mitarbeiter und Mitarbeiterinnen entsprechenden betrieblichen Einsatz.

In unserem Verständnis von betrieblichem Kompetenzmanagement folgen wir dem Wissensmanagement-Experten Klaus North, der darin eine Kernaufgabe wissensorientierter Unternehmensführung sieht, die über das traditionelle Verständnis von Aus- und Weiterbildung hinausgeht, „indem Lernen, Selbstorganisation, Nutzung und Vermarktung der Kompetenzen integriert werden". Das gilt natürlich ganz genauso für die Bereiche Schule und Universität. Dazu ist es notwendig, „Kompetenzen zu beschreiben, transparent zu machen sowie den Transfer, die Nutzung und Entwicklung der Kompetenzen, orientiert an den persönlichen Zielen des

Mitarbeiters sowie den Zielen der Unternehmung, sicherzustellen."[7] Das impliziert, dass die Ebene der Mitarbeiter und Mitarbeiterinnen sowie des Unternehmens mit dem Ziel verbunden wird, die wirtschaftliche Handlungskraft des Unternehmens nachhaltig zu erhöhen.

Die gesamte Kompetenzmanagementforschung und -praxis der letzten Jahre hat sich in zwei unabhängigen Lagern entwickelt. Das eine beleuchtet die Organisations- und Kernkompetenzen sowie dynamische Kompetenzen von Unternehmen, Organisationen und Institutionen. Das andere die Kompetenzen von Individuen. Erst kürzlich haben die Forschung und einige wenige Unternehmen begonnen, diese Sichtweisen gegenüberzustellen und Verbindungen zwischen den verschiedenen Ebenen zu schaffen. In vielen Unternehmen sind diese Aufgaben jedoch oft noch getrennt. Während sich die Personalabteilung um die Kompetenzentwicklung der Mitarbeitenden kümmert, ist die Strategieabteilung mit der Festlegung der benötigten Kompetenzen beauftragt. Wir erleben in unseren Praxisprojekten, dass kompetenzorientierte Lernkonzeptionen nicht konsequent umgesetzt werden können, weil die Gestalter des Lernrahmens nicht befugt sind, die Kompetenzmodelle und -diagnostiksysteme bedarfsgerecht anzupassen. Eine groteske Situation. Wie es Unternehmen gelingen kann, diese Kompetenzmanagementansätze der verschiedenen Disziplinen und Ebenen (Organisationen, Gruppen, Individuen und Netzwerken) zu vereinen, ist noch weitestgehend unerforscht und unerprobt.[8]

Sowohl der Theoriebildung als auch der bisherigen Praxis betrieblichen Kompetenzmanagements fehlt es bislang an Instrumenten und Verfahren, juristisch abgesicherte Kompetenzeinschätzungen vorzunehmen, die für Transfer, Nutzung und Weiterentwicklung von Kompetenzen von

---

[7] North et al. (2012, S. 22).
[8] Vgl. Anzengruber (2013); Freiling et al. (2008).

wesentlicher Bedeutung für das Unternehmen und die Mitarbeitenden wären. Das gilt für den schulischen wie hochschulischen Bereich natürlich umso mehr.

Auf Grundlage des Europäischen Qualifikationsrahmens (EQR)[9] wurde ein achtstufiger Deutscher Qualifikationsrahmen für lebenslanges Lernen (DQR) entwickelt. Dieser dient jedoch bisher vor allem dazu, Ergebnisse der formalen Bildung zu ordnen und eine Zuordnung von Qualifikationen zu Niveaus durchzuführen, die als Kompetenzniveaus bezeichnet werden, mit den Fähigkeiten, kreativ und selbstorganisiert neue zukunftsoffene Aufgaben und Probleme zu lösen, aber wenig zu tun haben.[10] Der DQR wurde zuletzt im **August 2024** aktualisiert. Bei dieser Aktualisierung wurden Anpassungen vorgenommen, um die Einordnung der Qualifikationen transparenter zu gestalten und den DQR an neue Entwicklungen im Bildungssystem anzupassen.

Beide Stränge – Kompetenzorientierung und der Deutsche Qualifikationsrahmen – werden voraussichtlich Anknüpfungspunkte für eine Integration von Verfahren der Validierung der Ergebnisse informellen und non-formalen Lernens bilden. Allein: Hier liegt eine Entwicklung hin zu mehr Konvergenz noch weitgehend in der Zukunft.[11] Gleichrangigkeit mit den Zertifikaten der formalen Berufsbildung lässt sich nicht durch Regeln dekretieren. Sie bedarf des Vertrauens der Akteure im Bildungs- und Beschäftigungssystem in Validität und Reliabilität der vergebenen Zertifikate.[12]

---

[9] BMBF und KMK Kultusministerkonferenz (2014).

[10] Vgl. Sloane (2008), Nollmann (2015), Bund-Länder-Koordinierungsstelle für den Deutschen Qualifikationsrahmen für lebenslanges Lernen (DQR) (Hrsg.) (2018).

[11] Gaylor et al. (2015, S. 73).

[12] Gaylor et al. (2015, S. 72).

6 Kann man Kompetenzen zensieren?

Wie wichtig eine solche Veränderung von der Qualifikations- zur Kompetenzzensur wäre, lässt sich besonders in Bezug auf die demografische Entwicklung in Deutschland veranschaulichen. Die Zunahme ausländischer Arbeitnehmerinnen und Arbeitnehmer ist in Deutschland aufgrund der demografischen Entwicklung vorprogrammiert. Gut ausgebildete oder noch auszubildende Mitarbeiter aus anderen Ländern zu gewinnen, setzt jedoch voraus, ihre Kompetenzen beurteilen zu können. Während die fachlichen Curricula, die sie durchlaufen haben, relativ leicht vergleichbar sind, ist dies mit den Kompetenzen nicht der Fall. Deshalb muss ein rechtlich abgesichertes Verfahren gefunden werden, um Kompetenzen perspektivisch europaweit beurteilen und vergleichen zu können. Die „Kompetenzkarten für die Berufs- und Migrationsberatung"[13] und die darauf bezogenen „Berufekarten für die Berufs- und Migrationsberatung"[14] der Bertelsmann Stiftung könnten einen wirkungsvollen Ansatz für ein solches Verfahren bilden. Ein solches Verfahren würde auch der Empfehlung des Rates der Europäischen Union an die Mitgliedstaaten entsprechen. Die Erfahrungen anderer Länder zeigen, dass die durch eine Kompetenzzertifizierung zum Ausdruck gebrachte Wertschätzung des Einzelnen ein treibendes Element für das lebensbegleitende Lernen ist.[15]

Wir werden in den nächsten Jahren also voraussagbar Zeugen der Entwicklung und Erprobung von Verfahren im Schul-, Hochschul- und Unternehmensbereich, die der *Validierung* von Kompetenzen dienen und deren Ergebnisse juristisch belastbar und in ein Multiperspektiven-Kompetenzmanagement einzubetten sind. Validierung, eines der Lieblingswörter des EU-Slangs, umfasst die Phasen Infor-

---

[13] Vgl. Bertelsmann Stiftung (Hrsg.) (2018).
[14] Vgl. Bertelsmann Stiftung (Hrsg.) (2019).
[15] Vgl. u. a. Geldermann et al. (2009).

mation und Beratung, Ermittlung, Dokumentation, Bewertung und Zertifizierung.[16] In der Praxis sind die Grenzen zwischen diesen Phasen natürlich fließend.

Anliegen jeder Validierung von Lernergebnissen – ob es sich um solche der Wissensweitergabe oder solche der Kompetenzentwicklung handelt – ist es, diese zu beurteilen und vergleichbar zu machen. Eine Herausforderung stellt dabei eine Besonderheit von Kompetenzen dar: Ihre Subjekt- und Kontextbezogenheit. Dieser gilt es in dem Validierungsverfahren Rechnung zu tragen und *gleichzeitig* Verlässlichkeit, Glaubwürdigkeit und Vergleichbarkeit der Ergebnisse und Bewertungen sicherzustellen. Die Validierung zielt auf die Feststellung der Gleichwertigkeit, nicht der Gleichartigkeit von Kompetenzen, und sie soll zu einem anerkannten Zertifikat führen. Sie kann sich auch auf Teile eines Bildungsgangs oder einzelne Kompetenzen beziehen und zur Anrechnung von Lernergebnissen genutzt werden. Damit trägt sie zur vertikalen und horizontalen Durchlässigkeit auf dem Arbeitsmarkt und zur Verkürzung von Lernzeiten bei. Voraussetzung für die Akzeptanz eines Validierungsverfahrens ist, dass der Prozess selbst und die Ergebnisse dieses Prozesses transparent, verlässlich und glaubwürdig sind.

Die Vielfalt der möglichen Aneignungswege, die in der Regel keinem festgelegten Lernziel folgen, sondern oft beiläufig, situationsgebunden und individuell sind, hat zur Folge, dass die Ergebnisse solchen Lernens entsprechend unterschiedlich und nicht vorhersagbar sind. Für die Validierung heißt dies, dass derart individuell ausgeprägte Kompetenzen zunächst breit identifiziert und anschließend gemessen werden müssen. Das scheint natürlich schwieriger, als Wissensziele zu vergleichen. Diese sind aber schon

---

[16] Europäisches Parlament und der Rat der Europäischen Union (2008).

deshalb nicht vergleichbar, weil es nicht gelingen wird und nicht angestrebt werden sollte, europaweit vereinheitlichte Curricula zu entwickeln!

6.3 Hybride Verfahren der Kompetenzerfassung

Um juristisch saubere und für ein Kompetenzmanagement nutzbare Ergebnisse zu erhalten, die dem Individuum gerecht werden, sollten Ermittlung und Bewertung der Kompetenzen Elemente *qualitativer* biografischer und *quantitativer* diagnostischer Kompetenzerfassung und -messung enthalten, also hybride Verfahren darstellen.[17] Für den Einsatz qualitativer biografischer Elemente spricht, dass Arbeitnehmerinnen und Arbeitnehmer, die sich mit sich selbst auseinandersetzen, sich mit den Ergebnissen von Lernen, Studium und Arbeit stärker identifizieren sowie deutlicher motiviert und bereit sind, sich auf Veränderungsprozesse einzulassen oder diese mitzugestalten. Quantitativ ausgerichtete Verfahren hingegen bieten die Möglichkeit, Kompetenzen auf den wirklichen schulischen, hochschulischen oder betrieblichen Bedarf zugespitzt zu ermitteln, mit zensurenanalogen Wertungen zu belegen und ihre Entwicklung auf diese Weise zu fördern. Quantitative Verfahren sind zudem zeitlich weniger aufwendig als biografische Verfahren.

Vorstellbar ist ein solches hybrides Verfahren beispielsweise durch die Verkopplung von zwei wissenschaftlich fundierten und bundesweit eingesetzten Verfahren: Da ist zum einen der sogenannte ProfilPASS, der als entwicklungsorientiertes, ergebnisoffenes Verfahren methodisch bei der Reflexion des eigenen Handelns ansetzt, aus dem die individuellen Fähigkeiten,

---

[17] Vgl. Erpenbeck (2012).

Fertigkeiten und Kompetenzen abgeleitet werden.[18] Zum anderen gibt es die quantitativ ausgerichteten Instrumente KODE® und KODE®X sowie ValCom®, die auf einem selbstorganisationstheoretisch untermauerten Kompetenzmodell beruhen.[19] Diese Verfahren weisen Kompetenzen nicht im Sinne von stabilen Persönlichkeitsaspekten nach, sondern schließen aus beurteilbaren und durch Zensuren bewertbaren (!) Handlungsergebnissen auf vorhandene Handlungsvoraussetzungen (Dispositionen), die zu eben jenen Handlungsergebnissen führen. Es wird also im Endeffekt die Performanz bewertet. Beide Instrumente haben sich beispielsweise auch beim Einsatz an der Steinbeis-Hochschule Berlin als sehr gut verwendbar für eine hochschulintegrierte Kompetenzmessung und Kompetenzentwicklungspädagogik erwiesen.

Fortschrittliche Kompetenzdiagnostik verfahren wurden weiterentwickelt, erprobt und in unterschiedliche Formen von Kompetenzmanagement eingebettet. Mit Hilfe der Künstlichen Intelligenz konnten hierbei enorme Fortschritte erzielt werden, so dass die Kompetenzdiagnostik zu wirtschaftlichen Bedingungen skalierbar ist. Damit benötigen die Mitarbeiter im Regelfall keine aufwendige Kompetenzberatung mehr, wenn sie ihre Kompeten-Diagnostik durchführen. (vgl. dazu www.valcom.org).

Die Hochschulen können mit diesen KI-basierten Diagnostiksystemen mit relativ geringem zeitlichen und personellen Aufwand für die einzelnen Studiengänge jeweils spezifische Kompetenzprofile, einschließlich der notwendigen Hard Skills, entwickeln. Hierbei werden neben internen Daten auch Arbeitsmarktdaten oder der Europäische Qualifikationsrahmen (ESCO-Datenbank) genutzt. Damit können differenzierte Profile für vielfältige Funktionen mit einem relativ geringen zeitlichen und personellen Aufwand

---

[18] Vgl. Harp et al. (2010); Bosche und Seusing (2014).
[19] Vgl. Sauter und Staudt (2015) und Erpenbeck und Sauter (2024).

erstellt werden. Weiterhin kann die Studien- und und Berufsberatung der Studierenden professionalisiert werden.

Aus der Analyse und Bewertung der Erfassungsergebnisse werden mit KI-Unterstützung, für jeden Studierenden individuelle Entwicklungsvorschläge abgeleitet:

- Vorschläge für zwei bis drei individuelle Kompetenzziele
- Vorschläge für adaptive, personalisierte Lernpfade mit Praxis, Projekt- und Forschungsaufgaben, Lernbegleitung und sozialem Lernen sowie ergänzenden Lernmaßnahmen.

Jede Studierende kann nunmehr auf Basis des Vorschlages der KI eigenverantwortlich ihre zwei bis drei Kompetenzziele, die sie in den kommenden Wochen oder Monaten erreichen will, festlegen. Weiterhin kann sie den vorgeschlagenen adaptiven Lernpfad nutzen, um ihren personalisierten Lernweg festzulegen, den sie anschließend mit ihren Dozenten abstimmt und verbindlich vereinbart.

In den Skill-Profilen der Studierenden werden alle Informationen über die bestehenden und erworbenen Hard und Soft Skills in Verbindung mit Lernzielen und -pfaden als digitale Skill-IDs gespeichert. Diese können sie im Rahmen ihrer beruflichen Entwicklung und zum Ausbau ihres beruflichen Netzwerks einsetzen.

Auf dieser Basis kann die Hochschule ein Skills Mapping aufbauen. Wie eine detaillierte Landkarte, die verschiedene Elemente, Routen und besondere Merkmale aufzeigt, hilft das Skills Mapping dabei, die individuellen Kompetenzen und das Entwicklungspotenzial der Studierenden einer Hochschule in aggregierter Form sichtbar zu machen. Durch diese „Kartierung" kann die Planung der Hochschule bedarfsgerecht gestaltet werden.

Es bedarf eines strategischen Kompetenzmanagements. Das ist für Unternehmen bereits heute ein Managementziel, im schulischen oder universitären Bereich aber noch Utopie. Hingegen ist die Entwicklung eines rechtlich abgesicherten, übertragbaren Verfahrens zur qualifikationsanalogen Ermittlung und Bewertung (Zensierung) von Kompetenzen schon heute möglich.

Zur Entwicklung einer für Betriebe, Schulen und Hochschulen handhabbaren und rechtlich abgesicherten Validierung von Kompetenzen ist es notwendig, bereits vorliegende Praxiserfahrungen und Instrumente zur Kompetenzfeststellung, einschließlich der Schnittstellen von qualitativer und quantitativer Kompetenzfeststellung, methodisch weiterzuentwickeln. Dabei können und müssen die Erfahrungen von Betrieben unterschiedlicher Größe und Branchen, von Hochschulen und Schulen einbezogen werden.

Wir halten, um dies noch einmal abschließend zu betonen, die Entwicklung eines systematischen Verfahrens zur qualifikationsanalogen, rechtssicheren Ermittlung und Bewertung von Kompetenzen für ein Hauptmoment, um die Kompetenzkatastrophe aufzuhalten oder zumindest abzumildern. Entsprechende Validierungsverfahren und Modelle müssten in Betrieben, Universitäten und Schulen ausgearbeitet, erprobt, in klare Handlungsleitlinien umgesetzt und schließlich bildungspolitisch durchgesetzt werden.

Da die Kompetenzkatastrophe kein individuelles, sondern ein institutionelles Problem darstellt, ist sie nur durch institutionelle Veränderungen innerhalb des Aufsichts- und Steuerungsapparates sowie des Wissensweitergabe- und -beurteilungssystems in Unternehmen, Schulen und Hochschulen zu verändern. Drehpunkt dieser Veränderungen können und müssen Zensuren sein, die einerseits ebenso formal wie die bisherigen Zensuren gehandhabt werden können, andererseits aber nicht mehr Wissens- sondern Kompetenzäquivalente darstellen. Gelänge es, in Deutschland ein nationales, verbindliches und an den Standards der formalen Berufsbildung orientiertes System der Validierung non-formalen und informellen Lernens zu entwickeln, würde dies mit dazu beitragen, die Kompetenzorientierung in den Lernsystemen durchzusetzen, den Fachkräftebedarf besser abzudecken und Menschen mit geringer formaler Qualifizierung in den Arbeitsmarkt zu integrieren.[20] Was wie eine kleine bürokratische Veränderung wirkt, wäre – durchgesetzt – der wohl wichtigste Schritt, die Kompetenzkatastrophe auszuhebeln.

Ein dickes Brett, das da zu bohren ist. Aber besser, als das Brett Kompetenzkatastrophe weiterhin vor dem Kopf zu haben …

Literatur

Anzengruber J (2013) SKM, die Strategie des Erfolgs – das Kompetenzmanagement bei der Siemens AG. In: Erpenbeck J, von Rosenstiel L, Grote S (Hrsg) Kompetenzmodelle von Unternehmen. Schäffer-Poeschel, Stuttgart, S 265–276

Arnold R (2015) Bildung nach Bologna! Die Anregungen der europäischen Hochschulreform. Springer, Wiesbaden

Bertelsmann Stiftung (Hrsg) (2018) Kompetenzkarten für die Berufs- und Migrationsberatung. Bertelsmann, Gütersloh

Bertelsmann Stiftung (Hrsg) (2019) Berufekarten für die Berufs- und Migrationsberatung. Bertelsmann, Gütersloh

BMBF und KMK Kultusministerkonferenz (2014) Deutscher EQR-Referenzierungsbericht. www.dqr.de/media/content/Deutscher_EQR_Referenzierungsbericht.pdf. Zugegriffen am 16.05.2015

---

[20] Vgl. Gaylor et al. (2015, S. 70 ff.).

Bosche B, Seusing B (2014) Der ProfilPASS in Unternehmen: Ein Leitfaden für die Praxis. Deutsches Institut für Erwachsenenbildung – Leibniz-Zentrum für Lebenslanges Lernen. www.die-bonn.de/doks/2014-kompetenz-01.pdf. Zugegriffen am 16.12.2014

Bund-Länder-Koordinierungsstelle für den Deutschen Qualifikationsrahmen für lebenslanges Lernen (DQR) (Hrsg) (2018) Liste der zugeordneten Qualifikationen. Aktualisierter Stand: 1. August 2018

Erpenbeck J (2012) Was „sind" Kompetenzen. In: Faix WG, Auer M (Hrsg) Kompetenz. Steinbeis-Edition, Stuttgart, S 1–59

Erpenbeck J, von Rosenstiel L, Grote S (2013) Kompetenzmodelle von Unternehmen. Schäffer-Poeschel, Stuttgart

Erpenbeck J, Sauter W, mit einem Praxisbeitrag von SAUTER R (2. Aufl. 2024, 2021) Future Learning und New Work. Das Praxisbuch zum gezielten Werte- und Kompetenzmanagement

Europäisches Parlament und der Rat der Europäischen Union (2008) Empfehlung zur Errichtung des Europäischen Qualifikationsrahmens für lebenslanges Lernen. Strasbourg

Freiling J, Rasche C, Wilkens U (Hrsg) (2008) Wirkungsbeziehungen zwischen individuellen Fähigkeiten und kollektiver Kompetenz. Hampp, Mering

Gaylor G, Schöpf N, Severing E (2015) Wenn aus Kompetenzen berufliche Chancen werden. Wie europäische Nachbarn informelles und non-formales Lernen anerkennen und nutzen. Bertelsmann Stiftung, Gütersloh

Geldermann B, Seidel S, Severing E (2009) Rahmenbedingungen zur Anerkennung informell erworbener Kompetenzen in der Berufsbildung. wbv, Bielefeld

Harp S, Pielorz M, Seidel S, Seusing B (Hrsg) (2010) Praxisbuch ProfilPASS. Ressourcenorientierte Beratung für Bildung und Beschäftigung. wbv, Bielefeld

Nida-Rümelin J, Zierer K (2015) Auf dem Weg in eine neue deutsche Bildungskatastrophe. Zwölf unangenehme Wahrheiten. Herder, Freiburg

Nollmann A (2015) Deutscher und Europäischer Qualifikationsrahmen (DQR und EQR): Die Zukunft der beruflichen Bildung. Diplomica, Hamburg

North K, Reinhardt K, Sieber-Suter B (2012) Kompetenzmanagement in der Praxis: Mitarbeiterkompetenzen systematisch identifizieren, nutzen und entwickeln. Springer, Heidelberg

Sauter W, Staudt AK (2015) Erfolgreiche Kompetenzmessung in der Praxis. Mitarbeiterpotenziale erfassen und analysieren. Springer, Heidelberg

Schmoll H (2015) Wie Abiturprüflinge ungleich behandelt werden. Irreführung bei den Zeugnisnoten. FAZ, 19. Juli 2015

Seifert L (2013) Die Noten-Lüge. Noten entscheiden über Masterplätze und Jobs. Sie sollen Leistungen vergleichbar machen – tatsächlich sind sie ungerecht. Kann es anders gehen? ZEIT Campus 2/2013. http://www.zeit.de/campus/2013/02/notenvergabe-hochschulen-ungerechtigkeit. Zugegriffen am 03.02.2015

Sloane P (2008) Zu den Grundlagen eines Deutschen Qualifikationsrahmens (DQR). Bertelsmann, Bielefeld

7

Gibt es einen Nürnberger Trichter für Kompetenzen?

Zusammenfassung Im Kampf gegen die Kompetenzkatastrophe sind vier nahezu unbezwingbare Barrieren zu überwinden: die institutionelle Barriere, die Wissensbarriere, die Zensurenbarriere und die neuropsychologische Barriere. Dabei zeigt sich, dass die Möglichkeiten der Einflussnahme auf das Handeln und auf die Entscheidungen anderer Menschen begrenzt sind. Bei Entscheidungen und Verhaltensänderungen haben die unbewussten Anteile unserer Persönlichkeit das erste und das letzte Wort, Verstand und Vernunft sind nur Berater. Alles was wir entscheiden, wird im Licht des emotionalen Erfahrungsgedächtnisses entschieden. Die Vernachlässigung mikroskopischer, neurobiologischer wie komplexer sozialer Prozesse errichtet eine fast unübersteigbare Barriere vor dem Ziel, selbstorganisierte, kreative Handlungsfähigkeiten, also wirkliche Kompetenzen zu bilden.

Im Kampf gegen die Kompetenzkatastrophe sind, so hatten wir festgestellt, drei nahezu unbezwingbare Barrieren zu überwinden: die institutionelle Barriere, die Wissensbarriere und die Zensurenbarriere. Einer vierten wollen wir uns jetzt zuwenden: der neuropsychologischen Barriere.

Die Zahl der Lerntheorien ist Legion. Für jede noch so absurde Vermutung kann man da eine theoretische Bekräftigung finden. Diese Vielfalt verdeckt, dass sich in den letzten zwei, drei Jahrzehnten neue Einsichten zum Lernen und zum Gedächtnis ergeben haben, die uns mehr und mehr an vielen klassischen Lehrmethoden zweifeln lassen. Die uns geradezu zwingen, Modelle simpler Wissensweitergabe infrage zu stellen und Modelle von Kompetenzentwicklung zu bevorzugen. So sehr wir Menschen bewundern, die unglaublich viel wissen und das auch noch bei jeder Beratung, in jedem Gespräch effektvoll einflechten können, letztlich fragen wir doch: Können sie mit diesem Wissen denkend und handelnd etwas anfangen, Probleme lösen, neue Ideen entwickeln, in Alltag oder Wissenschaft selbstorganisiert kreativ werden? Verfügen sie über Kompetenzen, sich dieses Wissen im wahrsten Sinne des Wortes einzuverleiben, es zu verkörpern, wie die schöne deutsche Übersetzung des englischen „embodiment" lautet?

7.1 Gehirn, Gehirnmechanik und Selbstorganisation

Im vorigen Jahrhundert stellten sich viele Menschen, auch Psychologen und Pädagogen, das Gehirn wie einen freilich sehr komplizierten und leistungsfähigen, aber doch primär wissensverarbeitenden Computer vor. Wolkogonow hatte schon in den 1970er-Jahren gezeigt, dass wir Computer nicht aufgrund der jeweils neuesten Einsichten in die Funktionsweisen des Gehirns gestalten, sondern dass wir uns die Gehirnfunktionen etwa so vorstellen, wie die jeweils neuesten Computer funktionieren. Damit war spätestens nach der Entdeckung von Selbstorganisation in Physik, Chemie, Meteorologie, Biologie, Neurologie, Psychologie, Soziologie, Politik, Wirtschaftswissenschaften sowie in weiteren komplexen Systemen Schluss.

Der Stuttgarter Physiker Hermann Haken entwickelte als Kybernetik 2.0 die *Synergetik* – die Lehre vom Zusammenwirken von Elementen innerhalb komplexer dynamischer Systeme wie Molekülen, Zellen, Gehirnen oder Menschen, wobei sich spontan ganz neue, unerwartete Strukturen ausbilden. Die Biologen Humberto Maturana und Francisco Varela konzipierten eine von biologischen Einsichten ausgehende Selbstorganisationstheorie, die Autopoiesetheorie, die das „sich selbst Machen" und Erhalten biologischer, aber auch anderer Systeme in den Mittelpunkt stellt. Gedanken der Selbstorganisation, die in Wahrheit eine lange Vorgeschichte hatten,[1] wurden in vielen anderen Wissenschaften begierig aufgenommen, so beispielsweise in Niklas Luhmanns „Theorie sozialer Systeme".

Der Neuropsychologe Gerhard Roth erkannte von Anfang an das fruchtbare Potenzial des neuen Denkens und baute es systematisch aus. Einem seiner Mitarbeiter, Peter Kruse, gelang es, Ordnungsbildungsprozesse im menschlichen Gehirn neurophysiologisch und experimentalpsychologisch zu erfassen und dabei auftretende psychopathologische Instabilitäten zu deuten. Er verwies auf den tief liegenden Zusammenhang von Selbstorganisation und Gestalttheorie. Später gelang es ihm, seine Modellierungsmethoden in die Ökonomie zu übertragen, indem er Selbstorganisationskonzepte auf unternehmerische Fragestellungen anwendete. Hermann Haken hielt die neuropsychologische Thematik für so wichtig, dass er gemeinsam mit

---

[1] Paslack (1991).

dem Psychotherapeuten Gerhard Schiepek der „Synergetik in der Psychologie" eine[2] eigene Publikation widmete und auch sonst, neben Veröffentlichungen über Atom- und Quantenphysik, Molekülphysik und Quantenchemie, psychologische Themen stets im Auge behielt.[3]

Auf den einfachsten, einleuchtendsten Punkt brachte der gerade von traditionellen Pädagogen oft und lustvoll geschmähte Neurobiologe Gerald Hüther die neue Situation. „Ohne Gefühl geht gar nichts", verkündete er in einem seiner Vorträge. Man stelle sich einen Mathematiklehrer vor, gerade dabei, den über 2000 Jahre alten Pythagoras in Kindergehirne zu hämmern, wenn er diese Maxime liest: Ohne Gefühl geht gar nichts ... Im Einzelnen führte Hüther aus,

> „dass wir niemals irgendetwas wahrnehmen können, etwas lernen können oder irgendetwas tun können, ohne dass das auch mit irgendeinem Gefühl einhergeht. In unserem rationalen Zeitalter des vergangenen Jahrhunderts haben wir immer gedacht, wir könnten Menschen sozusagen zu Maschinen machen, die nur noch rational denken. Gefühle waren damals etwas, was man gar nicht wollte, das störte auch immer nur, wenn die Leute Gefühle hatten, und dann hat man so getan, als könne man die Gefühle einfach mal wegstreichen. Nun stellt sich plötzlich heraus, dass Gefühle überhaupt nicht wegstreichbar sind. Menschen haben in jeder Situation auch immer eine Bewertung dessen, was da passiert. Und das geht mit einem Gefühl einher. Das Gefühl spüren sie im ganzen Körper, das sind dann sogenannte somatische Marker, die aktiviert werden. So passiert immer zweierlei im Gehirn. Wenn man beispielsweise Mathematik hat im Unterricht, wird der Lernstoff für Mathematik im

---

[2] Vgl. Haken und Schiepek (2010).
[3] Vgl. Haken und Schiepek (2010); Haken (1990); Haken und Haken-Krell (1994).

Hirn dazu führen, dass ein bestimmtes Netzwerk aktiviert wird – das Mathematiknetzwerk. Gleichzeitig hat man ein bestimmtes Gefühl im Mathematikunterricht, und das aktiviert auch ein bestimmtes Netzwerk im Hirn. Nun heißt die Grundregel: Das, was im Hirn gleichzeitig aktiviert wird, verbindet sich, verkoppelt sich auch miteinander, so entsteht ein gekoppeltes Netzwerk mit dem Ergebnis, dass Sie später, wenn Sie wieder einmal an Mathematik denken, dieses Gefühl wieder bekommen."[4]

Dieser so schön einfach dargestellte, komplizierte Sachverhalt ist fundamental. Diese Darstellung weist den Emotionen wieder jene zentrale Rolle zu, die ihnen im Lauf der Entwicklung einer fast hundertjährigen kognitiven Psychologie fast vollständig abhandenkam. Das Verständnis von Gedächtnis und Denken wandelte sich grundlegend. Während die Gründerväter wissenschaftlicher Psychologie, beginnend mit einer „Psychophysik kognitiver Prozesse"[5] quasimechanische Vorstellungen von den Inhalten des Bewusstseins und ihren Assoziationen entwickelten und mit diesen Vorstellungen im Bildungs- und Unternehmensbereich öffentlich enorm wirksam wurden, gruppiert sich das heutige Verständnis um Einsichten aus Selbstorganisationstheorie, Komplexitätstheorie und teilweise auch um Chaostheorie. Dieser *entscheidende Paradigmenwechsel* führt nicht nur zu einem neuen Grundverständnis von Psychologie, sondern auch zu einem grundsätzlich geänderten Verständnis des menschlichen Lernens.

Dieses Lernen hat in der Regel Kompetenzentwicklung zum Ergebnis. Kompetenzentwicklung ist ohne dieses geänderte Verständnis des menschlichen Lernens nicht denkbar.

---

[4] Vgl. Hüther (2009).
[5] Vgl. Erpenbeck (1983).

Hundert Jahre gefestigte Vorstellungen von Lernen und Gedächtnis sind nicht ohne Weiteres auszuhebeln. Sie bilden vielmehr eine vierte, haushohe Barriere, die überwunden werden muss, um die Kompetenzkatastrophe zu vermeiden.

7.2 Die Mechanisierung des psychologischen Weltbilds

Wie kam es im vorigen und vorvorigen Jahrhundert zu dieser merkwürdigen „Mechanisierung des – psychologischen – Weltbildes"?[6] Angestachelt von den großen Erfolgen der Physik am Beginn des 19. Jahrhunderts, eingeschlossen die Forschungen zu Elektrizität, Elektrochemie, Magnetismus, elektromagnetischer Strahlung und zu vielen weiteren Gebieten, versuchten Psychologen, ähnliche „wissenschaftliche" Grundelemente psychischer Prozesse – der Wahrnehmung, des Denkens des Behaltens – zu isolieren und in ihrem strukturellen Zusammenwirken zu beschreiben.

Der Physiologe, Psychologe und Philosoph Wilhelm Wundt suchte nach kleinsten unteilbaren Elementen des Bewusstseins, die strukturell zusammenwirkend die ganze Vielfalt des menschlichen Seelenlebens hervorbringen; als diese Elemente machte er Empfindungen, Vorstellungen und später noch Gefühle dingfest. Sie sollten durch die Methode einer speziell trainierten Selbstbeobachtung, der Introspektion, detailliert und ermittelt werden. Dieser als *Strukturalismus* bezeichnete Ansatz wollte also die Struktur des Bewusstseins und seine Elemente mit einer spezifischen Methode, der Introspektion, aufklären. Das ging gründlich schief.

---

[6] Wir nehmen Bezug auf die fundamentale Schrift von E. J. Dijksterhuis (1956).

Der *Funktionalismus* der Psychologen Oswald Külpe oder William James fragte deshalb nicht mehr, was die Elemente des Bewusstseins sind, sondern wie und warum sich geistige Operationen als Problemlösungsapparat zwischen Organismus und Umwelt schieben, warum es solche höheren psychischen Funktionen wie Denken und Willen überhaupt gibt. Gerade die Beobachtung realer Denk- und Handlungsprozesse führte, insbesondere aufgrund der Überlegungen des Philosophen und Pädagogen John Dewey, zum grundsätzlichen Verständnis des Denkens als Form der Anpassung an eine Situation, vom Lernen durch Tun – ein bis heute höchst wirksamer pädagogischer Ansatz.

Alle diese frühen psychologischen Theorien litten unter einem grundsätzlichen Problem: Die postulierten Strukturen und Funktionen ließen sich auf der neurobiologischen Ebene nicht wiederfinden. Man wusste einiges über Strukturen und Funktionen des Gehirns, aber was geschah beim Wahrnehmen, Erkennen, Wiedererkennen, Denken, Behalten, Fühlen, Wollen *wirklich?* Um weiterzukommen, reduzierte man den psychischen Reiz und die neurobiologischen und physiologischen Reaktionen so, dass der gesamte Vorgang schön überschaubar blieb.

Das geschah beispielsweise bei dem armen, berühmten Hund des Nobelpreisträgers Iwan Petrowitsch Pawlow.[7] Dieser wies nach, dass die Speichelsekretion eines Hundes bereits beginnt, wenn nach einer gewissen Zeit der zunächst neutrale Reiz, zum Beispiel eines Klingeltons, die Nahrung avisiert. Diese Erkenntnis versuchte Pawlow mit seinem Ansatz der „klassischen Konditionierung" auf das menschliche Lernen zu übertragen. Man lehnte es radikal oder etwas weniger radikal ab, überhaupt noch über „mentale" Begriffe und Prozesse zu sprechen, schaute auf den Men-

---

[7] Vgl. u. a. Mader und Stöckl (1999, S. 12 ff.).

schen wie auf eine Experimentierratte und interessierte sich nur noch für den auslösenden Reiz und die verursachte Reaktion, das durch den Reiz ausgelöste Verhalten. So schlugen es der molekulare Behaviorismus, der momentane Ereignisse und deren Verursachung untersuchte, oder der molare Behaviorismus, der sich auf den Verhaltensstrom konzentrierte, vor.

Die Lerner werden im Behaviorismus als eine „blackbox" betrachtet. Das schien deren Begründern, John B. Watson, der den Begriff Behaviorismus zum ersten Mal öffentlich nutzte, oder Edward Chace Tolman ein wunderbarer Weg, Lernen zu verstehen, ohne spezielle neurobiologische Hypothesen aufzustellen. Deshalb konzentriert sich diese Lerntheorie auf die Handlungsweisen der Menschen, die der Lehrer mit vielfältigen, Motivationsfaktoren zu beeinflussen sucht. In diesem Ansatz steht der Lehrer im Mittelpunkt, der über objektiv richtiges Wissen verfügt, das er möglichst vereinfacht darstellt. Die Lerner sind tendenziell eher passiv.

Die Idee von der Allmächtigkeit äußerer Einwirkungen, die Überzeugung, aus jedem gesunden Menschen so gut wie alles formen zu können, brach sich in einem überwältigenden pädagogischen Enthusiasmus Bahn. Der Psychologe Burrhus Frederic Skinner, – der durch seine „Skinner-Box" berühmt wurde, einen reizarmen Käfig für Testtiere, in dem diese mit standardisierten Methoden ein neuartiges Verhalten erlernen –, verfasste eine begeisterte Erziehungsutopie, Walden 2 genannt. Darin beschreibt er eine Gemeinschaft, deren Mitglieder gemäß sozialen und wirtschaftlichen Bedürfnissen so „konditioniert" werden, dass sie mit sich selbst, aber auch mit ihrer Umwelt in Harmonie leben. Lernen findet als Konditionieren ähnlich wie bei Ratten statt. Der amerikanische Neobehaviorist Clark Leonhard Hull legte in der Überzeugung, dass seine Theorie im Prinzip die gesamte Vielfalt der psychischen Erscheinungen erklären könne, große experimentelle Programme zur Berufsorientierung auf. Dass sich kein Tier und erst recht kein Mensch lediglich *verhält*, sondern immer und unter allen Umständen aus sich heraus, von sich aus, selbstorganisiert *handelt*, wird bis heute, angestiftet durch den Behaviorismus, oft und gern übersehen. Jeder kann prüfen, wie oft er selbst das Wort Verhalten bemüht, das ohne eine kritische Reflexion erfolgt, aber eigentlich ein selbstorganisiertes, individuelles Handeln, eine Form des Agierens, die zielgerichtet und bewusst ist, meint.[8]

Eine der gängigsten Vermutungen der beginnenden wissenschaftlichen Psychologie war der Assoziationismus, eine Forschungsrichtung der Wahrnehmungspsychologie, die nach funktionalen Abhängigkeiten zwischen physikalischen Reizen und subjektiven, psychischen Empfindungen suchte. Aufgrund äußerer physikalischer Einwirkungen fügen sich danach in der Psyche Strukturen oder Prozesse assoziativ zusammen und erlauben Reaktionen auf die Einwirkungen. Aus Sicht des Assoziationismus sind Assoziationen die grundlegenden Prinzipien für alle geistigen Leistungen, auch für produktives Denken in Form der Assoziation von Ideen oder Worten. Als Gründe für das Bilden von Assoziationen werden Ähnlichkeiten, Kontraste oder weiterreichende räumliche und zeitliche Zusammenhänge der Einwirkungsreize angenommen.

Ohne all diese Vermutungen und ihre pädagogischen Konsequenzen im Einzelnen zu verfolgen, kann man summierend feststellen, dass Einwirkungsreize auf den Menschen dargestellt und gemessen werden, dass, durch die Reize in Gang gesetzt, innerpsychische Prozesse vermutet werden und dass diese schließlich zu messbaren Reaktion, zum Handeln führen. Die innerpsychischen Prozesse werden, wo man sie überhaupt in Betracht zieht, *immer*

---

[8] Wahl (2013, S. 17).

mechanistisch-biologistisch, später auch computeristisch gedacht und beschrieben. Dass da im Gehirn selbstorganisative, kreative Prozesse ablaufen, die in keiner Weise auf die Anstoßreize direkt zurückzuführen sind, vermuteten die Gestaltpsychologie und die verschiedenen Schulen der Psychoanalyse, aber nicht die Mainstreampsychologie. Erst die moderne Neurobiologie und Neuropsychologie sowie die moderne Gedächtnisforschung haben das mechanistische Denken des alten Assoziationismus hinweggefegt, das in fast allen bis heute gelehrten Lerntheorien schlummert.

Witzigerweise steht das Vergessen am Anfang der wissenschaftlichen Forschungen zum menschlichen Gedächtnis. Der Psychologe Hermann Ebbinghaus führte die ersten, übrigens bis heute genutzten, Untersuchungen zum Gedächtnis durch.

> „Das von ihm erfundene experimentelle Modell war recht originell. Mit dem Ziel, ‚reine' Assoziationen zu bilden, erdachte er sinnlose Silben. Sie bestanden aus zwei Konsonanten mit einem Vokal in der Mitte. […] Er ging davon aus, dass sinnvolle Wörter, aus denen normalerweise die Sprache der Menschen besteht, bei jedem eine Vielzahl von verschiedenen Assoziationen hervorrufen. […] Mithilfe dieses neuen Materials bemühte sich Ebbinghaus, Antwort darauf zu finden, in welchem Maße der Lernerfolg zum Beispiel von der Anzahl der Silben abhängt, von der Anzahl der Wiederholungen, von der Zeit, die nach dem Lernen verstrichen ist, usw. Alle Größen wurden genau gemessen. Die danach aufgestellten Tabellen und gezeichneten Kurven sind zu klassischen Tabellen und Kurven geworden. […] Die Erfindung von Ebbinghaus ermöglichte es, von der Theorie zum Experiment überzugehen. In Prinzip war sie die erste speziell psychologische Methode – geschaffen von einem Psychologen."[9]

---

[9] Jaroschewski (1975, S. 190–197, 209–246, 236–246).

Es handelt sich also um das exakte Gegenstück zu den Ausführungen von Gerald Hüther. Die Emotionen werden völlig ausgeschaltet, der reine Mechanismus des Behaltens und Erinnerns wird geprüft und vermessen. Die Ergebnisse sind in der Ebbinghausschen Vergessenskurve zusammengefasst. Sie stellt den Grad des Vergessens innerhalb einer bestimmten Zeit dar, also wie lange man neu Gelerntes behält und wie viel Prozent man davon vergisst. Ebbinghaus maß darüber hinaus die Anzahl der Wiederholungen in Abhängigkeit von der Zeit, die nötig ist, um nach einer Pause die auswendig gelernten Reihen sinnloser Silben fehlerfrei zu reproduzieren. Seine Ergebnisse besagen grob, dass wir bereits 20 min nach dem Lernen nur noch 60 % des Gelernten abrufen können. Nach einer Stunde sind nur noch 45 % und nach einem Tag gar nur 34 % des Gelernten im Gedächtnis. Sechs Tage nach dem Lernen wiederum ist das Erinnerungsvermögen bereits auf 23 % geschrumpft; dauerhaft werden nur 15 % des Erlernten gespeichert.

Diese Ergebnisse sind deshalb so interessant, weil sie das Extrem eines Lernens ohne jede emotionale Verankerung oder innergedankliche Bezüge zu früher Gelerntem, Erlebtem, Erfahrenem kennzeichnen. „Ohne Gefühl geht gar nichts" – dieser Satz erhält besonderes Gewicht, wenn man sich klar macht, dass emotionsfreier Stoff so gut wie gar nicht behalten wird, dass es etlicher Wiederholungen bedarf, um nur ein bisschen gelernten Stoff hinzuzufügen. Die Ergebnisse sind aber auch deshalb interessant, weil man durch geeignetes Wiederholen durchaus Stoff lernen und behalten kann, zu dem man nicht den geringsten emotionalen Bezug hat. Auf dieser Tatsache beruht das Auswendiglernen von großen Textpassagen, aber auch von immer wiederkehrenden gedanklichen Operationen, etwa beim Einmaleins. Die Fähigkeit, selbstständig festzustellen, wann ein derartiges mechanisches Drillen angebracht und nützlich ist, halten wir für eine in sich selbst bedeutsame methodische Kompetenz.

7.3 Gedächtnis kontra Kompetenzkatastrophe

„In den letzten drei Jahrzehnten hat eine Revolution stattgefunden, was unser Verständnis des Gedächtnisses mit etwa 100 Mrd. Neuronen und jener Vorgänge im Gehirn mit Billionen von Verknüpfungen angeht, die ablaufen, wenn wir lernen und uns erinnern."[10] Manch einer mag die Bezeichnung „Revolution" für eine Übertreibung halten. Unserer Meinung nach trifft sie genau die Tatsache, dass die klassischen Vorstellungen von Gedächtnis und Lernen veraltet sind und zu einer Barriere für ein modernes Lernen, für eine echte Kompetenzentwicklung wurden. Die neue Gedächtnisforschung hat zwei grundlegende Erkenntnisse zutage gefördert. Sie hat aufgedeckt, wie Nervenzellen miteinander kommunizieren und dabei Gedächtnisinhalte kodieren. Und sie hat aufgedeckt, dass es unterschiedliche Formen von Gedächtnis gibt, die zwar zusammenwirken, aber unterschiedliche Hirnteile benutzen. Gerade daraus ergeben sich grundlegende Einsichten, inwieweit man Gedächtnisinhalte und vor allem daraus folgende Handlungen und Handlungsfähigkeiten wirklich verändern kann und wo man lediglich pädagogischen Illusionen folgt, wenn man Wissen in Kinder- oder Erwachsenenhirne pumpt in der Hoffnung, irgendetwas davon würde schon wirksam. Darauf werden wir im nächsten Abschnitt eingehen.

Das große Verdienst des amerikanischer Neurowissenschaftlers Eric Kandel, der für die Erforschung molekularer Grundlagen des Gedächtnisses den Nobelpreis erhielt, besteht wohl darin, dass er Gedächtnisleistungen auf den verschiedenen Ebenen aufgeklärt hat. Er weist auf den weitgehenden Konsens der Hirnforscher hin, das Gedächtnis

---

[10] Vgl. Squire und Kandel (2009, S. IX).

für Fakten und das für Fertigkeiten zu unterscheiden, oft auch bezeichnet als Gedächtnis mit und ohne Aufzeichnung, als explizites oder implizites Gedächtnis, als *deklaratives Gedächtnis,* d. h. als Gedächtnis für Tatsachen, Vorstellungen, Ereignisse, die bewusst als Informationen wörtlich oder bildlich in Erinnerung gerufen werden können, und als *nichtdeklaratives Gedächtnis,* das sich nicht als bewusste Erinnerung, sondern als gelernte Verhaltensänderung zeigt. Und er betont: Was früher nur psychologische Konstrukte wie Assoziation, Lernen, Speichern, Erinnern und Vergessen waren, können wir heute in Hinblick auf zell- und molekularbiologische Mechanismen sowie zerebrale Schaltkreise und Gehirnsysteme angehen.[11]

Aufgeklärt wurde, dass und in welcher Weise Neuronen und ihre „Schaltstellen", die Synapsen, schon in relativ einfachen biologischen Systemen auf recht vertrackte und sehr verschiedene Weise zur Gedächtnisbildung beitragen. Beim deklarativen Gedächtnis tragen sie zu allen Arbeitsprozessen bei, zu Codierung, Speicherung, Abruf und zum Vergessen von Erinnerungen. „Dabei gibt es ein Lernprinzip, das allgemeingültig und grundsätzlich ist: Wir erinnern uns umso besser, je vollständiger wir neuen Stoff verarbeiten. Unser Gedächtnis ist umso besser, je mehr wir Grund haben, etwas zu lernen, je mehr wir uns für das interessieren, was wir lernen, und je mehr wir unsere ganze Persönlichkeit in diesen Lernprozess einbringen können."[12]

Die entscheidende Rolle der individuellen Bewertung der Gedächtnisinhalte durch die Emotionen und die Funktion der entsprechenden neuronalen Mechanismen des limbischen Systems hat man erst seit Kurzem vollständig begriffen. „Grund haben, etwas zu lernen", „Interesse", die „ganze Persönlichkeit" – das sind ja vor allem Synonyme

---

[11] Squire und Kandel (2009 S. 21).
[12] Squire und Kandel (2009, S. 69).

für die emotionale Bewertung. Gern zitieren wir den Mathematiker und Kognitionspsychologen Friedhart Klix, der schon 1980 eine zentrale Einsicht zu den Emotionen auf den Punkt gebracht hat: Das ebenso Wesentliche wie Erstaunliche besteht in Folgendem: Wir haben es mit einem verhältnismäßig wenig differenzierungsfähigen System zu tun. Es unterscheidet im Wesentlichen Intensitätsstufen auf einer polaren ausgebildeten Qualitätsskala, die als Emotionen erlebbar sind und deren Veränderungen in Affekten kenntlich werden. Es ist ein System der Selbstbewertung. In dieser Funktion liefert es eindimensionale Situationscharakteristiken, vorzugsweise Bewertungen von Situationsänderungen bezüglich ihrer organismischen Bedeutsamkeit. Die darin begründete Motivationskraft des Systems bleibt in ihrer Funktion während der Evolutionsgeschichte im Wesentlichen konstant. Da aber die kognitiven Strukturen und ihre Funktionen durch Selektionsdruck sich differenzieren, gewinnt dieses grob arbeitende System Einfluss auf die Differenzierungsrichtungen kognitiver Prozesse und Leistungen – bis in deren feinste begriffliche Verästelung. Indem es die Richtung der Verhaltensdynamik lenkt, durch seine Bewertungsfunktion das zu Lernende selektiert und auf diesem Wege die inhaltliche Auslegung des zu Behaltenden, das heißt des Gedächtnisses, bestimmt, bleibt es die Motivbasis des Verhaltens in der Evolution – wie in der sozialen Geschichte des Menschen. Seine Differenzierungsfähigkeit wächst mit der Differenzierung kognitiver Strukturen, wächst gleichsam in sie hinein.[13] Diese Tatsache darf unserer Überzeugung nach bei *keiner* pädagogischen Überlegung vernachlässigt werden.[14]

---

[13] Vgl. Klix (1980, 1992).
[14] Vgl. Arnold (2005).

7.4 Das pädagogische Grundproblem

Besonders eindrucksvoll hat der Biologe und Hirnforscher Gerhard Roth die neuen und neuesten Erkenntnisse durchforscht und zusammengefasst. Er fragt, warum es so schwierig ist, sich und andere zu verändern, das eigene Denken und Handeln abzuändern.[15] Es geht also nicht um abgespeichertes Wissen, sondern um die reale – geistige und physische – Handlungsfähigkeit, besonders in offenen, nicht völlig vorherbestimmten Situationen. Es geht um die Fähigkeit, selbstorganisiert und kreativ zu handeln. Es geht um Kompetenzen.

Dabei zeigt sich, dass die Möglichkeiten der Einflussnahme auf das Handeln und auf die Entscheidungen anderer Menschen, beispielsweise von Auszubildenden, Schülern, Studenten, Mitarbeitern, möglichst realistisch und ohne pädagogisch-administrative Illusionen zu betrachten sind. Bei Entscheidungen und Verhaltensänderungen haben die unbewussten Anteile unserer Persönlichkeit das erste und das letzte Wort, Verstand und Vernunft sind nur Berater.[16] Alles was wir entscheiden, wird im Licht des emotionalen Erfahrungsgedächtnisses entschieden.[17]

Gerhard Roth hat zusammen mit anderen Neurobiologen, Psychologen und Psychotherapeuten ein überzeugendes Vier-Ebenen-Modell der menschlichen Persönlichkeit entwickelt, das die Beeinflussung und Steuerung des menschlichen Handelns abbildet. Aus gegenwärtiger neurobiologisch-psychiatrischer Sicht entstehen und wirken

---

[15] Vgl. Roth (2013a, b).
[16] Vgl. Erpenbeck (2018).
[17] Wir folgen hier teilweise wörtlich den Ausführungen von G. Roth (2007). Eine wichtige Hilfe waren uns dabei auch der Vortrag von G. Roth (2013a) „Persönlichkeit, Entscheidung und Verhalten – Warum es so schwierig ist, sich und andere zu ändern", gehalten an der Sommerhochschule Burgenland, und die exzellente Zusammenfassung durch Hans A. Wüthrich (2014).

Persönlichkeitsmerkmale demnach auf vier strukturell-funktionalen Ebenen des Gehirns zusammen, und zwar auf drei limbischen Ebenen und einer kognitiven Ebene. Diese Ebenen entstehen zu unterschiedlichen Zeiten der Hirnentwicklung und haben einen unterschiedlichen Einfluss auf Persönlichkeit und Verhalten.

Das Modell kennzeichnet eine *vegetativ-affektive Ebene,* sie sichert unsere biologische Existenz über die Kontrolle des Stoffwechselhaushalts, des Kreislauf-, Temperatur-, Verdauungs- und Hormonsystems, der Nahrungs- und Flüssigkeitsaufnahme, des Wachens und Schlafens, der Sexualität, Aggression, Verteidigung, Flucht oder Wut und die damit verbundenen Bewusstheitszustände. Diese untere limbische Ebene der unbewusst wirkenden angeborenen Reaktionen und Antriebe ist überwiegend genetisch oder durch vorgeburtliche Einflüsse bedingt. Sie ist durch Erfahrung und Erziehung kaum längerfristig zu beeinflussen.

Weiterhin gibt es die *Ebene der unbewussten emotionalen Konditionierung,* die eine erfahrungsabhängige Verknüpfung negativer oder neuartiger Ereignisse mit Gefühlen der Furcht, Angst und Überraschung verankert. Diese mittlere limbische Ebene sorgt für die Anbindung elementarer Emotionen wie eben Furcht, Freude, Glück, Verachtung, Ekel, Neugierde, Hoffnung, Enttäuschung oder Erwartung an individuelle Lebensumstände. Sie ist auch der Ort unbewusster Wahrnehmung emotionaler kommunikativer Signale wie Blicke, Mimik, Gestik, Körperhaltung, Pheromone, also Wirkstoffe, die andere Menschen anlocken können, und der primären Bindungserfahrung. Sie macht zusammen mit der ersten Ebene den Kern unserer Persönlichkeit aus. Dieser entwickelt sich in den ersten Lebensjahren und ist dann im Jugend- und Erwachsenenalter nur über starke emotionale oder lang anhaltende Einwirkungen veränderbar.

Der *oberen Ebene limbischer Areale* lassen sich soziales Lernen, Sozialverhalten, ethische Überlegungen, Risikoabschätzungen, Belohnungserwartungen, affektive Schmerz- und Verlustbewertungen und das bewusste Gefühlsleben zuordnen. Es ist die Ebene des bewussten emotional-sozialen Lernens: Gewinn- und Erfolgsstreben, Anerkennung und Ruhm, Freundschaft, Liebe, soziale Nähe, Hilfsbereitschaft, Moral oder Ethik sind hier zu verorten. Diese Ebene entwickelt sich in später Kindheit und Jugend. Sie wird wesentlich durch sozial-emotionale Erfahrungen beeinflusst. Sie ist dementsprechend nur sozial-emotional veränderbar. Hier werden zusammen mit den unteren Ebenen viele grundlegende sozial relevante Persönlichkeitsmerkmale festgelegt.

Schließlich verfügen wir über eine *kognitiv-sprachliche Ebene*, die der Sitz des Arbeitsgedächtnisses, des Verstandes und der Intelligenz ist. Es ist die Ebene der bewussten sprachlich-rationalen Kommunikation, der bewussten Handlungsplanung, einer Erklärung der Welt, der Rechtfertigung des eigenen Verhaltens vor sich selbst und anderen. Sie entsteht relativ spät und verändert sich ein Leben lang. Sie verändert sich im Wesentlichen aufgrund sprachlicher Interaktion.

Aufbauend auf solchen grundlegenden neurobiologisch gesicherten Erkenntnissen warnt Gerhard Roth eindringlich vor einem fragwürdigen *Bildungsoptimismus:* „Ohne jegliche wissenschaftliche Begründung wird davon ausgegangen, dass Menschen ein Leben lang [...] neues Wissen erwerben und neue Fertigkeiten erlernen können. Der Grad der Veränderbarkeit ist viel geringer, als man unter dem Einfluss des Behaviorismus und seines Erziehungsoptimismus glaubte und zum Teil immer noch glaubt. [...] Es sind unterschiedliche Bereiche der Veränderbarkeit des Menschen zu berücksichtigen: Der Mensch ist auch als Erwachsener noch in seinem motorischen Bereich sehr gut veränderbar, in seinen kognitiv-intellektuellen Fähigkeiten erlebt er aber schon als Fünfzigjähriger zunehmend seine Grenzen, und im Bereich der Emotionalität und der Persönlichkeit nimmt das Ausmaß der Veränderbarkeit sehr schnell ab, sodass Erwachsene nur noch in geringem Maße in ihrer Persönlichkeit veränderbar sind."[18]

Der berühmte Pädagoge Theodor Litt hat in seiner Schrift „Führen oder Wachsenlassen" das seiner Überzeugung nach wichtigste pädagogische Grundproblem erörtert. „In verantwortungsbewusstem Führen niemals das Recht vergessen, das dem aus eigenem Grunde wachsenden Leben zusteht – in ehrfürchtig – geduldigem Wachsenlassen niemals die Pflicht vergessen, in der der Sinn erzieherischen Tuns sich gründet – das ist der pädagogischen Weisheit letzter Schluss."[19] Noch schärfer hat es Georg Picht, der Kämpfer gegen die Bildungs- und damit letztlich auch gegen die Kompetenzkatastrophe formuliert; wir wiederholen es hier nochmals: „Erziehung ist in den wichtigsten Bereichen eine Kunst des Geschehen lassens, nicht eine Kunst der Formung. Und eine Pädagogik, die sich vermisst, nach dem Gleichnis Gottes die Menschen auf ein Entwicklungsziel hin bilden zu können, verfängt sich in einem Selbstbetrug, der nur die unheilvollsten Folgen haben kann."[20]

In wunderbar zugespitzter und doch unwiderlegbar allgemeingültiger Form hat Roth das *pädagogische Grundproblem* gekennzeichnet. „Diese Ebene – die kognitivsprachliche Ebene – hat die Eigentümlichkeit, [...] dass sie überhaupt nicht direkt mit den handelnden, steuernden Ebenen interagiert. Sie interagiert mit der rechten Hemi-

---

[18] Roth (2013b) S. 211.
[19] Litt, Th. (1929), S. 127.
[20] Picht, G. (1969), S. 28.

sphäre, aber nicht mit den tiefer liegenden limbischen Zentren. Überhaupt nicht. Das ist die Tragik. Wir können also klar an die Ratio, an den Intellekt, an die Intelligenz appellieren, sprachlich oder verbal, und das muss überhaupt keine Folgen haben! Es gibt ein Paradox, dass die Ebenen, die am stärksten Einfluss auf unser Verhalten haben, die untere und mittlere Ebene, am wenigsten veränderbar sind. Die untere Ebene ist kaum veränderbar. Die mittlere limbische Ebene der Konditionierung ist durch das Ansprechen individuell-emotionaler Motive und durch langes Einüben veränderbar. Das ist der Grund dafür, dass es lange dauert und schwierig ist – aber nicht unmöglich! Soziale Interaktion ist schnell veränderbar. Man kann einen zu Tränen rühren, sodass er mit tiefer Überzeugung sagt: ‚Mensch, Roth, du hast recht, ab Montag wird alles anders.' Wir wissen nur: Es sind Tränen geflossen, aber es wird sich nichts ändern. […] Die kognitiv-rationale Ebene ist beliebig veränderbar. Sie sagen mir: Ihr Flugzeug geht nicht um Viertel vor Sieben, sondern erst um Sieben. Und ich antworte: Prima. Und normalerweise kann ich mein Verhalten völlig darauf einstellen. Es hat ja auch mit meiner Persönlichkeit nicht viel zu tun, ob ich Viertel vor Sieben oder um Sieben Uhr abfliege."[21]

Als völlige Illusion entlarvt er, übrigens in Übereinstimmung mit dem pädagogischen Konstruktivismus,[22] der im Lernen einen aktiven, situativen und sozialen Prozess sieht, bei dem das Wissen selbstgesteuert interpretiert und konstruiert wird, die Vorstellung, man könne zu guter Letzt doch noch den Nürnberger Trichter in moderner Form bemühen und Wissen in fremde Köpfe eintrichtern: „Jemand sagt etwas, und diese Äußerung dringt als Luftschwingungen

---

[21] Roth (2014).
[22] Vgl. Schmidt (2005).

in das Ohr des Zuhörers und wird im Innenohr in neuronale Signale umgewandelt, die ins Gehirn weitergeleitet werden. Dort werden diese Signale auf vielen Stufen und in unterschiedlichen Zentren des Gehirns analysiert. Zuerst werden sie als sprachliche Laute interpretiert, dann werden sie nach Lautgruppen (Phonemen, Silben) und Worteinheiten segmentiert und ihr grammatikalisch-syntaktischer Aufbau wird bestimmt. Schließlich wird der mögliche Bedeutungsgehalt konstruiert. Dies alles geschieht völlig unbewusst, und zwar in einem Zeitraum, der von etwa 300 ms bei sehr einfachen Lautäußerungen bis zu einer Sekunde bei komplizierteren Sätzen dauern kann. Wir merken in aller Regel nichts von diesem höchst komplizierten Vorgang, an dem in unserem Gehirn bis zu einer Milliarde Nervenzellen beteiligt sein können, wir nehmen nur das Endprodukt bewusst wahr, nämlich einen in der Regel sinnhaften Satz."[23]

Die Bedeutung von Wörtern und Sätzen ergibt sich daraus, dass die akustischen bzw. phonologischen und grammatikalisch-syntaktischen Laut- und Sprachmuster mit allen in unserem semantischen Sprachgedächtnis enthaltenen Bedeutungen verglichen werden, die bei dem vorliegenden Muster zutreffen könnten, und es wird diejenige Bedeutung aktiviert, die dem Muster am nächsten kommt bzw. am wahrscheinlichsten ist. Insgesamt gesehen können Bedeutungen von uns nur in dem Maße erfasst werden, in dem erstens die akustisch-phonologische, zweitens die grammatikalisch-syntaktische und drittens die semantische Analyse der Mitteilung in unserem Gehirn hinreichend korrekt verläuft.[24] Der Bedeutungskontext ergibt sich bewusst oder unbewusst aus der gesamten Lebenserfahrung einer Person.

---

[23] Roth (2013b, S. 267).
[24] Ebenda (S. 267 f.).

7 Gibt es einen Nürnberger Trichter für ...

Hieraus folgt ganz radikal, dass Bedeutungen gar nicht übertragen werden können, sondern in jedem Gehirn erzeugt (konstruiert) werden müssen. Deshalb kann Wissen auch nicht vermittelt werden.

Wir haben die ganze Abfolge psychologischer Lernvorstellungen aus *Behaviorismus, Strukturalismus, Funktionalismus* und *Kognitivismus,* bei dem Lernen als ein Prozess des aktiven Wahrnehmens, Erfahrens und Erlebens beschrieben wird, gestreift, weil sie bis heute in nahezu jeder Alltags- und Pädagogenvorstellung fest verankert sind. Die modernen Einsichten der Gedächtnis- und Hirnforschung von einem weitgehend selbstorganisierten, in seinen Handlungsimpulsen schwer beeinflussbaren und in seinen unbewussten Strukturen vollkommen unzugänglichen Gehirn, die modernen Einsichten der Pädagogik, dass eine Führungspädagogik hochproblematisch und eine auf das Wachsenlassen ausgerichtete Ermöglichungsdidaktik die eigentliche Methode der Wahl ist, haben es bei aller Alternativlosigkeit sehr schwer, sich durchzusetzen. Unser intuitives Denken ist mechanistisch und auf fassbar-fühlbare Dimensionen ausgerichtet. Die traditionelle Instruktions-Erfolgsvorstellung behagt uns als Eltern und Pädagogen. Die Vernachlässigung mikroskopischer, neurobiologischer wie komplexer sozialer Prozesse ist sicher denkökonomisch. Aber sie errichtet eine fast unübersteigbare Barriere vor dem Ziel, selbstorganisierte, kreative Handlungsfähigkeiten, also wirkliche Kompetenzen zu bilden.

Ohne Kompetenzdenken geht es doch auch, sagt der Alltagsverstand. Ohne Kompetenzdenken *geht gar nichts,* sagen die modernen Erkenntnisse der Gedächtnisforschung, der Neurobiologie und -psychologie. Siegt der Alltagsverstand, ist die Kompetenzkatastrophe, ist die moderne Bildungskatastrophe vorprogrammiert. Wer will das wirklich?

Literatur

Arnold R (2005) Die emotionale Konstruktion der Wirklichkeit. Beiträge zu einer emotionspädagogischen Erwachsenenbildung. Schneider Hohengehren, Baltmannsweiler

Dijksterhuis EJ (1956) Die Mechanisierung des Weltbildes. Springer, Berlin

Erpenbeck J (1983) Erkenntnistheorie und Psychophysik kognitiver Prozesse. Springer, Berlin

Erpenbeck J (2018) Selbstorganisation, Neuropsychologie und Werte. In: Erpenbeck J, Sauter W (Hrsg) Handbuch Kompetenzentwicklung im Netz. Bausteine einer neuen Lernwelt. Schäffer Poeschel, Stuttgart, S 115–132

Haken H (1990) Synergetik. Eine Einführung, 3. Aufl. Springer, Berlin

Haken H, Haken-Krell M (1994) Erfolgsgeheimnisse der Wahrnehmung. Synergetik als Schlüssel zum Gehirn. Ullstein Tb, Frankfurt a. M.

Haken H, Schiepek G (2010) Synergetik in der Psychologie: Selbstorganisation verstehen und gestalten. Hogrefe, Göttingen

Hüther G (2009) Ohne Gefühl geht gar nichts! Worauf es beim Lernen ankommt. DVD; Vortrag, gehalten auf der Veranstaltung „Schule träumen im Theater" in Freiburg, Juni 2009. www.amazon.de/Ohne-Gefühl-nichts-Gerald-Hüther/dp/B0030IK1Z8/ref=pd_sim_74_2?ie=UTF8&refRID=0G8XKMNF6GC4E9637HQR. Zugegriffen am 15.01.2015

Jaroschewski M (1975) Psychologie im 20 Jahrhundert. Theoretische Entwicklungsprobleme der psychologischen Wissenschaft. Volk und Wissen, Berlin

Klix F (1980) Erwachendes Denken. Eine Entwicklungsgeschichte der menschlichen Intelligenz. Deutscher Verlag der Wissenschaften, Leipzig

Klix F (1992) Die Natur des Verstandes. Hogrefe, Göttingen

Litt T (1929) Führen oder Wachsenlassen. Eine Erörterung des pädagogischen Grundproblems. Teubner Leipzig, Berlin

Mader G, Stöckl W (1999) Virtuelles Lernen. Begriffsbestimmung und aktuelle empirische Befunde. Studien, Innsbruck

Paslack R (1991) Urgeschichte der Selbstorganisation. Zur Archäologie eines wissenschaftlichen Paradigmas. Vieweg, Braunschweig

Picht G (1969) Die Verantwortung des Geistes. Klett, Stuttgart

Roth G (2007) Persönlichkeit, Entscheidung und Verhalten. Warum es so schwierig ist sich und andere zu verändern, 3. Aufl. Klett-Cotta, Stuttgart

Roth G (2013a) Persönlichkeit, Entscheidung und Verhalten. Warum es so schwierig ist, sich und andere zu ändern. Vortrag an der Sommerhochschule Burgenland

Roth G (2013b) Persönlichkeit, Entscheidung und Verhalten: Warum es so schwierig ist, sich und andere zu ändern. Klett Cotta, Stuttgart

Roth G (2014) Warum es so schwer ist, sich und andere zu ändern. In: Lehofer M, Roth G, Schmidt G (Hrsg) Warum es so schwer ist, sich und andere zu ändern. DVD. Mühlheim-Baden. www.auditorium-netzwerk.de. Zugegriffen am 04.03.2015

Schmidt SJ (2005) Lernen, Wissen, Kompetenz. Vorschläge zur Bestimmung von vier Unbekannten. Carl Auer, Heidelberg

Squire LS, Kandel ER (2009) Gedächtnis. Die Natur des Erinnern, 2. Aufl. Spektrum, Heidelberg

Wahl D (2013) Lernumgebungen erfolgreich gestalten – Vom trägen Wissen zum kompetenten Handeln, 3. Aufl. Klinkhardt, Bad Heilbrunn

Wüthrich HA (2014) Persönlichkeit, Entscheidung und Verhalten. Warum es so schwierig ist, sich und andere zu verändern. http://orgportal.org/fileadmin/media/legacy/Zusammenfassung_Roth_PersoenlichkeitEntscheidung_und_Verhalten.pdf. Zugegriffen am 11.02.2015

8

Gewinnt Pythagoras durch Emotionen?

Zusammenfassung Die neuesten neuropsychologischen Erkenntnisse erfordern ein fundamentales Umdenken in Bezug auf Lernen und Kompetenzentwicklung, Wissensweitergabe und Handlungsfähigkeit. Allerdings folgt aus diesen Erkenntnissen noch nicht im Detail, wie konkrete Lernprozesse zu gestalten, wie wirkungsvolle Kompetenzentwicklungsprozesse konkret zu formen sind. Abstrakte Überlegungen zum Kampf gegen die Kompetenzkatastrophe und zur Überwindung der dagegenstehenden Barrieren reichen nicht aus, vielmehr werden ganz konkrete pädagogische Methoden in diesem Kampf benötigt. Es wird zu einer neuen Form von kompetenzorientierter Ermöglichungsgestaltung führen.

„Man stelle sich einen Mathematiklehrer vor, der gerade dabei ist, den über 2000 Jahre alten Satz des Pythagoras in Kindergehirne zu hämmern, wenn er diese Maxime liest: Ohne Gefühl geht gar nichts." Den Satz hatten wir warnend eingeflochten, als wir die neuropsychologische Barriere darstellten, die den Kampf gegen die Kompetenzkatastrophe erschwert oder sogar verhindert.

Wir haben im vorigen Abschnitt gezeigt, warum die neuesten neuropsychologischen Erkenntnisse ein *fundamentales Umdenken* in Bezug auf Lernen und Kompetenzentwicklung, Wissensweitergabe und Handlungsfähigkeit erfordern. Allerdings folgt aus diesen Erkenntnissen noch nicht im Detail, wie *konkrete Lernprozesse* zu gestalten, wie wirkungsvolle Kompetenzentwicklungsprozesse konkret zu formen sind. Patentrezepte, die aus den neuen Erkenntnissen der Neurobiologie pädagogische Maximen ableiten, sind mit äußerster Vorsicht zu betrachten.

8.1 Doppelte Vorsicht

Patentrezepte in der Pädagogik sind mit doppelter Vorsicht zu genießen, weil bei deren Kritik zurecht angemahnt wird, dass Lernen aus ganzheitlichen, sozialen Prozessen besteht, von denen neurobiologische nur ein Teil sind. Nicht das Gehirn lernt, sondern der Mensch. Lernen ist im Endeffekt eine Entwicklung der Handlungsweisen der Menschen und damit kein Vorgang, der auf das Gehirn beschränkt ist. Der Mensch ist ein komplexes System, dessen Gehirn mit einer Vielzahl von Rückmeldungen aus dem Körper und der Umwelt ausgestattet ist. Lernen ist ein individueller Prozess, der bei jedem Menschen einzigartig verläuft. Vorsicht ist bei solchen Patentrezepten aber auch geboten, weil sie die heutigen Schwierigkeiten, die Neurobiologie und -psychologie von Lernprozessen in Einzelheiten zu verstehen, gnadenlos für Argumente des „Weiter so" und für den Lobpreis des Nürnberger Trichters ausnützen.

8 Gewinnt Pythagoras durch Emotionen?

Leider kann man aus der „Neurodidaktik" bisher nur wenige wirksame Lernstrategien ableiten. Realistisch müssen wir davon ausgehen, dass wir mit ihrer Hilfe zukünftig typische Hirnfunktionen besser verstehen können. Wir haben den Eindruck, dass die Neurowissenschaften erst heute dabei sind herauszubekommen, wie das Gehirn Wahrnehmungen und Informationen wirklich verarbeitet, wie Emotionen und Denkprozesse tatsächlich zusammenwirken und wie Erfahrungen real angeeignet werden, also wie Kompetenzerwerb tatsächlich stattfindet. Genau das sind Schlüsselfragen für die Kompetenzentwicklung in der Zukunft.[1]

Jedes Gehirn ist einzigartig. Jedes Lernen ist einzigartig. Wir müssen deshalb bei der Erklärung von Lernvorgängen auch Erkenntnisse der Pädagogik, der Entwicklungspsychologie und der Soziologie mit einbeziehen und so gut es geht grassierende Neuromythen vermeiden. „Alles, was Sie je über ‚linkshirnige' und ‚rechtshirnige' Lerner gehört haben, sollten Sie schnell wieder vergessen", mahnte der Hirnforscher Michael Madeja von der Hertie Research Group an.[2] Seit etwa 1990 versuchen die Neurowissenschaften mithilfe von Erkenntnissen über die Funktionen des Gehirns verbesserte pädagogische Lösungen bis hin zu Ernährungstipps für effizienteres Lernen zu schaffen. Schaut man sich die Antworten der Hirnforschung genauer an, stellt man fest, dass es aus dieser Wissenschaft bisher wenige Erkenntnisse gibt, die praktische Auswirkungen auf die Gestaltung von Lernprozessen haben. Selbst für die Grundschule, auf

---

[1] Vgl. Erpenbeck (2018).
[2] Madeja (2015).

die sich die Neurodidaktik vor allem fokussiert, fehlen oft wirklich verwertbare Erkenntnisse. Zudem fällt auf, dass Ratschläge von „Neurodidaktikern" häufig nicht auf Erkenntnissen der Gehirnforschung, sondern auf pädagogischen oder psychologischen Studien basieren.[3]

So stellte bereits 2005 das Bundesministerium für Bildung und Forschung – vielleicht ein bisschen zu rigoros – fest: „Die häufig geäußerte Vorstellung, wonach die Hirnforschung zur Klärung theoretischer Kontroversen in der Pädagogik beitragen könnte, trifft nicht zu."[4] Die Gehirnforschung kann zwar ziemlich genau lokalisieren, wo etwas im Gehirn passiert, wenn wir lernen. Aber sie ist noch nicht in der Lage, individuelle Lernprozesse aufzuklären.

Wenn wir den Nutzen des Kompetenzdenkens und des Kampfes gegen die Kompetenzkatastrophe realistisch abschätzen und das Verhältnis von Pythagoras und Emotionen plausibel aufklären wollen, müssen wir uns deshalb einem Themenkreis widmen, den wir bisher weitgehend ausgespart haben. Wir hatten resümierend behauptet, ein Kern der neueren Kompetenzauffassungen sei, dass jedes Wissen an sich emotional durchdrungen, emotional „imprägniert" werden muss, um zu Wissen „für uns", und damit zu Kompetenz zu werden. Und dass als „Treiber" dieser emotionalen Imprägnierung Bewunderung des Lehrenden, des Gelehrten, der Schönheit des Stoffes, Begeisterung, Leidenschaft, Engagement, Wille, Interesse, Neugier, Anteilnahme, Wissbegier, aber auch Vorsicht, Bedachtsamkeit, Angst und vieles mehr wirken können.

---

[3] Vgl. u. a. Spitzer (2012).
[4] BMBF (2005, S. 7).

Aber wie findet diese „Imprägnierung" tatsächlich statt? Und wie schaffen wir es, dass wir dem emotional imprägnierten Wissen, in dem unsere Kompetenzen und damit unsere emotionalen Wertungen stecken, diese Wertungen wieder so auszutreiben, dass „wertfreies" wissenschaftliches Wissen entsteht? Dass der Satz des Pythagoras in all seiner wertfreien Klarheit in uns eingeht?

8.2 Emotionale „Imprägnierung" des Wissens

„Realschüler setzen die Erkenntnisse des Mathematikers Pythagoras im Iltispark mit praktischen Übungen um. So macht Unterricht gleich viel mehr Spaß", offerierte die WAZ ihren Lesern.[5] „Wir wollen vermitteln, dass das, was man in der Schule lernt, auch im Berufsleben eine Rolle spielt", so die Intention der Pädagogen an einer Realschule in Hamborn, um den Schülern der Jahrgangsstufe neun den Satz des Pythagoras näherzubringen. Die Schüler hatten in diesem Projekt die Gelegenheit, im Iltispark die Formel von Pythagoras im Gelände zu erproben. Dabei mussten sie die graue Theorie aus dem Unterricht in der Realität umsetzen. In mehreren Gruppen sollten die Schüler die genaue Lage für ein Sitzelement ausmessen. Ausgerüstet mit Schnurnägeln, Fluchtstangen, Zollstöcken und Maßbändern gingen die Schüler begeistert an die Arbeit. Sie verzichteten sogar freiwillig auf ihre Pause, um das in der Theorie zuvor erlernte in der Praxis umzusetzen. „Draußen in der Gruppe kann man sich besser austauschen", sagte die 16-jährige Sonja Postler. „In der Klasse hat man eine Formel und rechnet für sich alleine."[6]

---

[5] Vgl. Huth (2007).
[6] Ebenda.

Im Garten- und Landschaftsbau kommt es bei der Vermessung des Geländes vor allem auf Genauigkeit an. Fehler beim Messen können zu extrem hohen Folgekosten führen, wenn zum Beispiel eine Gartenmauer zu lang oder zu kurz ist. Dieses Problem hatten die Schüler nicht. „Mit euren Ergebnissen hätte man schon arbeiten können", lobte eine Pädagogin den Arbeitseifer der Schüler.[7]

Der Schüler Dustin Lahrfeld könnte sich nach diesen positiven Praxiserfahrungen nun sogar vorstellen, die dreijährige Ausbildung zum Garten- und Landschaftsbauer zu machen. Die Arbeit in der Natur ist es, was den 15-jährigen Schüler besonders reizt.

Wir haben dieses instruktive Beispiel ausgewählt, um zu illustrieren, wie „Wissen an sich" in der den ganzen Menschen fordernden *Praxis* zu „Wissen für uns" wird, wie es emotional imprägniert wird und so in unsere Handlungsfähigkeiten, in unsere Kompetenzen eingeht. Aus einer Vielzahl von denkbaren Möglichkeiten wird hier diejenige ausgewählt, die am höchsten bewertet wird, weil sie als räumlich ästhetisch, zielführend ökonomisch, befriedigend, gemeinschaftlich und sogar gemeinwohlfördernd politisch empfunden wird. Dieses Bündel von genuss- und nutzenorientierten, ethischen und politischen Wertungen wird aufgrund der Offenheit der Situation *(Schaffen wir das?)*, der intensiven Beschäftigung mit dem physischen und geistigen Material *(Können wir das, verstehen wir das?)* und des letztendlich begeisternden Erfolgs *(Wir haben es geschafft!)* tief in die Emotionen der Schüler eingebrannt. Die Wertungen werden als Emotionen interiorisiert. Der so hoch bewertete, emotional imprägnierte Pythagoras wird kaum noch vergessen.

Deshalb wird übrigens in der Arbeitswelt bei Neueinstellungen so gut wie nie eine Wissensprüfung veranstaltet.

---

[7] Ebenda.

8 Gewinnt Pythagoras durch Emotionen?

Man stelle sich vor, ein Softwareingenieur, der sich für eine neue Stelle bewirbt, müsste seine aktuellen Kenntnisse einer Programmiersprache in einer Prüfung zum Besten geben. Vielleicht würde er in so einer Prüfungssituation versagen. Aber aus seiner bisherigen Arbeit, aus bewältigten und sogar unbewältigten Projekten, aus simpler Fachsimpelei lässt sich meist sehr gut auf seine Programmierkompetenzen schließen. Er kann dieses Wissen vielleicht nicht explizieren und reproduzieren, aber er verfügt darüber. Er hat es sich – emotional imprägniert – angeeignet.

Sach- und Fachwissen bildet die Grundlage unseres alltäglichen wie unseres beruflichen Handelns. Zu kompetentem Handeln wird es aber erst, wenn wir dieses Wissen auch emotional bewerten und situationsentsprechend einsetzen können. Insofern bilden *Werte die Kerne von Kompetenzen*.[8] Diese Werte sind wiederum das Ergebnis von Erfahrungsbewertungen. Völlig gleiches Sach- und Fachwissen kann zu völlig unterschiedlichen, gleichwohl als hoch kompetent einzuschätzenden Handlungsvarianten führen. Im Bereich politischen Handelns ist das beispielsweise eher die Regel als die Ausnahme.

Wir haben den *Prozess der individuellen Aneignung von Wertungen,* also der Umwandlung von Wertungen in eigene Emotionen und Motivationen, als Interiorisation oder Internalisation von Werten bezeichnet, schon oft dargestellt.[9] In diesem Prozess werden uns Wertungen unseres Wissens, unserer Erfahrungen und unseres Handelns als Emotionen tief eingeprägt. Unser Wissen wird emotional imprägniert. Das hilft uns, die nächsten ähnlichen Handlungen kompetenter zu bewältigen.

Es existieren zwar verschiedene Emotions- und Motivationstheorien, beispielsweise die bereits vorgestellten

---

[8] Vgl. Erpenbeck, Sauter (2018), vgl. Fischer (2019).
[9] Beispielsweise Erpenbeck und Sauter (2015).

Reiz-Reaktions-Theorien, die *Erwartungswerttheorien,* nach der sich der Mensch an der Summe aus Nutzen und Eintrittswahrscheinlichkeit orientiert, die *Attribuierungstheorien,* die beschreiben, wie Menschen bestimmte Handlungsweisen erklären, *Dissonanztheorien,* nach denen die Menschen danach streben, ihr Wertesystem im Gleichgewicht und ohne Widersprüche zu halten, *intentionale Theorien,* die von zielorientierten, pädagogischen Aktionen ausgehen oder *soziale Theorien.* Trotzdem deutet die allgemeinpsychologische Darstellung individueller Wertaneignung, die sich vor allem an diesen Emotions- und Motivationstheorien orientiert, interessanterweise durchgehend auf bestimmte Grundelemente.[10]

Ausgangspunkt ist stets die Existenz bereits interiorisierter, also verinnerlichter, oder „bloß gelernter" Werte, beispielsweise genussorientierter, nutzenorientierter, ethischer, politischer und anderer Werte, als Individual-, Gruppen-, Schichten-, Klassen- oder Nationalwerte gefasst, die zuvor in verschiedenen sozialen Prozessen von Praxis, Arbeit, Spiel, wissenschaftlicher oder künstlerischer Tätigkeit, Unterricht und anderen gewonnen wurden.

Das Individuum sieht sich ständig vor *individuelle Entscheidungssituationen* gestellt, oft aus sozialen Entscheidungssituationen in Arbeit, Freizeit, Familie oder Organisationen herrührend. Es muss sich unter Freiheit und Selbstverantwortung zu instrumentellem oder kommunikativem, zeichenvermitteltem Handeln entscheiden. Im Mittelpunkt stehen hier solche Entscheidungssituationen, die nicht rein „kognitiv-algorithmisch", allein unter Zuhilfenahme des bereits akkumulierten Wissens gelöst werden können, auch nicht unter Rückgriff auf bereits interiorisierte Werte als „Entscheidungsleitlinien".

---

[10] Vgl. u. a. Baumgart (2007).

Das führt zu beträchtlicher *kognitiver Dissonanz*,[11] bei der Erfahrungen und Informationen zur persönlichen Einstellung bzw. zu getroffenen Entscheidungen im Widerspruch stehen, zur *Labilisierung*, bei der im emotionalen Sinne Dissonanzen erlebt und bewältigt werden, und *Instabilität des inneren Zustands* durch Ungewissheit.[12] Emotionale Labilisierung basiert immer auf kognitiven Konflikten, die durch die Wahrnehmung von Veränderungen oder zunächst unlösbaren, widersprüchlichen Problemlagen hervorgerufen werden. Der ausgelöste emotionale Spannungszustand ist die entscheidende Voraussetzung jeder *Interiorisation:* Je größer das emotionale Gewicht, desto tiefer werden die zur Auflösung der Dissonanz führenden Werte später im „Grund der Seele" verankert. Da die Entscheidungen unter kognitiver Dissonanz, Labilisierung und Instabilität gefällt werden müssen, *löst sich nach und nach die Verklammerung* von bereits in Form von Emotionen und Motivationen interiorisierten Werten und dem zugehörigen theoretischen Wissen und Handlungswissen, es werden situationsentsprechende neue Werte gleichsam probehalber entwickelt.

Führt die getroffene Entscheidung und entscheidungsgemäße Handlung, meist im Rahmen sozialer Kollaboration und Kommunikation in Form einer tatsächlichen oder geistigen Handlung ausgeführt, zum Erfolg, das heißt, wird das Handlungsergebnis zunächst individuell, später auch in sozialer Kommunikation als erfolgreich eingeschätzt, kommt es zu einer neuen *komplexen Abspeicherung von Wissen, Entscheidung, Handlungsergebnis, zusammen mit den zum Handlungserfolg führenden Werten*. Aufgrund der vorangegangenen Dissonanz und Labilisierung verankert der Handlungserfolg diese Werte tief im emotionalen Grund. Genau in

---

[11] Vgl. Festinger (1957).

[12] Vgl. Berlyne (1974); Simonov (1975, 1986).

diesem Fall sprechen wir von einer *Interiorisation der Werte*. Die Einschätzung einer physischen oder kommunikativen Handlung als erfolgreich setzt eine entsprechende *Wertkommunikation* in der unmittelbaren Bezugsgruppe des Handelnden voraus.

Die Interiorisation der neuen Werte eröffnet *neue Handlungsmöglichkeiten* und führt zu einem *neuen* physischen und kommunikativen *Handeln* bei vergleichbaren sozialen und individuellen Entscheidungssituationen unter kognitiver Unsicherheit. Die interiorisierten Werte werden schließlich *sozial kommuniziert* bis hin zur Entstehung eines „sozialen Mittelwerts" in Form von Normen- und Wertesystemen, deren Durchsetzung mithilfe von Sanktionen und Institutionen gefördert wird und die damit auf weitere Interiorisationsprozesse rückwirken.[13]

Diese komplizierte Beschreibung führt zu einem ziemlich einfachen und praktisch äußerst wichtigen Resultat: Die notwendige Interiorisation, die emotionale Verankerung von Wertungen und die damit erfolgende emotionale Imprägnierung des Informations- und Handlungswissens, kann nur über dissonante, widersprüchliche, emotional anrührende, „labilisierende" Situationen erfolgen. Dies können Transferaufgaben, Forschungsaufträge, Praxisprojekte oder Herausforderungen am Arbeitsplatz sein. Man kann Wertungen, man kann Werte noch so oft predigen, gleich ob es sich um religiöse, kulturelle, ethnische, ethische, politische oder unternehmensbezogene handelt, ihre Wirkung muss in emotional anrührenden Situationen selbst erfahren, selbst erlebt werden. Deshalb ist es so richtig, den Satz des Pythagoras auf die geschilderte Weise erlebbar zu machen. Deshalb ist es so wichtig, der Praxis den höchsten Stellenwert bei der Entwicklung von Kompetenzen zuzu-

---

[13] Die Stufen sind ausführlich dargestellt in: Erpenbeck und Weinberg (1994, S. 142 ff.).

schreiben und jedem zu misstrauen, der behauptet, er könne diese Anforderungen auf dem Wege der Wissensweitergabe fördern. Deshalb sind kunstvoll formulierte Werte in Hochglanzbroschüren so wirkungslos.

Wo keine emotionale Berührung, keine emotionale „Labilisierung" stattfindet, werden keine Kompetenzen vermittelt. Punktum. Nicht überall, wo Kompetenzentwicklung drauf steht, ist auch Kompetenzentwicklung drin.

Nicht immer kann man Praxissituationen der geschilderten Art schaffen. Doch sichern häufig Methoden des Coachings oder des Trainings die notwendige emotionale Berührung. Nicht die Wissensweitergabe ist die Aufgabe des Coachs, sondern die Vermittlung einer positiven, kreativen Einstellung zu diesem Wissen. Trainings, die es schaffen, nicht nur die Wissensreproduktion anzuregen, sondern auch die emotionale Durchdringung des Wissens und Handelns, befördern die Kompetenzentwicklung.

Praxis – Coaching – Training – Seminar – Unterrichtsstunde, in dieser abnehmenden Reihenfolge sollte man Maßnahmen zur Kompetenzentwicklung bewerten und planen.

Natürlich gibt es pädagogische Mittel, auch in der Vorlesung, im Seminar und in der Unterrichtsstunde, um eine gewisse emotionale Imprägnierung des Wissens zu erzielen. Auf die Bedeutung der *Lehrerpersönlichkeit* für die Kompetenzentwicklung hat der neuseeländische Erziehungswissenschaftler John Hattie mit seiner berühmten Meta-Metastudie[14] auf der Basis von 50.000 Einzelstudien aus Vorschule, Schule, Hochschule und Erwachsenenbildung hingewiesen. Zwar ist die anfängliche Euphorie über diese Studie, die im Vergleich mit der „Entdeckung des Heiligen Grals" durch Times Education Supplement gipfelte, verflogen und einer nüchternen Betrachtung gewichen, weil die zugrunde liegenden Untersuchungen einen nicht weiter

---

[14] Vgl. Hattie (2009).

trennbaren Effektstärken-Cocktail mit recht unterschiedlicher Qualität bilden. Trotzdem wird deutlich, dass gleichsam die positiven Emotionen, die man dem Lehrenden, dem Gelehrten gegenüber empfindet, auf das gelehrte Wissen übertragen werden.[15] Das funktioniert manchmal großartig, manchmal gar nicht und ist eine ziemlich fragwürdige Methode, wenn man nicht 100 % von ihrem Fach begeisterte Lehrpersonen voraussetzt.

Die *Schönheit des Stoffs* mag in künstlerischen Disziplinen eine wichtige emotionale Imprägnierung bedeuten. Sicher wirkt sie mit bei der Begeisterung für fremde Sprachen, besonders natürlich bei Griechisch und Latein und bei denen, die archäologischer Aufklärung benötigen. Trotzdem ist die reale Sprachpraxis im entsprechenden Land sicher der wichtigere Antrieb zum Erwerb von Sprachkompetenz als die Schönheit der Sprache. Eine besondere Bewandtnis hat es mit der Sprache von Logik und Mathematik. Auch hier kann die Kompetenz aus dem Umgang mit Praxisproblemen erwachsen. Das Pythagoras-Beispiel liefert eine schöne Illustration. Andererseits wird gerade von Mathematikern und Logikern immer die Schönheit von Formeln und Verfahren hervorgehoben. Wir fürchten, dass gerade auf diesem Gebiet viel zu wenig pädagogischer Eros investiert wird. Wer Mathematik nicht als schönes Spiel, sondern nur in schweißtreibender Prüfungsanstrengung erlebt, hat in den MINT-Fächern – Mathematik, Informatik, Naturwissenschaft, Technik – von Anfang an schlechtere Karten. Der Aufbau wirklicher mathematischer Kompetenz, also die Fähigkeit in und mit Mathematik selbstorganisiert und kreativ zu handeln, wird ohnehin viel zu wenig ermöglicht.

---

[15] vgl. Wahl (2013).

8 Gewinnt Pythagoras durch Emotionen?

Neugier und Offenheit gegenüber Sachen, Themen und Gegenständen sind vor allem mit Persönlichkeitseigenschaften verbunden, also kaum pädagogisch beeinflussbar. Hingegen sind *Begeisterung, Leidenschaft, Engagement, Wille, Interesse, Neugier, Anteilnahme, Wissbegier* schon pädagogisch zu erreichen – aber wiederum vor allem in Praxissituationen, im echten Experimentieren oder in Forschungsprojekten, in praxisgleichen Trainings, dagegen kaum in der Abgeschlossenheit des Klassenzimmers oder des Vorlesungssaals. Auch Vorsicht, Bedachtsamkeit, Angst, die Begleitemotionen fast jeder realen Unternehmensentscheidung, sind pädagogisch nur mit größter Vorsicht einzusetzen. „Angst ist das Tor zu Mehr", dieser Maxime des berühmten Verhaltenstherapeuten und Coachs Jens Corssen würde heute kaum ein Pädagoge folgen, obwohl sie für Schüler, Studenten und Führungsverantwortliche in Unternehmen in sicher ähnlicher Weise gilt.

Eine gewisse emotionale Imprägnierung liefern gezielt genutzte *Medien*. Jeder Geschichtslehrer, jeder Historiker, der nicht nur mit Zahlen und Fakten um sich wirft, ist dankbar für die Fülle nutzbaren Materials, das durch die modernen digitalen Medien, z. B. durch Virtual Reality mit einem Rundgang durch Pompeji vor seiner Zerstörung, heute zur Verfügung steht. Wie will man die Abscheu vor Krieg und Kriegsverbrechen, Rassismus und Genozid anders emotional verankern als durch große Kunstwerke? oder realitätsnahe Dokumentationen?

Fast völlig ungenutzt bleibt nach unseren Erfahrungen die *erlebte Wissenschaftsgeschichte*. Wir alle verwenden die Fourier-Zerlegung akustischer Signale und ihre Umwandlung in mp3- und mp4-Dateien, aber wie ist Joseph Fourier auf diese geniale, zu ihrer Zeit heftig angefeindete Idee gekommen? Wie haben sich überhaupt wirkliche mathematische und physikalische Entdeckungen und Erfindungen abgespielt? Die Geschichte vieler physikalischer Entdeckungen gleicht eher aufregenden Kriminalromanen als dröger Wissenseinsicht. Selbst wo Schüler ungehemmt und mit offenem – natürlich abgesichertem – Ausgang physikalisch experimentieren dürfen, verstehen sie weniger von der Sache, als wenn man sich an den Ausgangspunkt der historischen Wissensentstehung begibt. Wenn man konkrete Entdeckungsmomente gleichsam nachspielt.[16] Erinnert sei an den unübertroffenen Physikroman von Anna Maria Jokl, „Die wundersamen Abenteuer des Basilius Knox", worin der wunderliche, aber konsequente Herr Knox das Perpetuum mobile, den Kälteofen, Elektrizität und vieles mehr gemeinsam mit drei Kindern entdeckt. „Die Entdeckungen der Drei sind so spannend geschrieben", vermerkt eine Leserin dazu, „dass mein Sohn, acht Jahre, und ich, eine der Physik bis dato eher abgeneigte Mama, das Buch nicht mehr weglegen wollten. Sehr stark ist auch das Nachwort von Oskar Kokoschka aus dem Jahr 1937."[17]

Damit ist ein Nächstes gegeben. Oft kann man durch *Formen von Spiel* Wissensstoff emotional imprägnieren. Wenn es nach der Fülle von außerordentlich anregenden, didaktisch tief durchdachten und doch leicht gemachten Lehr- und Spielbüchern der Mathematik ginge, dürfte es kaum die berühmte „Mathematikangst" geben, die bekannt und gut durchforscht ist.[18] „Komm mit ins Zahlenland: Eine spielerische Entdeckungsreise in die Welt der Mathematik", fordert ein wirklich unterhaltsames Büchlein von Gerhard Friedrich und Viola de Galgóczy die jungen Leser auf.[19] Im Begleittext des Buches heißt es: „Das Buch motiviert Kinder bei ihren ersten bewussten Erkundungen in die Welt der Mathematik und unterstützt sie darin, sich im fantasievollen, kreativen Spiel ein solides, gut strukturiertes

---

[16] Überzeugend demonstriert in der Folge „Welt unter Strom", arte (2013).
[17] Jokl (1997).
[18] Vgl. Porsch et al. (2015).
[19] Vgl. Friedrich und de Galgóczy (2011).

und facettenreiches Fundament zu erarbeiten. Dabei eignen sie sich ein emotional positives Gesamtbild mathematischer Zusammenhänge an und entdecken den Spaß an Zahlen." Schöner kann man die emotionale Imprägnierung kaum zusammenfassen.

Es gibt unübertreffliche Mathematiklehrer, so den bekannten Pädagogen Peter Martens, der aus Verachtung für einen seiner Lehrer einen eigenen Weg der emotional fassbaren Darstellung wählte. Sein einstiger Mathematiklehrer, so erinnert er sich, „erklärte nicht, er ‚bimste ein'. Wer nicht begriff, den schlug er. Ein Lehrer, dem Kenntnisse wichtiger sind als das Erkennen, der nur behauptet, wo man erklären müsste."[20] In Bezug auf den Unterricht in Informationstechnologie formuliert in ähnlichem Zusammenhang die Informatikerin Liz Bacon: „IT kann ungeheuer kreativ, aufregend und faszinierend sein: Programmieren, das Verschlüsseln von Daten, das Lösen von Problemen – all das macht Spaß! Das müssen die Lehrer vermitteln."[21] Erinnert sei an das großartige Werk von Magnus Enzenzberger und Rotraut Berner, „Der Zahlenteufel: Ein Kopfkissenbuch für alle, die Angst vor der Mathematik haben".[22] Noch intensiver wird der Zusammenhang von Mathematik und Emotionen in Daniel Tammets poetischem Werk „Die Poesie der Primzahlen".[23]

Eine Tatsache ist leider, dass die so nahe liegende und pädagogisch gerade im Bereich der Montessori-Schulen und einiger deutlich kompetenzorientierter Schulen längst erprobte emotionale Imprägnierung mathematischen Stoffs nur ganz unzureichend praktiziert wird.

---

[20] Vgl. Goos (2015).
[21] jko (2015).
[22] Enzensberger und Berner (2014).
[23] Tammet (2014).

8.3 Das Aufsteigen vom Abstrakten zum Konkreten

Wer in den Naturwissenschaften und in der Technik, aber auch in den Human- und Sozialwissenschaften nicht nur mit Sach- und Fachwissen umgeht, sondern ein solches Wissen selbst erzeugt und verbreitet, wird versuchen, jegliche emotionale Imprägnierung so gut es geht daraus auszuwaschen. Dieser Waschzwang spielt in der Diskussion um die sogenannte Wertfreiheit der Wissenschaften eine grundlegende Rolle.

Albert Einstein veröffentlichte 1905 ein im Rahmen der speziellen Relativitätstheorie entdecktes Naturgesetz, die weltumstürzende Formel von der Äquivalenz von Masse und Energie: $E = mc^2$. Man stelle sich vor, dieser Text enthielte zugleich Wertungen des darin beschriebenen Sachverhalts. Genusswertungen wie: „Uns stehen damit unendliche Energiequellen zur Verfügung, die für die ganze Erdbevölkerung ein sorgloses Dasein ermöglichen." Nutzenswertungen: „Die gesamte Industrie und Wirtschaft wird, auf Kernenergie umgestellt, sich in ungeahntem Maße entwickeln." Ethische Wertungen: „Die Entdeckung kann zur Vernichtung von Menschen größten Ausmaßes führen." Politische Wertungen: „Die Verfügungsgewalt über die neuen Energien wird die politische Landkarte der Welt völlig umgestalten." Nichts dergleichen steht in dem Text. Er konstatiert wertfrei und emotionslos den ungeheuerlichen Sachverhalt.

Die hier aufscheinende Problematik hat ein umfangreiches Nachdenken über die Wertfreiheit von Wissenschaft ausgelöst, das im Werturteilsstreit kulminierte. Wir wollen hier nur einen kurzen Blick auf die für unsere Thematik so wichtige Problematik werfen. „Zu Beginn des 20. Jahrhunderts wurde in den deutschsprachigen Sozial-

8 Gewinnt Pythagoras durch Emotionen?

und Kulturwissenschaften der Streit darüber ausgetragen, ob die Verfasser von wissenschaftlichen Untersuchungen ihre Resultate mit eigenen Wertungen, mit Empfehlungen für die politische Anwendung oder gar mit der Behauptung verbinden dürfen, dass die Ergebnisse eine bestimmte politische Praxis erzwingen. [...] Im deutschen Sprachraum popularisierte Max Weber den Vorschlag einer strengen Trennung zwischen Werterkenntnis und Bewertung der Forschungsgegenstände."[24] Jürgen Habermas setzte den Hinweis auf den untrennbaren Zusammenhang von Erkenntnis und Interesse dagegen.[25]

Klar ist, dass der Prozess der *Vorwertung* und der *Verwertung* von Erkenntnissen *immer* mit Werten zusammenhängt und diese schon deshalb nicht emotionslos und wertfrei produziert werden können. Klar ist aber auch, dass im Resultat des wissenschaftlichen Erkennens, in der Publikation, im Patent, in der Konstruktionszeichnung oder in der Formel Wertungen nichts mehr zu suchen haben. Das führt zu einem Dilemma, das unseres Wissens oft nicht klar genug artikuliert wird, aber zur Zementierung der Kompetenzkatastrophe deutlich beiträgt.

All unser bisheriges Bemühen in diesem Buch war darauf gerichtet zu zeigen, dass die bloße Weitergabe von Wissen, das nicht mit Emotionen „imprägniert" und in diesem Sinne wertfrei ist, kaum zur Kompetenzentwicklung beiträgt. Wie sehr selbst ein hoch abstrakter mathematischer Forschungsprozess von Emotionen imprägniert, ja infiltriert ist, macht ein beeindruckender Forschungsbericht des Physikers und Mathematikers Cedric Villani klar.[26]

---

[24] Regenbogen (2010) S. 279 ff.
[25] Habermas (1971, S. 146–168).
[26] Vgl. Villani (2013).

Andererseits gibt es Formen von Sprache, funktionalen Zusammenhängen und allgemeinen Entwicklungsbeziehungen, die nicht von praktischen Erfahrungen positiver oder negativer Art abgedeckt sind, die nur in der Anwendung auf ganz unterschiedliche Erscheinungen der Mathematik, Physik, Chemie oder Biologie konkretisiert werden können. Ein solches Vorgehen wird in der pädagogischen Literatur als Aufsteigen vom Abstrakten zum Konkreten gekennzeichnet.[27] Die emotionale Imprägnierung solcher Formen ergibt sich auf eigene Weise als Funktionslust, mit den sprachlich-logischen Abstraktionen zu spielen, zu experimentieren und sie schließlich in unterschiedlichsten Anwendungen zu konkretisieren. Sie führt zu der Fähigkeit, „wertfreie" Resultate zu erzielen und dennoch die eigenen Kompetenzen voll einsetzen zu können.

Wir haben versucht zu zeigen, dass es nicht nur abstrakte Überlegungen zum Kampf gegen die Kompetenzkatastrophe und zur Überwindung der vier dagegenstehenden Barrieren gibt, sondern dass man auch ganz *konkrete pädagogische Methoden* in diesem Kampf nutzen kann. Nicht nur das. Kompetenzentwicklung lässt sich auch administrativ ermöglichen und initiieren. Das wird sich von der klassischen Bildungsadministration erheblich unterscheiden. Es wird zu einer neuen Form von kompetenzorientierter Ermöglichungsadministration führen. Sie soll uns im Kampf gegen die Kompetenzkatastrophe hoch willkommen sein.

Literatur

Baumgart F (2007) Erziehungs- und Bildungstheorien. Erläuterungen, Texte, Arbeitsaufgaben. Klinkhardt, Bad Heilbrunn

Berlyne DE (1974) Konflikt, Erregung, Neugier. Klett, Stuttgart

---

[27] Vgl. Lompscher (2004).

8 Gewinnt Pythagoras durch Emotionen?

BMBF (2005) Lehr-Lern-Forschung und Neurowissenschaften. Erwartungen, Befunde, Forschungsperspektiven. Berlin. www.bmbf.de/pub/bildungsreform_band_dreizehn.pdf. Zugegriffen am 16.10. 2012

Enzensberger HM, Berner RS (2014) Der Zahlenteufel: Ein Kopfkissenbuch für alle, die Angst vor der Mathematik haben. Fischer, München

Erpenbeck J (2018) Selbstorganisation, Neuropsychologie und Werte. In: Erpenbeck J, Sauter W (Hrsg) Handbuch Kompetenzentwicklung im Netz. Bausteine einer neuen Lernwelt. Schäffer Poeschel, Stuttgart, S 115–132

Erpenbeck J, Sauter W (2015) Wissen, Werte und Kompetenzen. Wissen und Qualifikation sind keine Kompetenzen. Springer Gabler, Heidelberg

Erpenbeck J, Sauter W (2018) Wertungen Werte. Das Fieldbook für ein erfolgreiches Wertemanagement. Springer, Berlin

Erpenbeck J, Weinberg J (1994) Menschenbild und Menschenbildung. Waxmann, Münster

Festinger L (1957) A theory of cognitive dissonance. Stanford University Press, Evanston

Fischer CA (2019) Werte als Kerne von Kompetenzen. Eine theoretische Studie mit einer empirischen Analyse in Montessori-Schulen. Waxmann, Münster, New York

Friedrich G, de Galgóczy V (2011) Komm mit ins Zahlenland: Eine spielerische Entdeckungsreise in die Welt der Mathematik. Herder Verlag, Freiburg

Goos H (2015) Holz fürs Hirn. Ein Zeugnis und seine Geschichte – Wie aus einem sehr schlechten Schüler ein sehr guter Mathelehrer wurde. Spiegel, 11, 61 f

Habermas J (1971) Erkenntnis und Interesse. In: Habermas J (Hrsg) Technik und Wissenschaft als ‚Ideologie'. Suhrkamp, Frankfurt am Main, S 146–168

Hattie JAC (2009) Visible learning. A synthesis of over 800 meta – analyses relating to achievement. Routledge, London

Huth D (2007) Pythagoras in der Praxis. www.WAZ.de. http://www.derwesten.de/staedte/duisburg/nord/pythagoras-in-der-praxis-id1990334.html. Zugegriffen am 08.05.2007

jko (2015) Bildung – kreativ und aufregend. Spiegel 11:102
Jokl AM (1997) Die wirklichen Wunder des Basilius Knox. Ein Roman über die Physik für Kinder von 10 bis 70 Jahren. Nachwort: Oskar Kokoschka. Insel, Frankfurt am Main
Lompscher J (2004) Aufsteigen vom Abstrakten zum Konkreten im Unterricht: Versuche zu einer alternativen Lehrstrategie. Potsdam. Universität Potsdam. LLF-Berichte 16, S 98–118
Madeja M (2015) Neuromythen und Lernen. FAZ, 4. März
Porsch R, Strietholt R, Macharski T, Bromme R (2015) Mathematikangst im Kontext: Ein Inventar zur situationsbezogenen Messung von Mathematikangst bei angehenden Lehrkräften. J Mathematik-Didaktik 1:36–57
Regenbogen A (2010) Wertfreiheit – Werturteil. In Sandkühler H-J (Hrsg) Enzyklopädie Philosophie, Bd 3. Felix Meiner, Hamburg, S 2979 ff
Simonov P (1975) Widerspiegelungstheorie und Psychophysiologie der Emotionen. Volk und Gesundheit, Berlin
Simonov P (1986) The emotional brain. Physiology, neuroanatomy, psychology and emotion. Plenum, New York
Spitzer M (2012) Digitale Demenz. Wie wir uns und unsere Kinder um den Verstand bringen. Droemer, München
Tammet D (2014) Die Poesie der Primzahlen. Hanser, München
Villani C (2013) Das lebendige Theorem. Fischer, Frankfurt am Main
Wahl D (2013) Lernumgebungen erfolgreich gestalten – Vom trägen Wissen zum kompetenten Handeln, 3. Aufl. Klinkhardt, Bad Heilbrunn

9

Können Kompetenzen administriert werden?

Zusammenfassung Die neuesten neuropsychologischen Erkenntnisse erfordern ein fundamentales Umdenken in Bezug auf Lernen und Kompetenzentwicklung, Wissensweitergabe und Handlungsfähigkeit. Allerdings folgt aus diesen Erkenntnissen noch nicht im Detail, wie konkrete Lernprozesse zu gestalten, wie wirkungsvolle Kompetenzentwicklungsprozesse konkret zu formen sind. Abstrakte Überlegungen zum Kampf gegen die Kompetenzkatastrophe und zur Überwindung der dagegenstehenden Barrieren reichen nicht aus, vielmehr werden ganz konkrete pädagogische Methoden in diesem Kampf benötigt. Es wird zu einer neuen Form von kompetenzorientierter Ermöglichungsadministration führen.

Werden Lernsysteme, wie bisher üblich, mit zentral vorgegebenen Curricula, lehrorientierten Szenarien und wissensorientierten Abschlussprüfungen gestaltet, ist eine zentrale Administration des Bildungssystems notwendig und ohne prinzipielle Probleme machbar. Hierfür können Verwaltungsjuristen in Ministerien und Schulbehörden rechtlich fundierte Verwaltungsvorschriften erlassen, die alle Aspekte des Lehrbetriebs bis ins Detail regeln. Die Bildungsinstitutionen weisen deshalb in allen Bereichen heute ein extremes Ausmaß an Administration auf. So leistet sich der Schulbereich, wie wir bereits erwähnten, in einigen Bundesländern bis zu fünf Hierarchieebenen: vom Abteilungsleiter über den Schulleiter zum Schulamt und zum Oberschulamt bis zum Kultusministerium. Deutschlands Schulen kranken dabei vor allem daran, dass sich ihre Lehrkonzeption, ihre Struktur, aber auch ihre Architektur an den Bedürfnissen der Verwaltung orientieren, dass in erster Linie Fächer unterrichtet und eher nachrangig Kinder und Jugendliche gefördert werden.

Besteht das Ziel aber darin, individuelle Kompetenzentwicklung im Sinne von Handlungen möglich zu machen, wandert die Verantwortung für den Lernprozess zu den Schülern, Studenten oder Mitarbeitern. Wissen und Qualifikation ohne das Erleben in erfolgreichen Anwendungen fehlt aber die emotionale Erfahrung der *Selbstwirksamkeit*. Deshalb können Kompetenzen lediglich reifen, aber nicht erzwungen werden. Die Lernsysteme, die Strukturen und die Bildungsverantwortlichkeiten müssen sich grundlegend verändern.

Benötigt wird deshalb im gesamten Bildungsbereich ein grundsätzlicher Wandel zu einer Architektur der Erlebnisorientierung, auch im Bereich des Wissensaufbaus und der Qualifizierung und insbesondere in der Kompetenzentwicklung. Curricula werden zukünftig durch individualisierte Kompetenzziele ersetzt, die Planung der Lernprozesse erfolgt selbstgesteuert oder -organisiert innerhalb eines Ermöglichungsrahmens durch die Lerner selbst, und der Lernerfolg wird an den jeweiligen Projekt- und Arbeitsergebnissen gemessen. Die Lehrer, Dozenten und Trainer werden zu Lernbegleitern.

In vielen *Unternehmen* wird seit Jahrzehnten erfolgreich die Erkenntnis umgesetzt, dass komplexe Systeme nicht zentral reglementiert werden können. Warum weigern sich die meisten Bildungsverantwortlichen in allen Bereichen trotzdem weiterhin, die Entwicklung lebensfähiger Systeme mit dem Ziel selbstorganisierten Lernens zu ermöglichen? Sie finden doch keine Alternative dazu. Rolf Arnold gibt darauf die treffende Antwort: „Als solche sehen sie, was sie kennen, und was sie nicht kennen, vermögen sie kaum – oder nur schwer – zu sehen. Das Pädagogische konstruieren wir uns demnach im Kontext einer kulturellen Relativität mit den Mustern, über die wir aus eigener Erfahrung und Anschauung verfügen. Die Basis unseres pädagogischen Beobachtens, Denkens und Forschens ist unsere eigene durchlebte und erduldete Lernsozialisation."[1] Deshalb gibt es wohl kaum einen Bereich in Gesellschaft und Wirtschaft, der sich so stark gegen die notwendigen Veränderungen wehrt, wie der Bildungsbereich.

9.1 Anforderungen an Bildungsorganisationen

Die Anforderungen an Bildungsorganisationen werden sich in den kommenden Jahren wie bereits beschrieben dramatisch verändern. Die besonderen Herausforderungen für das zukünftige Bildungsmanagement liegen dabei darin, die grundlegenden Veränderungen in Gesellschaft und Unternehmen mit voraussichtlich immer knapper werdenden Ressourcen und mit immer leistungsfähigeren Computersystemen vorausschauend zu bewältigen. Besondere Bedeutung hat hierbei die Entwicklung zu selbstorganisierten Lernprozessen. Deshalb kann Bildung, kann die Kompetenz-

---

[1] Vgl. Arnold und Erpenbeck (2014).

entwicklung nicht administriert werden, sehr wohl aber der Rahmen dafür. Dabei geht es darum, individuelle, selbstorganisierte Lernprozesse im Rahmen gemeinsamer Ziele zu ermöglichen. Es soll also weniger ein Anpassungs- als ein Gestaltungsansatz eines aktiven Bildungsmanagements umgesetzt werden.

Auch in der umfassenden Untersuchung von John Hattie wird deutlich, dass Zuwendung, Empathie, Ermutigung, Respekt, Engagement und Leistungserwartungen sowie das soziale Miteinander eine zentrale Rolle in Lernprozessen spielen.[2] Damit bestätigte Hattie einen großen Teil der in den letzten Jahrzehnten gewonnenen lernpsychologischen Erkenntnisse. Lernen ist demnach für jede Person ein einzigartiger Prozess, der dringend einer Vorherrschaft aktiver Lernphasen bedarf. Auch ist handlungspsychologisch nachgewiesen, dass das Motivationsgeschehen genauso individuell ist und sich ebenso schwer verallgemeinern lässt wie Lernstrategien und Vorkenntnisse. Die enormen Unterschiede im Lerntempo Erwachsener mit dem Faktor 1:9 lassen es zudem als unsinnig erscheinen, Lernende in einem gemeinsamen Lerntempo zu unterrichten.[3]

Fasst man diese empirisch nachgewiesenen Erkenntnisse zusammen, kann man nur zu einem Schluss kommen. Es kommt vor allem auf die Lerner selbst an. Sie benötigen den Freiraum, sich in großem Maße selbstorganisiert nach ihrem ganz persönlichen Lerntyp, ihren Motivationen und Lernstrategien, mit den Herausforderungen im Lernprozess auseinandersetzen zu können. Das erfordert, dass Lehrer oder Trainer zu *Lernbegleitern* werden, die sich durch ihre Expertise auszeichnen.

Das Ziel der Kompetenzentwicklung und die Anforderungen, die sich aus der Ermöglichungsdidaktik ableiten,

---

[2] Vgl. Hattie (2009).
[3] Vgl. Wahl (2013).

haben zur Folge, dass sich das Selbstverständnis aller Bildungsinstitutionen und deren Verantwortlichen, aber auch der heutigen Lehrer, Dozenten, Trainer und der Lerner, fundamental verändern wird. Auch die Bildungspolitik wird von dem Versuch Abschied nehmen, Lehr- und Lernprozesse durch Reglementierungen zu bestimmen. Sie hat zukünftig vielmehr die Aufgabe, vielfältige Lernräume zu schaffen, in denen aktive Suchbewegungen, selbstgesteuerter Wissensaufbau und Qualifizierung und selbstorganisierte Kompetenzentwicklung in herausfordernden Lernsituationen erfolgen können. Das Ziel ist nicht mehr Wissenspauken, sondern die Ermöglichung individueller Kompetenzreifung. Deshalb benötigt das gesamte Bildungssystem – in allen Bereichen – eine Umwälzung, die Ziele, Inhalte, Methoden, Medien und Erfolgskontrollen mit einbezieht.

Folglich wird die Weiterentwicklung der Lernsysteme mit einem Veränderungsprozess auf allen Ebenen und in allen Bereichen beginnen, der sämtliche betroffenen Institutionen und Beteiligte mit einbezieht. Diese Veränderungsprozesse werden mit Sicherheit kommen, weil es die veränderten Anforderungen und Rahmenbedingungen in einigen Jahren erzwingen werden. Dann kann es bereits zu spät sein, um die Wettbewerbsfähigkeit des deutschen Bildungssystems zu sichern. Besser wäre es, die notwendigen Veränderungen bereits heute aktiv anzugehen.

9.2 Bildungsmanagement

Kompetenzentwicklung ist kein Administrationsprozess, sondern die selbstorganisierte Gestaltung individueller Lernprozesse. Kann man es sich dabei wirklich erlauben, die Kompetenzentwicklung der Lerner, wie bisher meist üblich, dem Zufall zu überlassen? Wir halten das für eine Verschwendung von wertvollen Ressourcen. Deshalb sehen wir die Lösung darin, die individuelle, selbstorganisierte Kompetenzentwicklung der Lerner systematisch zu ermöglichen. Dabei müssen reale Herausforderungen und der Austausch von Erfahrungswissen von Anfang an konsequent in die Lernprozesse integriert werden. Diese Schwerpunktverlagerung bedingt wiederum, dass die Wissensweitergabe und die Qualifizierung nicht das Ziel ist, sondern die notwendige Voraussetzung für die selbstorganisierte Kompetenzentwicklung in der Praxis schafft. In dieser Lernkultur der Ermöglichungsdidaktik, die durch einen hohen Grad an Eigenverantwortung gekennzeichnet ist, bietet es sich wiederum an, auch den Wissensaufbau mit Hilfe der Künstlichen Intelligenz in die Selbststeuerung der Lerner und ihres Lernnetzwerks zu legen.[4]

Damit wird eine zentrale Bildungsadministration, die Lehrprozesse reglementiert, weitgehend überflüssig. Folglich ist es völlig ausreichend, wenn zentral Richtziele vorgegeben werden. Es ist jedoch zu befürchten, dass sie deshalb die notwendigen Veränderungsprozesse mit allen ihr zur Verfügung stehenden Mitteln verhindert. Die Politik ist gefordert, den Schulräten, Referatsleitern und Ministerialdirigenten in der Kultusverwaltung die Möglichkeiten zur Reglementierung der Lernprozesse weg zu nehmen, sodass die Lerner und die Bildungsverantwortlichen „vor Ort" endlich die notwendigen Freiräume erhalten. Schulleiter, Lehrer, Dozenten und Trainer, das heißt die Gestalter und Begleiter von Lernprozessen, übernehmen zukünftig selbst die Verantwortung für den Aufbau und die Pflege der Lernrahmen sowie die Begleitung der individuellen Lernprozesse. Lernen wird dann dort gestaltet, wo die pädagogische Kompetenz sitzt, nicht in den Amtsstuben der Bildungsbürokratie.

Bildungsmanagement ist als Teilgebiet der Wirtschaftspädagogik ein noch relativ junges Handlungsfeld. Es ist dabei grundsätzlich für alle Anbieter von Dienstleistungen

---

[4]Vgl. Sauter (2018).

im Kontext der Bildung, also Schulen, Hochschulen, Weiterbildungseinrichtungen oder Bildungsabteilungen in Unternehmen, relevant. Bildung wird von den Schweizer Didaktikern Dieter Euler und Angela Hahn als die Fähigkeit und Bereitschaft des Individuums zur eigen- und sozialverantwortlichen Bewältigung sozioökonomischer Lebenssituationen verstanden.[5] Bildungsmanagement umfasst damit nach Peter Ulrich, einem Vertreter des St. Gallener Managementmodells, die Gestaltung, Steuerung und Entwicklung von sozialen Systemen, die dem Zweck der Bildung von Menschen im Spannungsfeld betriebswirtschaftlicher und pädagogischer Ziele dienen.[6]

Die Dienstleistungen, die das Bildungsmanagement zu erbringen hat, sind somit nur erfolgreich, wenn der Lernende sich die Bildung selbst in einem individuellen Bildungsprozess aneignet. Deshalb können sie nur eingeschränkt standardisiert werden. Bedarfsgerechtes Bildungsmanagement steht damit diametral im Gegensatz zu der gewohnten Administration von Bildungsprozessen.

Auf der normativen Ebene ist in einem gemeinsamen Prozess der Bildungsverantwortlichen die Frage zu beantworten: Warum und wozu handeln wir in einer Bildungsorganisation? Auf der strategischen Ebene geht es um die Frage, ob wir die *„richtigen Dinge machen"*. Die grundlegende Auswahl im Sinne der Richtziele erfolgt im öffentlichen Bildungsbereich auf politischer Ebene, in den Unternehmen auf der strategischen Ebene der Geschäftsleitung. Die individuelle Zielformulierung findet dann innerhalb dieser Rahmenvorgaben durch die Lerner mit Unterstützung ihrer Lernbegleiter statt.

Damit rücken im Bildungsmanagement die Fragen der Interaktion mit internen und externen Anspruchsgruppen

---

[5] Vgl. Euler und Hahn (2007).
[6] Vgl. Ulrich (2004, S. 143–165).

in den Vordergrund. Dabei stehen die Gestaltung und laufende Optimierung des Ermöglichungsrahmens, die Sicherung der professionellen Lernbegleitung, die Positionierung gegenüber Mitbewerbern auf dem Bildungsmarkt sowie die ökonomische Tragfähigkeit der Bildungsleistungen im Mittelpunkt.

Auf der operativen Ebene des Bildungsmanagements geht es letztendlich um die Frage, ob wir die ausgewählten *„Dinge richtig machen"*. Dabei stehen vor allem solche Fragen im Mittelpunkt: Wie kann die Wertschöpfungskette einer Bildungsorganisation präzisiert und konkret in Prozesse überführt werden? Wie können die Strukturen und Kulturen so verändert werden, dass lernförderliche Rahmenbedingungen entstehen? Wie können Lernrahmen gestaltet und laufend optimiert werden, um die individuelle Kompetenzentwicklung im Prozess des Arbeitens oder Forschens zu ermöglichen? Wie können die Kompetenzen der Bildungsplaner und Lernbegleiter laufend optimiert werden?

Dass diese Aufgabe keine Verwaltungsbehörde, aber auch keine traditionelle Hochschule oder Personalentwicklung, leisten kann, liegt auf der Hand. Benötigt werden deshalb grundlegend veränderte Strukturen im Bildungsbereich sowie neue Kompetenzen der Bildungsplaner und Lernbegleiter, wie wir die heutigen Personalentwickler, Trainer, Dozenten und Lehrer nennen wollen.

9.3 Bildungsmanagement in Schulen

In der politischen Diskussion wird seit Jahrzehnten heftig über die Reform der Strukturen des Schulsystems gestritten. Dabei geht es vor allem um Fragen, wie sechs oder vier Jahre Grundschule, zwei- statt dreigliedriges Schulsystem, Gesamtschule, Ganztagsschulen … Dagegen zeigt der Erziehungswissenschaftler Klaus Zierer nachdrücklich auf, dass es nach den Ergebnissen der wissenschaftlichen Forschung keinen kausalen Zusammenhang zwischen Strukturmaßnahmen und dem Lernerfolg gibt. Er kommt vielmehr auch zu der Schlussfolgerung, dass veränderte Kompetenzen der Akteure notwendig sind.[7]

Es werden in den Schulen zukünftig Lernbegleiter benötigt, deren Wertesystem durch ihre Dialogbereitschaft, Leidenschaft und damit ihre Kompetenz geprägt ist. Diese professionellen Lernbegleiter initiieren die Bearbeitung herausfordernder Aufgaben auf dem Niveau des Transfers und des Problemlösens, also von Kompetenzentwicklungsprozessen. Anstatt ständig Strukturreformen anzumahnen, benötigt man deshalb Veränderungsprozesse im Bildungsbereich unter Einbeziehung aller Akteure.

Die Schulen, das heißt die Schulleiter gemeinsam mit ihrem Lehrerkollegium, übernehmen innerhalb eines gemeinsamen Ziel- und Werterahmens die Verantwortung für die Gestaltung des jeweiligen Lernrahmens in ihrem Verantwortungsbereich. Deshalb werden Schulleiter benötigt, die ihre Aufgabe vor allem darin sehen, gemeinsam mit ihrem Team an Lernbegleitern einen Ermöglichungsrahmen für kompetenzorientierte, individuelle Lernprozesse zu schaffen und laufend zu optimieren. Schulleiter müssen in der Lage sein, zusammen mit ihrem Lehrerteam bedarfsgerechte Lernarrangements zu entwickeln und umzusetzen.

Erfolgreiche Schulleiter werden Ermutiger und Problemlöser, Unterstützer und Wegbereiter sowie Gestalter, aber keine Verwalter sein. Sie sind in der Lage, Widerstände zu überwinden, innovationsfördernde Rahmenbedingungen personeller, räumlicher und technologischer Art zu schaffen, die Entwicklung einer entsprechenden Lernkultur zu fördern, die Teamentwicklung im Kollegium zu initiieren

---

[7] Vgl. Nida-Rümelin und Zierer (2015).

und zu begleiten und die Entwicklung innovativer Lernlösungen zu steuern.

So ein Profil setzt voraus, dass Lehrer mit didaktisch-methodischen Visionen Schulleiter werden. Außerdem sollten auch externe Bewerber mit pädagogischer Erfahrung die Möglichkeit erhalten, solche Funktionen zu übernehmen, damit die Schulen immer wieder innovative Impulse erhalten, beispielsweise aus der betrieblichen Bildung.

Die Schulen müssen, wie es teilweise heute schon geschieht, ihre Lehrer selbst auswählen, sich im Bedarfsfall aber auch wieder von ihnen trennen können. Dass dafür das antiquierte System verbeamteter Lehrer abgeschafft werden muss, liegt auf der Hand. Die Kultur der Einzelkämpfer, die für die meisten Schulen heute kennzeichnend ist, muss durch eine kollaborative Entwicklung und Umsetzung von Lernarrangements mit dem Ziel der Kompetenzentwicklung ersetzt werden.

Die Entwicklung von Führungskräften im Schulbereich differiert in den einzelnen Bundesländern. Im Regelfall gibt es eine Führungsakademie, häufig auch unter anderen Bezeichnungen, in der die kommenden Schulleiter, nicht selten zusammen mit zukünftigen Führungskräften aus anderen Behörden, über Monate in einer unendlichen Zahl von Seminaren auf ihre neue Aufgabe vorbereitet werden. Dabei fällt auf, dass juristische Themen eine zentrale Rolle spielen.

Wenn man wirklich erreichen will, dass sich die Schulen den aktuellen Herausforderungen aktiv stellen, dann muss vor allem auch die Aus- und Weiterbildung der Schulleiter radikal verändert werden. Wir schlagen deshalb vor, die Seminare in Führungsakademien mit kaum messbarer Lerneffizienz abzuschaffen und die Rolle, möglichst auch die Bezeichnung, der heutigen Akademien grundlegend zu ändern.

Die schulischen Führungsakademien sollten sich davon lösen, primär als Seminaranbieter für Führungskräfte zu handeln. Vielmehr sollten sie Partner der Schulleiter im

Führungsprozess werden. Sie sollten deshalb den Schulleitern einen Ermöglichungsrahmen für ihre eigene Kompetenzentwicklung als Führungskraft bieten. Das könnte bedeuten, dass die heutige Lehre durch ein Lernen im Prozess der Arbeit ersetzt wird, in dem die Führungskompetenz in der Führungspraxis in der Schule und im Austausch mit Kollegen aufgebaut und laufend weiterentwickelt wird.

Für die heutigen Akademien sehen wir zukünftig die Rolle, Kompetenzmodelle und Kompetenzdiagnostiksysteme für Schulleiter zu entwickeln, laufend die Lernkonzeptionen und -systeme in Praxisprojekten mit den Schulleitern und Lehrern und die Lerninfrastruktur, aber auch die eigenen Kompetenzen weiterzuentwickeln. Dazu gehört, ein kontinuierliches Veränderungsmanagement zu steuern, ein kompetenzorientiertes Wissensmanagement zu schaffen sowie individuelle, selbstorganisierte Kompetenzentwicklungsprozesse zu ermöglichen. Weiterhin übernehmen die Experten der Akademie das Coaching und Mentoring der individuellen Lernprozesse der Schulleiter.

Es ist offensichtlich, dass ein derartiges Profil nicht nur veränderte Strukturen und Prozesse im Schulbereich, sondern auch andere Rollen und Kompetenzen in den „Führungsakademien" erfordert. Dafür sind politische Entscheidungen zwingend notwendig.

9.4 Bildungsmanagement in Hochschulen

Obwohl die Welt der Hochschulbildung seit Jahrzehnten im Umbruch ist, kümmern sich auch dort die meisten verantwortlichen Akteure eher um Struktur- und Budgetfragen, Evaluations- und Rechenschaftsfragen. Sie zäumen sozusagen das Pferd von hinten auf, zulasten einer Auseinandersetzung mit den Lehr- und Lernzielen sowie den Lehrinhalten der Universitäten, die diesen eher administrativen Fragestellungen vorausgehen sollten. Trotz des Bologna-Prozesses dominiert in den Hochschulen, auch wenn sie von „Kompetenzen" sprechen, überwiegend die Illusion einer „Wissensvermittlung" und der Qualifizierung. Man gewinnt den Eindruck einer diffusen Kompetenzbasis. Die Beschreibungen sind inputgetrieben, beziehen sich auf die inhaltlichen Ausstattungen und nicht auf das Ziel des professionellen Handelns, das im Studium erreicht werden soll.[8]

Die Vorstellung der Universität als Ort der „Wissensvermittlung", an dem Studierende wie leere Gefäße mit Informationen abgefüllt werden, ist überholt. Auch Hochschulen haben zukünftig vielmehr die Aufgabe, den Studierenden zu ermöglichen, ihre Kompetenzen selbstorganisiert zu entwickeln, Informationen zu sammeln, auszuwählen, zu organisieren und zu bewerten, damit sich aus ihnen Wissen und letztendlich problemlösendes Handeln bildet. Dies ist mit einer zentralen Administration nicht mehr zu leisten.

Die Auswirkungen der Lernrevolution durch das Internet und die Künstliche Intelligenz führen dazu, dass Lehre nicht mehr als notwendige Voraussetzung dafür, dass Lernen stattfindet, akzeptiert wird. Vielmehr werden neue Strukturen benötigt, die vor allem den freien Fluss von Informationen und Wissen zwischen allen Universitätsmitgliedern zum Ziel haben und Studierende in die Lage versetzen, von- und miteinander zu lernen.

Das Ziel der Kompetenzentwicklung führt dazu, dass neue Medien, innovative Lernformate, wie beispielsweise MOOC oder Open Educational Resources, zunehmend in die Lernarrangements integriert werden, allerdings ohne

---

[8] Eine umfassende Kritik dazu in: Ehlers und Schneckenberg (Hrsg.) (2010).

diese zu dominieren.⁹ Ähnlich wie im Schulbereich wird ein Prozess notwendig sein, bei dem zentral vorgegebene Curricula durch individuelle Kompetenzziele der Studenten ersetzen werden.

Die Trennung von Präsenz- und Fernhochschulen wird damit fragwürdig. So nahm 2015 die *Hamburg Open Online University* (HOOU), die von fünf staatlichen Hamburger Hochschulen getragen wird, ihren Betrieb auf. „Die HOOU steht für die Idee eines hochschulübergreifenden Online-Lernangebots mit akademischem Anspruch für Menschen mit Interesse an akademischer Bildung. Es sollen Lernszenarien ermöglicht werden, in denen neben den eigentlichen Inhalten die Lernenden selbst im Mittelpunkt stehen. Es ist geplant, konsequent freie Lernressourcen (Open Educational Resources – OER) bereitzustellen und diese in sinnvolle didaktische Konzepte für das gemeinsame Online-Lernen und Blended Learning einzubetten."¹⁰

9.5 Bildungsmanagement in Unternehmen

Auch die Personalentwicklung in Unternehmen hatte und hat noch vielfach mit Laufbahnkonzepten und Seminarplanung bis hin zum Hotelmanagement zu tun. Dafür gibt es bewährte professionelle Systeme, die meist auch eine hohe Akzeptanz genießen. Betriebliche Entwicklungssysteme für Mitarbeiter und Führungskräfte nehmen aber die Zukunft vorweg, wenn sie die Unternehmen für den kommenden Wettbewerb fit machen wollen. Wenn Online-Kommunikation, Recherche im Intranet oder Internet sowie die Erstellung von Dokumenten im Netz für immer mehr Men-

---

⁹ Vgl. Höfer (2013); Robes (2015).
¹⁰ www.uni-hamburg.de/elearning/hoou.html.

schen zur Normalität werden, sollten diese Instrumente auch integraler Bestandteil betrieblicher Lernsysteme werden. Die Mitarbeiter tragen an ihrem Arbeitsplatz immer mehr Eigenverantwortung und organisieren ihre Prozesse selbst. Es zeichnet sich deshalb ab, dass das betriebliche Lernen in der Zukunft Kompetenzentwicklung ist.[11]

Halten es die Entscheider in einem Unternehmen für notwendig, die Kompetenzentwicklung ihrer Mitarbeiter und Führungskräfte zu ermöglichen, stellt sich die Frage, wie diese vielfältigen Prozesse gesteuert und begleitet werden können. Es wird ein Kompetenzmanagementsystem benötigt, eine Managementdisziplin, mit der die Kompetenzentwicklung im Unternehmen im Sinne der Unternehmensstrategie ermöglicht wird. Ziel ist es, die Potenziale der Unternehmen im Bereich der Mitarbeiterentwicklung effektiv zu nutzen und zielorientiert zu entwickeln.

Kompetenzen entstehen in einem permanenten, selbstorganisierten Entwicklungsprozess aller Mitarbeiter und Führungskräfte, der beim Daten-, Informations- und Wissensmanagement beginnt und in die Kompetenzentwicklung mündet. Kompetenzmanagement kann darauf aufbauen, wenn es sich an Unternehmenszielen ausrichtet und eine Veränderung der Denk- und Handlungsweisen aller Beteiligten, vom Lerner über die Trainer, Coaches bzw. Tutoren bis zu den Führungskräften, ermöglicht.

Deshalb ist Kompetenzmanagement immer auch strategisch orientiertes Veränderungsmanagement. Es verknüpft die Kompetenzprofile der Mitarbeiter mit den Kernkompetenzen der Unternehmen. Es schließt alle Bereiche der Kompetenzerfassung und Kompetenzentwicklung der Mitarbeiter mit dem Ziel ein, die Wettbewerbsfähigkeit des gesamten Unternehmens zu optimieren.

---

[11] Vgl. Corporate Learning Community (2017).

Kompetenzmanagement erfordert eine Neupositionierung des betrieblichen Bildungsmanagements, das zukünftig die Rolle eines aktiven, strategieorientierten Gestalters und Begleiters der Lernprozesse im Unternehmen spielt. Dies ist dabei nur im Sinne einer „Ermöglichungsdidaktik" möglich, die den Mitarbeitern und Führungskräften ein Lernsystem bietet, in dem sie ihre Kompetenzen selbstorganisiert im Rahmen realer Herausforderungen in der Praxis entwickeln können. Für diese Neupositionierung des Bildungsbereichs müssen viele lieb gewonnen Rollenelemente über Bord geworfen werden. Es lohnt sich aber, diesen Weg zu gehen, weil damit der Bildungsbereich in Zukunft eine strategische Schlüsselposition übernimmt.

Insbesondere die Megatrends Digitalisierung und Künstliche Intelligenz verändern die Arbeitswelten, die Unternehmens- und Wissenskulturen und die dazugehörigen Führungsverständnisse. Der Bildungsbereich wandelt sich entsprechend. Die Schweizer Pädagogen Christoph Meier und Sabine Seufert benutzen hierfür das anschauliche Bild des Lernlandschaftsarchitekten.[12] Zu seinen Aufgaben gehört insbesondere die Mitgestaltung der Rahmenbedingungen für die selbstorganisierte, persönliche Kompetenzentwicklung der Mitarbeiter und Führungskräfte. Dazu ist ein strukturiertes Vorgehen zur Beschreibung, Bewertung und zum Nachweis individueller Kompetenzen notwendig. Das Ziel ist, das vorhandene Entwicklungspotenzial zu erkennen und bestmöglich zu nutzen und die eigenen Kompetenzen, orientiert an individuellen Kompetenzzielen, zu erweitern.

Lernkonzeptionen mit zunehmender Selbstorganisation und -verantwortung der Lerner haben zur Folge, dass die heutigen Personalentwickler entweder ihre Rolle verlieren oder sich zu Kompetenzmanagern wandeln. Auch Bildungsplaner werden zunehmend an Zielen im Bereich der Wett-

---

[12] Vgl. Meier und Seufert (2012).

bewerbsfähigkeit der Unternehmen gemessen werden. Neue Strukturen, Rollen und Kompetenzen der Planer, Entwickler, Trainer, Tutoren und Coaches in betrieblichen Lernsystemen sind erforderlich. Kompetenzmanager werden bereits bei der strategischen Planung als Partner einbezogen, damit sie die notwendigen Lernprozesse zur Umsetzung strategischer Maßnahmen rechtzeitig initiieren können. Das setzt ein hohes Ansehen der Kompetenzmanager im Unternehmen voraus.

Kompetenzmanagement erfordert eine neue Rolle des heutigen betrieblichen Bildungsmanagements als aktiver und strategieorientierter Gestalter und Begleiter der Kompetenzentwicklungsprozesse im Unternehmen. Personalentwickler übernehmen die Aufgabe, Kompetenzen zu beschreiben, sie transparent zu machen und allen Mitarbeitern und Führungskräften zu ermöglichen, Kompetenzen selbstorganisiert zu erwerben und zielorientiert weiterzuentwickeln. Kompetenzmanagement ist in diesem Verständnis nicht mehr und nicht weniger als eine immer wichtiger werdende Managementdisziplin, mit der die Kompetenzen im Unternehmen aktiv erfasst, analysiert, bewertet und gefördert werden.

Jeder Organisation verfügt heute über ein unvergleichlich höheres Potenzial zur Weiterentwicklung ihres Bildungsbereiches, wenn sie den Modus der Konkurrenz verlässt und in einen Phase der Offenheit und Konstruktivität wechselt. Deshalb bilden sich zunehmend unternehmensübergreifende Netzwerke und Initiativen, die es ermöglichen, kollaborative Prozesse von Unternehmen und Organisationen zur Identifikation der Problemfelder und zur Entwicklung von innovativen Lernlösungen zu initiieren. So erfährt das mehrmals jährlich gestaltete Corporate Learning Barcamp in Verbindung mit vielfältigen regionalen Aktivitäten, die von der Corporate Learning Community gUG[13] getragen werden, stark wachsenden Zuspruch als

---

[13] www.colearn.de.

eine Gemeinschaft von Unternehmen mit dem Ziel, das Potenzial der Menschen zu verbinden und zu entfalten. Gemeinsam will sie ein neues Wirtschaftsbewusstsein schaffen und einen aktiven Beitrag, zur Erreichung der Nachhaltigkeitsziele der Vereinten Nationen (SDGs) leisten. Dieses lernende Netzwerk hat für die Entwicklung von Menschen mit dem Ziel der nachhaltigen Werte- und Kompetenzentwicklung in einem kollaborativen Prozess richtungsweisende Collaborative und Personal Learning Journeys konzipiert.[14]

9.6 Maßnahmen gegen die Kompetenzkatastrophe

Welche Konsequenzen ergeben sich aus der verstärkten Rolle von Computersystemen und der Künstlichen Intelligenz in Arbeits- und Lernprozessen für das Management von Kompetenzen in zukünftigen, digitalisierten Unternehmen sowie in den Schulen und Hochschulen? Welche Konsequenzen ergeben sich für das sich schnell erweiternde *Social Business,* das diese Entwicklung prägt und unter zunehmender Nutzung von sozialer Software Mitarbeiter, Partner und Kunden von Unternehmen, aber auch Schüler und Studenten, immer stärker vernetzt?[15] Diese Fragen versucht der Ansatz des strategieorientierten Kompetenzmanagements zu beantworten.

Strategieorientiertes Kompetenzmanagement ist eine Managementdisziplin, die es allen Mitarbeitern bzw. Lernenden ermöglicht, ihr individuelles Kompetenzmanagement im

---

[14] www.weq-alliance.net.
[15] Vgl. Sauter (2015, S. 7 ff.).

Rahmen der strategischen Ziele und mithilfe bedarfsgerechter Kompetenzmanagementsysteme zu planen und umzusetzen. Ziel ist es, die Potenziale der Unternehmen im Bereich der Mitarbeiterentwicklung sowie der Bildungsorganisationen effizient zu nutzen und zielorientiert zu entwickeln.[16]

Der Fokus des Kompetenzmanagements wird sich dabei von formellen zu informellen, kommunikativen, kollaborativen und selbstgesteuerten Formen der Kompetenzentwicklung verschieben. Entscheidend bleiben natürlich die strategischen Unternehmensziele. Mitentscheidend bleiben die vorhandenen Organisations- und Entwicklungsstrukturen und die im Unternehmen bereits vorhandenen Kommunikationstechnologien. Aber ohne die stetige Vervollkommnung von Strukturen, Systemen, Methoden und Werkzeugen, welche die maximale Kreativität und Selbstorganisationsfähigkeit der Mitarbeiter ermöglichen, welche also den größtmöglichen Grad an Kompetenzentwicklung der Mitarbeiter gestatten, laufen alle anderen Managementbemühungen ins Leere.

Auf frappierende Weise schließt sich hier ein bedeutsamer Gedankenkreis. Wir hatten bereits eingangs hervorgehoben, dass die Entwicklung humaner Bildung immer weniger darin bestehen kann, Wissen weiterzugeben, das aufgrund der Entwicklung der modernen Produktivkräfte, insbesondere der Computertechnologien, immer reicher sprudelt. Ein Bildungssystem, das sich vor allem als ein mächtig-gewaltiges Wissensweitergabe- und -beurteilungssystem versteht, ist eine Katastrophe, führt zu einer Katastrophe – führt zur Bildungskatastrophe, führt zur Kompetenzkatastrophe. Zur Vernachlässigung der zukunftsentscheidenden individuellen und letztlich auch organisationalen Kompetenzen. Ein beliebter Vorwurf an die Adresse der Kompetenzfreaks lautet: „Persönlichkeitsaspekte, die in den

---

[16] Vgl. Sauter und Staudt (2015).

50er- und 60er-Jahren noch unter dem Begriff der ‚Bildung' mit einem humanistischen Anspruch Gegenstand pädagogischer Bemühungen waren, werden jetzt unter dem Begriff ‚Kompetenz' wieder in die Erwachsenenbildungsdebatte eingeführt, nun aber unter einer ökonomischen Perspektive."[17]

Es zeigt sich, dass gerade die reale ökonomische Perspektive, die sich unter anderem im strategieorientierten Kompetenzmanagement manifestiert, auf Weiterentwicklung der menschlichen Bildung und des modernen Bildungsverständnisses drängt. Dass gerade diese reale Entwicklung die Instrumente liefert, die Kompetenzkatastrophe zu verhindern. Dass gerade sie mächtig genug ist, bisher nahezu unbezwinglich erscheinende Barrieren – die institutionelle Barriere, die Wissensbarriere, die Zensurenbarriere und die neuropsychologische Barriere – zu schleifen. Was in den 1950er- und 1960er-Jahren unter dem Begriff der Bildung mit humanistischem Anspruch auftrat, verflachte mehr und mehr zum Fetischismus bloßer Wissensweitergabe. Zur wohlwollenden Billigung des Bulimielernens. Zur Gleichgültigkeit gegenüber der modernen Bildungskatastrophe, der Kompetenzkatastrophe. Wurde trotz lauterster Absichten inhuman.

Literatur

Arnold R, Erpenbeck J (2014) Wissen ist keine Kompetenz. Dialoge zur Kompetenzreifung. Schneider, Hohengehren

Corporate Learning Community gUG (2017) Lernen in Organisationen im digitalen Zeitalter, S. 29 ff. https://media.cog-

---

[17] Vgl. Vonken (2001, S. 503–520).

neon.de/index.php/s/tyD7PwV7d7XPBvX#pdfviewer. Zugegriffen am 23.03.2019

Ehlers U-D, Schneckenberg D (Hrsg) (2010) Changing cultures in higher education. Moving ahead for future learning. Springer, Heidelberg

Euler D, Hahn A (2007) Wirtschaftsdidaktik. Lucius & Lucius, Stuttgart

Hattie JAC (2009) Visible learning. A synthesis of over 800 meta-analyses relating to achievement. Routledge, London

Höfer ML (2013) Im Trend: MOOCx als neues Lernkonzept – Collaboration & Wissensmanagement, Sharepoint 2013, Change Management, Innovation Management. DOK März/April, S. 65–69

Meier C, Seufert S (2012) Scil Arbeitsbericht 23: Learning Value Management. Bestimmung und Überprüfung des Wertbeitrags von Bildungsarbeit: Rahmenmodell, Instrumente und Verfahren, Beispiele. Scil, Universität St. Gallen, St. Gallen

Nida-Rümelin J, Zierer K (2015) Auf dem Weg in eine neue deutsche Bildungskatastrophe. Zwölf unangenehme Wahrheiten. Herder, Freiburg

Robes J (2015) Massive Open Online Courses: Das Potenzial des offenen und vernetzten Lernens. In: Hohenstein A, Wilbers K (Hrsg) Handbuch E-Learning. Deutscher Wirtschaftsdienst, Köln

Sauter W (2015) E-Learning in der Enterprise 2.0. Kompetenzentwicklung von Führungskräften im Prozess der Arbeit und im Netz. In: Hofmann J, Jarosch J (Hrsg) eLearning. Praxis der Wirtschaftsinformatik, Wiesbaden, S 7–20 HMD Heft 301

Sauter W (2018) Geschäftsmodell einer digitalisierten Bildung. In: Erpenbeck J, Sauter W (Hrsg) Handbuch Kompetenzentwicklung im Netz. Bausteine einer neuen Bildung, Schäffer Poeschel, Stuttgart, S 185–210

Sauter W, Staudt F-P (2015) Kompetenzmanagement 2.0, Potenziale nutzen, Performance steigern. Springer Gabler, Heidelberg

Ulrich P (2004) Die normativen Grundlagen der unternehmerischen Tätigkeit. In: Dubs R, Euler D, Rüegg-Stürm J,

Wyss CE (Hrsg) Einführung in die Managementlehre, Bd 1. Haupt, Bern, S 143–165

Vonken M (2001) Von Bildung zur Kompetenz. Die Entwicklung erwachsenenpädagogischer Begriffe oder Rückkehr zur Bildung. Z Berufs- Wirtschaftspädagogik 4:503–520

Wahl D (2013) Lernumgebungen erfolgreich gestalten – Vom trägen Wissen zum kompetenten Handeln, 3. Aufl. Klinkhardt, Bad Heilbrunn

10

Kompetenzentwicklung im Netz mit Künstlicher Intelligenz – die nächste Stufe des Wahnsinns?

Zusammenfassung Kommunikations- und Lernprozesse sind heute ohne die unterschiedlichen digitalen Kommunikationsmedien in Verbindung mit der Künstlichen Intelligenz, kaum noch denkbar. Kollaboration ist die neue Grundlage der Wettbewerbsfähigkeit, Sozialkompetenz wird zu einer Grundanforderung; Lernen und Arbeiten rücken aufgrund der Entwicklung moderner, sozialer Kommunikationsnetze mit Unterstützung durch die KI immer mehr zusammen. Die Entwicklung zum Social Business verändert das Kommunikations- und Lernhandeln fast aller Menschen und beeinflusst deshalb die Lernsysteme, nicht nur in den Unternehmen und Organisationen, in grundlegender Weise. Kompetenzentwicklung wird dabei zunehmend ins Netz verlagert, weil immer mehr Arbeits- und Kommunikationsprozesse im Netz stattfinden. Deshalb ist Lernen im Netz ein zwingendes Merkmal zukünftiger Lernarrangements.

Die digitale Transformation im Lernen hat begonnen und revolutioniert den betrieblichen Bildungsbereich durch Künstliche Intelligenz (KI) und immersive Technologien wie Virtual und Augmented Reality. KI-gesteuerte Learning Experience Platforms (LXP) ermöglichen personalisierte Lernreisen und unterstützen Mitarbeitende gezielt durch kuratierte Inhalte und interaktive, praxisnahe Lernumgebungen. Diese Plattformen und Technologien machen es möglich, dass Mitarbeitende ihre Kompetenzen flexibel und effizient selbstorganisiert weiterentwickeln können.

Die Integration immersiver Technologien wie Extended Reality (XR) und das Metaverse schafft virtuelle Lernräume, in denen Mitarbeitende realitätsnahe Szenarien und Simulationen erleben. Virtuelle Assistenten und Wearables ergänzen dies, indem sie kontinuierliches Lernen am Arbeitsplatz ermöglichen und durch Echtzeit-Feedback und kontextsensitive Informationen unterstützen.

Gamification und digitale Simulationen steigern Motivation und Engagement durch spielerische Elemente und bieten eine risikofreie Möglichkeit, komplexe Aufgaben zu üben. Learning Analytics und Skills Mapping schaffen Transparenz über Lernfortschritte und Kompetenzbedarf und fördern eine gezielte Talententwicklung, während kollaborative Lernformen die Vernetzung und den Wissensaustausch stärken.

Aktuell wird die Künstliche Intelligenz im Corporate Learning vor allem für die Entwicklung von Kursen und Lernmedien genutzt. (vgl. SCIL 2024). Die eigentliche Herausforderung besteht jedoch darin, die KI so einzusetzen, dass sie nicht nur technologische, sondern auch menschliche Werte und evaluative Kreativität berücksichtigt und einen grundlegenden Wandel zum selbstorganisierten Lernen im Arbeitsprozess ermöglicht. Die

Zukunft des Lernens liegt dabei in einem Gleichgewicht zwischen digitaler Effizienz und menschlicher Kreativität, wobei Mitarbeitende ihre Lernreisen zunehmend eigenverantwortlich gestalten und Unternehmen auf eine kollaborative, kontinuierlich lernende Kultur setzen.

10.1 Digitale Überwindung der Kompetenzbarrieren

Die Zukunft hat in der betrieblichen Arbeits- und Lernwelt schon begonnen. In Kürze werden etwa 80 % gesamten Wertschöpfung in der Wirtschaft auf digitale Geschäftsmodelle zurückgehen.[1] Dies hat tief greifende Konsequenzen für die betriebliche Bildung.

Neu ins Blickfeld rückt heute vor allem die Problematik des Lernens im Netz mit Künstlicher Intelligenz, die zwar vermehrt auch der Kompetenzentwicklung dienen kann, aber zunehmend moralische, politische, ästhetische, juristische Wertefragen aufwirft. Josh Bersin, ein Experte für innovatives Lernen, hat betont, dass von allen Bereichen, die von der KI beeinflusst werden, der vielleicht größte Wandel im Bereich des Lernens in Unternehmen stattfindet. Nach Jahren des Experimentierens ist es nun klar, dass KI diesen Bereich revolutionieren wird.

Der Mensch ist den Computern in seinen Fähigkeiten zum eigenverantwortlichen Handeln, zur Analyse und Bewertung komplexer Situationen, in komplexen Kommunikationen und bei der Bewältigung der meisten Alltagshand-

---

[1] Nach Jäger (2015).

lungen immer noch voraus.[2] Die künstliche Intelligenz rückt aber der natürlichen Intelligenz näher, weil sie zunehmend auch ethische Probleme bewerten kann und die Generative KI aufgrund von Large Language Models – LLMs – in der Lage ist, komplexe menschenähnliche Sprachmuster zu generieren und auf spezifische Anfragen und Kontexte zu reagieren.[3]

Ob wir wollen oder nicht, wird KI in der Arbeitswelt, aber auch im privaten Bereich, breit genutzt werden. Studien zeigen, dass die Produktivität von Wissensarbeitern bis zu 35 % gesteigert werden kann bei gleichzeitiger Verbesserung der Qualität um bis zu 20 %.[4] Folglich müssen diese Systeme auch in die Lernarrangements integriert werden, da Lernen in erster Linie die Aufgabe hat, die Menschen auf die heutigen und zukünftigen Herausforderungen vorzubereiten. Dabei dürfen wir jedoch nicht von den bisherigen Lehrsystemen ausgehen, sondern müssen den Blick in die Zukunft richten.

KI-basierte Lernsysteme werden meist in eine Learning Experience Platform (LXP) integriert, die als Ermöglichungsraum dient. Im Zuge der Entwicklung zur Singularitätsdidaktik wandelte sich der Fokus, aus dem heraus Lernplattformen gestaltet wurden. Standen am Anfang die Bedürfnisse der Personalentwicklung wie vereinfachte Administration und Überprüfung des Lernerfolges im Vordergrund, verlagert sich der Fokus zunehmend auf die Mitarbeiter und ihre personalisierten Lernprozesse. Daraus entwickelte sich der Ansatz der Learning Experience Platform (LXP), der von Josh Bersin[5] bekannt gemacht wurde. Dabei verweist das „LX" auf ein Lernerlebnis, eine Lernreise

---

[2] Vgl. North (2024), S. 46 ff.
[3] Vgl. Heinke 2021, S. 30.
[4] Vgl. Foelsing 2023.
[5] Bersin 2019.

10 Kompetenzentwicklung im Netz mit ...

(Learning Journey) oder allgemein nachhaltige Lernprozesse, die mithilfe Künstlicher Intelligenz ermöglicht werden.[6]

Learning Experience Platforms weisen den Charakter eines Lern-Ökosystems (Learning Ecosystem) auf. Dies sind hoch adaptive sozio-technische Systeme, die durch das dynamische Zusammenspiel interner und externer Partner, Communities von Lernenden, Technologien, Daten, Formaten, Services, Räumen und Inhalten das selbstorganisierte Lernen ermöglichen. Learning Experience Platforms sind somit digitale Ermöglichungsräume, mit denen die Lernprozesse der Menschen bei der Bewältigung realer Herausforderungen aus deren Blickwinkel ermöglicht werden.[7]

Eine Learning Experience Platform (LXP) ist eine KI-gesteuerte Lern- und Arbeitsumgebung, die konsequent aus dem Blickwinkel der Mitarbeiter gestaltet wird und personalisierte, selbstorganisierte Lernerlebnisse ermöglicht. Die LXP verknüpft vielfältige Funktionen miteinander, kuratiert Inhalte aus unterschiedlichen Quellen und ist über alle gängigen Endgeräte nutzbar.[8]

Mit Künstlicher Intelligenz können alle Phasen des Lernens optimiert werden. Dies beginnt bei der Bedarfsklärung, von der Definition zielgruppengerechter Werte- und Kompetenzmodelle über die Festlegung von Soll-Profilen bis zur Analyse, Bewertung und Ableitung von individuellen Lernzielen und adaptiven Lernpfaden. Hinzu kommen die Diagnostik der Persönlichkeit und der Lernstile bis hin zur Laufbahnberatung.

Ein weiterer Bereich ist das Rapid Content Development. Dies erstreckt sich von der Konzeption und Entwicklung von ganzen Lernkursen, der Erstellung von E-Books,

---

[6] Vgl. Foelsing, Schmitz 2021.
[7] Vgl. Bersin 2023.
[8] Vgl. Erpenbeck, Sauter (2024).

Videos oder Podcasts, und das in verschiedenen Sprachen, das Generieren von Kursinhalten mit Generative AI-Tools bis zur Erarbeitung von Quizfragen, Fallstudien und interaktiven Übungen.

Digitale Kuratierungslösungen sind in der Lage, aufgrund der Erfahrungen mit dem einzelnen Lerner, ihm regelmäßig Inhalte auszuwählen und aufzubereiten, die für seine Aufgaben und seine Interessen relevant sind. Das Entscheidende bei der Content Curation ist, dass der Content nicht einfach nur kopiert wird, sondern auf seine thematische Relevanz für den einzelnen Lerner geprüft und bedarfsgerecht aufbereitet wird. Dadurch können fachlich fundierte Inhalte zusammengestellt werden, die helfen, gezielt zu lernen und die Performance zu verbessern.

Virtuelle Assistenten übernehmen die Rolle eines persönlichen Lernbegleiters, der Reaktionen der Lerner erkennt und in natürlicher Sprache multilingual darauf reagieren kann.[9] Diese Tools erfassen, analysieren und bewerten ähnlich wie Menschen Problemstellungen und geben Rückmeldungen. Sie haben eigene Meinungen, die sie auch kritisch äußern, und entwickeln von sich aus Lösungsvorschläge. Dabei nutzen sie ihr Erfahrungswissen aus früheren Entscheidungen des Lerners, sodass sie im Laufe der Zeit auch dessen emotionale und motivationale Wertungen und dessen Wertesystem verinnerlichen und in ihre Vorschläge miteinbeziehen. Auf diese Weise kann Werte- und Kompetenzentwicklung mithilfe des Lernpartners Computer auf einem bisher nicht möglichen Niveau optimiert werden. Die KI kann das erforderliche Wissen „on demand" kuratiert zur Verfügung stellen sowie beispielsweise Lösungskonzepte der Lerner bewerten und Optimierungshinweise geben.

---

[9] Vgl. Seufert 2024, S. 155 ff.; Erpenbeck, Sauter 2013; Nida-Rümelin, Weidenfeld 2018.

Somit stehen dem einzelnen Lerner zwei Arten von Lernbegleitern zur Verfügung: Mensch und virtueller Assistent. Eine neue Art von Lernhandeln etabliert sich. Deshalb liegt die nahe Zukunft des Lernens in einer sinnvollen Kombination der menschlichen Lernbegleitung und des Computer-Co-Coachings.

10.2 Digitale Lernwerkzeuge

Die Lernwelt muss ein Spiegelbild der Praxis sein, wenn die Lerner auf diese Herausforderungen vorbereitet werden sollen. Deshalb ist es sinnvoll, für das Lernen im Netz die Tools zu nutzen, die auch in der Praxis für kollaboratives Arbeiten, das Netzwerken, die Kommunikation und für die Dokumentation eingesetzt werden. Deshalb geht der Trend dahin, einzelne Werkzeuge zu einem ganzheitlichen System – einem Lern-Ökosystem – zusammenzuführen.

Die britische Bloggerin Jane Hart ermittelt jährlich die 100 wichtigsten Tools für das betriebliche Lernen.[10] Angeführt wird die Liste von Tools wie YouTube, Google-Suche, Microsoft-Teams oder ChatGPT. Diese Instrumente haben eines gemeinsam: Sie werden überwiegend nicht zu den klassischen Werkzeugen des medienunterstützten Lernens gerechnet. Diese Aufstellung macht vielmehr deutlich, dass die Welten des Arbeitens und des Lernens zusammenwachsen.

Lernwerkzeuge sind Software, Onlinetools oder Dienste, die insbesondere für informelles Lernen im Prozess der Arbeit, aber auch für formelles Lernen genutzt werden. Dazu gehören digitale Kommunikationsplattformen und Kollaborationsplattformen, aber auch Wissensmanagement-Tools, E-Learning Programme, Simulationen, Serious Games oder Virtual Reality sowie Virtuelle Assistenten.

---

[10] Hart (2024).

Viele dieser Werkzeuge sind auch als Open-Source-Lösungen verfügbar. Sie werden immer mehr als Cloud-Computing gestaltet, bei dem Daten und Software zentral in Serverparks gespeichert, gewartet sowie betrieben werden und der Anwender über seine Endgeräte auf deren Leistung zugreifen kann. Die technologische Entwicklung der Lernwerkzeuge weist eine sehr hohe Dynamik auf. Deshalb beschränken wir uns in diesem Rahmen darauf, zentrale Innovationen aus dem Blickwinkel der Lerner hervorzuheben, die für das Arbeiten und Lernen in der Zukunft von besonderer Bedeutung sind.

Die Virtualisierung der gegenständlichen Welt hat bereits begonnen. Städte werden als 3-D-Modelle erfasst, neue Maschinen und Anlagen bringen ihren 3-D-Zwilling mit und Menschen werden zukünftig ganz selbstverständlich über eine virtuelle Repräsentanz im Netz durch einen Avatar verfügen. Mit der sogenannten Extended-Reality-Technologie können sich die Menschen in einer virtuell-immersiven Welt begegnen, lernen und zusammenarbeiten. Diese Möglichkeiten werden zu einer weiteren Entgrenzung von Arbeit in räumlicher, zeitlicher und organisationaler Hinsicht führen.

Virtuelle 3-D-Lern- und Arbeitswelten bieten den Rahmen für Routinemeetings mit einer virtuellen Präsenz, die der realen Präsenz nachempfunden wird. Dies ermöglicht formelle Trainings im Netz, aber insbesondere auch soziale Interaktionen, Reflexionen, kreative Prozesse, agile Kollaboration oder E-Coaching, jedoch mit deutlich mehr medialen Optionen. In diesen Räumen können somit auch Entwicklungsszenarien mit Herausforderungen, die als real empfunden werden, umgesetzt werden, um den Aufbau von Handlungssicherheit und Kompetenzen im Team mit Lernbegleitung, synchron oder asynchron, zu ermöglichen.

Hologramme sind dreidimensionale Projektionen, um Lerninhalte oder Lernräume dreidimensional und meist mit der Möglichkeit, zu interagieren, darzustellen. Damit können Moderatoren Workshops mit Teilnehmern aus unterschiedlichen Orten leiten, ohne selbst anwesend zu sein. Komplexe Darstellungen oder Prozesse können dabei aus verschiedenen Perspektiven betrachtet werden. Anwendungsfelder dafür sind technische Weiterbildungen, z. B. interaktive Reparaturtrainings, medizinische Weiterbildungen mit anatomischen Modellen oder chirurgischen Simulationen, Produkt- und Vertriebsschulungen oder Notfall- und Sicherheitstrainings.

Werte und Kompetenzen können auch in virtuellen Räumen nur dann aufgebaut werden, wenn die Lerner zumindest ein realitätsgleiches Erlebnis erfahren, weil nur dann auch wirklich Emotionen entstehen, die zu einer Verinnerlichung von Werten führen. Deshalb wird eine virtuelle Lernumgebung benötigt, die ein möglichst realitätsnahes Abbild der Praxis ist und diese Erfahrung ermöglicht. Hierfür sorgen immersive Extended-Reality-Techniken. Immersion entsteht beim Eintauchen in eine virtuelle Umwelt. Die Interaktion mit der virtuellen Umwelt erfolgt dabei über einen Avatar, eine digitale Darstellung oder einen Charakter, der einen Lerner in einer virtuellen oder erweiterten Realität repräsentiert.

Dabei beschreibt der Begriff Embodiment die Emotionen, die wir in der virtuellen Realität erleben. Damit das Gehirn dabei das Gefühl einer illusorischen, aber echten Wahrnehmung des digitalen Körpers verspüren kann, müssen sich die Animationen des Avatars an die eigenen Körperbewegungen anpassen. In Verbindung mit einer fotorealistischen visuellen Darstellung des Avatars entwickelt sich ein realitätsgleiches, glaubwürdiges Gesamtbild. Dies ermöglicht eine gezielte Werte- und Kompetenzentwicklung, weil Emotionen, die entstehen, verinnerlich werden.

Extended Reality (xR) ist ein virtuelles Trainingsformat, das auf 3-D-Realtime-Technologien basiert, um die Werte-

und Kompetenzentwicklung mit immersiven Lernerfahrungen zu ermöglichen. „x" steht dabei für alle immersiven Technologien. Dazu gehören Virtual-, Augmented- und Mixed-Reality-Lösungen. Diese interaktiven Learning Spaces entfernen Barrieren von Raum und Zeit für den Lerner und erweitern damit die methodischen Möglichkeiten. Die Lerner stehen jetzt mitten im Geschehen, sodass ein Vor-Ort-Gefühl, ein Eintauchen in das Geschehen (Immersion), das bisher nicht vorstellbar war, entsteht.[11]

Virtual Reality (VR) ist eine durch spezielle Hard- und Software erzeugte künstliche Wirklichkeit. Der Kern moderner VR-Hardware ist die VR-Brille (oder Headset, Head-mounted Display) mit zwei hochauflösenden Displays zur Darstellung künstlich erzeugter Bilder und einer damit gekoppelten Sensorik zur Erfassung von Lage und Position des Kopfes. Wenn zwischen Sensorik und Darstellung eines Bildes weniger als elf Millisekunden vergehen – die sogenannte Sensor-to-Photon-Latency –, entsteht der Eindruck, in der virtuellen Realität „präsent" zu sein (Presence).[12]

VR nutzt das gesamte Sehfeld für die Projektion. Dadurch wird die Wahrnehmung des räumlichen Umfelds des Lerners ausgeblendet, es entsteht das Gefühl, eine andere Welt zu erleben. Ort, Zeit und die Darstellung von Inhalten kann von der Realität abgekoppelt werden und wird zu einer neuen virtuellen Realität, zunehmend mit mehreren Sinnen und Feedbackmechanismen. Diese Dimensionen sind unendlich groß. Dies bedarf neuer Konzepte und des Verständnisses, wie Lernen in einer virtuellen Umgebung möglich sein wird und kann. Auch Begleitprozesse in einer solchen virtuellen Welt ändern sich.

---

[11] Vgl. Palmas, Niermann (2021).
[12] ZukunftsInstitut (2016a).

Augmented Reality (AR) ist eine Erweiterung der Wirklichkeit um dreidimensionale, interaktive Elemente mit Zusatzinformationen zur realen Welt. Mit AR wird die Wahrnehmung beschleunigt, weil Erkanntes durch weitere Informationen angereichert wird bis hin zu Kontakten mit Experten. Dazu benötigt man nur ein Smartphone oder, wenn man die Hände frei haben will, eine Brille – z. B. die Mixed-Reality-Brille Microsoft HoloLens oder Apple Vision Pro. Die Informationen werden dabei in das Sehfeld des Lerners projiziert.[13]

Bei Lernkonzeptionen mit Virtual Reality und Augmented Reality steht das Handeln im Mittelpunkt und damit das Erwerben der Werte und Kompetenzen. Dabei taucht der Lerner in die Lernsituation ein und ist Teil der virtuellen Lernwelt. Seine Wahrnehmung wird fokussiert und für ihn wird die wahrgenommene Welt die „echte", auch wenn es ihm bewusst ist, dass er sich in einer virtuellen Welt bewegt. Damit werden in simulativen Lernumgebungen gezielte Werte- und Kompetenzentwicklungsprozesse möglich, weil realitätsgleiche, emotionsgeladene Herausforderungen zu bearbeiten sind.

Mixed Reality (MR) verbindet die reale Umgebung mit der Virtualität. Ein digitales Overlay wird im Rahmen der visuellen Perspektive des Erzählers über ein Endgerät, z. B. spezielle Brillengläser, sichtbar und ermöglicht durch Sensoren eine Interaktion mit und in der Realität. Dadurch verschwimmen die reale und die virtuelle Welt.[14]

Die Integration von Lösungen mit Extended Reality in die Lernprozesse erfordert einen sorgfältigen, didaktisch-methodisch fundierten Designprozess, weil ein mehr an Immersion nicht zwangsläufig verbesserte Lernergebnisse zur Folge hat. Entscheidend sind dabei das Präsenzerleben

---

[13] ZukunftsInstitut (2016b).
[14] Vgl. Palmas, Niermann (2021).

und die Handlungsfähigkeit. Da es aber immer mehr möglich sein wird, realitätsgleiche Herausforderungen zu kreieren, werden sich diese Lernlösungen immer besser für die gezielte, aber risikolose Werte- und Kompetenzentwicklung eignen. Die erfassten Lernerdaten ermöglichen es zudem in Verbindung mit Learning Analytics, die Lernprozesse laufend zu optimieren. Es besteht jedoch die Gefahr, dass die Lernenden durch die Immersion kognitiv und affektiv überfordert werden. Deshalb ist eine didaktisch reduzierte Darstellung vorteilhaft, bei der beispielsweise die Umgebung nur grob angedeutet wird, damit sich der Lerner auf den Kern konzentrieren kann.

10.3 Metaverse – die Zukunft des Lernens?

Spätestens seit Mark Zuckerberg sein Unternehmen medienwirksam in Meta umbenannt hat, ist Metaverse in der Diskussion. Der Begriff „Metaverse" stammt aus dem 1992 erschienenen Science-Fiction-Roman „Snow Crash" von Neal Stephenson: In einer dystopischen Zukunft, d. h. in einer fiktiven Darstellung einer zukünftigen, wenig lebenswerten Gesellschaft, fliehen die Menschen vor der tristen Wirklichkeit in ein riesiges, räumlich gestaltetes Virtual-Reality-Paralleluniversum. In diesem Metaversum können sie sich mithilfe von Avataren neu erfinden, mit eigenen Kulturen und Regeln und einer eigenen Ökonomie.

Diese Idee wurde bereits vor etwa zwanzig Jahren mit „Second Life" entwickelt. Dieses Projekt scheiterte jedoch, weil die Optik, die Technik und vor allem die Handlungsmöglichkeiten sehr begrenzt waren. Mit den heutigen Rechnerleistungen, Internetgeschwindigkeiten und xR-Technologien sind die Rahmenbedingungen deutlich besser.

Metaverse ist ein kollektives, virtuelles 3--Raumkonzept, das durch die Verschmelzung von physischen, virtuellen und erweiterten Realitäten geschaffen wird. Es umfasst eine breite Palette von virtuellen Welten, Augmented Reality (AR), und Internet-Erlebnissen und -Diensten, die alle miteinander verbunden sind, um ein nahtloses Kontinuum von Erfahrungen zu bieten. Es hat eine eigene Wirtschaft und bildet eine digitale, in der Echtzeit stattfindende Parallelwelt ab. Produkte, Waren und Dienstleistungen können wirklichkeitsnah präsentiert, gekauft und ausprobiert werden. Es erinnert an Online-Rollenspiele, ist aber kein Spiel, sondern eine digitale Alternative zur physischen Welt.[15]

Im Metaverse können die Mitarbeiter online komplexe Anwendungen erproben, miteinander kommunizieren, arbeiten, lernen und an sozialen Aktivitäten teilnehmen, als ob sie in einer erweiterten Realität wären. Metaverse hat zum Ziel, eine vollständig immersive, interaktive Plattform zu bilden, die praktische Anwendungen im realen Leben ermöglicht. Dies beinhaltet auch eine eigene Währung „Crypto", mit der Leistungen bezahlt werden können.

Der Grafikkarten- und KI-Konzern Nvidia ermöglicht es seinen Teams über sein System „Omniverse" quer über den Globus remote 3-D-Objekte und -Modelle zu erstellen oder Simulationen durchführen. Siemens Energy nutzt das System, um über einen digitalen Zwilling den Betrieb von Kraftwerksanlagen zu simulieren, BMW setzt es für die Planung von Autowerken ein. Ericsson wiederum erstellt auf der Plattform digitale Zwillinge von Städten, um den Aufbau von 5-G-Netzen besser planen zu können. In der Medizin können beispielsweise chirurgische Eingriffe an menschlichen 3-D-Modellen trainiert werden.

---

[15] Vgl. Klinkers (2023).

Die Ermöglichung von wirkungsvollen, immersiven Lernerfahrungen im Metaverse erfordert eine didaktisch-methodische Konzeption, die sich vollständig an der Learning Journey der Lerner orientiert, da ihre Lernerfahrungen stark durch das Zusammenspiel von Raum, Zeit, verschiedenen Gestaltungselementen, wie VR/AR-Lösungen und Akteuren geprägt wird.

Lerner im Metaverse benötigen vor allem die Kompetenzen zum kollaborativen und zum technologiebasierten Handeln, die Lernbegleiter darüber hinaus konzeptionelle, didaktische und technische Fähigkeiten.

Metaverse befindet sich noch in der Entwicklung, sodass in den kommenden Jahren das Angebot deutlich ausgebaut werden wird. Ein immersives Lernszenario bindet die Lerner multisensorisch in die virtuellen, erweiterten und physischen Umgebungen ein. Dadurch können auch emotionale Erlebnisse erzeugt werden, sodass auch Werte- und Kompetenzentwicklung im Metaverse möglich wird. Entfernungen spielen dabei keine Rolle mehr. Durch das Metaverse finden Lernerfahrungen in Zukunft nicht mehr in unterschiedlichen, nicht miteinander kompatiblen Welten nebeneinander statt, sondern gemeinsam und integrativ in „dem" Metaverse, sodass völlig neue Lernszenarien möglich werden. Da die Lerner ihre Lernreisen selbstorganisiert gestalten, lernen sie individualisiert gemäß ihren Bedürfnissen.

10.4 Lernen ohne Grenzen

Im Privatbereich hat ein steigendes Bewusstsein für Gesundheit und Fitness dazu geführt, dass die Nachfrage nach Geräten wie Fitness-Trackern und Smartwatches, die Aktivitäten überwachen, Gesundheitsdaten sammeln und individuelle Empfehlungen geben, deutlich zugenommen hat.

Die rasante Entwicklung in der Technologie hat zur Folge, dass solche Systeme immer leistungsfähiger, kleiner und erschwinglicher werden. Dies ermöglicht eine breitere Akzeptanz und die Nutzung für das betriebliche Lernen.

Wearable Devices (verkürzt Wearables) sind Computersysteme, die in Accessoires oder in der Kleidung integriert werden. Wearables sind damit eine besondere Form des Mobile Learning. Diese Systeme können direkt am Körper getragen werden. Sie ermöglichen es den Mitarbeitern, mit Computern oder anderen Endgeräten zu interagieren.[16] Die meisten Systeme werden am Handgelenk, z. B. als Uhr mit Touchscreen-Display, am Kopf als Brillen oder als Kontaktlinsen, Kopfhörer, Hüte, Halsketten und am Körper bzw. in der Kleidung, z. B. als Brustgurte, Gürtel oder Schmuckstücke, getragen. Weiterhin gehören auch E-Textilien und E-Patches zu den Wearables Devices. E-Textilien umfassen alle Formen von Kleidungsstücken, E-Patches sind Sensoren, die auf die Haut geklebt oder tätowiert werden.[17] Diese Systeme sind über Bluetooth, Wi-Fi oder das Mobilfunknetz an die IT der Organisation angebunden.

Wearables ermöglichen vor allem aktives Lernen im Arbeitsprozess, Lernen über sich selbst, Lernen über Zusammenhänge und Lernen über Anwendungen im Arbeitsprozess.[18] Da sie am Körper getragen werden, sind sie zum Großteil freihändig über eine kommandobasierte Spracherkennung bedienbar. Dadurch können während der Arbeitsprozesse passgenaue Informationen, z. B. Schritt-für-Schritt-Anleitungen in Montage- oder Reparaturprozessen, abgerufen werden.[19] Mit Wearables können auch Lerndaten erhoben und dokumentiert werden, sodass Feedback

---

[16] Khosravi et al. (2022), S. 1.
[17] Vgl. Seneviratne et al. (2017), S. 2–9.
[18] Vgl. Bürgy (2018), S. 149–154.
[19] Ebenda.

in Echtzeit, auch in haptischer Form durch Vibrationen, möglich wird. Es können zudem Analyse-Dashboards genutzt werden, um den Lernstatus festzustellen.

Gegenüber Smartphones und Laptops bieten Wearables eine Reihe von Vorteilen. Dazu zählen vor allem die Möglichkeit, die Geräte während einer Bewegung tastaturlos mittels Sprache oder Gestik ohne Unterbrechung zu nutzen, die Steuerungsmöglichkeit des Handelns der Mitarbeiter durch einen Trainer aus der Distanz, die kontextbezogene und unaufdringliche Rückmeldung zu Fragen des Arbeitsprozesses, die unmittelbare Aufzeichnung von Videos, Fotos oder Audios und das geringe Gewicht. Mit Wearables werden auch Simulationen in einem geschützten Raum möglich, um beispielsweise Arbeitsprozesse zu erlernen. Sie können sinnvoll für das Lernen am Arbeitsplatz eingesetzt werden, wenn auf große Bildschirme sowie die Eingabe per Tastatur verzichtet werden kann.

Im Corporate Learning können Wearables in verschiedenen Anwendungen eingesetzt werden, die eine sofortige Verfügbarkeit mit entsprechender Bewegungsfreiheit erfordern. Dies sind vor allem immersive Aufgabensimulationen, bei denen die Lernenden Teil von Simulationen und Szenarien werden. Finden diese Interaktionen in einer Umgebung statt, die dem Umfeld angepasst ist, kann das gewonnene Wissen direkt am Arbeitsplatz umgesetzt werden. Die Mitarbeiter können bei Bedarf unabhängig von Ort und Zeit auf das notwendige Wissen zugreifen, um neue Prozesse zu erlernen.

Mit tragbaren Technologie-Gadgets[20] können die Mitarbeiter mittels Video-Chat, Sofortnachrichten oder E-Mails gecoacht werden. Über Sensoren gibt das System Feedback zu Aktionen, z. B. durch Vibrationen, damit Entscheidungen nochmals überdacht werden. Probleme kön-

---

[20] Z. B. Smartphones, Fitness-Tracker, Smartwatches …

nen schnell und freihändig mit tragbarer Technologie gelöst werden. Handbücher und Tutorials werden überflüssig. Dabei können Mitarbeiter jederzeit von jedem Ort aus miteinander kommunizieren. Der Mitarbeiter kann jeden Aspekt eines Produkts vollständig dreidimensional erkunden, ohne die Verkaufsfläche verlassen zu müssen.

10.5 Lernen im Labor

Eine Methode, um sich auf besonders herausfordernde Aufgaben, z. B. eine Präsentation vor vielen Menschen, vorzubereiten, sind realitätsgleiche Simulationen. Simulationen sind Computermodelle, die bestimmte Phänomene, Prozesse oder Systeme auf einer grafischen Oberfläche darstellen.[21] Damit können einzelne Parameter dieser Phänomene, Prozesse oder Systeme variiert werden, sodass das zugrunde liegende Computermodell dynamisch reagiert, Feedback gibt und die Auswirkungen einer bestimmten Variation direkt beobachtet werden können.

Beispielsweise ermöglichen Flugsimulatoren den Kompetenzaufbau der Piloten, indem sie in einem Original-Cockpit in Verbindung mit einem Bewegungssystem, das Flugbewegungen simuliert, „Flüge" durchführen. Hierbei findet tatsächlich ein Werte- und Kompetenzaufbau statt, weil durch die realitätsgleiche Umgebung und Herausforderung ähnliche Emotionen erzeugt werden können, wie in der Praxis.

Im Corporate Learning sind beispielhaft folgende Trainingsszenarien denkbar: VR Speech Trainer ermöglichen es, das freie Sprechen und Präsentieren vor einem virtuellen Publikum stressfrei zu üben, Virtual Remote Trainer simulieren Szenarien wie Beratungs- oder Verkaufsgespräche

---

[21] Vgl. Nagel (2020).

sowie Mitarbeiter- oder Feedbackgespräche mit virtuellen Charakteren (Avataren),in interkulturellen Trainings lassen Avatare, die erkennbar für bestimmte Regionen oder Kulturkreise stehen, in Rollenspielen kulturelle Unterschiede erfahrbar machen. Entscheidend für den Lernerfolg in Hinblick auf Werte und Kompetenz ist die realitätsgleiche Gestaltung der Lernszenarien, weil nur dann die Verinnerlichung von Werten und damit der Kompetenzaufbau möglich ist.

10.6 Wissen on demand

Eine Google-Suche nach dem Begriff „E-Learning" liefert etwa 5.310.000.000 Ergebnisse (Suchanfrage vom 19.02.2024). Das Problem in den Werte- und Kompetenzentwicklungsprozessen der Mitarbeiter ist deshalb, die passenden Informationen für die jeweilige spezifische Herausforderung, angepasst auf das Vorwissen und die Erfahrungen des Mitarbeiters, zur Verfügung zu stellen.

Hinzu kommt, dass heute viele Inhalte im Web zur Verfügung stehen, sodass es immer weniger darum geht, Content neu zu erschaffen, sondern interne und externe Inhalte nach Bedarf und für den Mitarbeiter maßgeschneidert zu kombinieren, also zu kuratieren. Es entwickelt sich damit eine neue Form der Content-Bereitstellung durch Kuratierung und Automatisierungsprinzipien. Eine notwendige Voraussetzung für die Suche, Recherche, Analyse und Verarbeitung von digitalisierten Dokumenten sind dabei qualitativ hochwertig Texte.

Digitale Kuratierungslösungen (Content Curation) wählen Inhalte bedarfsgerecht für einzelne Mitarbeiter aus, kombinieren, kommentieren und kommunizieren sie.

KI-basierte Kuratierungslösungen können anhand von Erfahrungswerten für jeden einzelnen Lerner hochwertige, relevante Inhalte zusammenstellen, die ihm gezieltes Lernen ermöglichen und seine Leistung steigern.

Mit der Kuratierung von Inhalten wird es beispielsweise möglich, jedem Lerner seine individuelle „Tages- oder Wochenzeitung" zu erstellen, die für ihn relevante Informationen bündelt. Eine wesentliche Grundlage dafür bilden intelligente Methoden und Verfahren auf Grundlage generischer Sprach- und Wissenstechnologien, künstlicher Intelligenz (KI) und deren Anwendung im Machine Learning (ML).

Damit wird es möglich, viele klassische Aufgaben des Kuratierens von Inhalten zum größten Teil oder sogar vollständig automatisiert ausführen zu lassen. Beispiele dafür sind das Monitoring verschiedener Informationsquellen von der Google-Suche und Wikipedia-Abfragen bis zu Onlinerecherchen in weltweiten Datenbanken, aber auch das Katalogisieren und das Versehen mit Anmerkungen von digitalen Archiven, die automatisierte Zusammenstellung von themenspezifischen Dossiers oder das Storytelling für einen Fachblog. Analytic-Funktionen liefern Einblicke in das Nutzungsverhalten der Mitarbeiter und eröffnen die Möglichkeit, das Informationsangebot kontinuierlich an die Informationsbedarfe der Mitarbeiter anzupassen und zu optimieren.

10.7 Spielerische Überwindung der Kompetenzbarrieren

Spieler vergessen oftmals die reale Umgebung und tauchen vollkommen in die fiktiv erschaffene Spielwelt ein. Dieses Phänomen wird auch als Flow-Erlebnis bezeichnet. Dies ist ein optimaler mentaler Zustand, in dem der Spieler weder über- noch unterfordert ist.[22] Spaß fördert das Engagement und damit das Lernen. Spielen ist dabei eine Möglichkeit, um Spaß im Lernprozess zu erzeugen. Darauf basieren die verschiedenen Konzeptionen des spielbasierten Lernens.

Gamification im Lernen ist die Integration von Spielelementen in Lehr- und Lernumgebungen mittels Spiel-Design-Techniken, um den Lernerfolg zu fördern.[23] Das Ziel ist dabei nicht das Spiel, sondern die Förderung des Lernprozesses. Im Rahmen von Lernmaßnahmen werden Elemente wie Badges, Punkte, Levels, Ranglisten oder Auszeichnungen genutzt, um die Teilnahme und Interaktion in einem ansonsten nicht spielerischen Umfeld zu fördern. Damit sollen das Engagement erhöht und die Motivation gesteigert werden, um zum Lernerfolg beizutragen. Studien zeigen, dass Gamification die Motivation und die Lerneffizienz von Lernern erhöhen kann, sofern diese Voraussetzungen konsequent umgesetzt werden.[24] Andere Pädagogen wie Wahl betonen jedoch, dass mit extrinsischer Motivation keine nachhaltige Wirkung auf den Lernerfolg erzielt werden kann.[25]

Digital Game-based Learning setzt digitales Spielen und spielbasierte Mechanismen mit dem Ziel ein, Lernprozesse zu unterstützen und zu verbessern.[26] Dieser Ansatz kombiniert die motivierenden und engagierenden Aspekte von Videospielen mit pädagogischen Zielen in einer interaktiven und oft unterhaltsamen Umgebung. Die Lerner sollen in einer digitalen Umgebung mit Spaß motiviert werden, ihre Werte und Kompetenzen zu entwickeln, Konzepte anzuwenden und Wissen im Spiel aufzubauen. Game-based Learning bietet die Chance, Lernen zu fördern,

---

[22] Csikszentmihalyi (1987), S. 59.
[23] Nach Grogorick (2023), S. 37.
[24] Vgl. Palmas, Niermann (2021).
[25] Vgl. Wahl (2013).
[26] Nach Grogorick (2023), S. 41.

da im Spiel verschiedene Handlungsalternativen erprobt werden können und parallel dazu Wissen aufgebaut wird. Es fördert aktives und erfahrungsorientiertes Lernen in Verbindung mit sozialem und emotionalen Lernen, weil die Lerner sich in verschiedene Rollen versetzen.

Serious Games sind vollständige, meist digitale Spiele für Lernprozesse, die sowohl unterhalten als auch den Lernerfolg fördern.[27] Spiele sollen komplexe Ideen zugänglich machen und es ermöglichen, direkte Erfahrungen bei der Bearbeitung der Spielherausforderungen zu machen, um damit zu lernen, ohne negative Konsequenzen befürchten zu müssen. Zudem bieten sie vielfältige Unterstützungsmöglichkeiten und können mehrfach durchlaufen werden. Die Bereiche, in denen Serious Games genutzt werden, reichen von Militär, Medizin, Politik, Kunst und Kultur bis hin zu Schulen und Universitäten. Beispiele sind Games, um z. B. neue Fremdsprachen in verschiedenen Szenarien zu erlernen, medizinische Maßnahmen wie Blutdruckmessen zu üben oder komplexe, technische Prozesse in der Arbeitswelt umzusetzen.

Serious Games nutzen die motivierenden und einbindenden Eigenschaften von Spielen, um aktives Lernen zu ermöglichen. Es gibt Actionspiele, in denen die Reaktionsgeschwindigkeit entscheidend ist, Adventurespiele, in denen das Lösen von Rätselaufgaben die Rahmengeschichte fortführt, Casual Games, deren Spielrahmung weniger komplex und deren Spielregeln schnell erlernbar sind, Rollenspiele, in denen sich die Spielfiguren durch Aktionen in ihrer Handlungskompetenz weiterentwickeln, Simulationsspiele, in denen die Spielenden realitätsnahe Erfahrungen sammeln, Sportspiele, die in ihren Regeln echten Sportarten nachempfunden sind oder Strategiespiele, die hohe Anforderungen an das Management von Ressource und Einheiten stellen.

---

[27] Ebenda, S. 40.

Für den Einsatz von Serious Games ist es wichtig, das Spielszenario so zu gestalten, dass die Lerner gleichsam vergessen, dass sie sich in einem Spielszenario bewegen. Es werden deshalb Spielumgebungen benötigt, in denen die gezielte Werte- und Kompetenzentwicklung beim Bewältigen von als real wahrgenommenen Herausforderungen stattfindet. Bearbeitet werden offene Entscheidungsprobleme in sozial widersprüchlichen, Situationen und Widersprüche auflösenden Kommunikationsformen. Hinzu kommt eine hoch emotionalisierende Selbstwirksamkeitserfahrung, bei der die Lerner auf ihre Aktivität hin eine unmittelbare Reaktion erhalten. Das Spiel kann Stolz und gesteigerte Selbstwertgefühle, aber auch Frust und Enttäuschungen bewirken. Es führt oft zu vergrößerter Entwicklungsfähigkeit.[28] Die Entwicklung von professionellen spielerischen Szenarien sind jedoch sehr aufwendig und teuer, sodass ihr Einsatz in der Unternehmenswelt begrenzt ist.

10.8 Digitale Analyse der Lernprozesse

Während ihrer Lernprozesse hinterlassen die Lerner, vor allem in technologiegestützten Lernprozessen, fortlaufend Datenspuren, quasi als Nebenprodukt bei der Nutzung von Web-based Trainings, Learning Experience Platforms oder sozialen Medien. Dabei entstehen individuelle, personalisierte Lerndaten, z. B. über erledigte Aufgaben, gelöste Praxisherausforderungen, erreichte Kompetenzziele oder über die Kommunikation mit Lernpartnern, Lernbegleitern oder Experten.

Learning Analytics ist das Messen, Sammeln, Analysieren, Vergleichen und Berichten von Daten über Lernende und ihre Kontexte, um Lernen und dessen Umgebung zu ver-

---

[28] Vgl. Kerres, Bormann, Vervenne et al. (2009).

stehen und zu optimieren.[29] Learning-Analytics-Systeme werden heute vor allem im Bereich des formellen Lernens genutzt. Die Entwicklung von Systemen zur Analyse des informellen Lernens im Arbeitsprozess steht noch am Anfang.

Für die gezielte Werte- und Kompetenzentwicklung ist es im Bereich der Analyse der Lernprozesse erforderlich, den Erfassungsbereich um das Arbeiten und das informelle Lernen zu erweitern. Unter dem Schlagwort People Analytics wird eine enorme Fülle an digitalen Spuren, die Mitarbeiter beim Arbeiten und Lernen hinterlassen, erfasst und ausgewertet, um personenbezogene Dossiers zu erstellen. Für die Auswertung durch People-Analytics-Programme sind dabei nicht nur leistungsbezogene Daten nutzbar – wie etwa Umsatzlisten oder Zielvereinbarungsdokumente –, sondern auch qualitative Daten. Interessant sind insbesondere interne Kommunikations- und Kollaborationssysteme wie E-Mail oder Intranet. Dabei kann untersucht werden, wie eng die einzelnen Organisationsbereiche miteinander vernetzt sind, wie hoch der Wissenstransfer tatsächlich ist und wo die Meinungsbilder und Experten im Unternehmen zu finden sind. Mit zunehmender Leistungsfähigkeit der Software sowie KI und damit reichhaltigeren Anwendungsgebieten für Algorithmen und Cyberware wird der Computer damit immer mehr zum Lernpartner.[30]

10.9 Transparenz durch Skills Mapping

Skills Mapping bezeichnet die grafische und textuelle Darstellung der vorhandenen und benötigten Hard und Soft Skills der Organisation, der Teams und der einzelnen Mit-

---

[29] Nach Deutscher Weiterbildungsserver 2021.
[30] Vgl. zukunftsInstitut (2016a).

arbeiter. Damit können Fragen beantwortet werden, die für die Lernplanung einer Organisation von strategischer Bedeutung sind: Wie stark sind die Hard und Soft Skills in der Organisation ausgeprägt, wie sollten sie ausgeprägt sein? Welcher Entwicklungsbedarf besteht? Wie können Positionen passend besetzt werden?

Hinzu kommen administrative Lösungen wie Analysen, Evaluationen, Qualitätsentwicklung, Beantwortung von Standardfragen, die Bewertung von Lernleistungen oder die Lernplanung.

Damit kann das Lernen sehr viel gezielter erfolgen, weil es sich direkt an den individuellen Lernerfordernissen ausrichtet. Es wird zudem sehr viel effektiver, weil es nunmehr dann stattfindet, wenn Herausforderungen zu bewältigen sind. Die Lerner wenden das neue Wissen direkt problemlösend für ihre eigenen Problemstellungen an, sodass sie intrinsisch motiviert sind. Dies hat zur Folge, dass das Lernen nachhaltig stattfindet. Die Kuratierung von Wissen und Lernmaßnahmen beschleunigt zudem die Lernprozesse.

Auch die Entwicklung neuer Lernmaßnahmen erfolgt nunmehr erheblich schneller und kostengünstiger. Die Lerner können die Lernsysteme zudem in ihrer jeweiligen Sprache nutzen. Insgesamt ermöglicht der Einsatz der KI im Lernen mehr Transparenz über die Lernbedarfe und -möglichkeiten. Hinzu kommt, dass die Einführungsprozesse erfahrungsgemäß dazu führen, die aktuelle Lernkonzeption zu hinterfragen, und so einen Veränderungsprozess anstoßen.

Mit Learning Analytics können vor allem Reflexionen initiiert und Empfehlungen für personalisierte Lernprozesse entwickelt, aber auch Vergleiche durchgeführt werden. Wird dieser Ansatz auch auf das informelle Lernen ausgedehnt, entwickelt es sich zur Workforce Analytics (HR-Analytics). Dabei werden Daten aus den personalisierten Arbeitsprozessen analysiert und bewertet, um valide Informationen für die Aufgaben des Human-Resources-

Management zu generieren und die persönlichen Arbeits- und Lernprozesse der Mitarbeiter zu optimieren. Damit trägt Workforce Analytics dazu bei, Personalplanung, Recruiting, Werte- und Kompetenzentwicklung im Arbeitsprozess, Nachfolge- und Karriereplanung oder Performance-Management laufend zu optimieren.

10.10 Grenzen der KI im Lernprozess

47 % der CIOs sagen, dass GenAI ihre ROI-Erwartungen nicht erfüllt hat. Je mehr KI-Tools ohne explizite, konkrete Anwendungsfälle eingesetzt werden, desto mehr Reibungsverluste entstehen. KI-Strategien, bei denen jedoch der Mensch im Mittelpunkt steht, führen zu erheblichen Verbesserungen der Prozesse sowie zu mehr Begeisterung für neue Arbeitsweisen. Gartner CIO Generative AI Survey 2024.

Wie jeder Veränderungsprozess stößt auch die Einführung der KI im Lernen auf Widerstände. Wurde bei den Mitarbeitern kein Verständnis und Vertrauen für die neuen Lernlösungen aufgebaut, besteht die Gefahr einer Abwehrhaltung. Dies kann auch geschehen, wenn Lösungen eingesetzt werden, die in einem anderen Kulturkreis, z. B. China oder den USA, entwickelt wurden. Deshalb ist der Anpassungs- und Implementierungsprozess von zentraler Bedeutung. Wurden zu hohe Erwartungen geweckt, die in der Praxis nicht eingelöst werden, kann sich rasch eine ablehnende Haltung entwickeln. Dies kann insbesondere dann passieren, wenn KI-basierte Lösungen bereitgestellt werden, die bisherige Lehr- oder Lernkonzeption aber unverändert bleibt. Hinzu kommt, dass die bisher Lehrenden, die Lernplaner oder Entscheider teilweise nicht bereit sind, ihre eigene Rolle entsprechend zu verändern.

Der Einsatz von Künstlicher Intelligenz im Bildungsbereich – sei es in Schulen, Hochschulen oder Unternehmen – birgt eine Reihe von Bedenken und Risiken, die oft Widerstände hervorrufen. Ein zentrales Thema ist der Datenschutz, da KI-Systeme große Mengen an personenbezogenen Daten verarbeiten, darunter Lernverläufe, persönliche Präferenzen und teils auch sensible persönliche Informationen. Dies wirft die Sorge auf, dass solche Daten unsachgemäß genutzt, an Dritte weitergegeben oder Ziel von Cyberangriffen werden könnten. Mangelnde Sicherheitsmaßnahmen könnten hier zu Datenschutzverletzungen führen, die das Vertrauen in KI-Systeme erheblich schwächen und zudem rechtliche Konsequenzen nach sich ziehen würden.

Eine weitere Sorge ist die mögliche Abhängigkeit von der KI, die das eigenständige kritische und kreative Denken der Lernenden und Lehrenden beeinträchtigen könnte. Während die KI sehr gut in der Lage ist, Muster zu erkennen und Optimierungen vorzunehmen, stützt sich echte Innovation oft auf kreatives Denken und die Fähigkeit, über bestehende Daten und Muster hinaus zu denken – etwas, das tief im menschlichen Lernprozess verwurzelt ist. Beispiele hierfür sind künstlerische Schöpfungen oder wissenschaftliche Durchbrüche, die oft intuitive Sprünge erfordern, die aktuelle KI-Modelle nicht leisten können.

In der aktuellen Diskussion geht meist unter, dass die Künstliche Intelligenz im Kern konservativ ist, obwohl sie als Inbegriff des Fortschritts gilt. Dabei wird oft übersehen, dass die Daten, die die Künstliche Intelligenz nutzt, ausschließlich aus der Vergangenheit stammen und sie immer Muster verwendet, die sie aus der Historie gelernt hat. Das Lernen aus Daten der Vergangenheit ist immer dann sinnvoll, wenn sich die Rahmenbedingungen und die Ziele nicht verändern. Die Realität ist jedoch eine völlig andere. Eine primär datenbasierte digitale Transformation beinhaltet deshalb die Gefahr, dass die Innovationskraft der Menschen beeinträchtigt wird.

Die Künstliche Intelligenz wird neue, innovative Lösungsansätze, die noch nicht im System abgespeichert sind, nicht berücksichtigen, insbesondere wenn sie auf menschlichen Werteurteilen, der menschlichen Kreativität und Vorstellung oder dem Zufall basieren. KI-Systeme können lediglich den Eindruck vermitteln, etwas Neues zu kreieren, indem sie vorhandenes Wissen kombinieren. Das kann sehr nützlich sein, aber nicht wirklich innovativ. Im Endeffekt wird die KI immer Lösungen entwickeln, die auf früheren Entscheidungen und Erfahrungen basieren und diese immer weiter optimieren. Sie wird immer den effizienteren Weg wählen, anstatt zu versuchen, eine kreative Lösung zu finden. Sie hätte also nicht das Automobil erfunden, sondern schnellere Pferde gezüchtet.

Dieses Problem wird sich im Laufe der Zeit verstärken, da der Anteil der Entscheidungen, die durch die KI getroffen werden, immer größer wird. Es besteht sogar die Gefahr, dass unsere Systeme immer weniger zu echtem Fortschritt und zu völlig neuen Lösungen fähig sind. Dies wäre verhängnisvoll.

Deshalb ist es wichtig, dass die Menschen ihre Kompetenz aufbauen, die KI kritisch als Assistenzsystem zu nutzen. Es bleibt zu hoffen, dass zukünftige KI-Systeme ihre Vorschläge nicht nur auf vergangenen Daten aufbauen, sondern auch Zufallskomponenten zulassen und veraltetes Wissen vergessen. Dann werden sie vielleicht auch innovativ werden.

Weiterhin ist es zwingend erforderlich, dass die Menschen die Ergebnisse der KI mit der nötigen kritischen Distanz betrachten. KI kann Daten liefern und Vorschläge machen, aber Entscheidungen über Recht und Unrecht, die oft nuancierte Überlegungen zu Kontext und menschlichen Werten erfordern, bleiben eine menschliche Domäne.

Besteht die Gefahr, dass man sich zu sehr auf KI verlässt, könnte dies zu einer passiveren Haltung beim Lernen führen und die Fähigkeit zur Problemlösung, zum selbstständigen Denken und zu kritischen Analysen schwächen. Dies könnte langfristig die Kreativität und Innovationskraft der Lernenden beeinträchtigen. Außerdem spiegeln KI-Algorithmen häufig die Voreingenommenheiten ihrer Trainingsdaten wider, was die Sorge hervorruft, dass KI Entscheidungen trifft oder Empfehlungen abgibt, die bestimmte Gruppen von Lernenden benachteiligen oder unfaire Bewertungen generieren. Diskriminierung durch algorithmische Voreingenommenheit könnte soziale Ungleichheiten verstärken und dem Prinzip der Chancengleichheit entgegenwirken.

Hinzu kommt die Problematik der fehlenden Transparenz und Nachvollziehbarkeit. Viele KI-Systeme arbeiten als sogenannte „Black-Box"-Modelle, bei denen die Entscheidungsprozesse schwer nachvollziehbar sind. Dies macht es für Lehrende und Lernende schwierig, die Entscheidungen der KI zu verstehen oder infrage zu stellen. Wenn Lernende oder Lehrende das Gefühl haben, die KI arbeite „gegen" sie oder sei undurchsichtig, kann das Vertrauen in die Technologie leiden und die Nutzung auf Widerstand stoßen. Auch ethische Fragen und die Unsicherheit über die Verantwortlichkeit bei potenziellen Fehlern in der KI-Nutzung sind heikle Punkte: Es bleibt unklar, ob Entwickler, Lehrinstitutionen oder Benutzer für KI-basierte Entscheidungen verantwortlich sind. Diese Unsicherheit kann ethische Fragen und Bedenken aufwerfen, vor allem, wenn Fehlentscheidungen weitreichende Konsequenzen für die betroffenen Lernenden haben, ohne dass eine klare Verantwortlichkeit besteht.

Im Arbeitskontext besteht zudem die Angst, dass durch den KI-Einsatz Aufgaben von Lehrenden oder Mitarbeitenden automatisiert werden, was insbesondere in Unternehmen und Hochschulen Sorgen wegen eines potenziellen Arbeitsplatzverlustes weckt. Solche Ängste können Widerstände und Ablehnung der KI-Nutzung zur

Folge haben, was die Akzeptanz von KI im Bildungsbereich hemmt. Nicht zuletzt ermöglicht KI-gestützte Lerntechnologie eine detaillierte Überwachung des Lernverhaltens, was bei Lernenden und Lehrenden das Gefühl erzeugen kann, überwacht und kontrolliert zu werden, was das Lernumfeld negativ beeinflussen könnte. Zu intensive Überwachung kann das Vertrauen zerstören und ein Gefühl der Fremdbestimmung erzeugen, was sich negativ auf die Motivation und Zufriedenheit beim Lernen auswirken könnte.

Zudem entsteht ein grundlegend neues Problem für die Kompetenzentwicklung. Werte sind die Kerne von Kompetenzen. Alle bisherigen Werte, die den vielfältigen menschlichen Kompetenzen zu Grunde lagen, entstanden in gesellschaftlichen Diskursen auf mehr oder weniger demokratische Weise durch Meinungsaustausch und Auseinandersetzung zwischen Individuen, Gruppen, Parteien, Strömungen.

Die heutige generative KI kann Werte nur aufnehmen und berücksichtigen, wenn sie in menschlichem Zusammenwirken entstanden sind. Wenn wir Kompetenzen als Fähigkeiten definieren, selbstorganisiert und kreativ zu handeln, so haben wir bis heute eine Kreativität im Blick, die wir als kognitive Kreativität kennzeichnen können. Zu einer solchen kognitiven Kreativität ist auch KI in unglaublichem, ungeheurem Maße fähig. Menschliche Kreativität umfasst aber auch die Möglichkeit, alles und jedes auf der Basis ganz unterschiedlicher Grundlagen und in ganz unterschiedlichen Maßstab zu bewerten und aus diesen Wertungen eigene, kreative Handlungen abzuleiten. Wir sprechen von einer evaluativen Kreativität.

Im Gegensatz zur kognitiven Kreativität ist die evaluative Kreativität durch generative KI nur schwer herzustellen, weil der Evaluationsprozess Absprachen und Auseinandersetzungen über Bewertungen, Werte voraussetzt. Natürlich ist eine Absprache von Trägern der KI, also von Computern und Computersystemen untereinander möglich. Es ist aber nicht zu erwarten, dass die dabei entstehenden Wertungen etwas mit menschlichen Überlegungen, Bedürfnissen und Notwendigkeiten zu tun haben. Vielmehr werden sie eine evaluative Kreativität entwickeln, die dem Menschen unverständlich und vielleicht sogar bedrohlich ist.

Aufgrund der raschen Entwicklung der generativen KI haben sich die Handlungsmöglichkeiten und Handlungsanforderungen in der modernen Welt nochmals potenziert. Zu den bereits heute unbedingt notwendigen kognitiven Kompetenzen, um uns in dieser sich rasend verändernden Welt zurechtzufinden, müssen evaluative Kompetenzen entwickelt werden und hinzutreten. Der Mensch-Maschine-Dialog wird sich schnell in dieser Richtung erweitern. Menschliche Kompetenzen müssen evaluative Aspekte immer stärker berücksichtigen. Mit dem Siegeszug der generativen KI ist also eine zunehmende Anforderung an Kompetenzen und deren Entwicklung verbunden. Wird diese nicht erfüllt, wird sich die Kompetenzkatastrophe ins Unermessliche ausdehnen.

10.11 Kollaboratives Lernen

Stephen Downes, ein kanadischer Wegbereiter innovativer Lernsysteme im Netz, hat behauptet, dass Soziale Netzwerke keine technologische, sondern eine soziale Revolution darstellen[31] und damit die kompetenzzentrierte Betrachtungsweise deutlich unterstützen. Diese vor zwei Jahrzehnten grundlegend neue Betrachtungsweise lässt sich durch eine erstaunliche Parallele vertiefen. Ende der 1960er-Jahre, als ein starker Demokratisierungsschub die Bundes-

---

[31] Vgl. Downes (2005).

republik durchrollte, entwickelte Hans Magnus Enzensberger seinen „Baukasten zu einer Theorie der Medien". Dieser war darauf gerichtet, einen unter formell demokratischen Bedingungen als undemokratisch empfundenen Gebrauch von Medien zu entlarven und ihm einen tatsächlich demokratischen Mediengebrauch gegenüberzustellen.[32] Es ging ihm um den Gegensatz von formaler und echter Medienkompetenz, um die Beseitigung des Gegensatzes von Wissenseignern und bloßen Wissensweitergebern.

Ein emanzipatorischer Mediengebrauch ist nach Enzensberger durch Merkmale geprägt, die heute aktueller denn je sind und eine verblüffende Übereinstimmung mit innovativen Lernkonzeptionen aufweisen. Statt zentral gesteuerter Programme gibt es zunehmend dezentralisierte Programme, jeder Empfänger ist auch ein potenzieller Sender, Massen von Nutzern werden mobilisiert, die Teilnehmer interagieren miteinander, Lösungen werden kollektiv entwickelt und die Kontrolle erfolgt durch die Gesellschaft. Wir nennen diese Merkmale in innovativen Lernarrangements heute selbstorganisiertes Lernen, Communities of Practice, kollaboratives Arbeiten und Lernen, kompetenzorientiertes Wissensmanagement oder strategieorientierte Kompetenzziele.

Enzensberger bezeichnete die damaligen elektronischen Medien als Hauptantrieb der „Bewusstseinsindustrie" und schrieb dieser weitgehende Steuerungs- und Kontrollfunktionen über die spätindustrielle Gesellschaft und deren Entwicklung zu. Er forderte, dem einen emanzipatorischen, antirepressiven Umgang mit den Medien entgegenzusetzen. Als „repressiven Mediengebrauch" empfand er ein zentral gesteuertes Programm mit einem Sender und vielen Empfängern, der die Konsumenten passiv macht und sie entpolitisiert – im Kleinen, in den sie unmittelbar umgebenden sozialen Strukturen, wie im Großen, in den entscheidenden

---

[32] Vgl. Enzensberger (1997).

politischen Fragen. Spezialisten produzieren die Inhalte und werden durch Eigentümer oder die Bürokratie kontrolliert. Enzensberger sah aber schon damals weit größere Möglichkeiten der elektronischen Medien: Ein „emanzipatorischer Mediengebrauch" würde jeden Empfänger auch zum Sender machen. Technische Barrieren seien künstlich geschaffen. Durch die Aufhebung dieser Barrieren würden die Massen mobilisiert und politisch eingebunden. Die gesellschaftliche Kontrolle würde nicht von einer Instanz wahrgenommen, sondern durch eine selbstorganisierte Gesellschaft. In einem erstaunlichen Vorgriff auf spätere Technologien formuliert er: „Hinweise zur Überwindung dieses Zustands könnten netzartige Kommunikationsmodelle liefern, die auf dem Prinzip der Wechselwirkung aufgebaut sind: eine Massenzeitung, die von ihren Lesern geschrieben und verteilt wird, ein Videonetz politisch arbeitender Gruppen usw."[33]

Auch die reine Wissensweitergabe in einer Organisation oder einem Unternehmen ist wichtig und wird vom Wissensmanagement mithilfe von traditionellen Datenbänken und betrieblichen Intranets eifrig betrieben. Allerdings haben schon früh alle wesentlichen Publikationen zum Wissensmanagement darauf hingewiesen, dass es kein vernünftiges Wissensmanagement ohne Kompetenzmanagement geben kann,[34] dass man die individuellen Kompetenzen immer zusammen mit den Kernkompetenzen des Unternehmens im Blick haben muss.

„Kollaboration ist die neue Grundlage der Wettbewerbsfähigkeit", postuliert der wirtschaftsstrategische Vordenker Don Tapscott.[35] Auf der Ebene der Kernkompetenzen eines Unternehmens wird Sozialkompetenz zu einer Grund-

---

[33] Vgl. ebenda.
[34] Vgl. Sauter und Scholz (2015).
[35] Vgl. Tapscott (2010).

anforderung. Social Business erfordert kollaborative Unternehmen, in denen Arbeiten und Lernen wieder zusammenwachsen. In diesen Organisationen lösen die Mitarbeiter und Führungskräfte gemeinsam im Arbeitsprozess und im Netz ihre Herausforderungen.[36] Kollaborative Arbeits- und Lernprozesse finden in der Projektarbeit, in der Produktentwicklung oder in gemeinsamen Beratungsprozessen bei Kunden statt. Sie laufen heute weitgehend netzbasiert ab. Es ist davon auszugehen, dass die zunehmende Komplexität und Dynamik der betrieblichen Herausforderungen dazu führen, dass kollaboratives Arbeiten und Lernen zu wichtigsten Handlungsformen in den Unternehmen werden. Ein solches Arbeiten und Lernen ist ganz direkt gegen die Kompetenzkatastrophe gerichtet.

Studien zeigen, dass Unternehmen und Organisationen, die den Einsatz von Social Media stark fördern, einen höheren Nutzen feststellen als Unternehmen, die diesbezüglich noch nicht so weit entwickelt sind.[37] Kollaborative Unternehmen sind eine Konkretisierung der Vision von einer *lernenden Organisation*.[38] Diese Vision, die den Mitarbeitern einer Unternehmung die eigene Kompetenzentwicklung ermöglicht, führt auch dazu, dass sich die Kompetenzen der Organisation selbst kontinuierlich weiterentwickeln.

Kompetenzentwicklung wird damit zum integralen Bestandteil der Unternehmenskultur und liegt primär in der Eigenverantwortung der Mitarbeiter. Die Führungskräfte unterstützen dieses natürliche Lernen als Mentoren, als Entwicklungspartner ihrer Mitarbeiter.

---

[36] Cross (2012) S. 3.
[37] Vgl., Meier (2014); Stoller-Schai (2003), S. 5 ff.
[38] Stoller-Schai (2003) S. 3.

10.12 No Business Like Social Business

Nicht nur Lernen und Arbeiten rücken aufgrund der Entwicklung moderner, sozialer Kommunikationsnetze immer mehr zusammen. Die Entwicklung zum Social Business verändert das Kommunikations- und Lernhandeln fast jedes Mitarbeiters und beeinflusst deshalb die Lernsysteme in den Unternehmen und Organisationen in grundlegender Weise. Individuelle und organisationale Kompetenzentwicklung wachsen im Social Business immer mehr zusammen. Was jahrzehntelang selbstverständlich war, erfüllt die Anforderungen in der Welt moderner Unternehmen und einer vernetzten Privat- und Arbeitswelt nicht mehr.

Der kanadische Lerntheoretiker George Siemens entwickelte vor über zehn Jahren eine Lernkonzeption, die diese veränderten Rahmenbedingungen und Anforderungen an Lernsysteme aufgrund der technologischen Entwicklung, die wachsende Vernetzung sowie den „Informations-Overkill" aufgreift. Er misst dem Lernen im und durch das Netz(-werk) eine zentrale Bedeutung bei und fasst *„learning as network creation"* auf. Er prägte für seinen pragmatischen Lernansatz den Begriff *Konnektivismus*.[39] Dieser Ansatz ist mit dem des Konstruktivismus voll kompatibel, betont aber zurecht die neuen, ungeheuer erweiterten Ermöglichungsräume für die Kompetenzentwicklung, die sich im Netz und aufgrund sozialer Vernetzungen auftun. Unser Lernen verändert sich nicht nur aufgrund moderner Lerntechnologie, vielmehr sind Lernen und arbeitsbezogene Aktivitäten immer öfter identisch. Unser Denken und Handeln verändert sich, weil wir immer mehr technische Hilfsmittel nutzen. Es wird immer wichtiger zu wissen,

---

[39] Vgl. Siemens (2004, 2006).

wie man Wissen finden und wie man es kompetent für Problemlösungen nutzen kann.[40]

Netzwerke sind die Verbindung zwischen verschiedenen Elementen, wie beispielsweise Menschen, Gruppen oder Computer. Deshalb benötigen Lerner in einem solchen Lernsystem eine offene Lernumgebung, in der zusätzlich effiziente Interaktionsmöglichkeiten mit Netzwerkpartnern geboten werden. Lerner müssen die Kompetenzen entwickeln, relevantes Wissen für den Lernprozess, evtl. mit KI-Unterstützung, zu identifizieren, zu bewerten, zu beschreiben und in einem gemeinsamen Prozess mit Lernpartnern weiterzuentwickeln. Die Lehrenden werden immer mehr die Rolle eines Lernbegleiters übernehmen, der aktiv zuhört, beobachtet, Feedback gibt, berät und flankiert. Dabei reflektiert er nicht nur die Mittel und Methoden der Wissens- und Wertkommunikation, sondern schafft aktiv Entwicklungssituationen, in denen eine optimale Kompetenzentwicklung möglich wird. In Lernkonzeptionen, die auf dem dargestellten Ansatz aufbauen, liegt die Entscheidung über die Ziele der Lernprozesse primär bei den Lernern und bildet einen eigenständigen Lernprozess. Im Kreislauf der Kompetenzentwicklung wird dabei das persönliche Wissen des Einzelnen in ein Netzwerk integriert und in einem gemeinsamen Lernprozess unter Nutzung innovativer Technologien weiterentwickelt. Lernen kann damit auch außerhalb einzelner Personen angesiedelt sein. Dies wird als *organisationales Lernen* bezeichnet. George Siemens Vorgehen ist nach unserer Ansicht kein eigenständiger Ansatz, sondern eine pragmatische Erweiterung bisheriger Lerntheorien, die auf die besonderen Anforderungen der globalisierten Wirtschaft und des digitalen Zeitalters eingeht.

---

[40] Vgl. Siemens (2004, 2006).

Lernen umfasst nicht nur Informationsvermittlung oder Qualifikation, sondern auch Werte, Denkhaltungen und Normen sowie ihre Aneignung in Form von Emotionen und Motivation. Wir nennen diesen Prozess *kompetenzorientiertes Wissens- und wissensorientiertes Kompetenzmanagement*. Die Fähigkeit, immer aktuelles Wissen zu erlangen, ist für die Lerner zukünftig wichtiger als ihr persönliches Wissen. Deshalb ist es wichtig zu wissen, wo und wie man Wissen finden kann, als es auf Vorrat zu lernen.

Kompetenzentwicklung wird zunehmend ins Netz verlagert, weil immer mehr Arbeits- und Kommunikationsprozesse im Netz stattfinden. Deshalb ist Lernen im Netz mit KI-Unterstützung ein zwingendes Merkmal zukünftiger Lernarrangements. Der Austausch von Erfahrungswissen und Problemlösungen in Netzwerken bildet den Kern dieser Entwicklungsprozesse. Das Netz „überspannt" zunehmend die vier auf den ersten Blick unbezwinglichen Kompetenzbarrieren, die institutionelle Barriere, die Wissensbarriere, die Zensurenbarriere und die neuropsychologische Barriere, und wirkt damit direkt der Kompetenzkatastrophe entgegen.

Literatur

Bersin J (2019) Learning-Experience-Platform (LXP) – market grows up: now too big to ignore. https://joshbersin.com/2019/03/learning-experience-platform-lxp-market-grows-up-now-too-big-to-ignore/. Zugegriffen am 17.06.2021

Bersin J (2023) AI is transforming corporate learning even faster than I expected. https://joshbersin.com/2023/12/ai-is-transforming-corporate-learning-even-faster-than-i-expected/. Zugegriffen am 12.01.2024

Bürgy, C (2018) Mobile Learning mit Wearables. In C. de Witt & C. Gloerfeld (Hrsg.), Handbuch Mobile Learning (S. 141–159). Wiesbaden

Cross J (2012) Why corporate training is broken and how to fix it. www.internettime.com/2012/07/why-corporate-training-is-broken-and-how-to-fix-it/. Zugegriffen am 12.12.2014

Csikszentmihalyi M (1987) Das Flow-Erlebnis: jenseits von Angst und Langeweile: im Tun aufgehen. Klett-Cotta, Stuttgart

Deutscher Weiterbildungsserver (2021) Learning analytics – an international overview. https://www.bildungsserver.de/Learning-Analytics-an-International-Overview-7514_eng.html#Definitions. Zugegriffen am 17.06.2021

Downes S (2005) E-Learning 2.0. www.downes.ca/post/31741. Zugegriffen am 11.06.2007

Enzensberger HM (1997) Baukasten zu einer Theorie der Medien. In: Glotz P (Hrsg) Baukasten zu einer Theorie der Medien. Kritische Diskurse zur Pressefreiheit. Fischer, München, S 97

Erpenbeck J, Sauter W (2013) So werden wir lernen. Kompetenzentwicklung in einer Welt fühlender Computer, kluger Wolken und sinnsuchender Netz, Berlin/Heidelberg

Erpenbeck J, Sauter W, mit einem Praxisbeitrag von SAUTER R (2. Aufl. 2024, 2021) Future Learning und New Work. Das Praxisbuch zum gezielten Werte- und Kompetenzmanagement, Haufe Freiburg

Foelsing J (2023) ChatGPT in der betrieblichen Bildung: Die Zukunft des Lernens spricht KI. In: eLearning Journal, 01. Dezember 2023. https://www.elearning-journal.com/2023/12/01/chatgpt-in-der-betrieblichen-bildung-die-zukunft-des-lernens-spricht-ki/. Zugegriffen am 12.02.2024

Foelsing J, Schmitz A (2021) Lernökosysteme gestalten. https://www.haufe.de/personal/hr-management/learning-ecosystems-in-der-personalentwicklung-nutzen_80_536768.html. Zugegriffen am 17.06.2021

Grogorick L (2023) Design und Implementierung eines Serious Games zur Steigerung des Lernerfolgs am Beispiel der Informationskompetenz (Diss.). TU Braunschweig

Hart J (2024) Die 100 besten Tools zum Lernen 2023. https://toptools4learning.com/. Zugegriffen am 27.02.2024

Heinke A (2021) How humans and machines interact. In: Güldenberg S, Ernst E, North K (Hrsg) Managing work in the digital economy. Challenges, strategies and practices for the next decade. Springer, Cham, S 21–40

Jäger W (2015) HR 4.0: Die Folgen der Techno-Trends. http://de.news-sap.com/2015/05/20/hr-4-0-die-folgen-der-techno-trends/. Zugegriffen am 30.05.2015

Kerres M, Bormann M, Vervenne M, et al (2009) Didaktische Konzeption von Serious Games: Zur Verknüpfung von Spiel- und Lernangeboten. www.medienpaed.com. Zugegriffen am 16.07.2012

Klinker M (2023) Was ist Metaverse. https://www.cio.de/a/was-ist-das-metaverse,3683446. Zugegriffen am 02.04.2024

Khosravi S, Bailey SG, Parvizi H, Ghannam R (2022) Wearable Sensors for Learning Enhancement in Higher Education. Sensors, 22, 7633. Abgerufen unter https://doi.org/10.3390/s22197633. Zugegriffenam 16.02.2024

Meier C (2014) SCIL Blog 22. August 2014: Ist soziales Netzwerken gut für das Lernen? http://www.scil-blog.ch/blog/2015/05/29/rueckblick-auf-die-atd-konferenz-2015-in-orlando-teil-1/. Zugegriffen am 13.07.2024

Nagel V (2020) Evidenzbasierte Hinweise zum Einsatz digitaler Medien im Lehr-Lernkontext. https://lms-public.uni-tuebingen.de/ilias3/goto.php?target=wiki_6687_Lernen_mit_Simulationen. Zugegriffen am 17.03.2024

Nida-Rümelin J, Weidenfeld N (2018) Digitaler Humanismus. Eine Ethik für das Zeitalter der Künstlichen Intelligenz. München

North, K (2024) Kritisches Denken – eine Schlüsselkompetenz, die KI (noch) fehlt.in: Future Skills Knowledge Management, Das kuratierte Dossier, Band 6 März 2024, S. 46–51

Palmas F, Niermann F-J (2021) Extended Reality Training. Ein Framework für die virtuelle Lernkultur in Organisationen. Springer, Wiesbaden

Sauter W, Scholz C (2015) Kompetenzorientiertes Wissensmanagement. Das Erfahrungswissen aller Mitarbeiter gemeinsam nutzen und entwickeln. Springer Gabler, Heidelberg

SCIL (2024) Studie "GenKI in L&D / PE" – Ergebnisse und Handlungsfelder. https://www.scil.ch/studie-genki-in-ld-pe-ergebnisse-und-handlungsfelder/. Zugegriffen 28.12.2024

Seneviratne S, Hu Y, Nguyen T, Lan G, Khalifa S, Thilakarathna K, Hassan M, Seneviratne A (2017) A Survey of Wearable Devices and Challenges. IEEE Communications Surveys & Tutorials, 19 (4), 2573–2620. https://doi.org/10.1109/COMST.2017.2731979. Zugegriffen am 11.10.2024

Seufert S (2024) Zukunft Bildung. Auswirkungen generativer KI auf Bildungssysteme. In: Seufert S, Handschuh S (Hrsg) Generative Künstliche Intelligenz. ChatGPT und Co für Bildung, Wirtschaft und Gesellschaft. Schäffer-Poeschel, Stuttgart, S 139–164

Siemens G (2004) Connectives: a learning theory for the digital age. www.elearnspace.org/Articles/connectivism.htm. Zugegriffen am 11.10.2011

Siemens G (2006) Knowing knowledge, S 29. www.elearnspace.org/KnowingKnowledge_LowRes.pdf. Zugegriffen am 11.10.2011

Stoller-Schai D (2003) E-Collaboration – Die Gestaltung internetgestützter kollaborativer Handlungsfelder. Difo-Druck GmbH, Bamberg

Tapscott D (2010) Mit Enterprise 2.0 gewinnen. In: Buhse W, Stamer S (Hrsg) Die Kunst Loszulassen. Enterprise 2.0, 3. Aufl. Rhombos, Berlin, S 123–148

Wahl, D (3. Aufl. 2013) Lernumgebungen erfolgreich gestalten – Vom trägen Wissen zum kompetenten Handeln. Bad Heilbrunn

zukunftsInstitut (2016a) Virtual Reality: Die Erschaffung neuer Welten. https://www.zukunftsinstitut.de/artikel/virtual-reality-die-erschaffung-neuer-welten/. Zugegriffen am 18.06.2021

zukunftsInstitut (2016b) Augmented Reality: Die erweiterte Welt. https://www.zukunftsinstitut.de/artikel/augmented-reality-die-erweiterte-welt/. Zugegriffen am 17.06.2021

11

Generative KI und generative Kompetenzen – eine neue Kompetenzkatastrophe zeichnet sich ab

Zusammenfassung In einer zunehmend digitalisierten Welt stellt die rasante Entwicklung von generativer Künstlicher Intelligenz (KI) eine immense Herausforderung für die Kompetenzentwicklung dar. Die zunehmende Integration dieser Technologie erfordert nicht nur klassische Kompetenzen, sondern auch sogenannte generative Kompetenzen: die Fähigkeit, sich in neuen Technologien kreativ und selbstorganisiert mit einer klaren Werteorientierung zu bewegen.

Die Nutzung von KI-Systemen wie Learning Experience Platforms und KI-gestütztem Skills Mapping erlaubt es, Lerninhalte individuell anzupassen und just-in-time bereitzustellen. Doch ohne eine Werte- und Kompetenzentwicklung, die Lernende emotional einbindet und motiviert, bleibt der Lernerfolg oft oberflächlich. Zudem entstehen neue Lernformate, darunter Virtuelle Assistenten und immersive Lernwelten, die die Bedeutung von interaktiven, werteorientierten Erfahrungen hervorheben. So gewinnen Kompetenzen durch KI-Einsatz an Bedeutung, sie sind jedoch oft auf konkrete Anforderungen ausgerichtet und fördern die Selbstorganisation der Lernenden nur bedingt.

Die klassische Kompetenzentwicklung stößt an ihre Grenzen, wenn sie lediglich Wissen aufbaut, ohne dabei Werte zu integrieren. Generative KI, die eigenständig kreative Inhalte schaffen kann, verdeutlicht diese Kluft: Die Forderung nach evaluativer Kreativität, also der Fähigkeit, Werte zu erkennen und in Handlung umzusetzen, wächst. Dabei stellt sich die Frage, ob KI-Lösungen als bloße Werkzeuge gesehen werden oder ob sie beginnen, eigene Werte zu verkörpern und komplexe menschliche Kompetenzen wie soziale Verantwortung nachzuahmen.

Die Gefahr einer erneuten „Kompetenzkatastrophe" entsteht, wenn KI-Technologie und menschliche Werteorientierung nicht harmonisieren. Der technologische Fortschritt darf daher nicht isoliert von einer breiteren, wertebasierten Kompetenzentwicklung stattfinden. Ein Ungleichgewicht würde die Kompetenzentwicklung stagnieren lassen und die berufliche sowie persönliche Selbstorganisation beeinträchtigen. In diesem Zusammenhang ist die Ausbildung neuer, generativer Kompetenzen dringend notwendig, um die kreative, ethische und emotionale Handlungsfähigkeit von Individuen im digitalen Zeitalter zu sichern.

Die zweite Auflage der „Kompetenzkatastrophe" erschien vor sechs Jahren, im Bereich der Buchproduktion keine besonders lange Zeit, im Bereich der Informationstechnologien (IT) und der künstlichen Intelligenz (KI) eine kleine Ewigkeit.

Wenn man Kompetenzen nicht als bloße Fertigkeiten, als bloßes Wissen oder als bloße Qualifikationen begreift (Hard Skills), sondern als Fähigkeiten, kreativ und selbstorganisiert zu handeln (Soft Skills)[1] ist sofort klar, dass jeder

---

[1] Vgl. Edelkraut, Sauter (2023).

Fortschritt im Bereich der Informationstechnologien und der künstlichen Intelligenz neue Formen von Kreativität und Selbstorganisation, also neue Kompetenzen erfordert.

11.1 Konsequenzen der Künstlichen Intelligenz für das Lernen

Ob es sich um ein Blended Learning, um die mannigfaltigen Möglichkeiten der digitalen Transformation oder um die zunehmende Nutzung von KI in Schulen, Hochschulen und Unternehmen handelt, immer müssen wir fragen:

Wird uns durch die Neuerung die **objektive** Möglichkeit eines intensiveren kommunikativen, oft emotional hoch labilisierenden sozialen Austauschs ermöglicht, der unsere sozial-kommunikativen, unsere personalen und unsere aktivitätsbezogenen Kompetenzen erweitert?

Entwickeln wir selbst im Umgang mit den informationstechnologischen Neuerungen weiterreichende **subjektive** Fähigkeiten kreativen, selbstorganisierten Handelns – und welche sind das?

Betrachten wir die im vorigen Kapitel besprochenen Nutzungsmöglichkeiten von Künstlicher Intelligenz für individuelle und kollektive Kompetenzentwicklungs- und Lernprozesse, so sehen wir, dass Datenanalyse und das automatische Auswählen (Kuratieren) von Inhalten über Learning Experience Platforms möglich wird, wobei personalisierte und dynamische Lernangebote zusammengestellt werden, um Lernprozesse individuell zu ermöglichen. Auf diese Weise ist es möglich, Lernangebote bedarfsgerecht („Learning in the Moment of Need") und personalisiert („Learning just for me") anzubieten.[2] Wir müssen schon hier im Auge behalten, dass diese Lernangebote niemals reine Fakten und Sachverhalts-

---

[2] Vgl. Stoller-Schai 2021.

komplexe sind, sondern stets auf emotions- und motivations-, das heißt wertegetriebene Lerner zielen. Neugier, Interesse, Realisierungsdrang, Genuss, Zufriedenheit, Anerkennung und dergleichen sind emotionsverankerte Antriebe, die mit vermittelt werden müssen, um sinnvolles Lernen erst zu ermöglichen. Lehren ohne Werte- und Kompetenzentwicklung ist mühselig, für Lehrende und Lernende unbefriedigend und ziemlich sinnlos. Das trifft im Lernbereich besonders für viele neue Anwendungen der KI zu.[3] Bei deren Einsatz ist immer von vornherein mitzubedenken: Sind Fragen von Werte- und Kompetenzentwicklung in der Anwendung hinreichend berücksichtigt?

Das gilt besonders für die im vorigen Kapitel umfassender diskutierten Anwendungen:

- Entwicklung innovativer **Lernarrangements**
- Einsatz von auf KI basierender **Lerninstrumente** wie Videos, Podcasts, KI basierte Simulationen, Augmented und Virtual Reality in Lernprozessen, Gamification, Metaverse
- Neue Methoden der Diagnostik von Lern- und Entwicklungsfähigkeiten sowie -möglichkeiten, einschließlich der Werte- und Kompetenzentwicklung, beispielsweise durch KI-basierte Skills-Diagnostik mit Empfehlungen für individuelle Entwicklungsziele und adaptive, personalisierte Lernpfade sowie Skills Mapping einschließlich Vorschlägen für Lernpartner, Lernbegleiter und Experten
- Entwicklung **neuer Lerninhalte, die Kuratierung bedarfsgerechter Lerninhalte** und **User Generated Contents**
- Virtuelle **Lernbegleitung** durch virtuelle Assistenten in Ergänzung zu menschlichen Lernbegleitern
- Neue Möglichkeiten von **Schulentwicklungs-, Studien- und Karriereberatung**

---

[3] Vgl. u. a. Foelsing 2023; Eggmann 2023, S. 203ff., Bersin 2023, 2024.

Damit ist es möglich, kompetenzorientierte Konzepte zu wirtschaftlichen Bedingungen breit auszudehnen, da diese Lösungen skalierbar sind und der persönliche Beratungsaufwand minimiert wird. Dass dies nicht nur möglich, sondern auch unumgänglich notwendig ist, um die Kompetenzkatastrophe zu verhindern, ist inzwischen durch die Zusammenschau bekannter und ganz neuer Erkenntnisse deutlich.

11.2 Gezielte Werte- und Kompetenzentwicklung mit IT und KI

Wir gehen von der klassischen Darstellung von Kompetenzen aus.[4] Kompetenzen „enthalten" zwingend **Fertigkeiten**, **Wissen** im engeren Sinne und **Qualifikationen**, ohne sich darauf reduzieren zu lassen.[5] Denn anderseits und ebenso zwingend sind **Werte** Kerne von Kompetenzen.[6] Damit ergeben sich vier „Baustellen" jeglichen Lernens, die bei Einsatz neuester IT und KI nichts absolut Neues, aber doch lernpsychologisch, lernsoziologisch und technisch vollkommen neue Aspekte des menschlichen Handelns erfordern.

Fertigkeiten werden beschrieben als „Geschicklichkeiten und aufgabenbezogene individuelle Aktivitäten sowie eingeübte und automatisierte Bewegungsabläufe auf der sensomotorischen Ebene, die souverän beherrscht werden. Sie werden üblicherweise unterteilt in mehr oder weniger elementare (senso-)motorische Fertigkeiten (z. B. Tischtennisspielen, Schwimmen, Zielbewegung), kognitive Fertigkeiten (z. B. im Kopf addieren, Gegenstände zählen), kognitive motorische

---

[4] Erpenbeck, von Rosenstiel, Grote, Sauter (Hrsg) (2018) S. XVII.
[5] Vgl. Arnold, Erpenbeck (2014).
[6] Vgl. Fischer, C.(2019).

Fertigkeiten (z. B. Schreiben, Musizieren), soziale Fertigkeiten (z. B. geschickter Umgang mit Kunden, Freundlichkeit), sprachliche Fertigkeiten (z. B. prononciertes Sprechen) und perzeptive Fertigkeiten bzw. Softskills (z. B. schnelles Erkennen von Farb- oder Geruchsunterschieden.

Damit bilden sie den Gegensatz zu reinen Fähigkeiten (Psychomotorik, Handlung)."[7] Fertigkeiten werden in der Regel eingeübt, trainiert. Überlegungen zu Werte- und Kompetenzaspekten gehen in der Regel dem Üben und Trainieren voraus. Sie sind aber davon niemals ganz losgelöst: Der Diskuswerfer trainiert seine senso-motorischen Fertigkeiten bis zum maximal Möglichen, doch ist sein motorisches Handeln stets kognitiv begleitet und perzeptiv auf die Umgebung und die soziale Trainingssituation bezogen. Der SAP-Spezialist beherrscht seine technisch-organisatorischen Hilfsmittel gleichsam automatisiert „wie im Schlaf", muss sie so beherrschen um erfolgreich zu sein. Jede SAP Anwendung setzt jedoch umfassende, kreative, neuartige Selbstorganisationsschritte voraus, ist eingebettet in IT-und KI-Kompetenz.

Wissen kann, wie es der pädagogische Konstruktivismus überzeugend gezeigt hat, grundsätzlich nicht in einem naiven Sinne – gleichsam per Nürnberger Trichter – „vermittelt" werden. Das Arnold-Siebert-Axiom (ASA) der konstruktivistischen Didaktik besagt, dass Lernen nur als Prozess individueller Selbstorganisation des Wissens zu verstehen ist. Dieser Prozess vollzieht sich auf der Basis der Wirklichkeits- und Sinnkonstruktion jedes einzelnen lernenden Individuums und ist damit individuell geprägt und vom Verlauf her schwer vorhersagbar.[8] Diese Wirklichkeits- und Sinnkonstruktionen sind unvermeidlich werte- und kompetenzdurchdrungen. Jeder scheinbar noch so läppische individuelle Wissensbestand-

---

[7] Vgl. Schneider-Ermer (überarb. Ausg. 2024).
[8] Vgl. Arnold, Siebert (2006).

teil wird vor einem Hintergrund sozial bereitgestellten, positiv oder negativ bewerteten Wissens gewonnen und setzt beim Lernenden die Fragen in Gang: Warum lerne ich das, wozu brauche ich das, was nützt mir das, wie wichtig ist es für mich heute, z. B. in Prüfungen, und in Zukunft, beispielsweise im Arbeitsprozess?

Wissen ist keine Kompetenz, die Brücke zwischen beiden schlagen eben jene wertehaltige Wirklichkeits- und Sinnkonstruktionen. Die Illusion, Kompetenzentwicklung auf traditionelle Wissensvermittlung – einschließlich traditioneller Vermittlung von Wertewissen (Predigen) – reduzieren zu können führt ja, wie bereits gezeigt, geradewegs zur Kompetenzkatastrophe.

Qualifikationen sind die leistungsbezogenen Merkmale einer Person, die dabei behilflich sind, die Anforderungen im Arbeitsprozess erfolgreich zu bewältigen, einen Befähigungsnachweis für bestimmte Berufsbilder zu erlangen und Karrierechancen zu nutzen. Qualifikationen sind fachlich und prozessgebunden, wie die zur beruflichen Tätigkeit erforderlichen spezifischen Kenntnisse, Fähigkeiten und Fertigkeiten, oder auch fachübergreifend und prozessunabhängig, wie z. B. Flexibilität, technische Intelligenz, technische Sensibilität und Verantwortung, Fähigkeiten zum Problemlösen, zur Kooperation und zur Kommunikation in einer Arbeitsgruppe.[9] Es lässt sich somit deutlich zwischen Qualifikationen und Kompetenzen unterscheiden:

Während Qualifikationen immer auf die Erfüllung vorgegebener Zwecke ausgerichtet, also fremdorganisiert sind, umfassen Kompetenzen vor allem Selbstorganisationsfähigkeiten.

Während Qualifikationen auf die Erfüllung konkreter Nachfragen und Anforderungen, also objektbezogen sind, sind Kompetenzen stets subjektbezogen.

---

[9] Vgl. Roubicek-Solms (überarbeitete Ausgabe 2024).

Qualifikationen sind auf unmittelbare tätigkeitsbezogene Kenntnisse, Fähigkeiten und Fertigkeiten gerichtet, während Kompetenzen die ganze Person einbeziehen, also ganzheitlich orientiert sind.

Qualifikationen sind auf solche Elemente individueller Fähigkeiten bezogen, die einzeln beurteilt und rechtsförmig zertifiziert werden können, während Kompetenzen eine Vielzahl der prinzipiell unbegrenzten individuellen Handlungsdispositionen einschließt; damit ist das Lernen mehr als nur sachverhaltszentriert – es ist den Notwendigkeiten einer Wertevermittlung gegenüber geöffnet.

Qualifikationen mit ihrer Orientierung auf verwertbare Fertigkeiten und Fähigkeiten rücken vom klassischen, durch Humboldt geprägten Bildungsideal der proportionierlichen Ausbildung aller Kräfte ab, während sich Kompetenzen dem klassischen Bildungsideal auf eine neue, zeitgemäße Weise wieder annähern.[10]

Werte „sind Bezeichnungen dafür, was aus verschiedenen Gründen aus der Wirklichkeit hervorgehoben wird und als wünschenswert und notwendig für den auftritt, der die Wertung vornimmt, sei es ein Individuum, eine Gesellschaftsgruppe oder eine Institution, die einzelne Individuen oder Gruppen repräsentiert. Mitzudenken sind hier die negativen Werte, also das Hervorgehobene, das als wenig wünschenswert oder sogar ablehnens- und hassenswert für den Wertenden auftritt."[11] Eine neuere Sicht auf Werte versteht diese „als Ordner sozialer Komplexität".[12] Ohne solche Ordner wird Komplexität nicht beherrschbar. Sie sind zugleich zufällig und notwendig. Sie haben ihre Wirklichkeit jedoch nur, wenn sie durch Einzelne verinnerlicht und gelebt werden. Werte sind damit stets Ordner individueller oder kollektiver,

---

[10] Arnold (2000), S. 269.
[11] Baran, P. (1990), S. 805.
[12] Vgl. Fischer (2019).

physischer oder geistiger menschlicher Selbstorganisation. Kurz: Werte sind Ordner menschlicher Selbstorganisation.[13] Mit jedem Zurückgreifen auf Werte entstehen fundamentale Probleme: Warum sind Werte nicht wahr oder falsch, sondern nur „in Geltung"? Wie werden Werte „verinnerlicht", das heißt zu eigenen Emotionen und Motivationen, sodass man für sie durchs Feuer und manchmal in den Tod geht? Und warum sind Werte gesellschaftlich oft viel wirksamer als alle Erkenntnisse, wieso leben wir viel eher in einer Wertegesellschaft als in einer Wissensgesellschaft?[14]

Gerade das Problem der Werteverinnerlichung führt uns zur Kompetenzkatastrophe zurück. Die Entwicklung von Kompetenzen bedeutet nämlich Entwicklung von Fertigkeiten, Wissen, Qualifikationen und Werten **gleichermaßen.**

11.3 Subjektive und objektive Voraussetzungen der Kompetenzentwicklung mit IT und KI

Der Einsatz innovativer Mittel von IT und KI für die Kompetenzentwicklung führt stets auf eine doppelte Frage:

Zum einen nach den **subjektiv-persönlichen Voraussetzungen**: Welche Fertigkeiten, welches Wissen, welche Qualifikationen und welche Werte brauchen wir, um uns dieser modernen Mittel erfolgreich zu bedienen?

Zum anderen nach den **objektiv-technischen Voraussetzungen**: Welche aktuellen Mittel der KI und IT können wir benutzen, um unsere Fertigkeiten zu erhöhen,

---

[13] Vgl. Erpenbeck (2023).
[14] Vgl. Erpenbeck, Sauter (2020).

unser Wissen zu erweitern, unsere Qualifikationen zu vervollkommnen und neue Wertehorizonte zu gewinnen?

Werden diese Aspekte vernachlässigt, führt dies zu einer verzögerten und eingeschränkten Kompetenzentwicklung, also gleichsam zu einer Kompetenzkatastrophe Akt zwei.

So fasst ein Statement der itdailynet zusammen: 73 % der Organisationen in Europa geben an, dass ihre Mitarbeiter KI bei der Arbeit nutzen. Vor diesem Hintergrund bieten aber lediglich 30 % KI-Schulungen an … Bei 40 % gibt es überhaupt keine Schulung … Probleme rund um das Thema KI beschränken sich nicht nur auf den Mangel an Schulungen am Arbeitsplatz. Auch Richtlinien zur korrekten und inkorrekten Nutzung von KI fehlen, da nur 17 % der Organisationen über eine formelle, umfassende KI-Richtlinie verfügen … Abgesehen vom Mangel an Schulungen und Richtlinien wird für Unternehmens- und IT-Fachkräfte festgestellt, sie seien nur etwas oder gar nicht vertraut mit dem Thema, es bestehe eine Lücke in der KI-Ausbildung für 74 % von ihnen …, 61 % der Befragten äußerten überdies extreme oder große Sorge, dass generative KI von Cyberkriminellen ausgenutzt werden könnte.[15]

Die Besorgnis spiegelt sich auch im sogenannten „DigitalPakt Schule 2019 bis 2024" Deutschlands wider.[16] Darin heißt es:

> „Die fortschreitende Digitalisierung aller Lebensbereiche stellt eine zentrale strukturelle Herausforderung für die Bildung junger Menschen am Bildungsstandort Deutschland dar. Es ist eine der großen Zukunftsaufgaben, die Schüler an den Schulen in Deutschland umfassend auf die Digitalisierung in allen Lebensbereichen vorzubereiten. Die Bundesregierung und die Regierungen der Länder der Bundesrepublik Deutsch-

---

[15] itdailynet (2024).
[16] DigitalPakt Schule 2019 bis 2024.

land einschließlich der Kommunen arbeiten bei dieser Zukunftsaufgabe zusammen und setzen einen abgestimmten Innovationsimpuls. Damit sollen die bestehenden Entwicklungen an den Schulen entscheidend unterstützt werden, um die Voraussetzungen für Bildung in der digitalen Welt bundesweit und nachhaltig spürbar zu verbessern."

Dieser DigitalPakt umfasst nicht nur die entsprechende technische Ausstattung von Schulen, insbesondere mit breitbandigen Internetzugängen, einer geeigneten schulinternen Verkabelung, WLAN in Unterrichtsräumen und Lehrerzimmern sowie geeigneter Präsentationstechnik und Endgeräten. Er fordert, verlässliche leistungsfähige digitale Bildungsumgebungen zur Verfügung zu stellen, die eine datenschutzkonforme und rechtssichere digitale Zusammenarbeit und Kommunikation im schulischen Umfeld ermöglichen.

Der DigitalPakt fordert zudem, dass die Lehrkräfte für diesen Zweck nachhaltig qualifiziert sind und dass sie bei der Integration digitaler Medien in Lehr- und Lernprozesse unterstützt werden. Gefragt sind also kompetenzfordernde und -fördernde technische Ausstattungen, aber vor allem auch Lehrkräfte und Schüler, die mit dieser Technik kreativ und selbstorganisiert, also mit hoher Kompetenz umgehen können. Während die entsprechenden Mittel begrenzt sind, kommt bei den benötigten Lehrkräften vor allem die Problematik der Kompetenzkatastrophe direkt ins Spiel. Viele Lehrkräfte sind immer noch auf die Weitergabe von Wissen, auf Lehrstoffe und Curricula orientiert. Echte Kompetenzentwicklung ist für sie oft nicht mehr als eine Metapher. Und Werteentwicklung, ein Kernmoment der Kompetenzentwicklung, ist im gegenwärtigen Schulbetrieb eher selten möglich.[17] Das wird sich angesichts der weltweit existieren-

---

[17] Stein (2008).

den, technik- und IT-begeisterten Jugendlichen, der ebenso begeisterten Fachkräfte, Ingenieure, Techniker und Wissenschaftler bitter rächen. Dass Deutschland im Ranking der Industrieländer vom 6. auf den 24. Platz abgestürzt ist, wird durch die Kompetenzkatastrophe mit verursacht![18]

Zunächst wenden wir uns summarisch der umrissenen Doppelfrage zu:

- **Subjektiv** – wie können wir aktuelle Kompetenzentwicklungen sinnvoll für den Umgang mit den aktuellen Mitteln von KI und IT einsetzen?
- **Objektiv** – was trägt die Nutzung dieser Mittel von KI und IT zur Weiterentwicklung unserer Fertigkeiten, unseres Wissens, unserer Qualifikationen und unseres Wertehorizonts, also unserer Kompetenzen bei.

Wir hinterfragen dies gesondert für die vier genannten Kompetenzbestandteile **Fertigkeiten**, **Wissen** im engeren Sinne, **Qualifikationen** und **Werte**.

Fertigkeiten beruhen nicht allein auf Wissen, sondern auf Können. Können ist mit emotionalen Wertungen eng verknüpft. Das ist ebenso trivial wie fundamental. Der Speerwerfer korrigiert nicht nur immer wieder und wieder seine algorithmisch vorgegebene Wurftechnik, er ist beim Funktionieren von tiefen Glücksgefühlen durchströmt. Der IT Spezialist ist sich seiner besonderen, antrainierten Fertigkeiten stolz bewusst. Vergleichbares kennt jeder, der Fahrradfahren lernt oder den Führerschein macht. Die Instruktion ist das eine, die vollendete Fertigkeit etwas völlig anderes, emotionsgetragenes. Das trifft auch für den Umgang mit moderner Informations-

---

[18] Im Standort-Ländervergleich der IMD ist die Bundesrepublik innerhalb von zehn Jahren von Platz 6 auf 24 abgerutscht. Die für die Studie verantwortlichen Ökonomen aus der Schweiz halten Staat und Unternehmen für zu träge und unflexibel. Süddeutsche Zeitung, 18.7.2024; IMD (2024), S. 49.

technologie zu. Nicht von ungefähr sprach man in den Anfängen des Computerzeitalters vom „Computerführerschein". Dabei machten viele die Erfahrung: Die instruktionale Belehrung vermittelte nicht die Fertigkeit, mit dem Computer umzugehen. Es bedurfte der eigenen, leidvollen, aber auch stärkenden Erfahrung beim Selbstlernen, beim spielerischen Ausprobieren zwischen Verzweiflung und Erfolg.

Subjektiv: Kompetenzen im IT- und KI-Bereich setzen also besondere, wertebasierte Fertigkeiten voraus. Sie zu erzeugen ist Bestandteil der Kompetenzentwicklung in diesem Bereich.

Objektiv: Zugleich müssen wir uns bei jeder technischen Neuerung, bei jedem neuen Gerät und jeder neuen Software fragen: Welche neuen Fertigkeiten benötigen wir, um mit ihnen wirkungsvoll zu arbeiten? In welchem Maße kann der Umgang mit ihnen trainiert und automatisiert werden? Wenn immer wieder Anleitungen und Handreichungen benötigt werden und der Umgang mit ihnen nicht als Fertigkeit etabliert werden kann, müssen weiterführende Überlegungen einsetzen, um moderne Kompetenzentwicklung auch von Seiten der Fertigkeiten aus zu sichern.

Wissen ist von vornherein in seiner Doppelfunktion zu betrachten.

Subjektiv: Modernes Sachwissen in den Bereichen Mathematik, Informatik, Naturwissenschaften – Chemie, Physik, Biologie – und Technik (MINT) ist in dem wohlzuverstehenden Sinne „wertfrei", weil die unweigerlich auftretenden Wertefragen – warum diese Forschung, womit stärkt sie unser Weltwissen, wozu ist sie nütze, zu welchen positiven und negativen Resultaten kann sie führen – ins Vorfeld oder Folgefeld verschoben werden. Vor-Wertungen und Ver-Wertungen tauchen im wissenschaftlichen Resultat nicht explizit auf. Einsteins „$E = mc^2$"-Formel wird in der Originalpublikation nicht mit dem Hinweis versehen, dass darin die Möglichkeit der Selbstvernichtung der Menschheit enthalten ist.[19] Verantwortliche Kompetenzentwicklung wird dieses Wissen hingegen niemals ohne den Werte- und Verwertungshintergrund darbieten. Zum einen, weil das Wissen sonst dem Lernenden als auswendig zu lernende Stoffülle gegenüberträte, die nach Prüfungen alsbald vergessen werden darf. Wird Lernen hingegen konstruktivistisch als Prozess individueller Selbstorganisation des Wissens verstanden, sind die individuellen Wirklichkeits- und Sinnkonstruktion jedes einzelnen lernenden Individuums entscheidend. Damit stehen Wertefragen am Beginn und Ende jedes individuellen Lernprozesses, ohne sie gibt es keine wirkliche Kompetenzentwicklung.

Objektiv: Trifft das schon für jedes Sachwissen auch im IT- und KI-Bereich zu, trifft es ebenso für den Umgang mit neuester Informationstechnologie und jeglicher aktueller Software zu. Sinnfragen nach dem warum, wozu und wie weiter stellen sich immer wieder neu. Sie zu beantworten gehört zur Kompetenz jedes IT- und KI-Spezialisten. Oft genug stellen sich bei der Entwicklung und Nutzung solcher Technologie und Software auch direkte Wertefragen: Ist das was wir hier entwickeln und nutzen ethisch-moralisch vertretbar, z. B. beim autonomen Fahren? Führt es nicht zu verwerflichen militärisch-politischen Nutzungsmöglichkeiten, z. B. bei Dual-Use-Gütern? Beschneidet unser Vorgehen nicht durch Kontrolle und Zwang schlicht unsere Genusswerte, unseren Lebensgenuss, wie z. B. bei der Personenbeobachtungssoftware? Die Kompetenzentwicklung im IT- und KI-Bereich, die solche Wertefragen von vornherein ausklammert, führt zu einer weiter verstärkten, verschärften Kompetenzkatastrophe.

---

[19] Einstein (1905), S. 639–641.

11 Generative KI und generative Kompetenzen …

Qualifikation Berufe vom Friseur[20] bis zum IT- und KI-Spezialisten[21] setzen eine bedachte Kompetenzentwicklung voraus. Das spiegelt sich auch darin wider, dass das Bundesinstitut für berufliche Bildung schon seit längerem darauf drängt, Ausbildungen kompetenzorientiert zu gestalten und Prüfungen dementsprechend durchzuführen. „Um die Ausbildungsordnungen auch explizit an Kompetenzen auszurichten, wurden im Bundesinstitut für Berufsbildung (BIBB) mehrere Projekte und Vorhaben initiiert, die sich auf konzeptioneller wie operativer Ebene mit der kompetenzorientierten Gestaltung von Ordnungsmitteln auseinandersetzten… Berufliche Handlungsfähigkeit als Leitziel der Berufsausbildung wird dort mit dem Kompetenzverständnis des Deutschen Qualifikationsrahmens gleichgestellt."[22] Auch wenn man den „Deutschen Qualifikationsrahmen" eher kritisch betrachtet, ist doch die Absicht, Kompetenzentwicklung an die Stelle bisheriger traditioneller Qualifikationswege zu setzen, unübersehbar. Mit der Entwicklung für Prüfungsordnungen in IT-Berufen ist man einen wichtigen Schritt weitergekommen. Es handelt sich beispielsweise um Berufe wie Fachinformatiker, Kaufmann für IT-Systemmanagement, Kaufmann für Digitalisierungsmanagement, IT-Systemelektroniker, Elektroniker für Informations- und Systemtechnik, Gamedesigner und Mediendesigner und andere.

Subjektiv: Neugier, Interesse, Begeisterung, Brennen für solche Berufe lassen, wie man an den Bewerberzahlen ablesen kann, wohl noch zu wünschen übrig. Andererseits sind diese Wertehaltungen unumgänglich, um nicht nur die benötigte Anzahl von IT und Multimediafachleuten bereitzustellen, sondern um solche zu entwickeln, die im sich zunehmend verschärfenden internationalen Wettbewerb mithalten können. Genau das ist kein Problem bloßer

---

[20] Vgl. Bauer, Böhle (2020).
[21] Vgl. Kersken (2023).
[22] Vgl. BiBB (2014).

Qualifikation, sondern angemessener, wohlverstandener Kompetenzentwicklung. Gezielte Kompetenz- oder sogar Werteentwicklung liegen gegenwärtig noch nicht voll im Blickfeld der Berufsbildung. Damit vertieft sich die Kompetenzkatastrophe weiter, trotz aller Einzelschritte, Ausbildungen kompetenzorientiert zu gestalten.

Objektiv: Wer nicht darauf brennt, moderne IT und Software auszuprobieren, spielerisch zu handhaben, sie zu durchforschen und zu hinterfragen wird zwar in Intensiveinführungen, Gebrauchsanweisungen und Handbüchern genügend Informationen abfassen, um mit der neuen Technik umgehen zu können. Aber das reicht in Regel nicht, um mit ihr selbstorganisiert und kreativ neue Aufgaben zu lösen, neuartige Gedanken zu entwickeln. Genau dafür wird Kompetenz benötigt.

Werte die Kerne von Kompetenzen, werden auf ganz eigene Art angeeignet und angewandt.[23] Dabei geht es um die methodisch bewusste und praktisch wirksame Gestaltung gezielter Werteentwicklung von Persönlichkeiten.[24] Dabei muss man sich immer wieder bewusst machen: Es gibt schlicht und einfach keine Kompetenzentwicklung ohne Werteentwicklung. Bleibt Aus- und Weiterbildung bei der Entwicklung von Fertigkeiten, Wissen und Qualifikationen stehen, schlägt die Kompetenzkatastrophe mit unerbittlicher Konsequenz zu. Das gilt in Zeiten hoch entwickelter IT, KI und vor allem generativer KI mehr denn je.

Subjektiv: Während die Entwicklung von Fertigkeiten, Wissen und Qualifikationen scheinbar immer noch, wenn auch eher schlecht als recht, auf Formen der Wissensweitergabe zurückgreifen kann und damit die Kompetenzkatastrophe beinahe unbemerkt am Köcheln hält, kommt es angesichts der

---

[23] Erpenbeck, Sauter (2022).
[24] Erpenbeck, Sauter (2019).

modernen Informationstechnologien zu einer geradezu explosiven Situation. Während Kompetenzentwicklung traditionell-pädagogisch oft immer noch in der Reihenfolge Weiterbildung, Übung, Coaching und letztendlich Praxis vorgestellt wird, hat sich die entsprechende Reihenfolge geradezu umgedreht. Kompetenzentwicklung findet vor allem in der täglichen Auseinandersetzung mit neuen Entwicklungen von IT und KI in der Praxis statt. Ein Wertetrainer wäre gar nicht in der Lage, die stets neuen technischen und softwareseitigen Anforderungen lehrtextartig zu verarbeiten, selbst wenn er wollte. Die **Praxis** ist das Kriterium der Wahrheit von Kompetenzentwicklung. Das **soziale Lernen** und **Coaching**, im Unternehmensbereich immer wichtiger und häufiger, steuert einen weiteren wichtigen Teil der Kompetenzentwicklung bei. Gezielte **Trainings** runden entsprechende Bemühungen ab. **Die Weiterbildung** erweist sich als immer weniger fähig, Kompetenzen und Werte zu entwickeln. Während sie benennbares Wertewissen noch schulmäßig „weitergeben" kann, erzielt sie immer weniger Erfolge im Bereich kreativer, selbstorganisierter Handlungsfähigkeit.[25]

Objektiv: Wichtigster Praxisbereich ist natürlich der Umgang mit IT und KI und neuester Software selbst. Insofern verschmelzen die Kompetenzentwicklung *für* diese Bereiche mit der Kompetenzentwicklung *in und durch* diese Bereiche vollkommen miteinander. Die Mensch-Maschine-Symbiose erfordert und fördert Kompetenzentwicklung auf völlig neuem Niveau. Diese Entwicklung überrollt – hoffentlich – die Kompetenzkatastrophe, bevor sie in ein explosives Stadium tritt.

Das vorläufige, unabweisbare **Ergebnis** ist also: Die Befähigung, mit der modernen IT, KI und ihren softwareseitigen Grundlagen technisch und geistig umzugehen, erfordert eine

---

[25] Vgl. Stein (2008).

neue, der Kompetenzkatastrophe entgegengesetzte Qualität der Kompetenzentwicklung. Das beginnt schon im Bereich notwendiger Fertigkeiten, die kompetenzbasiert zu entwickeln sind. Das setzt sich im Bereich des Wissens fort, wo sinn- und wertehaltige, kompetenzgesättigte Rahmenbedingungen den Lernerfolg bestimmen. Das erfordert eine neue Sicht auf Qualifikationen und Qualifizierungen, die es nahe legen, Ausbildungen kompetenzorientiert zu gestalten und Prüfungen dementsprechend durchzuführen. Vor allem aber sind den Werten als Kernen von Kompetenzen ein viel höherer Stellenwert als bisher zuzumessen. Kompetenzentwicklung ist Werteentwicklung, Werteentwicklung ist Kompetenzentwicklung.

11.4 Kompetenzkatastrophe und generative KI

Nochmals potenziert wird die Kompetenzkatastrophe durch die sich explosionsartig ausbreitende „generative KI", beispielsweise Chat GPT. Diese Softwarelösungen erfordern neuartige **generative Kompetenzen**, in denen sich zu der erforderlichen **kognitiven Kreativität** eine ausgeprägt wertefordernde und -fördernde, also **evaluative Kreativität** gesellt.

Die Entwicklung der modernen Informationstechnologien und der Künstlichen Intelligenz ist oft mit der teils unsicheren, teils spöttischen Frage konfrontiert: Sind Computer nicht „lediglich" blitzschnell Daten verarbeitende Maschinen, werden sie nicht unzulässig vermenschlicht, wenn man ihnen jenseits der rein syntaktischen Datenverarbeitung (Syntax) auch Fähigkeiten zuschreibt, sprachliche Bedeutungen und Wertungen zu erkennen und zu verstehen (Semantik), Urteile über Warum und Wozu (Pragmatik) zu fällen und den Zusammenhang von Wirklichkeit und Sprache zu beurteilen (Sigmatik)?

11 Generative KI und generative Kompetenzen ...

„Moderne Auffassungen von Information in der IT berücksichtigen stets diese vier Aspekte:

1. Die **Syntax** von Informationen – ihre Darstellbarkeit durch Zeichen und Zeichenkombinationen.
2. Die **Semantik** von Informationen – empfänger- bzw. individuumsabhängige Bildung von Bedeutungen erfahrener Umweltereignisse aus der Welt, in der wir leben.
3. Die **Pragmatik** von Informationen – die verhaltensmäßige Wirkung der Kommunikation.
4. Die **Sigmatik** von Informationen – ihr Verhältnis zur erfassten, bzw. wahrgenommenen Wirklichkeit.

Dabei wird das Individuum, das Selbst, als die schöpferisch gestaltende Kraft der Gesellschaft und damit seiner selbst gesehen und betont. Entscheidend für die weitere Diskussion um die Entstehung von Informationen und die Herkunft der Bedeutung ist die Erkenntnis, dass beim lernenden Automaten die Informationen und das Wertesystem von außen kommen. Im Lebenden, im kreativen Denkprozess der Menschen entstehen die Informationen und die sie steuernden Werte im Prozess der Selbstorganisation intern."[26]

In dem berühmten Generationenwerk von Joseph Weizenbaum „Die Macht der Computer und die Ohnmacht der Vernunft"[27] spielt die Frage, was Computer – im Vergleich zum Menschen – **nicht** können eine zentrale Frage. Wir haben seit dem Aufbau der ersten großen Computer in den USA durch John von Neumann und in Deutschland durch Konrad Zuse erlebt, wie Computer mehr und mehr Domänen übernommen haben, die man für ein Privileg des Menschen hielt. In einem Einführungstext zu dem Buch heißt es: „Insbesondere geht der erfolgreiche Computerwissenschaftler (Weizenbaum) mit denjenigen seiner Kolle-

---

[26] Fuchs-Kittowski, Stary (2024) S. 4 und 6.
[27] Vgl. Weizenbaum (1978).

gen ins Gericht, die uns (und wahrscheinlich sich selber) weismachen wollen, der Mensch sei im Prinzip nichts anderes als ein informationsverarbeitendes System, könne also vollständig mit einem hinreichend leistungsfähigen Computer simuliert werden. In eben dieser Überzeugung der Forscher, die sich mit der künstlichen Intelligenz beschäftigen und die er spöttisch den Clan der ‚Artificial Intelligentsia' zuordnet, sieht Joseph Weizenbaum geradezu die Quintessenz naturwissenschaftlicher Borniertheit."[28] Ob der Spott immer noch so deutlich ausfallen würde, angesichts der modernen generativen Artificial Intelligence, mit der neuartige Dichtung, Bildkunst und Musik verblüffend kreativ geschaffen werden kann?[29]

Für uns steht fest, dass die Frage, was Computer, was KI **nicht** können, eine falsche Frage ist.[30]

Das Human Brain Project, welches das gesamte Gehirn spiegelbildlich durch biologisch-technische „Bausteine" re-konstruiert geht ganz selbstverständlich davon aus, dass das Gehirn in **allen** seinen Funktionen, den kognitiven wie den evaluativen, emotional-motivationalen abgebildet werden kann, auch wenn das ein weit in die Zukunft reichendes Vorhaben sein wird.[31] Schon die gegenwärtigen Ergebnisse sind beeindruckend.[32] Neben dem detailliertesten Gehirnatlas, der gegenwärtig existiert, wirft die Forschung Fragen auf, die auch wertende Leistungen des Gehirns betreffen. So hat eine Gruppe von Hirnforschern und KI-Spezialisten eine umfassende Theorie des Bewusstseins aus

---

[28] Vgl. Randow (1978).
[29] Z. B. Gandhi, Ehl (2023).
[30] Erpenbeck, Sauter (2015), S. VI.
[31] Vgl. Amunts et al. (2023).
[32] Ebenda.

11 Generative KI und generative Kompetenzen ...

unterschiedlichen Einzeltheorien synthetisiert, in der Emotionen, Motivationen und weitere wertende Aspekte generell einbezogen sind.[33] Emotionen als wertende Kerne neuronaler Aktivitäten sind ein wichtiger aktueller Forschungsgegenstand.[34] Offensichtlich kommen kognitive Prozesse kaum ohne Rückgriff auf wertende Emotionen aus.

Dabei unterliegen Werte intensiven Forschungsbemühungen, wie sie insbesondere durch die verschiedenen Selbstorganisationstheorien, insbesondere durch die Synergetik von Hermann Haken, nahegelegt werden.[35]

Es geht danach um die Selbstorganisation neuronaler Prozesse im einzelnen Menschen, eventuell später auch einmal bei humanoiden Robotern,[36] es geht aber auch um die Selbstorganisation sozialer Prozesse kommunizierender, kooperierender und auch konkurrierender Menschengruppen bis zur Weltgesellschaft.[37] Weder die individuellen noch die sozialen Werte sind trivial voraussehbar, obgleich sie eine entscheidende Rolle im individuellen wie im sozialen Handeln spielen. Ohne solche Werte gibt es kein menschliches Handeln! Sie müssen deshalb beispielsweise als soziale Werte kommuniziert und emotional tief verankert werden, um sozial wirksam zu sein. Solche Verinnerlichungs-, solche Interiorisationsprozesse können und müssen trainiert werden.[38] Das ist aber nicht möglich, indem nur die Inhalte von Werten, das Wertewissen, kommuniziert wird. Vom Wertewissen ausgehend lassen sich sehr wohl Verhaltens-

---

[33] Storm et al. (2024) S. 1531–1552.
[34] Z. B. Fox (2008).
[35] Vgl. Haken, Wunderlin (1991).
[36] Vgl. Haken, Schiepek (2010).
[37] Vgl. Erpenbeck, Sauter (2020).
[38] Vgl. Erpenbeck, Sauter (2022).

weisen fordern und sogar juristisch fixieren. Das setzt ein hohes Maß an **kognitiver Kreativität** voraus, wie sie beispielsweise jeder guter Jurist besitzen sollte. Um neue individuelle Wertehaltungen auszuprägen, vor allem um neue soziale Werte vorzuschlagen, zu kommunizieren und durchzusetzen bedarf es ganz anderer, nämlich **evaluativer Kreativität**. Beide gehen in die menschliche Kompetenz ein und sind in höherem oder geringerem Maße immer vorhanden.

Unsere Behauptung ist: Durch die generative KI kommt eine grundsätzlich neue Dimension zur Werte- und Kompetenzentwicklung hinzu, welcher mit Learning Experience Platforms, KI-basierter Skills Diagnostik, der Kuratierung von Wissen mit Hilfe der KI usw. nicht beizukommen ist. Bisher wurde das größte Augenmerk auf die kognitive Kreativität gelegt, die den Großteil unserer bisherigen Kompetenzentwicklung trug. All unser Handeln war und ist letztlich auf die Gewinnung neuen Wissens und neuer Anwendungen orientiert.

Zunehmend wird jedoch die Entwicklung von Kompetenzen gefordert, die von neuen Wertevorstellungen getragen sind. Das Training insbesondere neuer ethisch-moralischer und sozial-weltanschaulich-politischer Werte ist nicht mehr ein nice to have, sondern wird zu einer Grundanstrengung jeder Kompetenzentwicklung.

Und an diesem Punkt ergibt sich eine gähnende Kluft zwischen **klassischer Kompetenzentwicklung** und **generativer Kompetenzentwicklung**. Wurde die Kompetenzkatastrophe schon angesichts der modernen Lernformen mit KI offenbar, entsteht mit dem Siegeszug der generativen KI eine qualitativ neue Anforderung an die gezielte Entwicklung von Werten und Kompetenzen. Wird ihr nicht stattgegeben, wird sich die Kompetenzkatastrophe ins Unermessliche ausdehnen.

Das lässt sich durch ein Gedankenexperiment veranschaulichen. Stellen wir uns vor, es gäbe bereits die vom Human Brain Projekt in Aussicht gestellten Humancomputer und Humanroboter, die nicht nur über bisheriges menschliches Sachwissen in nahezu unendlichen Mengen verfügen, sondern die daraus immer neue kreative Ideen und Vorschläge generieren oder blitzschnell imitative malerische, musikalische und literarische Kunstwerke erschaffen können. Beides vermögen Chat GPT und ähnliche Meisterwerke der generativen Künstlichen Intelligenz bereits auf beeindruckende Weise. Auf die Frage „Welche generative Künstliche Intelligenz gibt es neben Chat GPT" antwortet Chat GPT selbst: Es gibt eine Vielzahl von generativen künstlichen Intelligenzen (KI) die unterschiedliche Aufgaben und Anwendungen abdecken.

Hier sind einige der bekanntesten Beispiele neben ChatGPT:

- **Generative KI für Text**: Google Bard für Konversation, Claude von Anthropic für gehobene Konversation, Jasper als Schreibassistent für kreative Blogs und Schreibarbeiten
- **Generative KI für Bilder**: DALL-E von Open AI für die Bilderstellung aus Textbeschreibungen, Midjourney, das spezialisiert auf die Erstellung von Bildern und Kunstwerken ist, Stable Diffusion für die Erstellung visueller Inhalte aufgrund von Texten
- **Generative KI für Musik und Audio**: Jukedeck für Hintergrundmusik und Videos, Amper Music für die Erstellung und Anpassung von Musikstücken, Open AI's MuseNet für Musikstilimitationen

- **Generative KI für Videos**: Runway ML für Videoerzeugung, Synthesia für sprechende Avatare
- **Generative KI für Code**: GitHub Copilot von OpenAI für kreative Programmierhilfe, Tabnine für Autovervollständigungstool
- **Generative KI für 3D-Modelle**: NVIDIA GauGAN für die Umwandlung von Skizzen und Zeichnungen in fotorealistische 3D-Bilder, DreamFusion für die Erstellung von 3D-Objekten auf Basis von Textbeschreibungen

Diese generativen KIs werden schon heute in der Kreativwirtschaft, im Marketing, in der Softwareentwicklung und mehr eingesetzt.[39] Generative KI zur Erschaffung von künstlerischen oder kunstähnlichen Produkten gewinnt immer mehr an Bedeutung.[40]

Dennoch wird jedem kunstsinnigen Menschen bei allen diesen Perspektiven unwohl. Warum?

Kunst, insbesondere bildende Kunst, ist ein – nicht das einzige, aber doch ein wichtiges – Werte produzierendes, kommunizierendes und reproduzierendes „Organ" der menschlichen Gesellschaft. Kunstkommunikation ist wesentlich Wertekommunikation. Der Künstler kommuniziert seine persönlichen ästhetischen, religiösen, ethisch-moralischen, sozial-weltanschaulich-politischen Werten in und mit seinen Kunstwerken. Diese hängen in Zustimmung oder Ablehnung, interiorisiert oder „ausgeblendet" mit den in einer geschichtlichen Gesellschaft zum Schöpfungszeitpunkt vorhandenen und geltenden oder unterdrückten Werte zusammen.[41]

---

[39] Chatbot: Ask AI Chatbot. Built on Chat GPT Open AI GPT-4 (aufgenommen 1.August 2024); siehe auch Kirk, Campbell (2023).
[40] Vgl. Herpers (2024); Winter (2023); Merzmensch (2023).
[41] Vgl. Erpenbeck (2015).

Eine sorgfältige kunsthistorische Analyse kann all diese Werte, das gesamte komplexe Wertegeflecht als Wertewissen einer generativen KI zur Verfügung stellen. Ein Humancomputer, der damit ausgerüstet ist, kann Kunstwerke „im Sinne eines Künstlers" erschaffen, er kann sich in einer gegebenen historischen Situation „im Sinne eines Menschen oder einer Menschengruppe" verhalten und sogar handeln.[42] Wenn wir diesem Humancomputer aber so etwas wie Bewusstsein und Persönlichkeit oder einer Gruppe kommunizierender und gemeinsam agierender Humancomputer gemeinsame Wertevorstellungen zuschreiben, so wird etwas scheinbar Absurdes geschehen. Werte als Ordner selbstorganisativer Prozesse sind prinzipiell nicht vorhersagbar, weder auf der individuellen noch auf der sozialen Ebene, wo sich die Floskel von der Basis-Überbau-Dialektik eher als ein Ausdruck von Nichtwissen erweist. Da wir also die Wertevorstellungen und Wertehaltungen unseres Humancomputers und seiner Computerkameraden prinzipiell nicht grundgelegt verstehen können, müssen wir uns entscheiden. Entweder wir lehnen ein solches Denken, eine solche Entwicklung prinzipiell ab. Oder aber wir entwickeln kreative Formen der Einfühlung in die Werte- und Gefühlswelt der Persönlichkeit des Humancomputers und in die Wertewelt einer vergesellschafteten Gruppe von Humancomputern. Diese Gefühle sind Bestandteile einer neuen Art von Kompetenzen. Wir können sie **generative Kompetenzen** nennen. Sie reagieren auf künstliche evaluativer Kreativität mit menschlicher evaluativer Kreativität.

Das ist ein neuer, aber mit Gewissheit vorhersagbarer Schritt menschlicher Kompetenzentwicklung. Er führt jede

---

[42] Vgl. Alloa, Bedorf, Grüny (2018); Mollick (2024).

vorgebliche Kompetenzentwicklung, die sich auf bloße Wissensweitergabe beschränkt, ad absurdum. Er weist aber auch einen Weg aus der Kompetenzkatastrophe. **Entwickle Deine evaluative Kreativität, entwickle Deine generativen Kompetenzen** steht auf dem Hinweispfeil in die neue Richtung. Und kleiner darunter: Stoppt die Kompetenzkatastrophe!

Will man den neuen Schritt vermeiden, bieten sich nur zwei äußerst fragwürdige Auswege an: Ignoranz oder Verbot.

Ignoranz bedeutet, die Werteaspekte im neuen Bereich der generativen KI auszublenden oder bewusst zu vernachlässigen, in der Hoffnung, dass sie vorerst keine bedeutende Rolle spielen.[43]

Verbot bedeutet, Humancomputer mit **eigenen** Werten nicht zuzulassen. „Sollten wir die Entwicklung von fühlenden Maschinen verbieten?" wird die Philosophin Eva Weber-Gunskar gefragt und sie antwortet: „Als Philosophin schaue ich mir an, was moralisch gut oder schlecht ist. Gesetze zu schreiben, das überlasse ich der Politik und den Juristen. Wenn Sie mich aber als Bürgerin fragen: Ja ich bin für ein Verbot empfindungsfähiger Maschinen." Das entspringt keiner naiven Technikfeindlichkeit. Die sehr sachkundige Autorin konstatiert, dass die KI „derzeit massiv emotional aufgerüstet (wird)".[44] Menschliche Emotionen und Motivationen sind Wertungen eines Wertungsobjekts durch ein konkretes Individuum als Wertungssubjekt auf der Wertungsgrundlage objektiver und subjektiver Bedürfnisse und Interessen des wertenden Subjekts am Maßstab einer in allgemeiner (Emotionen) oder spezieller Form (Motivation) beurteilten Beziehung.[45] Die Philosophin

---

[43] Vgl. Voigt, Hullen (2024), die Folgen einer solchen Ignoranz macht deutlich: Bendel (2024).

[44] Vgl. Weber-Gunskar (2024a), S. 90–93; vgl. auch Weber-Gunskar (2024b).

[45] Holzkamp-Osterkamp (1975/1976) S. 17.

weist auf das jüngste Update von Chat GPT 4.0 hin, einen Chatbot, „nicht nur leistungsfähiger als seine Vorgänger, er ist außerdem auch mit emotionalen Fähigkeiten ausgestattet."[46] Sie warnt davor, eine Grenze zu überschreiten, wenn künstliche Intelligenz immer menschenähnlicher wird und eigene – wertende – Interessen und Ziele entwickelt. Sie fordert, dass sich die Nutzer stets klar machen, dass sie es „nur" mit einem Humancomputer zu tun zu haben. Sie fordert also in hohem Maße generative Kompetenzen. Auch wenn sie andere Schlüsse daraus zieht, ist ihr vollkommen bewusst, dass mit den neuen Entwicklungen neue Tore der Kompetenzentwicklung aufgestoßen werden. Ob es ein guter Rat ist, diese Tore bewusst zu verschließen, wird die Zukunft zeigen. Wir glauben, dass der künftigen Kompetenzkatastrophe anders, nämlich mit einer gezielenEntwicklung generativer Kompetenz begegnet werden muss.

Verbot oder bedachte Öffnung der Tore: Beides verlangt eine neue Form von Kompetenz, mit generativer Software umzugehen – eine generative Kompetenz. Wird sie ignoriert oder ausgeschlossen, potenziert sich die Kompetenzkatastrophe ins Unendliche. Sie muss unbedingt gestoppt werden: Wissensweitergabe statt Kompetenzentwicklung – dieser katastrophale **Grundirrtum** muss endlich und endgültig auf der Müllhalde der Bildungsgeschichte entsorgt werden.

---

[46] ChatGPT hat laut einer aktuellen Studie eine bedeutende Fähigkeit gezeigt, Emotionen zu verstehen und zu artikulieren. In der Studie wurde die Level of Emotional Awareness Scale (LEAS) verwendet, um die Reaktionen von ChatGPT auf verschiedene Szenarien zu bewerten und seine Leistung mit den Normen der Allgemeinbevölkerung zu vergleichen. Der KI-Chatbot übertraf nicht nur den menschlichen Durchschnitt, sondern zeigte im Laufe der Zeit auch eine bemerkenswerte Verbesserung.

Literatur

Alloa E, Bedorf T, Grüny C (2018) Leiblichkeit. Geschichte und Aktualität eines Konzepts. UTB, Stuttgart

Amunts K et al (2023) Pioneering digital neuroscience. How the 10-year Human Brain Project has transformed brain research. https://sos-ch-dk-2.exo.io/public-website-production-2022/filer_public/ef/1b/ef1bbfab-f9bb-40e9-9167-99890b963d48/hbp_pioneering_digital_neuroscience.pdf. Zugegriffen am 17.08.2024

Arnold R (2000) Qualifikation. In: Arnold R, Nolda S, Nuissl E (Hrsg) Wörterbuch Erwachsenenpädagogik. Klinkhardt, Bad Heilbrunn

Arnold R, Erpenbeck J (2014) Wissen ist keine Kompetenz. Dialoge zur Kompetenzreifung. Schneider, Hohengehren

Arnold R, Siebert H (2006) Konstruktivistische Erwachsenenbildung: Von der Deutung zur Konstruktion von Wirklichkeit. Schneider, Hohengehren

Baran P (1990) Werte. In: Sandkühler HJ (Hrsg) Europäische Enzyklopädie zu Philosophie und Wissenschaften. Meiner, Hamburg

Bauer HG, Böhle F (2020) Haarige Kunst. Über den Eigensinn des Haars und das Können von Friseuren. transkript, Heidelberg/Berlin

Bendel O (2024) 300 Keywords Generative KI. Ökonomische, technische und ethische Grundlagen. Springer Vieweg, Berlin

Bersin J (2023) AI is transforming corporate learning even faster than I expected. https://joshbersin.com/2023/12/ai-is-transforming-corporate-learning-even-faster-than-i-expected/. Zugegriffen am 12.01.2024

Bersin J (2024) Die 340-Milliarden-Dollar-Corporate-Learning-Branche steht vor Umwälzungen. https://joshbersin.com/2024/03/the-340-billion-corporate-learning-industry-is-poised-for-disruption/. Zugegriffen am 23.03.2024

BiBB (2014) Kompetenzbasierte Prüfungen im dualen System – Bestandsaufnahme und Gestaltungsperspektiven. Forschungsprojekt 4.2.333 (JFP 2010). http://www.bibb.de/dienst/dapro/daprodocs/pdf/eb_42333.pdf. Zugegriffen am 16.06.2024

DigitalPakt Schule (2019 bis 2024) https://www.digitalpakt-schule.de/files/VV_DigitalPaktSchule_Web.pdf. Zugegriffen am 16.07.2024

Edelkraut F, Sauter W (2023) Future-Skills-Training. Zukunftsfähigkeit professionell erfassen und gezielt entwickeln. Schäffer-Poeschel, Stuttgart

Eggmann N (2023) KI-basierte Systeme im Kontext von Corporate Learning – Nutzenpotenziale und Erfolgsfaktoren (Diss.). Universität St. Gallen

Einstein A (1905) Ist die Trägheit eines Körpers von seinem Energieinhalt abhängig? In Annalen der Physik, Jahrgang 323, Heft 13, S 639–641

Erpenbeck J (2015) Was kann Kunst. Gedanken zu einem Sündenfall. Verlag der Kunst, Leipzig

Erpenbeck J (2023) Werte – Die Fundamentalprobleme. Springer, Heidelberg/Berlin

Erpenbeck J, Sauter W (2015) Kompetenzentwicklung mit humanoiden Computern. Die Revolution des Lernens via Cloud Computing und semantischen Netzen. Springer, Wiesbaden

Erpenbeck J, Sauter W (2019) Wertungen, Werte – Das Buch der gezielten Werteentwicklung von Persönlichkeiten. Springer, Heidelberg/Berlin

Erpenbeck J, Sauter W (2020) Die Wertegesellschaft. Formen – Folgerungen-Fragen. Springer, Heidelberg/Berlin

Erpenbeck J, Sauter W (2022) Wertetraining. Praxis, Coaching, Übung und Bildung für die gezielte Werteentwicklung von Persönlichkeiten. Schäffer-Poeschel, Stuttgart

Erpenbeck J, von Rosenstiel L, Grote S, Sauter W (Hrsg) (2018) Handbuch Kompetenzmessung. Erkennen, verstehen und bewerten von Kompetenzen in der betriebliche, pädagogischen und psychologischen Praxis. Schäffer-Poeschel, Stuttgart

Fischer C (2019) Werte als Kerne von Kompetenzen. Eine theoretische Studie mit einer empirischen Analyse in Montessori-Schulen. Waxmann, Münster/New York

Foelsing J (2023) ChatGPT in der betrieblichen Bildung: Die Zukunft des Lernens spricht KI. In: eLearning Journal, 01. Dezember 2023. https://www.elearning-journal.com/2023/12/01/chatgpt-in-der-betrieblichen-bildung-die-zukunft-des-lernens- spricht-ki/. Zugegriffen am 12.02.2024

Fox E (2008) Emotion science: cognitive and neuroscientific approaches to understanding human emotions. Oxford University Press, London

Fuchs-Kittowski K, Stary C (2024) Wie entsteht Information, wo kommt ihre Bedeutung her? Zum Verständnis von Information in der digitalen Gesellschaft mit KI-Systemen wie ChatGPT, In: Leibniz Online – Zeitschrift der Leibniz-Sozietät der Wissenschaften zu Berlin, Jahrgang 2024, Nummer 52

Gandhi S, Ehl C (2023) Generative AI – the future of everything. Hanser, München

Haken H, Schiepek G (2010) Synergetik in der Psychologie. Selbstorganisation verstehen und gestalten. Vandenhoeck & Ruprecht, Göttingen/Bern/Wien

Haken H, Wunderlin A (1991) Die Selbststrukturierung der Materie. Synergetik in der unbelebten Welt. Vieweg, Braunschweig

Herpers YP (2024) Die Kunst und Die Künstliche Intelligenz: Wie Der Wert Der Echten Kunst Gesteigert wird. Kindle Edition

Holzkamp-Osterkamp U (1975/1976) Motivationsforschung (1/2). Campus, Frankfurt am Main/New York

International Institute for Management Development (IMD) (2024) World competitiveness booklet 2024. https://www.imd.org/wp-content/uploads/2024/06/WCY-2024-FINAL-20_06_24.pdf. Zugegriffen am 12.10.2024

itdailynet (2024) Europäische Fachkräfte nutzen IT trotz zu wenig Training. https://www.it-daily.net/it-management/ki/europaeische-fachkraefte-nutzen-ki-trotz-wenig-trainingam. Zugegriffen 12.06.2024

Kersken S (2023) IT-Handbuch für Fachinformatiker*innen: Der Ausbildungsbegleiter für Anwendungsentwicklung und Systemintegration. Inkl. Prüfungsfragen. dpunkt, Bonn

Kirk S, Campbell Y(2023) Maximizing technology. A guide to using ChatGPT and 250 other artificial intelligences to improve society. Eigenverlag ohne Ort

Merzmensch (2023) KI-Kunst – Digitale Bildkulturen. Verlag der Kunst, Berlin

Mollick E (2024) Co-intelligence. Living and working with AI. SAGE Publications, London

Randow T (1978) Einleitung. In: Weizenbaum J (Hrsg) Die Macht der Computer und die Ohnmacht der Vernunft. Suhrkamp, Frankfurt am Main

Roubicek-Solms I (überarbeitete Ausgabe 2024) Qualifikation. In: Psychologielexikon (Psychology48.com Zugegriffen im Juli 2024). http://www.psychology48.com/deu/d/qualifikation/qualifikation.htm. Zugegriffen am 12.08.2024

Schneider-Ermer J (überarb. Ausg. 2024) Fertigkeiten. In: Psychologielexikon (Psychology48.com. Zugegriffen im Juli 2024). http://www.psychology48.com/deu/d/fertigkeiten/fertigkeiten.htm. Zugegriffen am 03.10.2022

Stein M (2008) Wie können wir Kindern Werte vermitteln? Werteerziehung in Familie und Schule. Kösel, München

Stoller-Schai D (2021) Was machen wir mit Learning-Experience-Plattforms? In: eLearning Journal. https://www.elearning-journal.com/2020/08/12/was-machen-wir-mit-lxp/. Zugegriffen am 14.03.2021

Storm JF, Klink PC, Aru J, Senn W, Goebel R, Pigorini A, Avanzini P, Vanduffel W, Roelfsema PR, Massimini M, Larkum ME, Pennartz CMA(2024) An integrative, multiscale view on neural theories of consciousness. Neuron Jahrgang 112, Heft 10, 15. Mai 2024, S 1531–1552

Voigt P, Hullen N (2024) Handbuch KI-Verordnung: FAQ zum EU AI Act. Springer Vieweg, Berlin

Weber-Gunskar E (2024a) „Ich bin für ein Verbot empfindungsfähiger Maschinen" In: Der Spiegel, Nr.31/27.7.2024, S. 90–93

Weber-Gunskar E (2024b) Gefühle der Zukunft. Wie wir mit emotionaler KI unser Leben verändern. Ullstein, Berlin

Weizenbaum J (1978) Die Macht der Computer und die Ohnmacht der Vernunft. Suhrkamp, Frankfurt am Main

Winter D (2023) KI, Kunst und Kitsch. Ein philosophischer Aufreger. Carl Auer, Heidelberg

12

Informations-, Wissens-, Kompetenz- und Wertegesellschaft

Zusammenfassung Information ist der Rohstoff, Wissen der Stoff, Kompetenz das Ziel moderner Bildung. Werte fungieren dabei als Ordner selbstorganisierten Handelns. Von der Informationsgesellschaft zur Wissensgesellschaft, von der Wissensgesellschaft zur Kompetenz- und Wertegesellschaft verläuft die gesellschaftliche Entwicklung, ohne andere Entwicklungsziele, andere Megatrends zu negieren. Die Informationsgesellschaft ist Ausdruck des Megatrends, dass weltweit, vor allem natürlich in den Industriestaaten, messbare Informationen, große Datenmengen, Big Data quantitativ und qualitativ immer wichtiger werden. Die Wissensgesellschaft kennzeichnet den Megatrend der kulturellen Einbindung jeglicher Information in ein Netz von Wissen und Meinen, Verifizieren, Werten und Verwerten. Damit ist der Weg zur selbstorganisierten Kompetenzentwicklung geebnet. Die Gesellschaft der Zukunft ist eine Kompetenz- und Wertegesellschaft. Kompetenzentwicklung beinhaltet dabei zwangsläufig Werteentwicklung. Es bedarf deshalb einer Wertegesellschaft, die der Kompetenzgesellschaft zur Seite steht, um die Kompetenzkatastrophe doch noch zu verhindern.

Überzeugung
Als wie der Tag die Menschen hell umscheinet,
Und mit dem Lichte, das den Höhn entspringet,
Die dämmernden Erscheinungen vereinet,
Ist Wissen, welches tief der Geistigkeit gelinget.
Friedrich Hölderlin[1]

So dichtete in seinem Tübinger Turmzimmer der „geistig umnachtete" Hölderlin, dessen Informations- und Sachwissen sich immer mehr verwirrte, dessen dichterische Fähigkeit sich aber fast bis zum Ende erhielt, wie die atemberaubend schöne Lesung der Turmgedichte durch Christian Reiner erweist.[2] Der Alltagsbegriff des Wissens ist hier von dichterischem Ahnen durchdrungen, einerseits als erfreuliche Aufhellung unseres Daseins, als Tageslicht, das den Höhen des Denkens entspringt, andererseits aber auch als dämmernd tiefe emotionale Erscheinung. Erst wenn beides zusammen wirkt, entsteht tiefes Wissen, eine Geistigkeit, die nicht nur „an sich" vorhanden ist, sondern die sich in unserem Handeln erweist und bewährt – eine gelingende Geistigkeit.

Dass ein solches Wissen, welches tief der Geistigkeit gelingt, dem modernen Kompetenzdenken sehr nahesteht, ist *unsere* Überzeugung. Dass sich die geistige Entwicklung der Gesellschaft, bei allen Barrieren, die dem entgegenstehen, in Richtung Kompetenzdenken bewegt, erscheint uns offensichtlich. Wir behaupten:

Die Gesellschaft der Zukunft ist eine Kompetenz- und Wertegesellschaft.

---
[1] Hölderlin (1953).
[2] Hölderlin (1953).

12 Informations-, Wissens-, Kompetenz- und ...

Wissen ist keine Kompetenz – es sei denn, man weitet den Wissensbegriff derart aus, dass alles, was uns im Kopf umherschwirrt, Informationen, Eindrücke, Erlebnisse, Erfahrungen, Werte, Emotionen, Motivationen, als Wissen deklariert wird. Dann wären auch Kompetenzen Wissen. Aber ein solcher Wissensbegriff wäre weder theoretisch noch praktisch von Nutzen. Deshalb haben wir, wo wir von Wissen sprechen, immer Informations-, Sach- und Fachwissen im Blick, ohne diesen Wissensbegriff hier nochmals zu explizieren oder zu definieren.[3] Stattdessen wollen wir uns mit einer Anekdote begnügen, die den Unterschied von Fachwissen und Kompetenz schlagend verdeutlicht.

Georg von Siemens, der Bruder des berühmten Werner von Siemens, wurde 1870 Direktor der Deutschen Bank. Sein Biograf, Karl Helfferich, schildert die Startsituation im Kapitel *Das Einarbeiten:*

„Der Anfang war nicht übermäßig ermutigend. Schon die äußeren Verhältnisse waren deprimierend. Die Geschäftsräume befanden sich in einer Etage eines alten, baufälligen Hauses in der Französischen Straße Nr. 21 in Berlin, dessen dunkler, nahezu lebensgefährlicher Treppenaufgang nach allen Schilderungen geradezu abschreckend gewirkt haben muss. […] Siemens Mitdirektor Platenius hat später erzählt, wie er und Georg Siemens sich am ersten Tage ihrer neuen Tätigkeit an Pulten einander gegenüber saßen. Einer fragte den anderen: ‚Was machen wir nun? Haben Sie eigentlich eine Ahnung vom Bankgeschäft?' Beide verneinten und brachen dann in ein erlösendes Lachen aus. […] An seinen Vetter Rudolf Siemens schrieb er am 13.04.1870: ‚Von dem amerikanischen und indischen Bankgeschäft verstehe ich zwar wenig; ich tue indessen sehr gelehrt, zucke ab und zu die Achseln, ziehe das Maul bis an die Ohren – wenn ich nämlich spöttisch lache – und schlage zu Hause heimlich das Konversationslexikon

---

[3] Vgl. Arnold und Erpenbeck (2014, S. 30–46).

resp. Fremdwörterbuch oder die Kunst, in 24 h Bankier zu werden, auf, um nachzulesen, wenn ich ein mir unverständliches Wort höre. Den Unterschied zwischen Brief und Geld habe ich denn auch schon annähernd erfasst."[4]

Georg von Siemens steuerte die Deutsche Bank durch die erste große Wirtschaftskrise 1874 und machte aus ihr die führende Bank Deutschlands. Keine Zweifel an seiner unübertrefflich hohen Kompetenz. Auch an seiner Fähigkeit, Wissen aufzunehmen, zu verdichten, mit eigenen Erfahrungen zu verknüpfen und zu tragenden Entscheidungen zu gelangen. Man stelle sich vor, jemand wäre auf die Idee gekommen, in der Einarbeitungszeit sein Fachwissen abzuprüfen … Wissen ist keine Kompetenz. Es ist leichter, Kompetenzen wissensmäßig zu untermauern als zu hoffen, genügend Wissen würde schon irgendwann in Kompetenzen „umschlagen".

Fast ist es modisch geworden, soziale Megatrends mit dem Kennwort einer Soundso-Gesellschaft zu kennzeichnen: Risikogesellschaft, Erlebnisgesellschaft, Freizeitgesellschaft, Dienstleistungsgesellschaft, Konsensgesellschaft, Spaßgesellschaft … Da dürfen die Informationsgesellschaft, die Wissensgesellschaft, die Kompetenzgesellschaft und die Wertegesellschaft nicht fehlen. Welche Megatrends verbergen sich dahinter?

12.1 Informationsgesellschaft

Die Informationsgesellschaft ist Ausdruck des Megatrends, dass weltweit, vor allem natürlich in den Industriestaaten, messbare Informationen, große Datenmengen, Big Data quantitativ und – nach entsprechender Auswertung – qualitativ immer wichtiger werden. Zum Beweis werden meist

---

[4] Vgl. Helfferich (1921, S. 225 f.).

Zahlen wie diese ins Feld geführt:[5] 2009 repräsentierte das Internet etwa 500 Exabytes oder ein halbes Zetabyte. 2015 wurden bis zu 8 Zetabyte Daten, alle Speichermedien einbezogen, weltweit gespeichert, für 2020 werden ca. 40 Zetabyte erwartet.[6] Tendenz exponentiell zunehmend.[7]

Dieser Megatrend ist kaum zu bezweifeln. Doch sagt die Feststellung noch nichts darüber aus, was mit dieser explodierenden Fülle von Informationen geschieht. Landet sie in Datenfriedhöfen, in Datenbanken und Clouds unvorstellbaren Ausmaßes? Oder wird sie zur Feststellung sozialer Entwicklungen gebraucht, auch missbraucht? Finden die Gesellschaften endlich Wege, Problemsituationen, Fehlentwicklungen, Katastrophen vorherzusehen und vorab zu bekämpfen? Oder müssen nach wie vor erst die schlimmsten Konsequenzen eintreten, damit ihnen Menschen motiviert entgegentreten?

Gablers Wirtschaftslexikon beschreibt Informationsgesellschaft „als einen Begriff zur Kennzeichnung eines fortgeschrittenen Entwicklungsstadiums von Wirtschaft und Gesellschaft, in dem die Informations- und Kommunikationsdienstleistungen im Vergleich zur industriellen Warenproduktion, aber auch zu den traditionellen Dienstleistungen, vor allem Handel und Verkehr, zentrale Bedeutung gewonnen haben."[8] Voraussetzung einer solchen Definition ist natürlich, dass man Information von Wissen abgrenzen kann, dass man Wege und Methoden angibt, wie Informationen zu messen sind und wie man den Infor-

---

[5] Mit einen Byte können 256 verschiedene Kombinationen dargestellt werden. Festplattenhersteller geben zur Berechnung der Kapazitäten oft gerundete Größen an: 1000 Byte = 1 Kilobyte (KB), 1000 KB = 1 Megabyte (MB) usf. „1 Zetabyte = 1.000.000.000.000.000.000.000 Byte. nach: http://www.speicherguide.de/wissen/glossar/z/zettabyte,-zetabyte,-zbyte-8396.aspx".

[6] Deutscher (2012).

[7] vgl. https://blog.wiwo.de/look-at-it/2015/05/05/big-data-sorgt-schon-2016--fur-speicher-engpass-2020-fehlt-speicher-volumen-von-6-zetabytes/.

[8] Vgl. Klodt (2015).

mationsbegriff auf unterschiedliche Problemsituationen anpasst. Die Daten- und Informationsexplosion ist die Grundlage, auf der sich die genannten wirtschaftlichen, aber auch die gegenwärtigen politischen und kulturellen Entwicklungen vollziehen. Allerdings wäre die Entwicklung der Information für sich genommen nichts als eine Selbstbewegung des Geistes. Erst durch die Nutzung im wirtschaftlichen, politischen und kulturellen Handeln wird sie zum durchgehenden Megatrend.

Schon früh kam deshalb die Frage auf, ob es sinnvoll sei, von der Informationsgesellschaft zu sprechen. Es handele sich doch eigentlich um die Nutzung der Gesamtheit der menschlich-geistigen Potenziale, um die Gesamtheit des menschlichen Wissens, das man natürlich nicht auf Informationen reduzieren könne. So findet man in Bezug auf die Definition von Informationsgesellschaft den wichtigen Hinweis:

„Der Begriff Informationsgesellschaft bezeichnet eine auf Informations- und Kommunikationstechnologien (IKT) basierende Gesellschaft. Der Prozess der Durchdringung aller Lebensbereiche mit IKT, durch den sich eine postindustrielle oder postmoderne Informationsgesellschaft bildet, wird als Informatisierung bezeichnet. […] Der Begriff Informationsgesellschaft ist nicht starr definiert und wird oft mit dem Begriff der Wissensgesellschaft zusammen verwendet. Ob die gegenwärtige Gesellschaft als Informations- oder Wissensgesellschaft oder beides zu bezeichnen ist, ist nicht allgemein klar."[9]

12.2 Wissensgesellschaft

Die Wissensgesellschaft kennzeichnet den Megatrend der kulturellen Einbindung jeglicher Information in ein Netz von Wissen und Meinen, Verifizieren, Werten und Verwer-

---

[9] http://de.wikipedia.org/wiki/Informationsgesellschaft.

ten. „Wissensgesellschaft – kaum eine Beschreibung des Sozialen genießt derzeit größere Konjunktur. Was aber steckt dahinter? Wer steht im Mittelpunkt? Wissensgesellschaft rückt die Menschen, die etwas wissen, in den Blick."[10]
Das Wachstum der Wissensgesellschaft kann man sich vor Augen führen, indem man die architektonisch relativ neue Erscheinungsform von Bürohochhäusern betrachtet. Es handelt sich dabei um vielgeschossige Bauten, die speziell Büro- und Geschäftsfunktionen aufnehmen. Die ersten tauchten in den 1930er-Jahren auf, doch dann folgt eine regelrechte Schwemme solcher Bauten, alle modernen Städte der Welt sind voll davon. Da werden keine Maschinen zusammengesetzt und keine materiellen Produkte gefertigt, da werden auch keine materiellen Dienstleistungen vollzogen, da wird ein geheimnisvolles immaterielles Etwas, nämlich Wissen, durchs Haus gepumpt: auf Papier gebannt oder elektronisch fixiert, in Gesprächen und Konferenzen ausgetauscht, freigiebig verbreitet oder nach strengen Regeln geschützt. Dieses immaterielle Etwas wird genutzt, bewahrt, verteilt, entwickelt, erworben, bewertet und immer neu produziert.[11] Da werden Zeichen, Daten und Informationen vernetzt und mit Wertungen verwoben. Da wird zwischen individuellem und organisationalem, explizitem und implizitem, informations- und handlungsorientiertem Wissen unterschieden, die Unterteilungen werden immer weiterentwickelt und präzisiert. Informationen sind der Rohstoff, Wissen ist der Stoff, der moderne Gesellschaften mehr und mehr antreibt.

„In einer Informationsgesellschaft", so erklärt der berühmte Wissenschaftsphilosoph Jürgen Mittelstrass, „werden auch die Karten des Wissens neu gemischt. Wissen, Meinung, Information gehen eine neue Ordnung ein. Diese Ordnung ist nicht schon in allen Teilen klar. […]

---

[10] Heinrich-Böll-Stiftung (Hrsg.) (2002, S. 346).
[11] Vgl. Probst et al. (2013).

Hier entscheidet sich denn auch die weitere Entwicklung der modernen Welt, und zwar nicht nur in ihren wirtschaftlichen Formen. Dabei dürfte eines allerdings schon jetzt klar sein: Nicht die Informationsgesellschaft im engeren, hier beschriebenen Sinne ist die Zukunft der modernen Welt, sondern die Wissensgesellschaft, das heißt eine Gesellschaft, die den Quellen der Information, dem Wissen nahe bleibt, die sich ihre Selbstständigkeit in epistemischen Dingen nicht abhandeln lässt und jederzeit zwischen (begründetem) Wissen, Meinung und der Informationsform von Wissen und Meinung zu unterscheiden versteht."[12]

In einer solchen Gesellschaft entstehen neue Fragen: Wer hat welches Wissen? Wem gehört dieses Wissen? Wie sieht Demokratie aus in der Wissensgesellschaft – und wie Gerechtigkeit? Es geht um den bildungs- und wissenschaftspolitischen Wandel von der Industriegesellschaft zur Wissensgesellschaft. Wissen, besonders wissenschaftliches Wissen, wird zur Schlüsselressource, Bildung zur Bedingung für die Teilhabe am gesellschaftlichen Leben. Das schließt die Fähigkeit zur Teilnahme an der gesellschaftlichen Verständigung über die Richtung und die Grenzen des wissenschaftlichen und technologischen Fortschritts ein. Wissensgesellschaft eröffnet eine Perspektive, die auf den Willen und die Befähigung der Menschen zu Selbstbestimmung setzt – ganz im Gegensatz zum technizistischen Begriff der Informationsgesellschaft. Nicht Rechnerleistungen und Miniaturisierung werden die Qualität der künftigen gesellschaftlichen Entwicklung bestimmen. Entscheidend werden die Auswahl des Nützlichen und die Fähigkeit zum Aushalten von Ambivalenzen und Unsicherheit sein, die Gestaltung des Zugangs zu Wissen und der fehlerfreundliche Umgang mit dem Nichtwissen.[13]

---

[12] Mittelstrass (1999, S. 57).
[13] Vgl. Heinrich-Böll-Stiftung (Hrsg.) (2002); Heinrich-Böll-Stiftung (Hrsg.) (2005, S. 376).

12.3 Kompetenzgesellschaft

Die Kompetenzgesellschaft als sozialer Megatrend rückt mit diesem Bestehen auf dem Willen und der Befähigung der Menschen zur Selbstbestimmung bereits näher. Aber ist es wirklich das Wissen selbst? Geht es nicht vielmehr um die Befähigung, auf der Grundlage und mithilfe dieses Wissens selbstbestimmt, selbstorganisiert, kreativ und innovativ zu handeln?

Ausbildung, Bildung, Kompetenzen – „Ich verstehe nicht warum man in der öffentlichen Debatte ständig das eine gegen das andere ausspielt", kritisierte denn auch der medizinische Psychologe Ernst Pöppel.

> „Das Sich-selber-Bilden funktioniert in Wahrheit doch nur dann, wenn ich Kompetenzen entwickle. Wenn ich allerdings nur das tue, dann werde ich unfähig, mich neuen Fragen zu stellen. […] Nehmen Sie ein Beispiel: Eine Doktorandin hatte ein Buch durchzuarbeiten. Wir sprachen darüber. ‚Du weißt ja gar nichts', sagte ich ihr. ‚Das kann ich doch alles bei Wikipedia nachschlagen', war ihre Antwort. Darum geht es aber nicht beim Wissen von Tatsachen. Es geht darum, dass ich sie meinem Gehirn zuführe, damit das damit arbeiten kann. Die Kreativität, also das, was wir aus den Tatsachen machen, ist nicht im Internet. Sie ist in unseren Köpfen. Dort wird Wissen verknüpft, dort entstehen Assoziationen, Ideen. Die Vorstellung, man brauche nichts mehr im Kopf zu haben, weil man alles nachschlagen könne, ist falsch. Jedenfalls dann, wenn es einem nicht um die Reproduktion, sondern um die Produktion von Wissen geht."[14]

Das Beharren fast aller Bildungsinstitutionen auf der Reproduktion von Wissen führt, wie wir mehrfach gezeigt haben, zur Kompetenzkatastrophe. Was der Wissenschaftler

---
[14] Pöppel (2015, S. 11).

hier vorschlägt, ist, zu Ende gedacht, nicht mehr und nicht weniger als die Umwandlung der Wissensgesellschaft in eine Kompetenzgesellschaft – in eine Gesellschaft, in der möglichst viele befähigt werden, selbstorganisiert und kreativ zu handeln.

Aber nicht nur theoretisch-wissenschaftlich Arbeitende, sondern auch in praktische Tätigkeiten, in Unternehmensprozesse Eingebundene sehen die Kompetenzgesellschaft als künftiges Entwicklungsziel. „Unternehmen erwarten ein umfassendes Kompetenzprofil: Deutsche Unternehmen erwarten von ihren Mitarbeitern mehr als nur Fachwissen. Bei Einstellung und Beförderung achten sie vor allem auch auf Lernbereitschaft, Zuverlässigkeit, Pünktlichkeit und Teamfähigkeit [...] Soziale Kompetenzen, Selbstlernkompetenz". Das ergab das DIHK-Unternehmensbarometer. Interessant an der durchgeführten Online-Befragung ist, dass sie den Titel „Weiterbildung für die Wissensgesellschaft" trägt, praktisch aber von der anzustrebenden Kompetenzgesellschaft handelt.[15]

Robert Freund, Unternehmensberater beim Aufbau von Wissens- wie von Kompetenzmanagementsystemen, antwortet auf die Frage „Wissensgesellschaft oder doch eher Kompetenzgesellschaft?" salomonisch: „Überall liest man, dass wir uns von der landwirtschaftlich geprägten Gesellschaft in eine Industriegesellschaft weiterentwickelt haben und uns jetzt in einer Dienstleistungs-, Informations- bzw. Wissensgesellschaft befinden. So weit so gut, oder nicht? Diese Darstellung geht von einer gewissen Linearität aus, die beispielsweise von der reflexiven Moderne[16] des Soziologen Ulrich Beck infrage gestellt wird. Während die *erste Moderne* von der Aufklärung über die Industrialisierung ging und durch die

---

[15] Deutscher Industrie- und Handelskammertag (Hrsg.) (2005, S. 2).
[16] Vgl. Beck (1996).

voranschreitende Bürokratie geprägt war, umfasst die *zweite Moderne* den Prozess der Globalisierung in Verbindung mit zunehmender Individualisierung sowie radikalen Veränderungen. Weiterhin führen einige Autoren an, dass es nicht reicht, sich auf Wissen zu konzentrieren, sondern dass es darauf ankommt, Wissen selbstorganisiert in einem speziellen Kontext so anwenden zu können, dass ein komplexes Problem gelöst wird: Kompetenz als Selbstorganisationsdisposition. Wir sprechen in diesem Sinne daher lieber von einer Kompetenzgesellschaft. In der Tat. Es geht um die Vermeidung einer Katastrophe, um die Gewinnung neuer Perspektiven. Diese Perspektive hätte erhebliche Änderungen in unserer Gesellschaft zur Folge."[17]

Das EU-Projekt KOMM[18] widmete sich schließlich direkt dem Thema „Von der Wissensgesellschaft zur Kompetenzgesellschaft". Im Nachgang zur Tagung wurde die Themenverantwortliche interviewt:[19] „Frau Professor Kimmelmann, von der Wissens- zur Kompetenzgesellschaft, so lautet das Motto der Veranstaltung. Wird das Auswendiglernen von Fakten allmählich überflüssig?".

Nicole Kimmelmann:

„Ganz ohne Fakten geht es zwar nicht, aber es kommt tatsächlich zunehmend auf andere Dinge an. Schüler sollten Sozial- und Selbstkompetenzen mitbringen, wenn sie ins Berufsleben starten, sie sollten wissen, wie sie lernen und welche Ziele sie sich stecken möchten."

Sind denn die Schulen darauf bereits eingestellt?

---

[17] Vgl. Freud (2010).
[18] „Kompetenzentwicklung und modulare Übergangsbegleitung in den Ausbildungs- und Arbeitsmarkt".
[19] Nürnberger Nachrichten, 2.6.2014.

Kimmelmann:

„In der Praxis dominiert noch die Vermittlung von Faktenwissen. Zwar gibt es mittlerweile kompetenzorientierte Lehrpläne, deren Vorgaben in die richtige Richtung weisen. Doch damit ist der Prozess erst angestoßen worden, die Schulen machen sich erst auf den Weg. Und das ist nicht gerade einfach, denn viele Lehrkräfte sind noch nach einem ganz anderen System ausgebildet worden. Sie haben mit anderen Lehrplänen gearbeitet und müssen erst herausfinden, wie sie die neuen Anforderungen umsetzen können. [...] Bislang bekommen die Schüler [...] zu hören, was sie nicht können und woran sie noch arbeiten sollen. Der Leistungsaspekt steht noch zu sehr im Vordergrund, die Lehrer sind auf die Feststellung von Defiziten fixiert. Selbst- und Sozialkompetenzen sind noch zu wenig in den Unterricht integriert."

In völliger Übereinstimmung mit unseren Überlegungen werden Maßnahmen vorgeschlagen, die deutliche Kompetenzentwicklungen zur Folge haben: das eigenverantwortliche Lernen von Schülerinnen und Schülern, die Gründung von Firmen-Schul-Patenschaften, der Aufbau interkultureller Trainings, der Einsatz moderner Kompetenzfeststellungsverfahren und weitere.

So kann man zusammenfassen,

„dass begrenztes Wissen und begrenzte Kompetenzen zunehmend weniger gefragt sind. Gesucht sind vielmehr Kompetenzen, 1) die sich schnell verändernden Rahmenbedingungen, wechselnden Anforderungsprofilen und Problemen anpassen, 2) die die Fähigkeit ausmachen, das, was man in einem Sachbereich weiß und kann, auch auf andere, fremde Sachbereiche zu übertragen, 3) die darüber hinaus in die Lage versetzen, das Gelernte auf Ungelerntes anzuwenden und 4) die ganz allgemein bedeuten, gewohnten Umgang mit Problemen und ihrer Lösung zu haben. Auf diese Kompetenzen hin, beziehungsweise auf das hin, was diese im Sinne einer

Einheit von Wissen und Können besagen, müssen Bildung und Ausbildung in Zukunft organisiert werden. [...] Wenn das über Bildung und Kultur [...] Gesagte richtig ist, dann ist die hier als Wissensgesellschaft beschriebene Zukunft der Leonardo-Welt auch und gerade eine *Kompetenzgesellschaft*.

Kompetenz besagt, dass Wissen und Können eine Einheit bilden. Reines Wissen allein ist noch kein Garant für erfolgreiche Problembewältigungen, zumal die meisten Probleme, die sich in der Welt, auch in der Arbeitswelt, stellen, keine rein ‚intellektuellen' Probleme sind, vielmehr solche, die zu ihrer Lösung neben erforderlichem Wissen auch ein erfahrungsstarkes und einfallsreiches Können voraussetzen. Wir lernen auch das Skifahren nicht mit dem Lehrbuch in der Hand."[20]

Information ist der Rohstoff, Wissen der Stoff, Kompetenz das Ziel moderner Bildung.

Von der Informationsgesellschaft zur Wissensgesellschaft, von der Wissensgesellschaft zur Kompetenzgesellschaft verläuft die gesellschaftliche Entwicklung, ohne andere Entwicklungsziele, andere Megatrends zu negieren. Damit ist der Weg zur selbstorganisierten Kompetenzentwicklung geebnet.

12.4 Wertegesellschaft

Wir hatten bereits festgestellt, dass soziale Megatrends oft mit dem Kennwort einer Soundso-Gesellschaft gekennzeichnet werden, und haben davon dreimal ausführlich Gebrauch gemacht, indem wir die *Informationsgesellschaft*, die *Wissensgesellschaft* und die *Kompetenzgesellschaft* charakterisierten.

---

[20] Vgl. Mittelstrass (1992, 1999, S. 59 ff.).

Bemerkenswert ist dabei, dass wir uns vom gut Messbaren zum immer schwieriger Fassbaren bewegten. Werte sind in dieser Hinsicht noch schwerer fassbar, manchmal fast unfassbar. Informationen lassen sich gut charakterisieren und ziemlich genau messen. Wissen ist vor allem dann gut zu charakterisieren und zu messen, wenn es sich um explizites oder zumindest explizierbares Wissen, um Sachwissen handelt; benutzt man einen sehr breiten Wissensbegriff, fallen allerdings Intuitionen, Bauchwissen, Erfahrungen, Emotionen und schließlich sogar Werte darunter. Will man Wissen managen, muss man den Begriff rigoros einschränken und auf Wissensbilanzen konzentrieren. Kompetenzen sind schwer zu charakterisieren, wie die Unzahl von Kompetenzdefinitionen beweist.[21] Doch fasst man sie sehr allgemein als Fähigkeiten, kreativ und selbstorganisiert zu handeln, lässt sich auf eine ganze Reihe gut ausgearbeiteter und valider Messverfahren verweisen. Wir selbst und andere haben breit genutzte Verfahrenssysteme, das KODE® – KODE®X-System und aktuell das ValCom®-System, dazu beigetragen.[22]

Werte sind einer Erfassung noch schwerer zugänglich. Wir haben lange gebraucht, um im Rahmen des ValCom®-Systems ein solches Verfahren für unsere Zwecke zu entwickeln. International liegen vergleichsweise wenige Methoden zur Wertediagnostik vor.[23] Andererseits spielen Werte eine so große, eine so schnell zunehmende sozialhistorische Rolle, dass wir nicht zögern, von dem Megatrend *Wertegesellschaft* zu sprechen, ja diesen den genannten und überhaupt den zuvor genannten voranzustellen. Das wollen wir begründen.

Die wichtigste Begründung in Bezug auf die Kompetenzkatastrophe hatten wir bereits gegeben, als wir die emotionale „Imprägnierung" des Wissens bedachten. Die dort angegebenen Stufen der Werteaneignung bildeten einen

---

[21] Vgl. Heyse und Erpenbeck (1999/2001), Erpenbeck et al. (2018).
[22] Sauter S, Sauter W (2018), S. 169–184.
[23] Vgl. Erpenbeck, Sauter (2018), S. 54–73.

Kristallisationspunkt weiterer Überlegungen. Der dort eingeflochtene Satz *„Werte sind die Kerne von Kompetenzen"* bildet das Zentrum unserer Argumentation. Christian Fischer hat diesen Satz in einer umfangreichen Publikation nicht nur theoretisch erhärtet und zur Unabweisbarkeit verdichtet, er hat ihn auch empirisch angewendet und erfolgreich umgesetzt.[24] Der Satz besagt etwas zugleich Triviales und Umstürzendes. Wir können noch so viel Informationen und Sachwissen anhäufen, noch so viele Erfahrungen sammeln, für unser Handeln sind letztlich immer verinnerlichte Wertungen, Werte der persönlichen, menschlichen, sozialen, kulturellen, religiösen, politischen Situation entscheidend, in der wir handeln. Diese Werte sind nicht willkürlich, sie werden in sozialhistorischen Prozessen und Auseinandersetzungen selbstorganisativ erarbeitet, werden schließlich akzeptiert und vielleicht irgendwann verworfen, sie sind in Geltung, wie man einst sagte, aber sie sind nie wahr oder falsch. Wahr oder falsch können Informationen und Sachwissen sein, die zu ihrer Begründung herangezogen werden. Werte selbst werden handelnd erprobt (es ist gut, dass wir so handeln), manchmal auch zu Regeln (das machen wir so) oder zu Normen verdichtet (das wird so gemacht, basta, und wenn nicht …). Werte werden aber nur wirksam, wenn sie zu eigenen Emotionen und Motivationen verinnerlicht, „interiorisiert" oder „internalisiert" werden. Erfolgreiches Handeln setzt entsprechend interiorisierte Werte voraus. Werte „überbrücken" fehlendes Sachwissen, und machen damit ein Handeln überhaupt erst möglich.

Da Werte aber nicht wie Sachwissen erarbeitet und erklärt werden können, haben sie etwas Unheimliches. Da sie nicht objektiv abgeleitet, sondern nur subjektiv gesetzt werden können, muss ihre Geltung sozial durchgesetzt werden. „Wer Wert sagt, will geltend machen und durchsetzen …

---

[24] Vgl. Fischer C A (2019).

Wer sagt, dass sie gelten, ohne dass ein Mensch sie geltend macht, will betrügen." Eine immanente Aggressivität bleibt die fatale Kehrseite der Werte. „Niemand kann werten ohne abzuwerten, aufzuwerten oder zu verwerten." Der Autor dieser Zeilen, Carl Schmitt, spricht von einer „Tyrannei der Werte".[25] Sein Gegenvorschlag, den Terror des Wertevollzuges durch berechenbare und vollziehbare Regeln von Gesetzgebern und Gesetzen zu umgehen, blendet jedoch aus, dass Werte eben gerade Ordner der sozialen Selbstorganisation des Handelns sind und sich nicht im Voraus berechnen lassen. *Die Tyrannei der Werte ist nichts anderes als die Tyrannei unberechenbarer sozialhistorischer Selbstorganisation.*

Die Konsequenz ist in der Tat unheimlich. Jeder Versuch, Kompetenzen auf Informationen und Sachwissen zu reduzieren ist verfehlt und bringt uns der Kompetenzkatastrophe ein Stück näher. „Der CEO des größten Handelskonzerns der Welt ‚Alibaba' wurde auf dem Weltwirtschaftsforum 2018 in Davos gefragt, wie er – als ausgebildeter Englischlehrer – zum Thema Bildung steht. Ma antwortete überraschend direkt: ‚Ändern wir nicht wie wir unterrichten, dann haben wir in 30 Jahren große Probleme … Wir können Kindern nicht beibringen, mit Maschinen zu konkurrieren. Das bisherige Bildungssystem basiert darauf, das Wissen der vergangenen 200 Jahre zu vermitteln. Für die Zukunft gleicht das aber einer Bankrotterklärung. Kinder sollen etwas lernen, was Maschinen niemals können und was sie von diesen unterscheidet – auch in Zukunft. Beispielsweise Werte, Überzeugungen, unabhängiges Denken, Teamwork, Mitgefühl – Dinge die nicht durch reines Wissen vermittelt werden. Alles was wir lehren, muss unterschiedlich von Maschinen sein. Wenn es Maschinen besser können, müssen wir darü-

---

[25] Vgl. Schmitt, C. (2011) S. 41, 44, 54.

ber kritisch nachdenken."'[26] Jack Ma benennt damit nicht nur direkt Werte. Auch Überzeugungen, die hoch zu bewertende Unabhängigkeit des Denkens, das wertewichtige Teamwork, das Mitgefühl als eine emotionale Wertekomponente sind unmittelbar wertebezogen.

Folgt man dem, sind die Folgerungen unumgänglich. Wissensweitergabe statt Kompetenzentwicklung führt zu einer Katastrophe. Kompetenzentwicklung beinhaltet zwangsläufig Werteentwicklung. Werteentwicklung kann und darf sich aber nicht der gleichen Formen bedienen, wie der herkömmliche Sach- und Fachunterricht. Die gezielte Werteentwicklung von Persönlichkeiten erfordert vielmehr fundamental eigene gedankliche und praktische Herangehensweisen, die vom schulischen Normalunterricht und vom hochschulischen Standardbetrieb deutlich verschieden sind.

Wir haben versucht, in einer eigenen Darstellung zum Verständnis einer solchen gezielten Werteentwicklung beizutragen.[27] Zusammen mit einigen Grundlagenüberlegungen[28] ergeben sich Hinweise für eine gelingende Kompetenzentwicklung und damit gegen die Kompetenzkatastrophe.

Erstens führt die Betonung des emotionalen Berührtseins, der emotionalen Irritation und Labilisierung dazu, den Bereichen der menschlichen Kompetenzentwicklung unterschiedliche Bedeutung zuzumessen. Sie findet zunächst und vor allem in der *Praxis,* im realen – natürlich stets auch geistigen, theoretischen – Handeln der Menschen statt: In der modernen Arbeitswelt, im Netz, innerhalb moderner Arbeitsmethoden, zunehmend mit Hlfe der Künstlichen Intelligenz. *Coaching und Mentoring* sind weitere wichtige Formen, in denen nicht primär Wissen weitergegeben, sondern Wertehaltungen, Werteorientierungen

---

[26] Ma (2018).
[27] Vgl. Erpenbeck, Sauter (2019, 2022).
[28] Vgl. Erpenbeck (2018).

gefestigt werden. *Soziales Lernen* ermöglicht eine sozioemotionale Stabilisierung und konkrete Hilfe. Nicht alle, aber realitätsgleiche oder realitätsähnliche und realitätsnahe Formen von *Training* vermögen Werteentwicklungen unterschiedlich wirksam anzuregen. Zwar werden unter Umständen auch in *der Weiterbildung* Werte gefördert und entwickelt, doch hält sich das auch in den Augen der Akteure selbst in engen Grenzen. Während das Wissen *über* Werte fraglos diskutiert und erweitert wird, sind die Wege zu einem werteentsprechenden Handeln schmal und durch die Konzentration auf pures Wissen, durch eine gewisse „Wissensblödigkeit" oft fast verschüttet. Eine gewisse Korrektur könnte die Nutzung moderner handlungs- und verhaltenspsychologischer Methoden oder eine viel stärkere Einbeziehung künstlerischer Kommunikation erreichen.

Zweitens sind einige Einsichten der Werteforschung für jede Kompetenzentwicklung wichtig, weil sie verhindern, Werte analog Informationen und Sachwissen zu betrachten und zu behandeln. Dazu gehört die erwähnte Tatsache, dass Werte nicht wahr oder falsch, sondern einer Situation, einem Handeln adäquat oder inadäquat sind. Gerade im weltanschaulichen oder religiösen Bereich führt das Beharren auf der Wahrheit der eigenen Überzeugungen zu den fürchterlichsten Verwerfungen. Oft werden auch Werte schlicht mit Wertebegriffen identifiziert, von denen es hunderte gibt.[29] Tatsächlich muss man aber bei jeder konkreten Wertung fragen: Wer (Wertungssubjekt) wertet was (Wertungsobjekt) wovon ausgehend (Wertungsgrundlage, beispielsweise Informationen, Wissen, Vermutungen, Vorurteile, „Fakes", Erfahrungen, früher verinnerlichte Werte …) gemäß welchen Maßstäben (Wertungsmaßstab, etwa gut – schlecht, besser – schlechter, auf einer Skala von 1 bis 10 …) Ohne dieses „Wertekleeblatt" bleibt alles Reden über Werte Gerede. Es gibt Grundwerte wie Genusswerte (hedonistische

---

[29] Vgl. Sauer (2018).

Werte), Nutzenwerte (utilitaristische Werte), ethisch-moralische Werte und sozial-weltanschauliche, beispielsweise politische Werte. Religiöse und ästhetische Werte lassen sich darin einordnen oder selbst als grundlegend kennzeichnen. Von entscheidender Bedeutung ist jedoch die von *Eduard Spranger* so genannte Inkommensurabilität (Nichtvergleichbarkeit) von Werten: „Wer will in Geldeinheiten ausdrücken, wie viel mir eine Liebe Wert ist, und wer will in Liebeseinheiten ausdrücken, was mein neuer Rock gekostet hat".[30] Diese Entdeckung wird zentral, wenn ethisch-moralische Werte unbedacht, oder schlimmer noch manipulativ mit sozial-weltanschaulichen vermengt werden („Soldaten sind Mörder – Soldaten sind Bürger in Uniform, stabilisieren und schützen, wenn notwendig, die Demokratie").

Drittens kann man nicht genug betonen, dass alle gegenwärtigen Probleme, die mit Wertedifferenzen, Werteauseinandersetzungen, Wertekämpfen zusammenhängen – seien es um scheinbar hedonistische Werte wie Kleidungs- oder Nahrungsvorschriften geführte, seien es kulturell oder religiös gesetzte, seien es politische um Demokratie oder Diktatur, Kapitalismus oder Restsozialismus ausgetragene –, direkt in unser alltägliches Handeln und damit in unsere Kompetenzen zurückwirken.[31] Auseinandersetzungen und Kämpfe um Werte, beispielsweise um Traditionen oder Glauben, hat es schon immer gegeben. Aber erst das 19. Jahrhundert mit seinem rasanten Aufstieg der Industrie und des Kapitalismus führte zu dem, was Nietzsche weise als „Umwertung aller Werte" kennzeichnete. Dieser Prozess hat sich in zunehmendem Tempo fortgesetzt und wird durch die heutige Digitalisierung und die Künstliche Intelligenz nochmals beschleunigt.[32] Um angesichts der Umwertung aller Werte zu

---

[30] Spranger, E. (2. erw. Aufl. 1921): Lebensformen. Geisteswissenschaftliche Psychologie und Ethik der Persönlichkeit, 2. erw. Aufl. Halle/Saale, S. 223.
[31] Vgl. Koppetsch (2019).
[32] Vgl. Zuboff (2019).

bestehen, braucht es gewiss immer mehr Daten, Informationen, Wissen, Erfahrungen – vor allem aber akzeptierte Werte, Überzeugungen, unabhängiges Denken, Teamwork, Mitgefühl die in unsere Kompetenzen einfließen. Es bedarf einer Wertegesellschaft, die der Kompetenzgesellschaft zur Seite steht, um die Kompetenzkatastrophe doch noch zu verhindern.

Literatur

Arnold R, Erpenbeck J (2014) Wissen ist keine Kompetenz. Dialoge zur Kompetenzreifung. Schneider, Hohengehren

Beck U (1996) Das Zeitalter der Nebenfolgen und die Politisierung der Moderne. In: Beck U, Giddens A, Lash S (Hrsg) Reflexive Modernisierung. Eine Kontroverse. Edition Suhrkamp, Frankfurt am Main, S 23

Deutscher Industrie- und Handelskammertag (Hrsg) (2005) Weiterbildung für die Wissensgesellschaft. DIHK, Berlin

Deutscher M (2012) When will the world reach 8 zetabytes of stored data? http://siliconangle.com/blog/2012/05/21/when-will-the-world-reach-8-zetabytes-of-stored-data-infographic/. Zugegriffen am 12.05.2015

Erpenbeck J (2018) Wertungen, Werte. Das Buch der Grundlagen für Bildung und Organisationsentwicklung. Springer, Berlin

Erpenbeck J, Sauter W (2018) Wertungen, Werte. Das Fieldbook für ein erfolgreiches Wertemanagement. Springer, Berlin

Erpenbeck J, Sauter W (2019) Wertungen, Werte. Das Buch der gezielten Werteentwicklung von Persönlichkeiten. Springer, Berlin

Erpenbeck J, Sauter W (2022) Wertetraining. Praxis, Coaching, Übung und Bildung für die gezielte Werteentwicklung von Persönlichkeiten, Schäffer Poeschel Stuttgart

Erpenbeck J, von Rosenstiel L, Grote S, Sauter W (2018) Handbuch Kompetenzmessung. Schäffer-Poeschel, Stuttgart

Fischer CA (2019) Werte als Kerne von Kompetenzen. Eine theoretische Studie mit einer empirischen Analyse in Montessori-Schulen. Waxmann, Münster, New York

Freud R (2010) Wissensgesellschaft oder doch eher Kompetenzgesellschaft?www.robertfreund.de/blog/2010/01/26/wissensgesellschaft-oder-doch-eher-kompetenzgesellschaft/. Zugegriffen am 17.05.2015

Heinrich-Böll-Stiftung (Hrsg) (2002) Gut zu wissen. Links zur Wissensgesellschaft. Westfälisches Dampfboot, Münster

Heinrich-Böll-Stiftung (Hrsg) (2005) Die Verfasstheit der Wissensgesellschaft. Westfälisches Dampfboot, Münster

Helfferich K (1921) Georg von Siemens. Ein Lebensbild aus Deutschlands großer Zeit, Bd 1. Springer, Berlin, S 225

Heyse V, Erpenbeck J (1999/2001) KODE®, KODE®X. ACT Regensburg, Berlin

Hölderlin F (1953) Überzeugung. In: Beissner F (Hrsg) Hölderlin. Sämtliche Werke, Bd 2. Cotta und Kohlhammer, Stuttgart, S 360

http://de.wikipedia.org/wiki/Informationsgesellschaft. Zugegriffen am 13.05.2015

Klodt H (2015) Stichwort Informationsgesellschaft. Gabler Wirtschaftslexikon. http://wirtschaftslexikon.gabler.de/Archiv/71546/informationsgesellschaft-v7.html. Zugegriffen am 11.02.2015

Koppetsch C (2019) Die Gesellschaft des Zorns. Rechtspopulismus im globalen Zeitalter. Transcript Texte, Bielefeld

Ma J (2018) Ali Baba Chef Jack Ma über die Aufgabe von Bildung. https://www.alemannenschule-wutoeschingen.de/2018/02/22/alibaba-gruender-jack-ma-ueber-die-aufgabe-von-bildung. Zugegriffen am 14.05.2019

Mittelstrass J (1992) Leonardo-Welt. Über Wissenschaft, Forschung und Verantwortung. Suhrkamp, Frankfurt am Main

Mittelstrass J (1999) Lernkultur – Kultur des Lernens. In: QUEM (Hrsg) Kompetenz für Europa. Wandel des Lernens – Lernen im Wandel. QUEMreport 60, BMBF, Berlin, S. 59

Pöppel E (2015) Ihr müsst versuchen, die Besten zu sein. Interview mit A. Widmann. BZ Nr. 90, 18./19. April 2015

Probst G, Raub S, Romhardt K (2013) Wissen managen: Wie Unternehmen ihre wertvollste Ressource optimal nutzen, 7. Aufl. Springer Gabler, Heidelberg

Sauer FH (2018) Das große Buch der Werte. Enzyklopädie der Wertvorstellungen. Intuistik, Hürth

Sauter S, Sauter W (2018) Zielorientierte Kompetenzentwicklung mit bedarfsgerechter Kompetenzmessung. In: Erpenbeck J, Sauter W (Hrsg) Kompetenzentwicklung im Netz. Bausteine einer neuen Lernwelt. Schäffer-Poeschel, Stuttgart, S 169–184

Schmitt C (2011) Die Tyrannei der Werte, 3. Aufl. Duncker & Humblot, Berlin

Zuboff S (2019) Das Zeitalter des Überwachungskapitalismus. Campus, Frankfurt am Main

13

Gegen die Kompetenzkatastrophe!

Zusammenfassung Die Kompetenzkatastrophe verschanzt sich hinter nahezu unbezwingbaren Barrieren, die den Übergang von der Informations- und Wissensgesellschaft zur Kompetenz- und Wertegesellschaft erschweren und oft verhindern; das sind die institutionelle Barriere, die Wissensbarriere, die Zensurenbarriere und die neuropsychologische Barriere. Dabei sehen wir die Kompetenzentwicklung als die Bildung der Zukunft. Um diese zu ermöglichen, ist eine Bildungsrevolution erforderlich, die diese Barrieren konsequent beseitigt.

Die erste deutsche Bildungskatastrophe, die Georg Picht 1965 so eindringlich beschrieb, entstand, weil das Bildungssystem in Schockstarre ihre nationalsozialistische Infektion noch nicht überwunden hatte.[1] Wenn heute das Entwicklungsziel Kompetenzgesellschaft verfehlt, die Bil-

---

[1] Nida-Rümelin und Zierer (2015, S. 202).

dungszukunft vertrödelt wird, kommt es zur Kompetenzkatastrophe. Diese Kompetenzkatastrophe ist charakterisiert durch die institutionelle Blindheit und Veränderungsunfähigkeit angesichts der Kompetenz- und Wertegesellschaft. Sie beruht auf dem irreleitenden Glauben, die Weitergabe von Sach- und Fachwissen sei der Kern von Bildung, nicht die Kompetenzreifung. Sie nutzt die Gleichgültigkeit gegenüber dem Bulimielernen, dem Feind jeder echten Kompetenzentwicklung. Und sie baut auf die Akzeptanz des gegenwärtigen Wissensweitergabe- und -beurteilungssystems, des Aufsichts- und Steuerungsapparats, gerichtet auf die Merkfähigkeit des Gehirns, umgesetzt in Abiturprüfungen, Klausuren, Examen, Leistungskontrollen und Ähnlichem.

Die Kompetenzkatastrophe verschanzt sich hinter nahezu unbezwingbaren Barrieren, die den Übergang von der Informations- und Wissensgesellschaft zur Kompetenz- und Wertegesellschafterschweren erschweren und oft verhindern; das sind *die institutionelle Barriere, die Wissensbarriere, die Zensurenbarriere und die neuropsychologische Barriere.*

Innovative Wege des Lernens mit dem Ziel der Kompetenzentwicklung sind gefragt. Für die Gesellschaft – und für jeden Einzelnen: „Ein Zugewinn an Bildung im Sinne eines Zugewinns an Kompetenzen bedeutet einen Zugewinn an Handlungsfähigkeit und damit einen Zugewinn an Teilhabe am Leben und an der Welt."[2]

Kompetenzentwicklung ist die Bildung der Zukunft!

Sach- und Fachwissen kann man, wenn auch oft wenig sinnvoll, auf Vorrat pauken; Kompetenzen benötigen Erfahrungen, Werte und Emotionen als Grundlage. Kompetenzen müssen reifen. Jedes Wissen, auch Sach- und Fachwissen, muss emotional „imprägniert" sein, um kompetent eingesetzt werden zu können. Informationswissen lässt sich wie üblich zensieren. Kompetenzen sind schwerer zu beurteilen – aber es gibt

---

[2] Faix und Mergenthaler (2013, S. 47).

längst bewährte Verfahren der Kompetenzdiagnostik, dem klassischen Zensieren in ihrer Treffsicherheit ebenbürtig, aber sehr viel aussagefähiger. Künftiges Lernen, künftige Kompetenzentwicklung findet fraglos in und mit dem Netz statt – das Netz ist einer der wichtigsten sozialen Räume künftiger Kompetenzentwicklung.

Bildungsinstitutionen und Bildungsforschung müssen zu Verbündeten im Kampf gegen die Kompetenzkatastrophe, für die künftige Kompetenzgesellschaft werden. Die aktuelle Entwicklung zur Nutzung der generativen KI in Arbeits- und Lernprozessen kann dazu beitragen, die notwendigen Veränderungen zu forcieren.

Eine Bildungsrevolution ist erforderlich!

Bildungsziele müssen die Fähigkeiten zum selbstorganisierten, kreativen, physischen und geistigen Handeln, zur selbstorganisierten Bewältigung von Herausforderungen werden. Diese Lernziele können nicht mehr zentral als Curricula vorgegeben werden. Es wird vielmehr ein gemeinsamer Zielrahmen durch Richtziele abgegrenzt. Die Lerner definieren darin ihre Kompetenzziele innerhalb von Ermöglichungsrahmen mit Hilfe der Skills-Diagnostik in der Kommunikation mit ihrer Führungskraft, Lernpartnern und mit Unterstützung der Lernbegleitung selbstorganisiert

Bildungsinstitutionen konzentrieren sich zunehmend auf die Gestaltung von Ermöglichungsrahmen für die Bildungsprozesse sowie die Lernbegleitung, ansonsten gehört alle Macht den Lernern und ihren Lernbegleitern sowie den Schulen, Hochschulen und Bildungsanbietern, die innerhalb der Vorgaben das Lernen gestalten und Lernprozesse ermöglichen.

Die *didaktische Gestaltung* des Lernens, weg von einer Belehrungsdidaktik hin zu einer *Ermöglichungsdidaktik,* die selbstorganisiertes Lernen in allen Bildungsbereichen ermöglicht, gewinnt mehr und mehr Vorrang. Wissensaufbau, Qualifizierung und Kompetenz- sowie Wertentwicklung werden zunehmend mit Hilfe der Künstlichen Intelligenz in die Eigenverantwortung der Lerner übertragen.

Die *methodische Gestaltung* des Lernens orientiert sich zunehmend an den realen Entwicklungen in Gesellschaft, Wirtschaft und Kultur und ermöglicht eine bedarfsgerechte emotionale Imprägnierung des Wissens durch Begeisterung, Leidenschaft, Engagement, Willen, Interesse, Neugier, Wissbegier, Entdeckergeist, Fantasie, auch durch Vorsicht, Bedachtsamkeit, Angst – insgesamt durch Freiraum und Zeit für Kompetenzentwicklungsprozesse. Seminaristisches Lernen mit seiner erschreckend geringen Lerneffizienz wird durch selbstorganisierte Lernformen in Blended-Learning-Arrangements, anwendungsnahem Lernen und kollaborativem Lernen in Projekten und am Arbeitsplatz sowie im Netz ersetzt. Lernen und Arbeiten wachsen zusammen.

Bei der *Bewertung von Lernleistungen* wird nicht mehr gefordert, viel zu wissen, sondern Wissen zur Lösung von Herausforderungen methodisch sinnvoll nutzen zu können. Ein juristisch belastbares Verfahren zur qualifikationsanalogen Ermittlung und Bewertung von Kompetenzen muss geschaffen werden.

Diese Paradigmenwechsel stellen vieles infrage, was die heutigen Bildungssysteme in Schule, Hochschule und in den Unternehmen prägt. Es gibt aber keine Alternative dazu, wenn Deutschland wettbewerbsfähig bleiben soll. Und es ist möglich, wenn ein politischer Wille vorhanden ist.

Alle Menschen sind von der Kompetenzkatastrophe betroffen. Es genügt deshalb nicht, darauf zu warten, dass sich die Rahmenbedingungen des Lernens ändern. Wir müssen den Kampf gegen die Kompetenzkatastrophe weiter führen. Die Aufrufe von Stéphane Hessel gelten hier immer mehr in besonderem Maße.[3]

„Empört euch!"

„Engagiert euch!"

---

[3] *Hessel* (2011a, b).

Literatur

Faix W, Mergenthaler J (2013) In: Faix W, Erpenbeck J, Auer M (Hrsg) Bildung, Kompetenzen, Werte.Die schöpferische Kraft der Bildung. Über die Entwicklung (zu) einer schöpferischen Persönlichkeit als grundlegende Bedingung für Innovationen und den unternehmerischen Erfolg. Steinbeis-Edition, Stuttgart

Hessel S (2011a) Empört euch! Ullstein, Berlin

Hessel S (2011b) Engagiert euch! Ullstein, Berlin

Nida-Rümelin J, Zierer K (2015) Auf dem Weg in eine neue deutsche Bildungskatastrophe. Zwölf unangenehme Wahrheiten. Herder, Freiburg

GPSR Compliance
The European Union's (EU) General Product Safety Regulation (GPSR) is a set of rules that requires consumer products to be safe and our obligations to ensure this.

If you have any concerns about our products, you can contact us on

ProductSafety@springernature.com

In case Publisher is established outside the EU, the EU authorized representative is:

Springer Nature Customer Service Center GmbH
Europaplatz 3
69115 Heidelberg, Germany

www.ingramcontent.com/pod-product-compliance
Lightning Source LLC
LaVergne TN
LVHW020339260326
834688LV00045B/1450